社会认识论
SOCIAL EPISTEMOLOGY

科学、科技与社会
Science,
Technology,
and
Society

［美］**史蒂夫·富勒**（Steve Fuller）著
姚雅欣 译

中央编译出版社
Central Compilation & Translation Press

图书在版编目 (CIP) 数据

社会认识论：科学、科技与社会 /（美）史蒂夫·富勒著；姚雅欣译 .—北京：中央编译出版社，2020.9

书名原文：Social Epistemology

ISBN 978-7-5117-3688-8

I.①社… II.①史…②姚… III.①社会学—认识论—研究 IV.① C91-02

中国版本图书馆 CIP 数据核字（2020）第 166028 号

SOCIAL EPISTEMOLOGY: SECOND EDITION edited by Steve Fuller.
Copyright ©2001 by Steve Fuller. Simplified Chinese-language rights licensed from the original English-language publisher, Indiana University Press.

著作权合同登记号：01-2020-5702

社会认识论

责任编辑	霍星辰
执行编辑	郑菲菲
责任印制	刘　慧
出版发行	中央编译出版社
地　　址	北京西城区车公庄大街乙 5 号鸿儒大厦 B 座 (100044)
电　　话	（010）52612345（总编室）　（010）52612334（编辑室） （010）52612316（发行部）　（010）52612346（馆配部）
传　　真	（010）66515838
经　　销	全国新华书店
印　　刷	北京中兴印刷有限公司
开　　本	710 毫米 ×1000 毫米 1/16
字　　数	424 千字
印　　张	35.25
版　　次	2021 年 2 月第 1 版
印　　次	2021 年 2 月第 1 次印刷
定　　价	158.00 元

新浪微博 @中央编译出版社　　微　信　中央编译出版社（ID：cctphome）
淘宝店铺　中央编译出版社直销店（http://shop108367160.taobao.com）（010）55626985

本社常年法律顾问：北京市吴栾赵阎律师事务所律师　闫军　梁勤
凡有印装质量问题，本社负责调换，电话：（010）55626985

目录

中文版序	01
前言	12
序	20
第二版导论	22

▶ 第一部分　社会认识论的界定问题

第一章　社会认识论概观　　　003
 1. 社会认识论：作为一切认识论的目标　　005
 2. 社会认识论：探索丑闻与放纵言行的事业　　015
 3. 非规范性社会认识论与其他几种平庸调和之论　　025
 4. 社会认识论阐发规范性，认识论阐发趣味性　　036

第二章　社会认识论与社会形而上学　　　046
 1. 二者的差异性　　046
 2. 先验主义和自然主义的表征进路　　055
 3. 用自然主义解释先验主义：布鲁尔评波普尔　　077

▶ 第二部分　知识生产的语言与历史问题

第三章　实在论，科学学研究的移动靶标
　　——一部哲学家、史学家与社会学家孜孜以求的故事　　　099

1. 实在论：谁肩负其举证责任？ 102
2. 击败实在论者，现在为何这么难？ 105
3. 将科学实在论付诸历史检验 112
4. 库恩与多世界实在论 130
5. 人文科学中的规定实在论与构成实在论 137
6. 实在论问题的终极解决方案 149

第四章 在科学与历史前沿承担举证责任 153

1. 费耶阿本德与"竞争却不可通约"的理论问题 156
2. 错失联系：举证责任 162
3. 作为默会知识的举证责任：规则主导 172

第五章 对不可通约性的说明与辩护 181

1. 生态型不可通约性 182
2. 文本型不可通约性 200

第六章 沉默的不可测知性与人文科学中的知识问题 217

1. 不可测知性与分析型语言哲学 218
2. 不可测知性：人文科学历史上永存却被忽视的主题 230
3. 在思想实验中唤起不可测知性 238
4. 附言：戴维森主义的一种诊断 248

附录一 如何对待话语中的微言大义
——概念体系的输入与输出 257

第三部分　知识的社会组织问题

第七章　科学划界：它的终结问题一直被过度夸大　273
1. 划界问题：劳丹与基恩的论述　274
2. 两种科学史：角色与扮演者　279
3. 科学及其同源性角色　285
4. 一种混淆角色与扮演者的历史编纂学策略　291
5. 科学的新划界标准　296

第八章　学科边界：该领域的一幅观念地图　298
1. 学科的边界性、自主性、纯洁性　298
2. 探测学科边界的三个技巧　302
3. 学科边界对于知识增长是必要的吗？　305
4. 学科冲突之际：伯纳德原则　308
5. 学科的矛盾意向：波普尔与福柯的观点　315

第九章　难以实现的科学共识　325
1. 两种纯粹共识与四种混合共识　328
2. 科学共识：难以捉摸的目标　340
3. 学科重组操纵的共识　348
4. 科学历史编纂学的含义　355

第十章　从道德心理学到认知社会学：福曼论题解析　366
1. 受道德心理学控制的社会历史学家　366

    2. 走向认知社会学与客观性问题　　375
    3. 几种暗示——改写福曼论题　　382

附录二　违背意愿的改变
    ——对客观性的政策模拟　　391

第四部分　知识政策制定问题

第十一章　走向复兴的知识社会学规范　　407
    1. 规范性的失落　　408
    2. 重获规范性　　414
    3. 自由与知识生产的管理　　418

第十二章　社会认识论与权威主义问题　　428
    1. 认知权威主义的诱惑与避免　　429
    2. 专家知识的政治化与去政治化　　438

附录三　知识政策研究：研究生核心课程设计的几点
    说明　　445

参考文献　　455
索引　　495
译后记　洞天的种子——认识富勒　　503

中文版序

我怀着至为欣慰之情为《社会认识论》的中文版撰写这篇序。此时，距离这部著作首版已经过去三十多年——因此，我现在特别想感谢姚雅欣女士，正是缘于她的翻译，这部著作的中文版在今天面世才成为可能。

接下来，我将反思"社会认识论"的重要意义，因为它已构成我的思想轨迹的标志性主题。虽然我未曾创制"社会认识论"这个名词，但是，我在1987年创立了同名期刊，并于次年出版这部专著——这是首部名为"社会认识论"的著作。我从美国匹兹堡大学科学历史与哲学专业博士毕业后不久，就陆续完成了上述这些工作。尽管那时我还不到而立之年，不过早在十多年前，我已开始思考这些重要问题，那时我还是一所天主教预备学校的学术型学生（即美国里吉斯高中，位于纽约市曼哈顿区）。之所以在开篇强调这些内容，是因为它们有助于说明：我如何运用一种基于历史事实且观照当今现实问题的方式来思考"社会认识论"。

耶稣会属于罗马天主教教团，它的创立源于当时新教改革（Protestant Reformation）对天主教会分裂已经构成的威胁，此后为保持基督教世界的统一，耶稣会在16世纪应运而生。但是，对这段历史的认识，至今仍然聚讼纷纭。20世纪70年代，我还是一名中学生，当时的耶稣会正在推行一项激进的反思计划，就是从更普遍的意义上，重新审视人类在社会和宇宙中的地位。耶稣会就是这样一些组织，他们以最清晰的方式，把马克思主义教导融入他们的神学理论中，我在此特指"自由派神学"，当时它的传播遍及拉丁美洲和非洲。在给我教导的老师当中，有最家喻户晓的思想家德日进（Pierre Teilhard de Chardin, 1881—1955），他是耶稣会的一位古生物学家，在他的有生之年，他的著作遭到天主教会取缔，因为他完全秉持苏联宇宙演进主义化学家维尔纳茨基（Vladimir Vernadsky, 1863—1945）的理念来解读《圣经》，如今维尔纳茨基被认为是名副其实的"人类世"（Anthropocene）概念的发明者。我最近出版的新书《人类2.0》专门探讨了这个议题。但是，与我的原创性著作《社会认识论》最密切相关的，是马克思和恩格斯在《德意志意识形态》（1845—1846）中褪去神秘性的唯物主义历史观，耶稣会把这种历史观表现为——正如马克思和恩格斯亲自所做的那样——一种对新教神学的批判。因此，现在有必要重新审视新教精神最初对耶稣会构成的挑战。

在基督教历史上，新教主义具有非凡的独特性，这种独特性作为遗泽现代认识论的思想遗产来源，它的遗泽所及不止于社会认识论。新教徒召唤基督教徒"证明"他们所秉持信仰的正当性。通常来说，"对正当性的证明"（justification）意为：你所信仰的内容，究竟源于哪位人氏或什么机构赋予你的信仰权威。现代认识论家思考这个问题的方式是：为了佐证一种知识断言，他们或提供一种经验基础，或提供一种理性论证，在此过程中，专家证言可能会扮演重要角色。然而，新教徒的意思是提供更为直接、更具个性的证明，就是说，这种证明属于一种可遇而不可求的"上帝话语"（Word of God）。新教徒认为自己恢复了原始基督徒的本原心态，与此同时，大众脱盲识字和《圣经》商业化出版的普及，为新教徒事业的发展提供了巨大帮助，这就使广大信徒有机会为自己做出判断：他们在那部神圣经文中读到的内容是由什么构成的。

事实证明，新教主义在认识论历史上具有如此重要的地位，因为罗马天主教过去能够维持对欧洲的长久统治，缘于绝大多数信徒都是文盲，他们只是简单地信任本地天主教神职人员——教父——可以仁慈地代表他们做出决定。然而，这种信任氛围滋生出形式多样的腐败，新教徒及时抓住这些腐败现象，以此作为罗马教会精神统治全面失败的证据。具体而言，罗马教会似乎过度专注于培养它与正在掌权的临时当权者的关系。在新教徒看来，只有两种选择：或这种状态本身必须在一种"妥善的"基督教基础上接受彻底改造，或在最低限度上国家与教会必须保持彼此分离。最伟大的新教领袖马丁·路德和约翰·开尔文拥护第一种选择，后一种选择却成为现代民族—国家的普遍准则。有鉴于此，新教主义关注知识和权力之间的关系，这对关系内在固有地存在问题，迄今以来这对关系经常成为社会认识论的核心关切。

知识当然可以为权力提供一种合法性基础，但从长期来看，如果没有充分的检查和约束，权力也可以摧毁知识的根基。从一种社会认识论立场看，这个观点同样适用于宗教、政治和科学。进而言之，新教主义为所有这三个领域中的"自主性责任"（accountability）奠定了基础，只是人们逐渐使这三个领域变得彼此之间互不相涉。因此，弗朗西斯·培根，英国国王詹姆士一世的私人律师，不仅监督首部完备的英文版《圣经》的创作生产，而且发展出科学实验方法，以此对一切知识断言进行系统性检查，而与这些断言的来源无关。培根的目光格外关注学术知识断言，因为它们经常仅以未经证实的古代证言作为基础。

虽然我们现在把培根视作世界上首个现代科学学会——伦敦

皇家学会——的精神教父，但是，他擘画的"索罗门之宫"（Solomon's House）的范围所及更加彰显雄心抱负：他赋予索罗门之宫的权力，不止于为了探索科学而探索科学，它还有一项常规任务，就是对由各种宗教权威和政治当权者提出的冲突性论断进行检验，于是各种政策应运而生，这些政策可以超越社会中的一切派别门户，命令他们对权威论断表示普遍一致的赞同，然后这种做法可能会被扩散到作为单一整体的全社会，认为它对全社会都有益。我们现在想当然地认为，培根的指导性理念确实非常意义深刻。他坚信存在一个公平的竞技场，它可以决定思想的命运。很久以来，人们一直相信一种被指定的思想，甚或这种思想一直行之有效，这个事实不应当必然地支持以下观点，即这个事实延伸到无限的未来也同样适用。毕竟，许多思想能够变成居于统治地位的主流思想，只是缘于偶然的机遇、习惯的力量，以及（或）缺少竞争者等因素共同作用的结果。因此，培根方法的基石是"判决性实验"，它迫使甚至最牢不可破的思想在客观中立的基础上去直面对手，这个基础根据已获认同的各种条件来预测特定的结果。这种培根式方法希冀现代人关注以下观点，即知识断言的真理价值可能会与时俱变，因为证据效力在不断降级和削弱，而我们的方法却变得越来越好——甚或说世界在不断变化。无论如何，在培根这里，确实是首次把探求知识认定为一项内秉批判性的事业，这项事业将针对各种既定权威展开系统性批判。

　　正是本着这种精神，康德把《纯粹理性批判》敬献给培根；20世纪，波普尔则秉承培根式方法，构建起一整套基于"开放社会"、涵盖政治与科学的哲学体系。在康德与波普尔之间，是马克思和恩格斯全身心地投入这个传统，在这个传统的基础上，马克思主义的一些概念得以形成，例如"异化"（alienation）、"物化"（reification）

和"虚假意识"（false consciousness）。具体来说，马克思和恩格斯认为，当时的自由主义神学家——最著名者当属费尔巴哈（Ludwig Feuerbach, 1804—1872）——未能使他们的新教主义传播得足够广远。他们用宗教方式对《圣经》做出褪去神秘性的解读，但取而代之的是一种世俗的"再神秘化"，后者未经批判地接受了一种启蒙运动时期的叙事，简言之，就是"真理将使你得到自由"——它甚至根本没有考虑产生和分配这种"真理"所必须依赖的物质条件。然而，正如马克思和恩格斯的清晰洞察，这恰恰是一套混乱不堪的教条公式，它们终将落得只会谄媚权贵的下场。的确，这个分析成为马克思主义批判资本主义"自由市场"的基石，1848年席卷欧洲——其中包括德国——的"自由主义革命"以失败告终，则用事实证明了马克思和恩格斯洞见的正确性。社会认识论从上述事实中汲取的总体教训是——只有在具体的制度安排之下，批判精神才能发挥行之有效的作用。《共产党宣言》以"共产党"作为核心议题，它当然也是马克思和恩格斯沿着这些路线亲自提出的最具正能量的行动纲领。

一直以来，我自己的社会认识论视野也紧扣这条路径而展开。或许关于培根式方法的最佳实例，是我对大学的理解，我认为大学是生产知识——作为一种公共产品——的场所，它建立在研究和教学这两种互补型功能的基础上，如果不是对抗抵消型功能的话。研究和教学作为现代大学的双重基石，经常被冠以"洪堡式理念"（Humboldtian）的称呼，它沿用了19世纪早期普鲁士教育大臣威廉·冯·洪堡（Wilhelm von Humboldt, 1767—1835）的名字，这位语言学家和自由主义政治理论家十分服膺康德对欧洲启蒙运动的理解，即认为启蒙运动标志着人性由成熟进化到了成年，用康德的话说，就是"脱离了自己强加于自己的不成熟状态"（emergence from nonage)。基于这种对大学形象的理解，洪堡旨在对中世纪的大学体制进行重塑。康德的比喻恰好切中要害，因为君主和教皇最常见的特性就是对全社会施行"父爱式的"权威。于是，在反思康德召唤人性成年状态的基础上，洪堡"经过启蒙的"大学将赋予学者研究的自由，作为回报，大学的教学方式应当使学生的心灵得到解放、恢复自由，这与学生将用怎样的方式谋生无关，而学生未来的谋生方式可能会迥异于他们的老师。沿着洪堡的大学之道，教育变成一种赋权工具，而非一种纳入教条化的工具。现在很有必要详细阐发洪堡提出的大学建议的根本性质。

知识在本质上不是一种公共产品：制造出来的知识必定是单个的。把知识理解为一种研究的产物，知识就具备了与生俱来的精英性质。如果知识真正具有创造性本质——也就是说，作为一种发现或一个发明——那么，根据定义，知识首先被极少数人认识和理解，这些人随即潜在获得了某种优势，与他们对应的是初级研究员（fellow researchers），如果不是通常所说的学会的话。有鉴于此，所有知识都始于经济学家所谓的一种"显示地位的产品"（positional good），也就是说，知识价值与知识的稀缺性直接相关。为了让知识变成一种公共产品，必须保持知识的价值经久不衰，即使随着时间的推移，会有越来越多的人了解、使用，进而发展它。有鉴于此，教学致力于我所谓的"对作为社会资本的知识进行创造性破坏"。我用"创造性破坏"（creative destruction）这个词，显然借用了经济学家熊彼特（Joseph Schumpeter，1883—1950）的说法，我首次读到他的名著《资本主义、社会主义和民主》，还是我在耶稣会预备学校读中学时期。众所周知，熊彼特用"企业家精神"来定位资本主义的生命周期，企业家通过创新，对市场进行着创造性破坏。

然而，在把知识转变成一种公共产品方面，当代世界设置了多种体制性障碍。这些障碍共同作用,卓有成效地使教学屈从于研究之下,而非把教学和研究当作两种平等的大学功能。在这类障碍中,有两种障碍颇为引人瞩目:一是学术写作公认准则,二是知识产权立法。这两种障碍以其各自的方式强行施加多余的限制,限制人们获取超出这个公开事实——知识生来就只有极少数人才能了解它——之外的知识。的确,这些限制为知识赋能,使它变成一种形式的"社会资本",这种社会资本进而把权力赋予能够支付起求知入门费的那些人。这十分接近"知识作为权力"之意,新教改革者就是在这种知识之意中发现了罗马天主教会的腐败行径。尽管如此,现在可以公允地说,得知上述情形,柏拉图及其日后的追随者——例如孔德——将会感到欣慰,因为基于知识的权力是最低程度的暴力方式,通过这种方式可以强行建立社会秩序,虽然这个观点存在争论。当然,我在此特指那种技术训练,被认定为一位有"文凭"的"专家"必须经过这种训练,它的终极表达法是"基于研究的知识"。相应地,对于那些缺乏相关文凭的人来说,这种做法培育了一种兼具"信任"与"不问出处"(trust and deference)的互补性文化。这种做法的结果,就是体现出非常清晰的社会等级感。

　　用与社会认识论相关的方式来理解,大学"教学"旨在生产作为公共产品的知识,因此教学不是技术训练,而是反技术训练。换言之,大学的教学目的与以下情形完全相反:把知识确信无疑地传授给学生,与他们的教师学习知识的方式如出一辙。做出这种有违常规的论断,旨在表明:知识的获取受到严格限制,是知识与生俱来的固有本质。唯有从学生自身的前提条件出发,为学生赋能,使学生有能力获取与教师所学知识"相同的"知识,作为一种公共产品的知识才能被生产出来。这暗示出一种独特的教学方式。首先,教师必须清晰地知晓,在他想传授给学生的知识中,什么是必不可少的精华本质，什么不是。教师应当设想：他们自身对某些事物逐渐有了认识，其中大多数认识方式只是他们人生阅历中的偶然际遇——也就是说，真正的事实是：他们上了特定的学校，读了特定的书，拥有了一些特定的老师。作为教师背景的那些内容无须循环再生。但同样重要的是，教师必须具备一种理性的感知，明白什么是学生已知的知识，因为学生将以这类知识作为基础，去理解与新奇性相关的意思，而新奇性则体现在教师的教学中。因此，有一种形式的知识有时会被嗤之以鼻地视为"大众化"的普及知识——这种情形在科学传播的情境中体现得尤其明显，然而，正是这种类型的知识才真正堪称一种"公共产品"，这仅仅因为过度的求知入门费现在已经被清除殆尽。

虽然我在《社会认识论》中几乎根本没有论及大学教学，但上述关于大学教学的讨论——在随后几年我出版的著作中，这个议题的重要性与日俱增——源于我一直以来对翻译（translation）抱有持久兴趣的启发，本书第二部分专门探讨这个议题。翻译理论中有一个普遍认同的关键区分，它源于《圣经》翻译家尤金·奈达的贡献，即"形式对等"与"动态对等"的区分。我在《社会认识论》中指出，与这个区分相对应的，是《圣经》注释学（exegesis）与解经原则（hermeneutics）的区分：为构建《圣经》的权威性，前者倾向于在经典与读者之间拉开距离；与此相反，后者持续不断地在经典与人民生活之间建立联系，并以此作为《圣经》权威性的基础。大致说来，这种区分抓住了天主教与新教对待《圣经》的不同态度。不过，这种区分同样可以投射在教育中。

根据形式对等的翻译精神，教学旨在使学生掌握看世界的方式，这种方式与他们的老师看世界的方式如出一辙。这是技术训练的精髓所在，正如托马斯·库恩恰当地强调，基于这个意思，一种科学范式把一种世界观强加给正在从事研究的科学家们。因此,某人未来想成为一名物理学家,他在接受这方面的训练时,其实就不知不觉地同意全盘接受特定的认知框架,比如,牛顿或爱因斯坦的认知框架。但是,根据这种安排,知识被阐释为一种显示地位的产品,而非公共产品。尽管现代大学中的博士学位被与日俱增地赋予了这种意义,但是,如果现在继续忠实秉承洪堡的大学精神,那么洪堡精神就是这条道路的天然之敌。在《托马斯·库恩:一部我们时代的哲学史》(2000)中,我对这个观点做了详细阐述,具体援引的案例是:20世纪初,普朗克主张运用作为库恩原型的方式讲授科学,马赫对此提出言辞激烈的反对意见。我在此追随马赫路线,把教育同翻译中的动态对等原则联系起来。因此,依据这条路线,教师旨在让学生以他们自己的方式来理解一条知识的意义,这意味着:教师必须以直接强调学生世界观的方式,把这条知识进行重新熔铸,然后再传授给学生,即便事实证明这条重新熔铸的知识对学生们的信念构成挑战、检验或批判。在这种情境下,衡量教学成功的标准,是使学生逐渐认识到:他们获得的知识与他们的日常生活密切相关,而不是作为一种自足完备的专业知识——它们仅与某些特定的"专业"背景相关,他们运用这类知识来行使权力,并且凌驾于其他人之上。

最后,让我回到我的初始观点——知识必须作为一种公共产品来生产,而且只有通过"对社会资本进行创造性破坏",这种生产才可能发生。大学存在赋予研究特权、使研究凌驾于教学之上、进而把教学简化为技术训练的倾向,近年来,我已经日益突出地把这种倾向的特性概括为——智力"寻租"(intellectual "rent-seeking")。有一个资本主义经济学家和社会主义经济学家可以达成共识的屈指可数的问题,那就是他们都厌恶把租金当作一种价值来源,主要原因在于：租金有赖于他们认为的对获取资本设定的人为限制。马克思提出过一个令人难忘的称呼——"食利者"（rentiers），它的原义是设法使全部所有权实现资本化，即便存在这样的事实：某人拥有某种有价值的物品，从这种物品本身看，它现在不应成为未来价值的来源；相反，只应把所有权当作通过生产性劳动生成新价值的基础。得出与马克思食利者原义相反的结论，目的就是要使获取资本的原始过程变得神秘化，通过这种手段，某些人就逐渐拥有了某些财物。不过，当科学范式用某些人物来命名时，比如，牛顿、达尔文或爱因斯坦，那么，科学的各种源头就被卓有成效地神秘化了。牛顿不只是得出许多令人印象深刻的关于物理宇宙的真理，他得出这些真理所使用的方法，早已成为从事物理学探究的典范模板，可以存在争论地说这种典范一直延续至今。

　　这最后一点又唤起经济学家所谓技术史中存在的"路径依赖"，它意味着这样一种倾向，即一种创新变得如此根深蒂固，因此所有竞争者都必须根据它的游戏规则来行事。因此，当亨利·福特把个人交通范式从马车转变为汽车时，未来竞争者就不得不造出更好的汽车，而不是造出更好的马车。然而，正如我们从以上论述中所见，从新教改革流变到科学方法的这条智力轨迹，至今仍正确地敌视路径依赖倾向包含的狭隘视野。因此，新教徒不是把基督启示的合法性建立在从教皇到圣徒保罗以来动态传承的基础上，他们反而支持圣徒保罗的传教路径，保罗通过更加直接甚至为受众量身定制的方式，把基督精神广泛传播到广大受众中间。但可以争论的是，路径依赖是当今科学领域存在的一个比较大的问题。诚然，这个观点准确切中一种库恩科学范式兴起与演进的历程，因为每一代新科学家都被强制要求，要"站在巨人的肩上"，要回忆牛顿对自身成就特性的概括。这类证据也体现在学术征引实践中，根据学术征引规则，一个人如果不征引某位特定前人的研究成果，他就不可能建立自己的知识论断，因此，一个人只有在引文的基础上，才能宣称建立了自己的知识论断。

但有趣的是，科学内在固有的新教倾向，如今已经开始反击科学领域的路径依赖。这种敌意最清晰的表达，就是坚持在发现语境与证明语境之间做出严格区分。在我做学生的时代，这个区分同逻辑实证主义者和波普尔主义者联系密切，不过，这个区分具有漫长久远的历史。这个区分根植于一种直觉，这种直觉认为：如果科学志在成为一种"普遍的"知识形态，那么科学知识必须既具备普遍有效性，又具备普遍的可获取性。这个区分进而表明，从一种认识论视角看，任何知识断言的创始者不过就是一种历史偶然。波普尔有时甚至说，发现语境是"非理性的"。他的意思是：我们不应盲目迷恋知识断言的创始者是谁，因为在恰当的条件下，任何其他人都有可能做出这种知识断言——假设它们确实是有效的知识断言。

这种观点顺理成章地使认识论任务内秉一种社会性，在某种意义上，它与洪堡式大学中的教学角色密不可分，这种教学的终极目的是：将知识的起源去神秘化，通过这种方式为每个人赋能，使每个人都有能力运用这种知识去追求他们自己的未来。当然，这里仍然存在的疑问是：这种用知识"赋能"的观点——它一直作为我的社会认识论观点的核心——能否在实践中最终保留住一种对"社会"的共识性理解。大约五百年前，在耶稣会创立之时，心中就怀着这个疑问；如今我们身处"后真理"时代，这个疑问仍然一如既往地与我们的世界相关联。

史蒂夫·富勒
英国考文垂·华威大学
2019年6月5日

前言

本书出自一位代表知识社会学的科学哲学家之手。我认为,哲学主要是一门规范性学科,社会学则主要是一门经验性学科,因此,我有两重最基本的主张:(1)如果哲学家的兴趣在于达成理性的知识政策(大体而言,某些政策是为生产知识的目的和手段而设计的),那么,他们最好要对各种意见进行研究,这些意见源于真实的知识生产社会史——我呈现的这个研究领域,是修辞学家和语言学家开启了最初的探索,当然,晚近以来由社会科学家接踵前行。此外,如果哲学家客观公允地细考这段历史,那么,他们将会被迫对自己关于知识规范理论的本质和功能做出重新认识。(2)真正从事知识生产的社会学家和其他学生,如果希望自己的研究具备其本身应有的更具普遍性的意义,那么,他们应践行某种"自然主义认识论",并且希望获得机会,可以做出从"实然"(is)向"应然"(ought)的逻辑推理。如果上述经验得以实现,循着马克斯·韦伯①的进路,相较于从我们的当前知识向未来知识的跃迁(经验论者宁愿在他们从事探索的常规进程中冒险为之),从事实到价值的推论跃迁就不会显得更加伟大,经验论者将会从阻碍他们侵入哲学家传统领地的恐惧和嫌恶交织的情态中解放出来。[近来巴恩斯已在

---

① 马克斯·韦伯(Max Weber,1864—1920),德国社会学家、政治学家、哲学家。

这个正确方向上迈出健康的一步（1986）。］科学管理者素来基于从大学习得的有些夹生的科学哲学，为相当不幸的科学问题决策做出辩护，有鉴于此，无论如何，寻求可替代传统科学哲学的知识社会学理论，已经成为当务之急。

表面看来，这些主张似乎非常合理，甚或可以说是完美无缺。然而，认识论与知识社会学之间的互动关系，其实很大程度上已处于对抗与敌意的状态中。从我称作"社会认识论"的角度看，对抗的原因在于这二者本身非常有趣，因为它们提出一整套有关学科边界争论必须处置的问题。同样不足为奇的是，本书用相当篇幅探讨如何思考这些问题的方式。对于一项重要的政策，知识政策制定者必将做出的决策是：将我们的知识事业整合为一体的研究（即"科学学"），还是像当前这种有所融合但总体上仍是各自独立的学科形式，二者孰优孰劣？

首先应提请读者注意，总体而言，我的兴趣不在古典认识论家提出的"知识问题"上。换言之，读者在本书中很少能发现这类思考：我们对外部世界的信念是否是诚实的，或是否得到证明。相反，我重点关注"知识生产"与其书面表达的意思相当契合的意义，其中包括：某种人为制造的语言（"文本"）如何变成被证实的知识；这些人工制造物可能的传播模式是什么（特别是它们如何用于生产其他人工制造物，以及生产具有政治和文化影响的人工制造物）；知识生产者对于整个知识事业本质的某种态度是如何产生的（例如，知识"进步"的信念）。其实，为了与古典认识论家形成最鲜明的对比，毋宁说，我思考的绝大多数问题，确切地说是这类事物，即笛卡尔魔咒可能需要认识这类事物，以便为无知的能思之物构建一种错觉式的知识世界。

无疑，面对最终宣布的定论，古典认识论家将会畏缩与臣服，并且从中得出结论,认为对于自己的知识理论而言,没有什么比对各色人等所谓的知识做出经验性说明更为重要。作为回应,我首先强调,我们畏缩的认识论家通常在私下里是一位怀疑论者,在他们看来,我的知识理论是不充分的,这只是出于同样的原因——就是说,他们认为,除了他们自己的认识论之外,其他任何一种理论都不可能可信地从纯粹的见解中分辨出"真"知识。但是,仅仅这个全面的否定性判断就会令人们怀疑:古典认识论家已错将知识探索的重点当作知识的本质——用来定义、拓展,但绝非用来否定人类可能的认识实践。在非哲学家看来,这一点必定是显而易见的,古典认识论家对此却置若罔闻,他们的一个可能借口是:他们回想到传统上超人(即上帝)已设定的先验性认识标准。尽管如此,我仍希望古典认识论家在读过本书之后,能够领会:对于激发心灵的怀疑论转向这个基本事实,我是敏感的,并且我明智地晓悟:我们的知识主张所能涵盖的确定性基础,远比我们通常认识到的要少得多。

正如当前的实践,哲学的分支学科对于知识的本质——认识论和科学哲学的贡献,有赖于几个根本性谬误。一方面,哲学家把各种知识状态与知识过程,当作个体在社会真空中进行运作的资本,他们似乎经常认为:任何关于个别知识的正确说明,根据其事实本身,可以普遍化为关于社会知识的正确说明。例如,一个科学主张的确定性条件,典型地根据下列明显的关系来界定:知情者站在已知事物的一方,不考虑其他知情者的认识状态,以及他们彼此之间的关系,就已然知道事物在很大程度上将影响这个科学主张的确定性。至于从个别知识向社会性知识的转移,始终是含蓄进行而非公然争论,可见哲学家陷入了合成谬误(the fallacy of composition)。

另一方面,个体知情者的哲学说明有时极其清晰,但这并非因为他们已将个体认知的真正特点独立分辨出来;相反,这些说明已经确定了推理模型——所谓"验证逻辑"——以及在公共信息交流中有说服力的话语。无论这些模型与话语是否构成信念体系的结构，一切理性个体对于他们向社会输入的知识均无足轻重，它唯独有赖于：相关认知共同体的成员承认，这些理性表达的信息操控着理性个体的思考。最终，哲学家可能经常滑向分解谬误（the fallacy of division），认为知识事业的一个特点主要体现在社会互动层面，据此，这个特点（通过某些手段或其他方式）被进一步转化为社会互动参与者个体的心态特点。

在讨论知识的性质时，为什么哲学家惯于陷入上述双重谬误？对此，我的诊断指向：在知识生产进程中，意向所指和意向所致的效果之间存在混淆。当认识论家陷入合成谬误时，他们假定：在一个特定的认知共同体中，基于多数共同体成员的信念，人们可以预测一个断言是否可能作为知识进行传递。同理，当认识论家陷入分解谬误时，他们假定：一个认知共同体为什么把一个给定的断言正式地当作知识来对待，对此给出的最佳说明是，多数共同体成员相信这个断言。然而，这两种推论都极大地低估了每个共同体成员的期待和意愿所能产生的影响，即他们对于在认知共同体中做出适宜论断的期待，以及每个成员愿意轻视自身的个人信念，而去顺从那些规范性预期——只要这种做法作为一种手段，能够保持相关成员在认知共同体中的地位安然无恙即可。简言之，那么在我看来，做出认识判断具有许多类似股市的特点——需要对股票趋势进行辨识和预期研判。

为了不致使读者认为我对社会认识论的探索坚持一种完全划一的进路，还应强调指出：出于保证知识进程平稳运行的立场，重要的是在认识判断上，需要保持表观的一致性。然而，对于这种表观现象的探索，无须比类似那些认识判断的表述风格更深半分，作为回应，各种认知共同体的守门员，极易对上述情况进行监视。因此，不足为奇，认知共同体类似学科在时间与空间上的拓展，日渐可能出现的情况是：对于同一套公开的定论，几组不同的研究者会表示同意，但是，实际的应用方式表明：这些定论在付诸实践的过程中，已具备了非常不同的意义。这留给我们一幅知识事业图景：在文本表层，看似非常统一和系统规范；但是，在实际应用的微观层面，显露的只有局部的约束（或是地方性限制）。这里表明的极端双重性，有可能在论文中被包裹起来，因为用论文的形式极易掩盖认识差异，而交流过程本身就是认知改变的主要源头。当我以更具"人文性"的视角书写时，我把这幅图景造成的结果，指向不可通约性问题（the problem of incommensurability）[①]；若以更具"社会科学"气质的视角书写，我则将其指向共识的难以捉摸性（elusiveness of consensus）。

本书依据"当今读者"的兴趣编排组织，那些很少将一本书逐字逐句读到底的读者，可以任选其中一章来读（当然，尽管应当根据目录次序阅读本书）。因此，本书的每章可以独立阅读，而不至于错过太多上下文的背景知识，本书也会适时提供参考文献，指向相关论著的前后章节。为满足特殊读者的特殊需求，我还建议用如下方法阅读本书：每位读者至少应当阅读第一章，最好能读完第一部分；人文学者还应阅读第二部分的章节与第三部分的附录二；社会科学家应当阅读第三部分全部；管理者应当阅读第四部分的章节。幸运的话，科学哲学家将会随处发现自己感兴趣的内容，尽管认识论家和语言哲学家可能会把自己局限在第二部分，而社会和政

---

① 在语言学中多译作"不可译性"，这里尊重科学哲学译文用语习惯，译作"不可通约性"——译者注。

治理论家可能更钟情于第三部分和第四部分。

为了最充分地利用这个文本，读者不应把本书视为通常所见的单部专著，而要把它当作多种观点激荡的一揽子文本，当作充满思想的素材宝库，当作进一步展开研究的方向指南。毋庸讳言，我欢迎读者的批评，以便我有机会在下部著作中做出改进，假设它的书名就是《科学哲学及其不满》（*Philosophy of Science and Its Discontents*, Westview Press, 1988/9）。尽管读者在本书中有希望发现有助于自己研究的参考文献，我也特别提出多种知识探索领域在观念上的关联，而不只是将它们一般性地拉扯在一起。不过，为了便于读者阅读，本书在正文中还是省去了脚注。最后，对于类似某位读者的建议，还是以方便阅读为要，并且应当以更加温和中立的方式来理解这些思想观点。

1983年，我萌生了写作本书的念头，1986年完成了本书主体的写作。第一章初版发表在《综合》（*Synthese*）社会认识论专辑上，作为本刊编辑的弗雷德·施密特（Fred Schmitt），无疑是我迄今遇到过最认真和最善于启发激励的哲学读者。第二章的一部分是对玛格丽特·吉尔伯特（Margaret Gilbert）一篇论文的回应，它在美国哲学学会（APA）会议上发表。第三章是在哈佛大学科学史系列研讨会上发言的扩充版，感谢埃弗瑞特·曼德尔逊（Everett Mendelsohn）对我的慷慨邀请。（还应感谢普特南教授与哈佛大学哲学系的研究生们，对我的观点提出兼具挑战性与启发性的评论。）第五章与第十一章最初发表在科罗拉多大学科学历史与哲学系列研讨会上，部分发表于《社会科学哲学》（*Philosophy of the Social Sciences*）、《知识探索》（*Explorations in Knowledge*）、《东亚科学技术社会学通讯》（*EASST Newsletter*）等期刊上。在此，我要感谢帕特里克·希兰（Patrick Heelan）、冈扎罗·默尼瓦（Gonzalo

Munevar）、阿莱·里普（Arie Rip）和赫伍德·斯慕克勒（Howard Smokler）为我提供资料，给予我鼓励，以及有时给予我的批评和忠告。

第六章的部分内容，发表在哲学与文学国际协会（IAPL）的年会上。附录二，最初在言语交流协会（SCA）年会上发表，在该领域，查尔斯·威拉德（Charles Willard）是我最出色的朋友。第七章的初版，发表于《太平洋哲学季刊》（Pacific Philosophical Quarterly）专辑；第八章的初版，发表于《4S 评论》（4S Review），从中我发现了史蒂夫·伍尔加[①]非常宝贵的文章。唯有第九章，以我的博士论文为基础，它曾入选美国科学哲学学会举办的一次研讨会。我要感谢泰德·麦克格雷（Ted McGuire）和凯恩·谢夫纳（Ken Schaffner），是他们慷慨地给予本章内容许多学术指导。

还有更多的谢意，必须送给与我长期共事的两位好友，一位是《学术年报》（Annals of Scholarship）的编辑戴维·高曼（David Gorman），另一位是《耶鲁法律学报》（The Yale Law Journal）的编审詹姆士·欧伯瑞（James O'Brien），在许多重大问题上，他们保持了坚定的独立性和忠诚性。为了本书能够得以出版，罗恩·盖瑞（Ron Giere）和汤姆·尼柯斯（Tom Nickles）竭尽全力，同时，鲍勃·斯洛恩（Bob Sloan）、印第安纳大学出版社编辑人员，与出版资源协调人吉姆·罗伯茨（Jim Roberts）和鲍德（Boulder）一道，不懈推进本书的出版事宜。泰勒与弗朗西斯出版公司（Taylor & Francis Ltd.）的编辑主管理查德·斯蒂尔（Richard Steele）间接推动了本书的写作工作。斯蒂尔是一本期刊不辞劳苦的助产

[①] 史蒂夫·伍尔加（Steve Woolgar, 1950— ），英国社会学家，在科学技术社会（STS）研究、社会问题以及社会理论方面著作颇丰。

士，最近我也开始谋划一本杂志，同样名为《社会认识论》(*Social Epistemology*)。我工作至今的科罗拉多大学哲学系，一直有着最令人舒畅的学术环境，不过，我还是时常有赖于乔治·瑞伊（Georges Rey）的襄助，是他确保这个愉悦的环境不至于滑向教条的死寂。其实，我必须承认，乔治至今仍是引发我对本书的基本观点产生怀疑（即便那个时刻刹那飞逝）的唯一人士。一直以来，我的学生也为本书源源不断地提供各种形式的激励，尽管在本书的某些具体细节上，我必须与我的研究助手斯蒂芬·唐尼斯（Stephen Downes）保持一致。最后，将我的宏恩与心中的欠意送给我的母亲，她始终相信这本书必将会问世。

史蒂夫·富勒
美国 科罗拉多大学

序

在这部极具挑战性的著作中,我们看到了认识论的未来,或者至少看到了认识论的一种未来的方向,这足以令人安心与鼓舞。然而,罗蒂在他的著作《哲学和自然之镜》中指出,认识论没有未来;对于罗蒂观点的许多回应,已经捍卫了古老的认识论的荣誉,因此十年前、五十年前、一百年前,我们在学校学习着同样古老的认识论问题和答案,说什么——认识论的辉煌往昔足以成就其未来。的确,这种说法似乎是在预言认识论作为一门学科的死亡。在智识的原乡中,罗蒂与富勒分别位于大西洋的两端,甚至是英吉利海峡的两端,更不必说是"两种文化"彼此对立的两端了;不过,单是这种对立,还无法说明他们为什么此方坚决认定被彼方否弃的对象——它关系到更广泛的科学认识论问题,因此也关系到富勒对这些更广泛议题的认识。然而没人会错把富勒当作一位十足的逻辑论者,富勒也不及罗蒂更富有诗意,诚然,富勒把更多的兴趣投向科学、科学政策,以及基于科学的公共政策。

富勒在书中所论,就是学科所及。他的社会学转向,将"止熄"(turn off)许多哲学家,而他用来探讨他的社会学转向的方式,在许多(其他)科学学研究专业——历史学、社会学与科学技术心理学——看来,将会显得鲁莽与不计后果。但是,这部著作以其对社会认识论的详尽论述,着实卓尔不群。运用社会学概念进行知识探索的哲学著作,显然不会滥用社会学,但它们充其量只是"提及"社会学,在这类著作当中,富勒的著作不失为稀缺品。令人欣慰的是，哲学家与社会学家共聚一堂时总是彼此攻讦的日子已成往事，这是一种温和适度的社会进步。然而，相较于近来那些著作——它们随意提及一些社会学著作，并主张合作折中是可能的，眼下这部著作运思精当，远超其上。

一个更重要的"可能性"问题是：在哪种程度上，从社会（与心理）的视角来看，哲学家的方法论建议是可能的？知识探索是一个社会—历史进程，它由人类在各种工具的助力下进行。现在，许多科学哲学家承认，历史证据能够驳斥哲学的方法论断言。只有少数科学哲学家严肃地质疑：即便是一流的哲学家的方法论，是否能够与我们所了解的知识探索的社会化组织兼容并存？对绝大多数人而言，这个问题的确无关紧要，方法论可能常有一种历史的描述性意义，但某种程度上，它也表现为先发制人的社会规范性。对少数人而言，只要兼容性能够畅行无阻，哲学家的方法论就是好的，但是，我们需要做出具体的说明——有些"起因"（causes）怎么也能成为"理由"（reasons）？反之亦然。富勒赞赏这样的做法：我们必须详细了解知识探索"逻辑"的社会实现进程，详细了解知识探索的社会组织，详细了解知识产品的逻辑结果。

简言之，《社会认识论》这部著作铺就了一些基础工作，至少为一个新研究领域（或旧研究领域的转型）开辟了基础。富勒源源不断的论述，诸如学科自主性、划界、知识组织及其建制化工具、共识、研究的地方性、专家队伍、默会知识、权威性，不一而足，具有源源不断的启发性意义。在我看来，任何对认识论研究感兴趣的人，或正在寻求解决有关认识论的新问题，或正在寻求新的认识论研究领域，这本书必是他们的不二之选。

托马斯·尼柯斯（Thomas Nickles）
美国里诺 内华达大学

第二版导论

《社会认识论》在 1988 年首次出版,毫无疑问,相较于那时,现在人们会更加严肃地看待社会认识论。"社会认识论"作为词条,甚至已收入最新版《诺顿现代思想辞典》(*Norton Dictionary of Modern Thought*),这部辞典收录的词条每十年更新出版一次 [在英国名为《冯塔纳现代思想辞典》(Fontana)]。我们将这部辞典中的"社会认识论"词条,以及用斜体字表明的关联性辞条,一并转录如下:

> 社会认识论。一项从源头上涉及多学科的智识运动,一旦认为知识内秉具有社会性,就会力求对各种传统的认识论问题进行重构。社会认识论常被看作一门具有哲学气质的科学政策,或是注重规范性的科学研究(Science Studies)的一翼。社会认识论源起于对学术知识生产的研究,并且开始将多元文化与公共情境中的知识,以及知识向信息技术与知识产权的转变,纳入自己的研究领域。从《社会认识论》(*Social Epistemology*, Taylor & Francis, 1987—)季刊创立之日起,社会认识论就开始以制度化的形式呈现于世。尽管社会认识论学家之间存在诸多内在差异,但是,他们在以下两个关键点上具有共识:

（1）传统的认识论、科学哲学与知识社会学，已经预设了一种关于科学探究的理想化概念，使基于各种科学实践的社会史无法为这种理想化的概念提供支持；（2）尽管如此，如果科学通常作为社会中理性典范的地位没有变，那就仍需规范地阐明关于科学的恰当的目标与手段。这样，社会认识论家面对的问题就是：真实的科学运作，是否与科学被抬高的社会地位，以及政治含义所遵循的种种科学答案名副其实？给出肯定回答者，假定科学在正确的轨道上运行，并为人们提供引导，以便在相互竞争的多位专家中间选出可以信赖的科学；给出否定回答者，则更加关注具有基础性的议题，即确定人们需要的知识类型，以及这种类型的知识应当在怎样的条件下进行生产和分配。

我自己应属于做出否定回答的那类社会认识论家。要想知道个中缘由，我有必要说明"社会认识论"这个术语如何成为哲学领域一个普遍通行的表达（Remedios，2000）。这应归功于明确探讨社会认识论主题的《综合》（*Synthese*）期刊专刊的出版，它使我萌生了以《社会认识论》为名，创建一部期刊并完成一部专著的念头。1984年年末，我在匹兹堡大学科学历史与哲学专业取得博士学位的同时，《综合》专刊也向我约稿，他们可能感受到这年初我发表在《认知》（*Erkenntnis*）杂志上的文章的力量。这篇文章完全探讨分析在哲学传统训练下的英美系哲学家存在的问题，他们中的绝大多数已经为"每个人应当知道什么"提供了颇具影响力的解释。

社会认识论的源起并非偶然。对于笛卡尔式的认识个体，分析哲学的认识论仍将其视作一种认识者的典范，社会认识论则将其视作那个核心范式的一种既定模式。比较而言，法国与德国的哲学传统——受到孔德实证主义或新康德主义影响——通常在"认识论"中，强调认识具有的分享性和系统性特质，它并不明确认同认识者个体所持的信念。因此，他们关注各种专门科学各不相同的方法，尤其普遍关注对社会中存在的基本价值观差异进行反思的那些科学方法。在"已经普遍实现社会化"的认识论领域，新近的研究成果包括：福柯[①]关于"规范"行为与"病态"行为进行社会学诊断的科学化研究；哈贝马斯[②]力求为知识确立独树一帜的"解放性"旨趣；这种知识与社会的关联度，超越了实证主义与阐释主义社会科学的狭隘旨趣。

然而，上述欧洲大陆哲学家的关切，并非完全迥异于英美分析哲学传统。在所谓"科学哲学"领域，各路流派观点纷纭，层出不穷。随着纳粹主义在20世纪30年代兴起，欧洲大陆国家的认识论哲学家纷纷流亡英美，寻求避难，逢此契机，科学哲学盛极一时，拉卡托斯[③]和缪斯格里夫合著的文章"证伪化与科学研究纲领方法论"（Lakatos, Musgrave, 1970）抓住了科学哲学的黄金时代，这也成为驱动我进入该领域的动力。长期来看，在这股逃离欧洲的运动中，最杰出的北美受益者，可能当属普特南[④]与伊恩·哈金[⑤]。最初从奥地利、德国和法国流亡英美的哲学家，也从未隐藏他们的信念，他们认为文明的命运深系于对科

[①] 福柯（Michel Foucault，1926—1984），法国哲学家、社会思想家和"思想系统的历史学家"。

[②] 哈贝马斯（Jürgen Habermas，1929—），德国哲学家、法兰克福学派批判社会理论第二代领袖。

[③] 拉卡托斯（Imre Lakatos，1922—1974），匈牙利人，科学哲学家，1969年起在伦敦经济学院任教，成为波普尔的学生和同事。

[④] 普特南（Hilary Putnam，1926—2016），美国逻辑学家、科学哲学家。

[⑤] 伊恩·哈金（Ian Hacking，1936—），加拿大科学哲学家，2001年当选法兰西学院院士。

学探究的协调与校正。同类观点也推动着实用主义在美国的发展，它为自身做出清晰界定，即反对杜威①描述的所谓"知识光谱理论"（spectator theory of knowledge），这是笛卡尔式认识论秉承的进路。然而，关于科学探究的社会调控问题，实用主义者开始日渐远离逻辑实证主义者自上而下的立法式风格，他们更多以自我组织型共同体的视角正视问题，波普尔②在其中处于承上启下的位置。对上述问题的关切之心，植下了我内心的社会认识论之根基。

　　基于一般的英语惯用法，笛卡尔式认识论努力将知识还原为某种可变化不同形式的"已经证实的真信念"，它对于什么可以算作知识，做出了人为界定。其中"信念"的条件，是一种享有特权的创造物，它作为知识的承载者（knowledge-bearers），具有良知（conscience）或自觉意识（consciousness）。这样的本体论断言，很少受到分析哲学认识论家的质疑。诚然，"真理"与"证明"这类概念（至少在弱意义上表明它与某种标准相对应）的含义，通常蕴含在"知识"中，单在这种情况下，知识能够平等地属于大脑、书籍与数据库。因此，对于人们"确实相信"什么（无论它意味着什么）做出分辨，我始终兴味索然，我感兴趣的是——知识作为一种社会组织准则是如何运作的——例如，通过知识如何驱动人们对于人际关系中的各方，或对于他们所处的环境，以某种方式付诸行动。此外，我特意让自己远离曾经流行的"关于真理的共识理论"（consensus theory of truth），而几种举足轻重的信念组合驱动着该理论有效运行。与此相反，我已深受福柯、行为主义与修辞学的

---

① 杜威（John Dewey，1859—1952），美国哲学家、教育家，实用主义集大成者。
② 波普尔（Karl Popper，1902—1994），生于奥地利维也纳，科学哲学家，批判理性主义（证伪主义）创始人。1946 年至 1969 年任教伦敦经济学院，英国爵士、皇家科学院院士。

吸引——他们共有一个预设,即认为知识是用来生产某种效果的手段,这无关乎行动者的信念,若非这些信念在制造出相关效果方面发挥了作用的话。

由于"认识"(know)与"知识"(knowledge)涵盖了过多的语义基础,导致社会认识论这个议题在英文中极易被混淆;但是哲学地看,这也造成一种巨大的差异,即人们对于知识本质的种种探究,被锚定在作为动词的"去认识"(to know)或作为名词的"知识"(knowledge)上。因此,我们会说:书籍包含着知识,书籍却无法认识事物。对于这两种"知识"的意义,法文与德文做出了有益的区分。每种语言都有一个指称"知识"的单词,它更类似英文中"认知"(cognition)这个词,例如指称处于某种心灵状态这个事实,相应的法文和德文单词为:*connaissance* 与 *Erkenntnis*。在此意义上,认识论清晰地与心灵哲学结为联盟。但是,每种语言还有一个单词,它更类似英文中"science"(科学)这个词,其中暗含操控心外之物的意思,但不暗含某人处于一种特殊的精神状态之义,相应的法文和德文单词为:*savoir* 与 *wissenschaft*。例如,在培根的名言"知识就是力量"中,"知识"译作法文为 savoir(例如在孔德与福柯的著作中),笛卡尔与萨特则从另一方面关注 connaissance(认知)。关于认知劳动(labor),法文和德文在语言方面做出了以上区分,这样做的结果,就是法德这两种哲学传统曾经讨论过,英美哲学将分成心灵哲学(*connaissance/Erkenntnis*)与科学哲学(*savoir/wissenschaft*)两个方向,二者在彼此相对孤立的状态下发生,且不存在与这两个方向可以契合的"认识论"领域。

在欧洲大陆哲学中,心灵哲学在根本上是现象学,科学哲学则关注各门学科的实践。在这种语境之下,"认识论"不是被认定为心灵哲学传统,便是被认定为科学哲学传统。例如,在20世纪早期，胡塞尔①与卡西尔②，谁更堪称是一位"认识论家"？关于这两位哲学家可以存在各种争论，然而，无论他们的著作还是思想遗产，都少有重叠之处，而且比可能想到的还要少——除却海德格尔从负面角度出发，着手对二者进行驳斥。对于胡塞尔与卡西尔在思想上应有重叠之处的预期，可能由于下述历史条件所致：19世纪70年代以来，接受德国教育的苏格兰哲学家大卫·费里尔③在英语中创制"epistemology"（认识论）一词。弗里尔对于人类认知方式进行科学研究的可能性以及心—脑关系问题感兴趣，其实，他或许已经认识到他所谓的"认识论"就存在于当今的认知科学中。随着欧洲哲学传统、特别是逻辑实证主义者流亡进入美国，这个趋势与认识论问题交织在一起。显然，逻辑实证主义者为寻求知识的某种整体性意义而奋斗，这种整体性知识在认知（*Erkenntnis*）与科学（*wissenschaft*）的差异之间架起了沟通之桥，或通过将认知化约为科学（物理主义），或通过将科学化约为认知（现象主义）。

逻辑实证主义者力求运用知识来规范信念，本应令他们不安的问题是：一方面，强调信念意味着知识的一种普遍性特征从属于它的"主观性"特质——即某个人的精神状态，而与这种状态的内容指向无关；另一方面，知识的客观性特征看似被特殊化为世界中的各种模式，一旦掌握了这种模式，它可能被人们应用到多种多样的精神状态中，包括有人把自己已掌握的事物视为有必要清除的错误这类精神状态。然而，知识是关于特定客观事物的一种普遍的主观性精神状态，无论对于日常应用，还是包含道德与政治关切及更广

---

① 胡塞尔（Edmund Husserl，1859—1938），奥地利哲学家，现象学创始人。
② 卡西尔（Ernst Cassirer，1874—1945），德国哲学家，文化哲学创始人。
③ 大卫·弗里尔（David Ferrier，1843—1924），19世纪70年代创制英文"epistemology"（认识论）一词。

义的"规范性"视野,这种思想听起来都颇不真实。例如,人们在未对通常所谓科学的"价值中立性"进行思考之前,可能就会将物理学法则完全运用到核能或核弹的生产上来。但是同理,对于一个族群如何以细致与系统的方法应对他们赖以生存的环境,这种思想未能给出说明;同时对于族群自身的成功,甚至为促进成功进行的科学尝试,这个族群也拒绝接受科学的解释。

如果有什么区别的话,这两个例子指出了知识具有相反的教训,即知识的普遍性意义可能伴随着多样性的精神状态,包括知识指向互为排斥的目标。那么,不足为奇的是,像波普尔与福柯这样颇为不同的哲学家,已经否定了这个论断——人们必须相信自己所知道的。在这个问题上,我与他们是同道。因此,我认为:直到知识的目标被清晰地呈现出来,社会认识论的规范性使命才算实现,因为知识极易被嵌入我们认为是错误或竞争性的方式中。

同《综合》(Synthese)专刊最初倡导的社会认识论观点相比,捕捉我的社会认识论与它存在差异的另一种途径,就是思考从哲学中生出有趣的"知识问题"的两种策略:

策略 A

(1)我最了解的事物,是我已然最直接熟悉的事物,也就是我自己的心灵。毕竟,如果没有它,我就不可能进行这个独特的观察。但是,我的心灵可能不是目前存在的全部。

(2)那么,我如何决定其他可能的事物是否存在?当然,如果它们存在的话。我如何可能认识它们?如果它们看上去迥异于我自己的心灵?

策略 B

（1）我们通常把自己亲历的每个人（和每件事）都看作生活在同一个世界上。然而，随着人们详细讲述其经历，可以清晰地看到：我们直接进入的世界有着种种面相，这些面相之间存在重要的差异。

（2）那么，当我们假设自己的通路（access）可以由一切（诚心诚意的）人来分享时，什么能够对通向我们共同现实的这些差异做出解释？什么使我们在日常生活中能够忽略这些差异？

策略 A 抓住了哲学崇尚质疑的传统，在分析哲学认识论中，这个传统将笛卡尔的传人与奎因[①]的后继者联合起来；策略 B 从奥古斯丁神学（神圣的和谐如何可能与日常冲突兼容并存？）延展开来，从莱布尼兹到黑格尔——还有马克思、曼海姆、布鲁尔和我本人。在由这两种策略生成的认识论问题中，存在一些重要差异。在为知识定位的问题上，策略 A 基于从内而外（*inside-out*）的立场：我们如何走出个体自我的头脑，进入某些共同的实在？策略 B 则基于从外而内（*outside-in*）的立场：我们如何超越共同的实在，进入使我们与众人区别开来的心灵状态？

根据从内而外策略，知识被定位为每个人需要解决的问题，它以认知主体可能或不可能自觉领会的大致标准为依据。实现认识上领悟的可能性甚微，这种观点毫无道理，一个认知主体掌握的知识，可能会对该主体认识领会其他认知主体构成一种阻碍、竞争或需求的关系，这种判断可能更多依据了从外而内策略。认知主体在

[①] 奎因（W.V.O.Quine，1908—2000），美国哲学家，逻辑实用主义代表。

这里被描述为：在两种或多种可相互替代的研究路径之间选择其一，充分认识到资源的局限性，以及其他认知主体将会大致在同时做出同样的决策。这种认知者作为"有限的理性主义者"参与"知识管理"的形象，是始终贯穿我的职业生涯的一条脉络（Fuller，1985；Fuller，2001）。

策略 A 与策略 B 在运用中都有一个认识论预设，这个预设具有探求知识的责任。至于策略 A 的首要责任，就是必须克服以自我为中心的相对主义：我在我自己的头脑中，但我怀疑在我的头脑之外存在其他不同于我的事物，我如何发现它们？不足为奇，策略 A 强调具有实在论偏好的方法，例如它寻求（"本原的"）属性，这些属性在各不相同的观察与变革中依然保持恒定不变。至于策略 B，从另一方面看，它以彻底的实在论为首要责任：我们都生活在同样的世界中，因此每个人必须像我一样思考，至少当他们正在正确地思考时。不过，为什么事实看起来并非如此？（他们疯了吗？）通过一剂方法论相对主义，可以对这种非事实情况做出相关的校正：确切地说，因为我们拥有共同的实在世界，而对于我们明显感知的差异，这个共同的实在世界却不能对它做出解释。因此，关于普遍实在的断言，我们更乐于将它视作一种伪饰和偏颇的观点，或视作一种"意识形态"，它的做法就是通过充分利用我们的弱点，依据十足的实在论形式进行思考，我们可能从中获得某些局部的、有形的物质性优势。

坚持策略 B，已经在哲学理念上造成相当程度的误解。例如，多数社会学家——当然包括曼海姆和布鲁尔——一直是实在论者，并且相信他们的研究对象也是实在论者，至少在下述意义上：他们相信自己是与实在打交道,它被美国科学哲学家阿瑟·法因①定名为——我们"自然的本体论态度"的一部分。然而,在与策略 A 联姻的哲学家看来,这种对实在论的极朴素的认同必定显得非常奇怪。因为尽管策略 B 的坚持者通常承认,关于支配一个知识探究者共同体的规范,存在一些"麻烦事"(fact of the matter),因为这些规范仅仅能够支配那个特定共同体,而不能对其他共同体发挥支配作用(直到由其他共同体的研究公开表明相关研究成果);但是,仍然会有人认为,规范可以跨越不同的共同体而具有普遍适用性,可见,正是有赖于这些人,举证责任(the burden of proof)才得以存在。

一旦规范的普适性受到社会认识论方式的质疑,社会认识论的基本维度就从传统认识论秉持的逻辑与形而上学转向政治与伦理。这样,在我看来,任何声称具有普适维度的知识形式——对任何地方任何人皆为真的知识——必须诉诸民主治理。举证责任有赖于柏拉图的后继者,他们相信存在普遍有效的知识,这类知识不过仅仅由单一的精英群体所拥有。我发现,这种可能的认识有失思想连贯性,更不必说它的不合时宜了。然而,如果这种状况作为一种经验事实(当然如它现在这样)而存在,那么,社会认识论的工作就变为弥补差异,或通过将那种假定具有普遍性的知识传播给尚未开化者,或修正普遍性知识的意义,以满足(假设为)未开化者的需求。这就是我的关于普罗大众科学(prolescience)概念,在知识论断普遍化的进程中,这个概念赋予教育一种宪法式的根本性角色(Fuller, 1993b, p.xviii; Fuller, 1999)。

---

① 阿瑟·法因(Arthur Fine, 1937—),美国科学哲学家,提倡"自然本体论态度"(NOA)。

从这方面看来，我认为自己是一位启蒙运动的行动者，特别是孔德①的追随者，他创造了"实证主义"（positivism）和"社会学"（sociology）两个新词。像孔德一样，我精选了多种科学成果，以便从广义上洞悉知识探究的运行机制（Fuller, 1993a）。孔德那些颇不受用的社会学原理，我甚至将其确定为我的社会认识论最根本的元科学，就是说，把不太复杂的各种科学理解为一个复杂整体，这个复杂整体赋予科学引导社会进程的能力。这个极其宏大的社会学观点的关键在于，它预设了几门比较古老的科学——物理学、化学之类——是"比较简单的"，此中依据，不仅因为它们在相对限定的条件下（如实验室）处理更加严格限定的实在领域，还在于它们自身对科学方法的狭隘理解。换言之，孔德的观点不过是将适用于物理学的方法盲目应用到其他学科，而不是使物理学方法本身变得更具自觉意识，进而以更开放的心态面对科学探究的本质。有鉴于此，相较于波普尔的逻辑实证主义者表亲，我更喜欢波普尔关于元科学得出的多数批判性论断，对于知识探究中呈现的所谓"专家"形式与"外行"形式，波普尔的论断有助于平衡二者之间的差异。

此外，我还受到黑格尔与德国理想主义传统的影响。我坚持认为，之于知识探究的整体意义而言，"自然"科学与"社会"科学是彼此异趣的两方面。有一个很好的当代实例，可以为我的论点提供佐证：在全面认识人类这个问题上，存在"身体"话语与"心灵"话语的关系。一种话语不能简单地"优于"另一种话语，因为它们终究是基于不同立场讨论同一件事。其实，困扰自然科学与社会科学的"两种文化"问题，并非基于二者之间任何真正的矛盾立场，

---

① 孔德（Auguste Comte，1798—1857），法国哲学家，社会学和实证主义创始人，社会学学科开创者，被尊称为"社会学之父"。

而是双方历经150年之久的交流障碍（或"不可通约性"），在资源稀缺的环境中日益频繁发生的情况，于是，这就为"两种文化"的敌意与对立提供了基础（Fuller 1993b, chs.1-2；Fuller, 1997, esp. ch.5）。在更精细的层面，关于哲学与社会学的关系，或许会生出类似"两种文化"那样的争论，这将对我最初提出的观点做出说明，即"社会认识论"作为一种矛盾修辞（oxymoron），冲击着许多人对它的第一印象。

这样一来，关于知识的特征，分析派认识论家倾向于从观念的必要性上进行思考，我则将其视作有待证实的假说，必须通过进一步质疑，使假说得到修正。毕竟，没有理由可以做出如下论断：专门科学的发现，仅仅出于其自身的标准，且终将为它所属的知识体系增添一种前后连贯的全面解释。诚然，这就产生了一个微妙的问题：对于稳定的一阶探究（first-order inquiries）的需求，传统认识论的做法，抑制了对探究的性质进行研究的二阶动力（second-order impulses）。用库恩的话说，常规科学的需求限制了科学革命之变异发生的诱因，此时，只有当一种范式已累积了足够多变异，它们才会将该范式置于危机状态。"它（一个范式）如果不能被推翻，那么不要修补它。"这句话似乎构成多数常规科学实践的基础。库恩认识到，科学家将自己从事科学研究的一阶方法，应用到对自身的科学探究基础进行的二阶研究中——那是一种"科学的科学"，因此说——库恩特别从根本上破坏了科学家对科学一阶探究的认同。至少，科学家逐渐认识到，历史上被压制的另类科学研究路径具有潜在的合法性（Fuller, 1999）。因此库恩认为，恰恰是科学家对于自身学科的历史获得了一种"奥威尔式"（如同奥威尔小说《一九八四》中的真理部长）的理解，掩饰了科学研究中的意外与偶然性，否则，那些意外与偶然将会被更具经验性的历史叙事揭示出来（Kuhn，1970，p.167）。我关于库恩及其理论源起与影响的最新研究，明确聚焦于奥威尔主义对知识探究本质进行二阶研究造成的影响（Fuller，2000b）。

对知识探究的本质进行二阶研究，假设这种研究历史性地受到抵制，那么，认为探讨经验维度与规范维度的关系始终令人困扰，也就不足为奇了。关于经验与规范的关系，有两个重要的理论模型，分别是几何模型与辩证模型，之所以这样命名，源于这两种模型秉承的古希腊的实践根基。在几何模型中，规范维度扮演了"基本"或"纯粹"的科学探究的角色，在这里，探究者的价值取向被嵌入一套目标和观念中，在此基础上，经验维度得以建立。根据所进行的知识探究是科学还是技术，这个经验维度被界定为"推论"或"应用"。正如在几何学中，第一性原理规定了可允许进行推论的范围。相较而言，在辩证模型中，对于规范维度与经验维度关系的规定，从一种上下等级制转向矛盾对立制。特别是，规范维度以一种理想或目标示人，然后，这种理想或目标在约束条件中实现，或在不顾阻力中实现，已实现的理想或目标转而对经验维度做出界定。正如在辩证法中那样，规范和经验的紧张关系导致了一种"综合"。这种"综合"更近于理想目标的实现，而胜过它所提供的新范例，在此意义上，这种综合"实现"了它的最初理想。

对于知识探究的几何模型和辩证模型，哲学家通常择一而从，也有少数哲学家尝试将两种模型整合为一个体系。例如，康德的尝试，他确立了哲学中最基本的范畴和关系，在其中，对认知对象分别做出相应的"构造"（constituted）或"规定"（regulated）。在哲学之外，科学（几何的）与政治（辩证的）存在的差异，为几何模型和辩证模型的不同提供了典型例证。然而，我已表明不同观点：根据纯粹的社会学方法，可以更充分地认清这些模型的自然后裔。

如果依我之见，那么，库恩的范式成为几何模型的例证，社会运动成为辩证模型的例证（Fuller，2000b，ch.8）。科学与政治可以分别适应对方的形式，例如，科学可能近似于运动（正如在18世纪启蒙运动中，可争议的科学角色），政治可能近似于范式（正如在马克思主义意识形态中，可争议的政治角色）。尽管如此，出于分析的目的，有必要在几何与辩证的差异之间保持严格的区分，以便追踪知识探究中规范维度与经验维度的足迹。几何模型把经验模型视为其中已注入了规范性，辩证模型则把经验模型视为是对有待克服的规范性的一次挑战。简言之，在对世界特点的概括方面，几何模型趋向于将其纳入世界可能接受的方式中，而辩证模型趋向于将其纳入世界将会正确的方式中。

这在本元层次（meta-level）生成两种类型的社会认识论，其代表分别为：（1）古德曼（Goldman，1999）；（2）富勒（Fuller，1993b）。

（1）几何型社会认识论：在"纯粹的"哲学情境中，社会认识论的基本概念和原则得到阐发与验证。这种哲学情境将直觉、逻辑与某些程式化实例合为一体，通过它们在经验环境中的根本性作用，这种哲学情境因此获得了修辞的力量。但是在哲学上，对于广泛多样的现象来说，这种修辞功能为其提供必须依据的范式和典型案例。在这样的语境中，"应用性"社会认识论，是在具体情境中发现或贯彻重要概念与原则的一门艺术。如果有些具体情形逃脱了社会认识论的严苛检验，那么，这些情形的方方面面，或被认为是无足轻重的事件，或它从属于某种特别说明来解释（ad hoc explanation）。

（2）辩证型社会认识论：在涉及社会认识论者的真实的知识生产情境中，社会认识论的基本概念与原则得到阐发和检验。因此，社会认识论直奔主题，把当下的知识生产实践当作未来知识生产可采用方向的经验性约束。在此，纯粹理论与应用之间不是泾渭分明，因为这里不预设下述情形：知识具有一种特质，可以独立于已知的知识状况来认识它。相反，与此相关的问题是：我们是否希望未来继续过去的某种趋向，如果答案是肯定的，哪种旧时趋向将被沿袭？通过明确我们的期待与需求（这个政治议题以如何界定"我们"为中心），并对相关实践的结果做出评估，从中可以找到上述问题的答案。

根据规范性理论（"元理论"或更为确切），我是一位"规则功利主义者"（rule utilitarian）。如果屈从于认识王国的人们，能够对这种王国式认识体制的结果安之若素，就是认识王国的极大成功，而这里的难题在于：在对认识王国的结果做出评估、对其连续性进行质疑之前，这种认识体制应在多长时间与多大范围内保持其有效性。与库恩式迷信无所不同，直到范式自我破灭之前，该范式一直可以无限期地继续下去，尽管如此，如果与其他可替代的研究路径进行理性的比较，该范式的履历记录仍是必不可少的首要条件。当一种"问题转向"呈现为"进步"趋势时，过去可以提出拉卡托斯问题，现在则运用更多的政治分析方法来重新阐释它。因此，对我来说，通过为认识旨趣的表达消除障碍，为践行这种认识旨趣所导致后果的知识移除羁绊，以此确保知识策略能够与时俱进。在民主政治理论中，这类事情通常通过投票表决的情境进行讨论，而在科学哲学中，一个理论论题的卓著瞩目，则通过"理论选择"程序的付诸阙如来实现。尽管如此，无论科学发生怎样的进步，在包容性日益增长与决策程序日益透明的本元层次上——而不是在近似于知识探究的某种先验性目标的层次上，无论"真理"还是"幸福"，它们的意义始终保持恒定不移。

通常，我将自己的社会认识论规范取向定位为：与知识体系利益攸关的非参与者（interested non-participant）。它与分析哲学认识论主张的利益无涉的参与者（disinterested participant）恰恰相反，后者希望获得高于其他一切知识之上的一阶知识。（作为参照的后古典与后现代认识论，惯于接受如下观点：利益攸关——类似情境化的参与者。）我通常把知识视作一种通往其他人类目标（这些目标本身可能属于认识方面）的手段，但是一个人对知识过程的参与，通常在探究的元层次受到局限，即知识生产体制的设计与评价是由他者（others）执行的，这些体制包括财政与雇员管理、社会责任，特别是基于过程与产品的质量监控形式等议题。因此，长期以来我所表达的社会认识论旨趣，是将其等价于"知识政策"与"知识管理"，它们通常基于这样的思想：知识生产的规则制定者与评价者（"政策制定者"与"管理者"）不同于——根据其身份或利益———线的知识生产者（"工人"）。

关于集体性知识探索中利益攸关的非参与者，现存两种历史模型：一种为古典精英式，另一种为现代大众式。第一种模型源于古希腊，基于这样的认识：知识代理人的实践在于为手艺人提供指导，手艺人具备专门技艺，它必须将知识代理人的思想付诸实现。知识代理人被赋予思想产品成功的荣耀，手艺人则须承担思想产品失败的恶名。第二种模型源于现代民主选举，基于这样的认识：公民在常规基础上选举的政治家，最可能为多样化的公民利益提供一种善始善终的政策方向。在此对功与过的追责并不截然分明，除了有一种倾向外，就是将成功归功于政府制度（以美国为例，常为原始的社会契约）的整体架构，将失败归罪于特殊个体（公民或政客）。

在社会认识论议题研究方面，分析哲学最流行的总体策略，就是针对近年兴起的更具相对主义、略为浅显的理论主张——如科学社会学、女性主义、多元文化主义，诉诸传统上基于真理的（"求真的"）认识论思考。这类似新古典经济学中的有限乐观模型，这类理论趋向于限制认知者无法从根本上改变他的基本认识方向，它导致的典型结果，就是对整体主义构成冲击。在这种理论风气下，社会认识论的哲学部分与社会学部分从未实现妥善的整合，从更高层次实现二者的融合，更是无从谈起。相反，二者只能在无所适从中连章缀句，正如对于哥白尼的追随者来说，第谷①构造的世界体系具有的吸引力（参见 Fulle, 1993b, pp.70-84）。在这类理论趋向中，有影响的几位成员包括：朗吉诺（Longino, 1990）、基彻（Kitcher, 1993）、古德曼（Goldman, 1999）。或许，这类理论趋向在方法论上最可疑的特征在于，它只在"需要去认识"的基础上引入社会学元素，就是说，在偶尔涉及社会认识论者的具体情况中，理想的认识论条件无法得到满足。我已将这种特征称作"燃素内在性"（phlogistemic），回想 18 世纪关于物质与燃素的理论，它们的存在只能通过其退场得到证明（Fuller, 1996）。只要分析型社会认识论者仍然诉诸奎因的"非充分证据决定论论题"（underdetermination thesis），"燃素内在性"必定会陷入手足无措的境地。

  为了从我的立场描述"燃素内在性"的差异，我们来看一个近来名誉颇佳的分析型社会认识论例子，它声称指向一条"真正的社会认识论"（Fricker, 1998）。弗莉克通过她所谓的"哲学谱系"（philosophical genealogy）展开论述，在现实中，它不过是以从霍布斯到罗尔斯的社会契约论为特色的"初始立场"，无论这种思想实验的价值如何，它们绝不是谱系式的。在论及对道德"谱系"的独特解释时，尼采抓住了其中的关键寓意，即道德谱系的当前形式

---

① 第谷（Tycho Brahe, 1546—1601），丹麦天文学家和占星学家。

可能将其血统追溯到更早时期足以惊人的不同形式上，这也着实令人略感尴尬，仿佛创造家庭的一位先祖竟以"盗版"谋生。尽管在遗传类型与特殊类型的差别问题上，尼采缺乏一种新达尔文主义概念，他却充分认识到：在讨论遗传问题时，母本与后代属性的潜在差异更多表现在生物学方面，而胜过表现在严格的机械论隐喻方面。相较而言，多数哲学思想实验是先提出原因，再追踪结果，而非通过已知结果去溯及原因。因此，弗莉克思想实验的结果，也被她机械地当作增进抑或有碍于那些先行假定的原因，而非从根本上做出改变。

根据弗莉克关于自然的伪谱系状态中生存，需要具备在可靠的基础上区分真信念与假信念的能力，她随即推论，认识明晰的体制是必不可少的，要通过公开可行的手段，对这些认识体制的可靠性做出评价。历史地看，明确服务于知识探究的认识体制的出现，大致等同于大学、学术机构及相关组织的历史。但是，这些机构中的知识生产，至今仍很少诉诸"真实世界"进行可靠性检验，在弗莉克所谓的"初始立场"看来，真实世界的可靠性检验则是必需的。其实历史地看，时至今日，围绕对于现实事物进行"科学"探究产生的大多数怀疑，不应归咎于大众的无知，准确地说，原因在于：科学未能在与现实相关的语境中表明其可信度与可靠性。例如，从医学实验室人工环境中得出的结果，对于一般从事实验者的知识有所促进吗？通常，政府已不得不介入对这个问题的解决之中，它的动机在于：部分由于政府希望扩充自身权力（当地实践者）的欲望，部分由于政府已经看到——科学运用丰富的资源和判断力可能实现的远大目标。

无论如何，弗莉克是错误的，她认为——为生存目的而区分真信念与假信念的能力，将会自然地导向自主型知识生产机构的建立。相反，我们必须根据自主型知识探究可能发挥作用的具体目标，对自主型知识生产机构所标举的主张进行检验。我主张下面这个观点，它已在政府支持科学背后的说辞中一枝独秀，即所有的人都享有充分的福祉，不可能由更以自我为中心的知识生产者提供服务的那些群体的利益，尤其需要得到保障。在此情境下，我引入"认识正义"（epistemic justice）概念（Fuller，1992；Fuller 1993b，pp.315-316）。弗莉克根据她的认识正义，也力求解决这个问题，她源于下面的观察：某些知识主张由于得到政治权力做后盾，看似以权威性胜过了知识在认识论上的保障。为校正这种不公，弗莉克本应将那些知识主张诉诸独立于正式政治结构的手段做出评价，不过，最终评价将会构造社会中的权力流。

我的主张与弗莉克的柏拉图式策略形成鲜明的对比，我认为，一个认识正义的体制将投身于一项永恒的事业，即防止任何形式的知识沦为权力的工具。诚然，在任何特定的历史结点上，某种形式的知识在某个社会部门享有特权。但是，针对这些形式的知识与时俱进所累积的特权，政府必须定期进行重新分配——我称作（我想到了大学）"认识的信用重组"（epistemic trust-busting）（Fuller，2001，ch.1）。换言之，"确认行动"不只是在知识与权力之间寻求快速平衡与一劳永逸的临时策略，相反，它是将知识的权力效应进行分散的一项长期政策。

对此，我心中有两个模型，它们分别源于经济学与政治学。基于经济学视角，产生了知识作为一种"公共物品"的思想。不幸的是，经济学家似乎认为公共物品是一种现实之物，而非一种经济活动的规范性理念。相比之下，我宁愿认为在现实中，知识是一种"地位性物品"，其价值直接关系到享受这种物品的权限，无论通过知识产权，还是通过学术资质（Fuller，2001，ch.2）。基于政治学视角,产生了公民共和的民主传统,它以作为非操控性的自由理想为基础(Fuller,2000a,ch.1)。这样,根据认识正义,值得通过知识获得的唯一权力,就是不受他者操控的权力。

分析派社会认识论者希望把这种作为"能力资质"与"专长"的知识属性(如果不是受到过度的政治性指摘,也称作"信息情报"),转化为社会结构暗含的原则,这种意志带给我的惊讶从未止息。这些潜在的社会规则,有时类似于黑帮(例如,不信任专家可能比信任专家所要付出的代价更高),有时类似于皇家王朝(例如,如果不是因为当前体制失效,重大观念的改变不存在合法性基础),它们共同指向一种相对原始,或者至少是前宪政时代的政治观。对于科学的关注,是将其视作一种自组织系统,该系统的差异内在地得到解决,向外则应用到更广大的社会中。由库恩普及的科学范式冲突,与其当成政治进步,不如视作王朝家族之间的争斗,其发生(理论上)源于"普通民众"在不同层级的变革。

但是,这里也可能存在行之有效的希望之思。我猜想,弗莉克与其他分析派社会认识论者忠于罗尔斯①关于正义的"差异原则"。借此,只要更坏的利益超过在更平等体制下的坏利益,权力失衡则得到证明。希望之思在于相信:根据认识绩效进行政治权力配置,导致出现权力失衡,差异原则将对权力的不均衡性进行大致追踪。

我自己的定位,旨在政治上更加精细化,从而留给偶然性与想望之思更小的空间。其实,"真正的社会认识论"将是一场制定宪法(constitution-making)的实践。特别是,考虑到科学参与者显然的偏见,以及他们以其他方式受到限制的特点,如何设立一些论坛,便于科学研究与教学计划的决策?不幸的是,最近宪制事业被

---

① 罗尔斯(John Rawls,1921—2002),美国政治哲学家、法哲学家和伦理学家。

它最热情的捍卫者哈贝马斯搞得令人迷惑,因为他将通向美好社会本质的先验性诉求赋予了宪制。回望历史上宪制主义兴盛之时所处的社会条件,我发现下面这种思想颇有教益,就是说:在这种情况下,一个社会的意识形态差异已升华为共同的事业,这些事业使各不相同的多方普遍受益。这种政体是上面提到的公民共和制,它源于对更具共识性的民主的极力诉求,它要求同意一种共同政策的人怀有一种共同的心态。修辞术在这里扮演了关键角色,它使许多人在一个方向上行动,而不顾深层次的(甚至是"不可通约的")不同意见。现代社会使这种修辞术广为传播,大学在其中扮演了至关重要的角色,我已在这个思路上进行着日益执着的探索(Fuller,2000a,chs.3-5;Fuller,2000b,ch.8;Fuller,2001,ch.4)。

运用另一种思路,还有两种方式可以理解知识等于权力这个等式。一种方式认为,更多的知识有助于聚集权力;另一种方式认为,更多的知识有助于分配权力。分析派社会认识论者奉行前者,我则属于后者。其实,在关于权力的双重意义下,可能在古代帝国(埃及、印度、罗马、中国)土木工程的胜迹伟业中,发现"知识=权力"的最佳例证,而通常认为,这些古代帝国缺少对于科学探究的恰当尊重。然而,即便在我们的时代,土木工程可能也是一个好例证,因为道路与桥梁经常遭遇享有不同权限的使用者的批评,使用者的权限由他们为造桥修路提供的资金多寡而决定。与此类似,如果一项科学研究计划只让资金提供者中的一小撮人受益,那么这就是"认识上的不公正",它无关乎这项计划合乎标准的可靠性与有效性所规定的能力。在这种情境下,我引入"认识的可替代性"(epistemic fungibility)概念(Fuller,1993b,pp.295-300;Fuller 2000a,pp.141-145)。

通过正在进行的"科学大战",我可以定期遭遇来自实在论哲学家和自然科学家的批判，为了透彻阐明我的社会认识论基本立场，最后，我想通过对这些批判性观点的详细回应来结束本文：

> 与你们的社会认识论相反，对于知识主张的评价来说，社会利益并不总是必不可少的。毕竟，圆形地球理论是对扁平地球理论的一次促进，这无关乎我们在想认识地球形状这件事上的利益。更具体而言，欧洲科学共同体逐渐信服了牛顿的机械力学真理，因为行星确实如同牛顿力学预测的那样运动。

已经证明，我们相信圆形地球理论是对扁平地球理论认识的一次推进，因为根据使自身发生改变的标准，我们的理论结果变得更好了，因此，扁平地球理论不再是值得纳入思考范围的理论。根据"标准"，我用来表达这个观点的情境，是我们可能最想了解地球形状的情境。在此意义上，知识断言本质上作为一个整体，兴趣构成这个整体的一部分。发现扁平地球理论具有说服力的人，通常对地球的形状并不感兴趣，由于同样的原因，现在他们又会劝说我们——圆形地球理论是真理。特别是他们模仿牛顿力学，不希望将地球形状嵌入一个统一的物理实在理论中。无论如何，不必以一个怀疑论者甚或相对主义者的姿态说什么：评价知识断言的标准，必须在起点上做出清晰的规定，以便对知识断言的优劣等次做出明智的分辨。此外，如果评价知识断言的标准看上去不那么专断，那么，它们必须说明为什么希望获取知识的原因，以便最终证明所得到的知识属于恰到好处的一类。只要对于因循知识和我们留心的知识之间的关联，感到不至于过分诧异，那么，"合理的真信念"——这个关于知识的经典定义——全然太容易因循累积、陈陈相因了。的确，曾经构想的关于知识的经典定义，似乎更多基于保守知识的人，而较少将知识的参与者甚至资助者纳入他们的思考范围。

显然，在从事科学的进程中，通常也未对渴望探求知识的原因做出清晰解释。如果不是古老有益的认识论工具——先行设定的约束——的介入，对从事物理学还是生物学的相对价值进行比较权衡，通常就不会令我们太过忧虑，这两门学科只是有可能且值得从事而已。传统认识论预设约束条件做法的原因在于：假定为了在某方面从事科学探究，我们都具备同样的原因。于是，实证主义者诉诸"科学统一性"，预设了将实在与探究者共同体相统一的观念。看看我们当前的认识状况，确实在许多情境下，充分适恰的知识标准同样通用于希望探求同类知识的人，他们别样的个性与社会性差异则不会受到关注。然而严格来说，这种认识标准的概括性，并非对独立理性判断进行概括的结果。一个身份清晰的科学共同体成员，通常可能同意接受或反对哪些理论，而通过共同体成员共同的训练，以及无论共同体去向何方，其成员将矢志不渝地追随共同体认同的标准，据此，科学共同体成员迎拒理论的事实很大程度上可以得到解释。

然而，如同我在本书初版第九章和第十章中所论，只有奥威尔意义式的历史才会使我们相信：在18世纪接受牛顿主义（Newtonianism）之后的科学家，构成一个相对统一、寻求一致性的共同体。诚然，在20世纪后半期学科边界变得壁垒森严之前，一名科学家通常从事多样的研究计划，他对这些计划有着程度不一的研究热情、研究资源与研究结果。一场规范的选举，从来不是用作对一个范式进行确认；相反，它更接近于历时性发生的对于科学忠诚的统计性波动，这种现象或被库恩极尽夸张地称作"科学革命的不可见性"（invisibility of scientific revolutions）。在这个暧昧难明的竞逐场上，许多各异的流派追随着各不相同的理论，他们仅仅为了一些部分重合的原因，他们并不清楚对于一个优先理论来说，什么可能堪称认识上的成功。每个理论都有自己最优选择证据与最优论证的方式，这种方式适用于专门属于该理论自身的力量。因此，最具代表性的是，一项成功的科学研究计划不得不即刻在两条战线取得战绩：它不仅必须战胜对手，而且还须根据偏向对手力量的标准而战。那么，这些规则变成评价新选手的基础，并且用来为老对手的失败做出回顾性解释。简言之，任何科学上的重大成功，同时也是一种元成功。其实，牛顿的成功通常用钟情"自然"或"实在"来解释的那部分，不过就是这类"元成功"而已。

因此，一旦牛顿力学被广泛接受，教科书就会给出一种印象：接受理论的每个人都出于同一套"好理由"，现在这些理由允许这个理论被整合进入更大的科学知识体系，下一代探究者可能在这个更大的知识体系上从事建设。有些独立个体更为可靠的案例，聚集了同样的科学判断，在广泛分布且得到接受的工程师与医生专业标准中，可能会找到这类科学判断。但是，这些可靠的案例通常预设：对于已经得到相关学科共同体确认的那些人，个体科学家可以理性地遵从他们；反过来，这些科学家又典型地构成已经顺从于科学共同训练的群体——这再次将我们带回到教科书当中。这番轮回相当于盲目相信他们的奥威尔式历史观。

最后一点关系到我们的认识困境的两个特点，通常在哲学家看来，这是一种心之所愿、符合理想的特点，但是在我看来，它们却是成问题的。第一个问题关于"认识流变"（epistemic drift），这个名称来自第一位瑞典社会认识论家、哥德堡大学教授安特·埃尔津格（Aant Elzinga, 1937— ）。他认为认识标准的取向，从可能使知识前沿发生倒退的一端，转向可能为某种社会想要的目标而效力的另一端。埃尔津格引入"认识流变"的概念，以凸显研究计划潜在具有反常与误用的可能,这源于政府在科研资金分配方面具有的垄断权力。然而,更为微妙的是认识流变的遗产,就是在对知识论断的评价中,衡量可靠性(reliability)的尺度,取代了衡量有效性(validity)的尺度。换言之,科学家在正式关注自己的理论是否更接近实际目标的同时,还要根据自己可能达到的更具约束性的目标规则,来衡量理论的成功与否,这个更具约束性的目标,据说是该科学理论目标真正遵行的"榜样"。这种认识方面的"诱饵和机关",生物医学研究最为熟知,生物医学实验室的小鼠实验,为探索如何诊治人类疾病的方案提供了基础。然而,同类情况也被应用到宣称可以洞悉宇宙"大爆炸"的粒子加速器实验中,或者还在所谓可以掌握"国情"的公共意见调查中得到应用。

此外,分析派社会认识论最新的流行观点(Goldman,1999),精确地将对于可靠性的过度估量作为基础。所谓过度估量,在于它假定:做好某事是成功的王道,而无论我们是否愿意做这件事。换言之,通过逐渐转移对充分完备型知识的目标定位,正确性效力可能会逐渐转向可靠性,而且可靠性程度不断深入。认识的这种逐渐流动与变化,很大程度上是作为政治的构成要素与产物,甚或对于保持社会秩序的稳定至关重要。社会心理学家捕捉到这个普遍深入的现象,并创造出"适应性偏好构造"(adaptive preference formation)概念。这种观点认为:通过渐进持续地转向只想要人们最有可能得到的东西,将会减轻人们的认知失调心理。这种做法适用于政治家,同样也适用于科学家。此外,一种显然可靠的程序,明确地具有政策制定者偏爱的优长功效。因此,在多数情况下,对实验诱发疾病的实验室小鼠进行缓解疾病的皮下注射,这个事实表明:一个存在的封闭系统——也可能是某种机制——可能会被置入某种更大的健康照料系统中。当然还有更复杂的情况,但是对于这类重大问题，重要的是，必须定期重归原点，去重新检讨锚定认识论讨论的我们的核心直觉知识。

认识困境的第二个问题，是第一个问题的普遍化。从正确性效力逐渐向可靠性转变，它是日益加剧的全球化趋势的一部分，经济学家将其称作"显示"（screening）与"标志"（signaling）标准。据此，可以制造一种容易契合这个标准的指征（indicator），用它来表征我们真正倾心关注的事物（Fuller，1996）。关于这种情况更委婉的说法是"已确定边界的理性"（bounded rationality）与"启发式"（heuristics）思维，已故的美国决策管理学家赫伯特·西蒙普及了这对概念，它也是我的博士论文研究的主题（Fuller，1985），其中的经典例证，就是让学术信任成为判断研究工作适恰性的依据。在这些案例中，我们想象用各种信任（credentials）来代表对某种未知行迹的记录，例如，我们想当然地以为，哈佛大学毕业生会在工作中表现出色。然而，这种想象不过是一种道听途说、逸闻趣事与民间传说的无限循环。无论当代认识论与科学哲学关于"可靠性"的所有论说是什么，在那里确实看不到这种迹象——它们转向对竞争性研究计划的真实行迹记录进行认识。在这方面，我们继续生活在一种"培根式幻象"中。

然而，弗朗西斯·培根[①]认识到，如果政府介入分配科学计划的事务中，那么就有必要建立一些公共机构，用来跟踪调查科学计划的成功率——就是编制出知识的《消费者报告》。科学知识社会学通过首先审视可靠性修辞、然后寻找证据——并且发现这些修辞不是缺乏连贯性与完整性，便是逻辑与语义含混——从而实现了自身

---

① 弗朗西斯·培根（Francis Bacon，1561—1626），英国文艺复兴时期唯物主义哲学家，实验科学和近代归纳法创始人。

的针砭之功。当然，更具体的情况是，哲学家已经推进了以可能性为基础对于可靠性的界定，我们因此可以更充分地理解可靠性的意义。尽管如此，这些极好的界定还须系统地运用到有据可考的科学学科和自由职业的实践中。简言之，我的反可靠主义主张，与其说受到乏味的怀疑主义的驱动，毋宁说是在为如何评价知识论断的可靠性，而发展出适宜可行的规则和制度，不过可靠论者在这方面是失败了。

更普遍地看，我们也极易让效率问题胜过对更重大问题的关注——知识是如何生产的？知识为什么而生产？知识为谁而生产？由于缺少资源而导致的对其他人的研究工作缺乏查考，已经变成对于"信任"——作为社会的终极纽带——的一种先验判断（Fuller，1993b，p.292ff）。"错错得正"（two wrongs make a right）这个相关性谬误原则，从未阴险地把自己潜入社会生活中。或许，公众对于风险的厌恶心理，不是因为他们对可靠性知识寄予更高的价值（进而想避免充满不可靠性的任何事情），而是因为当前对于知识政策进程来说，公众只是无足轻重的外部因素。那么，公众的预警不过是一种对政治不满的表达，而远非公众的野蛮无知。如果能够使公众更直接参与到知识政策制定的进程中，因此使他们面对正在进行的事情，进而发现其中存在的更多问题，那么，公众可能就会愿意承担更多风险，进而驱散那种培根式幻象。

史蒂夫·富勒
英国华威大学
2001年6月

第一部分
社会认识论的界定问题

第一章 社会认识论概观

我称为"社会认识论"的研究领域,其基本问题是:如果在正常条件下——知识是许多人求索的事业,每个人在一个或多或少充分定义的知识体中耕耘,每个人具备大致同样不完美的认知能力,即便每个人还具备与他人行为产生互动的程度各异的能力,那么,人类求索知识的事业应当如何组织?

即便对社会认识论的性质所知不多,你可能也会辨明:社会认识论具有一种规范性旨趣,即对认知劳动做出最理想的区分。换言之,用只有马克思主义者或实证论者可能真正喜欢的话说,社会认识论家乐于表明:我们的认知产物,如何受到知识生产者彼此生存其中且变化着的社会关系的影响?结果是,社会认识论家将成为理想的认识政策制定者:如果某种知识产品受到期待,那么,他将设计一种方案,用来将可能(或有效地)生成这套方案的认知劳动区别开来;或者,如果社会已经认同某种用来区分认知劳动的方案,那么,社会认识论家将表明从那个方案中可能派生的知识产物。因此,循着柏拉图《理想国》和培根《新大西岛》的指引,我在社会认识论中构想"认识论",同时怀着描述我们认知追求的旨趣,将它主要作为规定认知事业的一种手段。

与此同时,社会认识论不是贬义的"乌托邦",马克思运用贬义的"乌托邦",把他的科学社会主义与圣西门、傅立叶基于哲学理念的社会主义区分开来，后者的乌托邦社会主义从来不可能大规模付诸实践。我在引证具有普遍性的问题时，从历史与跨文化角度选取"规范正常的情况"，关于我们认知事业的本质存在一个"昭然的事实"，就是任何规范性的认识论都必须负责任地得到坚持。此外，我不仅运用这个"昭然的事实"对知识探索的各种方式负责，而且用于对可以作为知识本身而得到传承的各种认知产物负责。因此，如果将我定位于自然主义的知识进路，我反对笛卡尔从一切社会交往中退却的姿态，他以此作为进入正确的心灵结构的一种手段，从而提出关于知识性质的基本问题。由于即便社会世界可能看似是一个困惑之地，并从中发出认识判断——当然比个人隐私更令人困惑——然而，这里仍是发出认识判断的规范之地（可能也是唯一的）。如果你仍对这个动向的才智心存疑虑，正好回想一下由笛卡尔亲自普及开来且唯一老旧的理性主义偏见，它将认识的完备性束缚在思想的清晰性与确定性之上。

在本书的第七章，我将提出，一门学科保持其作为"科学"地位的关键之道，就是通过调控该学科的历史记录，使它看上去就像在截止那个关键点以来，进行认识探索历程的必然结果。在第七章第一部分，通过表明社会认识论是自康德以来哲学史自然发展的结果，我尝试了类似康德的规范化（立法）运动。然而，如我所料，社会认识论作为正统谱系极端可疑者的后代，可能会令许多读者感到震撼；在接下来的部分，我将继续为现代哲学书写一部非常不同的、修正其中错谬的历史。在此，社会认识论作为"知识社会学"的化身，对于以前的全部知识理论，它构成一种激进的突破——如果不是完全成功的话。但是，今天哲学家和社会学家不明智的结合成为一种威胁，它窒息了在二者的调适精神中存在的革命性脉动。最后，针对知识理论的当代议题，社会认识论家如何既能保持激情，又能同这些当代议题保持一种适合研究的贴切关系，我提出一些建议。

1. 社会认识论：作为一切认识论的目标

关于社会认识论的观念性定位，你现在应该已略知其义，不过，我们还需进行更为系统的分析。首先，说到我的社会认识论研究领域，我把它确定为哲学的一个分支，它确实可能是哲学学科的主要分支。然而，过去二百年来，哲学家对于社会学制造出一种普遍的反应，就是劳丹[①]（Laudan，1977）所谓的"非理性假设"（arationality assumption），即只有当我们的认知探索无法被普遍可接受的理性标准做出解释时，对认知探索做出社会学说明才恰如其分。曼海姆[②]（Mannheim，1936）——创立的知识社会学成为20世纪的一门独立学科，甚至也援引这个假设，将数学与自然科学排除在他的知识社会学探索之外。尽管出于完全不同的意识形态，劳丹与曼海姆却都将知识社会学描绘为：希望揭示知识断言发挥效力的领域受到的社会条件限制，这种知识断言首先是在这种社会条件下产生的。社会学奠基人迪尔凯姆[③]（Durkheim，1961）则沿用康德的方式开拓出另一条进路，他认为，认知的普遍特性——空间、时间、数量、起因——以全体社会共同具有的特性为基础。因而，与迪尔凯姆不同，劳丹与曼海姆假定：如果根本上有任何基础的话，

[①] 劳丹（Larry Laudan，1941—），当代美国最具影响力的科学哲学家之一。
[②] 曼海姆（Karl Mannheim，1893—1947），德国哲学家，经典社会学和知识社会学创始人。
[③] 迪尔凯姆（Emile Durkheim，1858—1917），法国社会学家、人类学家，《社会学年鉴》创刊人。

知识的社会学解释是以各个不同、特别的社会特征为基础；因此，它从原则上反对基于普遍理性的哲学解释。鉴于哲学与社会学如今已发展为一种不和谐的互补性——在我们的认知探索中，哲学作为对普遍性的研究，社会学作为对特殊性的研究，这样看来，"社会认识论"似乎正在成为一种矛盾修辞法（oxymoron），这个词是矛盾的学术化表达。

此外，奇怪的是，当前围绕哲学——这门认识论学科的所有中心议题，都有一个清晰的后康德主义源头。在康德之前的哲学家，通常把知识的本质与实在的本质理解为一枚硬币的两面，因此，一般的哲学问题迄今仍设定为：实在如何构成我们可能认识的世界（在我们进行认识的范围之内），以及我们如何构成实在可能向我们昭示的实在世界（在实在向我们昭示的范围之内）？康德批判的关键——至少康德的后继者如此——在于将知识问题从实在问题中离析出来，他在很大程度上主张：只有作为一种伴装的知识问题，实在问题才会产生意义；对于实在可能是什么这个问题的答案，知识问题的答案并未强加清晰可辨的约束。以此方式，将认识论作为与形而上学有所不同的实践，在19世纪从观念上已经成为可能（Habermas，1971，Hacking，1975a）。

然而，单是康德的批判，尚不足以把认识论创建为一项合法的哲学事业。毕竟，如果康德的前辈已经确认：对于知识本质的认识，丝毫未让他们认识到实在的本质，那么，驱动他们进行知识研究的动机是什么？19世纪给出了适用于后康德主义哲学意义的答案。因为一旦学科划分呈扩张之势，知识便开始成为声称被占据的领地，其判断完全根据学科内在的（intradisciplinary）基础，然而学科却清晰地意味着，它具有跨学科（interdisciplinary）的认知含义。这使内在的知识结构——非常独立于任何与实在的联系——具有了一种新的复杂性，这种新的复杂性要求以其自身为依据进行研究。这被通称为"还原论者"（reductionist）的主张，还有最著名的两个例子：其一是力求将化学现象还原为原子物理学，其二是竭力将精神现象还原为一种生理上的机械力学。那么，研究知识的关键，将是发现判定各种还原论主张的规则，其中包括设计出一种元语言，以便重新书写所有这类主张，从而展示还原论认知权威的确切范围，以此作为还原论最鲜明的权力保证。一旦在对化学现象的解释中赋予原子论假说认知权威，从中可能看到上述还原论做法的规范性意义，由此可能判断一项化学研究计划无论今昔的相对"进步性"，依据就是这项研究是否促进了向原子物理学的还原。这样，认识论家的终极目标，将是在所有学科中描绘出权威的认知结构，以此作为给各学科研究提供方向的手段——准确地说，这是社会认识论的目标。

因此，对于"社会认识论"宣称的自我矛盾性，我的简短回答是：只要认识论已经关注到知识的社会组织问题，迄今为止，它就是目的充分、具有自主性的知识探索领域。在第一代认识论家孔德和约翰·密尔①那里，这种关注已然确凿无疑，并且一直延续到20世纪逻辑实证主义者身上。然而，这种关注的连续性如今却被遗失，主要原因在于：逻辑实证主义的遗产，在它所提出的从事认识论研究的技术上发挥的作用，远远超出应用这些技术的实际研究计划本身所应发挥的作用。

---

① 约翰·密尔（John Stuart Mill，1806—1873），英国哲学家、古典自由主义思想家。

鉴于 20 世纪 50 年代末，库恩[①]、费耶阿本德[②]、汉森[③] 能够平易地表明：实证主义关于符合论规则、等价关系与归纳策略的全副武装，不足以对科学中的权威性认知结构做出解释。实际上，许多实证论者甚至认可更为激进的批评，诸如这些规范逻辑的创造物在认识论研究中一文不值。何以至此？因为逻辑实证主义的后代——分析哲学家，正在逐渐反讽式地认识到：他们继承的正统规范性技术，更适用于那些形而上学问题，而这些问题的可理解性，早已受到逻辑实证主义者的质疑。这些形而上学问题关注物质世界的本质与逻辑必然性，克雷格·冯·赖特[④]、雅可·辛提卡[⑤]、尼古拉斯·雷舍尔[⑥]、克里普克[⑦] 和大卫·刘易斯[⑧] 的研究，已出色地揭示了这个问题。简言之，当代分析哲学已经使它的各种探究听命于便利可及的手段，从而背离了认识论的初衷。

尽管实证主义者的方式存在错漏，库恩与波普尔主义者却能成功地拾起历史脉络，继续将认识论研究推进至今。虽然许多波普尔主义者否认这一点，并连续发出提醒：波普尔进路的认识论研究，

[①] 库恩（Thomas Samuel Kuhn, 1922—1996），美国当代科学史家和科学哲学家，创立范式理论。
[②] 费耶阿本德（Paul Feyerabend, 1924—1994），奥地利人，美国激进派科学哲学家。
[③] 汉森（Norwood Russell Hanson, 1924—1967），美国科学哲学家，历史主义科学哲学创始人之一。
[④] 克雷格·冯·赖特（Georg Von Wright, 1916—2003），芬兰哲学家，维特根斯坦研究专家。
[⑤] 雅可·辛提卡（Jaakko Hintikka, 1929—2015），美国哲学家、逻辑学家，公式化认识逻辑创立者。
[⑥] 尼古拉斯·雷舍尔（Nicholas Rescher, 1928— ），美国科学哲学家，开创复杂性哲学研究。
[⑦] 克里普克（Saul Kripke, 1940— ），美国逻辑学家、哲学家，模态逻辑语义学创始人。
[⑧] 大卫·刘易斯（David Lewis, 1941—2001），美国逻辑学家、哲学家，模态实在论代表人物。

目前依然关注知识的社会组织问题，时常却在背后涉及政治理论，在当代科学哲学中能够发现这种情况：波普尔关于科学共同体的"开放社会"理论，具有鲜明的个人风格，也是他作为一名典型的开明自由派的标志；而费耶阿本德对"开放"的强调，拉卡托斯对波普尔观点中"社会"层面问题的强调，标志着他们分别是一名无政府主义者（或自由主义者）和社会民主主义者。至于库恩，他说规范的科学受到单一范式的支配，这种情况只有通过"革命"才能改变，根据他的全部观点，说明他是一名集权主义者。一旦认识论家从赞扬现存知识产物的语境，转换到为知识生产应当以哪种方案进行提出建议的语境，这些意识形态标签就不应仅仅当作暗示的隐喻，相反，应该将其视为各种"方法论"演进的文字说明（Krige，1980）。实际上，不牵强地说，当科学哲学得到恰当运用时（即自觉地作为社会认识论来运行），科学哲学不过是政治哲学在某些社会片断中的应用，科学家阶层具有特殊的才能与特殊的社会地位，但是在进行科学活动过程中，对于科学家彼此之间、科学家与社会其他成员之间保持互动关系，他们也有特殊需求。

回到逻辑实证主义者，众所周知，纽拉特[①]是维也纳学圈的创始人和逻辑实证主义的重要理论家（Neurath，1962），他把"统一科学运动"（United Science movement）部分地视为一种驱逐与吸纳的途径：在"人文科学"的阐释学思想中，驱逐政治上的保守主义与精英主义趋向（这种趋向将阐释任务界定为：以一种清晰规定的读者与作者的传统来定位文本，根据这种传统，在很大程度上，读者与作者自认为文本交流只存在于他们彼此之间），同时吸纳更为

[①] 纽拉特（Otto Neurath，1882—1945），奥地利人，科学哲学家、社会学家和社会活动家，创立图形统计社会学。

激进和具有平等主义的政见，特别是马克思主义者，这与"社会科学"的自然主义进路存在密切联系。至于纽拉特先入为主地钟情于"基本语句陈述"（protocol statements）的地位，痴迷于对实证主义具有显著保障作用的那些自然科学的基本构造单元，这些经历如何有助于他的总体思想方案，我们知之甚少。

根据以上我讲到的社会认识论，在与维也纳学圈有过一段交集的齐塞尔[①]（Zilsel，1945）的历史著作中，可能发现与上述内容有关联的理想线索。齐塞尔也是一位马克思主义者，他认为，科学革命兴起的决定性因素，是认知权威结构发生了改变，例如学术群体发声表示：从现在起他们开始对实验标准负责，而这个实验标准在整个中世纪已证实是属于工匠阶层的专长。作为实验标准，它们被制定出分类索引，时间、地点等公开可辨识的特征也被标明，以便为来自各行各业的人们，甚至对于未受过深奥文本阅读训练的那些人，开启一种知识生产进程。这个改变产生的效果，不仅使每个观察行为实现了民主化，而且创造了一个系统，得以对过去历经的各种思考进行有效梳理。纽拉特对"基本语句陈述"的关注，连同其他实证主义者为构建一种可证实原则的努力，或许可以视为提升了对于平等价值（个体认知者）与进步（由个体认知者组成的集体）的自觉意识，科学革命首先需要维护的就是平等与进步。

正如我的前述主张，如果一切名副其实的认识论始终受到社会学思考的驱动，那么，我的论点应当同样运用到认识论家——例如劳丹——的那些理论探索中，借此或可免除知识的社会特质之劳。首先需要揭露那些认识论探索中存在的非理性断言式措辞，

[①] 齐塞尔（Edgar Zilsel，1891—1944），奥地利科学哲学家、科学社会学家和科学史家，维也纳学圈边缘成员，提出"齐塞尔论题"。

其背后是关于知识断言存在的"发现语境"与"证明语境"(有时称作"证实语境")差异,这种差异由逻辑实证主义者赖欣巴赫①(Reichenbach,1938)普及开来。通过区分这两种语境,认识论家能够使明显的悖论得以消解。举例来说,如果以适当的检验测试为前提,对于牛顿三大定律的信念本应禁得住历史上任何事实的检验,即便在牛顿时代之前,这些历史事实本身尚未得到认识。另一方面,通过混淆这两种语境,社会学家沦为"遗传谬误"的牺牲品,从而导致他们认为:在某些方面,牛顿三大定律的效力,受到它所源起的17世纪英格兰的影响。如今惯于柔化批判的锋芒,只将质疑指向主张这两种语境的本质差异并不比其字面意思差别更大的社会学家。因此,"发现语境"捕捉的新情况,通常只是对一项研究计划最新得到验证的断言的揣摩;然而,一旦摆脱"证明语境"的心理诱惑,"证明语境"不过是对发现语境逻辑状态的描述(Nickles,1980)。无疑,这是一个敏锐的观察,但它只是调和了两种语境的差异,对于这种差异如何受到社会学的驱动,却未做出解释。现在我们转入这种社会学解释。

如上述例子所示,关于发现语境与辩护语境的差异问题,通常由认识论家引发讨论,以防止社会学家对一个知识断言发挥效力的范围做出不恰当的限制:无论在牛顿发现力学三定律之前或之后,三大定律具有同样的效力。我们现在与牛顿已有三个多世纪的时间距离,无论如何,这个事实不能削弱我们对牛顿定律心存信念的正当理由。这些断言具有的直觉合理性,有赖于将为其辩护视作一种理想的发现过程——换言之,作为对科学推理的历史业绩进行抽象

---

① 赖欣巴赫(Hans Reichenbach,1891—1953),德国科学哲学家,逻辑实证主义运动主要创始人。

的一种科学能力。一旦为牛顿三大定律卸去社会历史包袱——它可能会使认识论家对三大定律产生敌意，甚至亚里士多德也可能对三大定律心存有理由相信的信念。

现在基于社会学视角，对上述认识论家的战略本身进行思考：对于有资格确认牛顿定律有效性的人群范围，如何做出区分？根据来自齐塞尔的线索，认识论家通过减少需要实质性检验者的玄奥知识的数量，明显拓宽了有资格对牛顿定律进行检验的人群范围。特别是，认识论家本来不必进入17世纪英格兰的文化环境，这意味着在其他事情上，认识论家也不必为他的观察引入只有17世纪科学家才具备的专业训练。相反，实质性的检验者必须具备一些技能——例如进行某种计算的能力、聚精会神关注某种现象的能力，对于任何智识健全且有兴趣的人，在任何时间与任何地方，皆可通过传授而习得这些能力。因此，认识论家至今仍对有效性断言的普遍性本质进行辩驳的方式之一，就是诉诸直觉，通过伽利略[①]亲自在现场操作自由落体实验，或许会使亚里士多德确信自己对局部运动的解释是错误的。

以此方式认识发现语境与辩护语境的差异，结果之一就是证实：不像哲学家与社会学家经常表明的那样，这种认识方式在意识形态上具有潜在的危害性。通常认为，这种差异的危害性，源于在辩护观念中预设了使认识发生改变的辉格主义和绝对主义观念。毕竟，显然，伽利略可能会使亚里士多德确信某事，同理，亚里士多德可能使伽利略确信任何事情吗？然而，正如我们所见，即便亚里士多德与伽利略具有的说服力终究证明是非对称的，只有二者已被

---

① 伽利略（Galileo Galilei，1564—1642），意大利物理学家、数学家、天文学家和哲学家，近代实验科学先驱。

限定在某种辩护程序中——它原则上平等地适用于一切理智健全的个体，在这种情况下，辉格主义与绝对主义观念才可能大行其道。换言之，通过严格的平等主义方式，那种明显的绝对主义目的已经实现。

即便上述所有思考已经足以令你信服——认识论是一项与生俱来的社会活动，你可能还想知道：为什么认识论家至今仍对这种观点怀有敌意。我对这个问题的诊断，指向认识论家通常运用的修辞策略——而且社会学家不幸地迷恋上它。这种修辞策略把认知追求及其社会组织视作两个相互独立的整体，然后追问：对一种特定认知追求的社会组织的了解，如何增加了作为一种认知追求的我们的知识追求？当然，这个问题的典型答案是：对于作为一种认知追求的我们的知识追求，它无所增进，这导致认识论家得出结论：社会学与认识论地位问题无关。社会学家通过把认知探索聚焦在他们认为的非认知特征方面，从而默认了认识论家的结论。为清晰领会社会学家这个策略令人误解的荒谬意义，相较于历史上更熟悉的例子，有人（或是一位中世纪经院哲学家）坚持认为：生理学知识与把人类作为一个人来认识无关。如何表达这种认识呢？他认为，由于每种生物各有一种生理学，不存在共有一种生理学的独特人类，因此，不可能通过研究人类的生理学来认识人类的本性。

与社会学和心理学相悖的那类主张的共性，或被描述为一种逻辑谬误，或被描述为一种修辞策略。它们共同的逻辑谬误，在于混淆了一个客体的本质特征与使该客体与其他客体区别开来的特征。如同邓·司各脱①后来表明，论证者将事物的"所是"（*quidditas*）与事物唯此的"个性"（*haecceitas*）混为一谈，至关重要的是：几

---

① 邓·司各脱（Duns Scotus，约1266—1308），中世纪盛期苏格兰经院哲学家、温和实在论者。

种本质不同的客体（essentially different objects），能够共有某些相同的本质属性（essential properties）。"本质性差异"（essential differences），是指作为不同类别的共有本质属性的差异。因此，正是由于人类不是拥有一种生理学的唯一生物，所以不能如此推论：人类是不具备生理学类型之共同属性的存在。诚然，类型学立足的根本思想在于：得到充分正确认识的生理学，将使某类物种从动物物种中区别开来，以便说明人类拥有一种独特的生理学。因而，不是从具有独特性差异的属性中取消人类的资格，本质属性可能为在相似的种属差异间做出区别提供了基础。同理，正是由于认知追求不是得到社会性组织的唯一一种活动，所以不能推论：认知追求是不具备自身社会性组织的存在。实际上，知识社会学得以立足的根本思想在于：得到充分正确认识的社会组织，将使认知追求从各种各样的人类追求中区别开来，以便说明独特的认知追求具有独特的组织模式。

至于社会学与生理学对手所运用的修辞策略，因为缺少更贴切的名称，我姑且将其称作"消极具体化"（negative reification），它由两个步骤组成：（1）Q，是为 P 定义的结构属性，它区别于 P，且构成一个独立整体；因此，知识的社会组织"也用这种方式"区别于知识，且人类的生理学特征"也用这种方式"区别于人类。这是具体化（reifying）的步骤。（2）即便 Q 现在已经在形式上区别于 P，消极 Q 的内容仍保存在 P 中，由此推断，Q 缺乏那些仍保存在 P 中的内容。这是消极的（negative）步骤。这就留给人们一种印象：人们可以对知识做出一种充分完备的说明，或者说，人类无须诉诸它们的社会组织或它们的生理学特性[①]，就可以做出这种完

---

① 用"它们"，特指人类的本能属性——译注

足的知识说明。然而，通过更细致的分析可以发现：在充分完备的知识说明中，暗地里预设了这种据称是毫无必要的实体。因此，在关于人类、关于心灵的二元论解释中，假设性地把人类定义为具备一种反生理学特质，即有一种相互依赖的功能系统，它对人的身体具有调控作用。同理，正如我们在考察证明语境时所见，它用假设方式，把一种认知探索定义为——做出一种反社会学的预设——对特定规则做出的规范性说明，只有在这套规则之下，人们才有资格参加到这种认知探索之中。"消极具体化"至今仍未得到更普遍的认同，这到底是为了什么？很大程度上，这是因为：在关于心灵和证明语境的解释说明中，从未以充分的独特性着手讨论这种实例化（instantation）议题：人们何时已经能够辨明精神活动的具体实例？人们何时已经能够辨明证明语境的具体实例？一旦提出这些质疑，就会迫使人们分别引入生理学和社会学思考。

2. 社会认识论：探索丑闻与放纵言行的事业

随着20世纪20年代法兰克福社会研究所的创立，以及1936年曼海姆的著作《意识形态与乌托邦》出版，知识社会学坚持认为，对知识生产者的动机（或"利益"）进行质疑，是探索知识本质的最佳途径。这个观点第一次使知识社会学遭遇恶名。无论何人对知识社会学有意置喙，必定意味着对认识论事业进行了一番激进批判，并表明取而代之的意思，批判矛头尤其指向为知识规定的利益无涉性基础——这是认识论最具代表性的使命。

诚然，知识社会学被构想为一门不可化简的规范性学科，它在整体上与社会政策的制定密不可分（Mannheim, 1940）。知识社会学的核心论题是：一个知识断言得到社会性的接受，总是为使社会中某些利益群体受益、另外一些群体失去利益而服务。作为一项知识政策，这个核心论题的寓意昭然：如果在其他事务和能否接受社会认同的问题上，允许加入一种认识特许权，于是，得到这种认识特许权的一个关键性好处在于，这样就有权发出权威的声音，进而确保认识特许权成为一种变相的权力分配形式。

如果暂不考虑通常（甚或可能）执行这项知识政策的审慎性，而只是探讨学科的专业化（如法律、医学、商业、科学领域），如何将与日俱增的公共争论中的论题转变为接受"专家"的检验与证实，知识社会学的核心论题貌似最为合理可信。专业化学科施展的"权力"，表现为如下意义：一切享有认识论特许权的观点，在其各自的领域内，需要得到它们各自所在领域的认可；反之，它迫使向着认识论权力攀登的求索者，或历经艰苦训练变成一名专家，或只是保全自身的努力，而去服从按部就班的专家共同体。因此，不足为奇，这类知识社会学家，尤其是最新标志人物哈贝马斯，他们最关心的规范性议题是：在现代民主制度中，如何防止"公民文化"（civic culture）的共和理想被完全消解，从而进入一种"大众文化"（mass culture），且"大众文化"的成员不经批判地俯首听命于专家权威。

由此看来，知识社会学最初产生恶名的根源，在于它的断言："知识来源于何处？"——关于这个问题的任何答案，都为"社会应当如何组织？"的问题预设了答案。传统认识论看似是一门充满活力的探索，主要由于它预设了某种知识断言，而对这种断言的社会性认可，对于一切人——至少是一切理性的人而言，都具有同等的益处，因此，它丝毫不会对权力分配产生影响，这只是科学知识"价值中立性"（value-neutrality）的一种生动表述。就是说，这种知识在可能用于促进广泛性和多样性价值的同时（例如，根据不同的政策目标，不同的经济学主张可能付诸实践），对于任何特定价值的实现，知识本身均保持不偏不倚的姿态。由被赋予特权的知识断言撑起的利益均等性，就是赋予这些断言一种准入门槛的均等性——至少当这类断言被剖析到它们的终极特许权时，应当可以平等地探讨其中的问题。

与巫术、神学流派之类的传统封闭型知识形式不同，自然与社会科学知识的效力，看似并不完全有赖于这个事实——这类知识仅限经过特殊专业训练的少数个体才能掌握；相反，进入自然与社会科学的门庭，经常被宣传为（在原则上）它向任何人敞开，因为它的认识依据根本上有赖于逻辑计算与经验性观察，任何经过少量训练的理性个体，均可以进入其中。实际上，由密尔、皮尔士、杜威与波普尔不断提供辩护的科学的经典地位不断得到改进完善，日益增加了进入科学过程的便利性，知识断言之间相互批判的水平也随之提高，因此认为提高了知识生产的质量；反过来，这增加了将科学过程中潜藏的价值偏好排除在外的机会。这样一来，如果一种"专家崇拜"的趋势在现代社会不断发展，正如早期知识社会学家倾向于思考的那样，那么，这个现象将会被传统认识论家阐释为：它不过是某种社会利益群体（或许是知识生产者本身的利益，如专家群体）出于自身的考量，扭曲了知识的自然发展态势，并由此促进了利益分配和准入机会的均等化。

知识社会学首次付诸实践，就留下些许有失体面之处。由于其自身基础的观念混乱，它未能发起一场全方位的观念革命——更不必说摧毁传统认识论的事业。这个混乱使知识生产看似极尽设计之能事，仿佛统治阶级的旨趣就能简单地对社会中的知识传承做出规定。毕竟，如果认识特权确实是权力分配的潜在形式，那么它所遵循的，是赋予认识特权与权力分配具有同一性，还是为了权力分配而赋予认识以特权？前一种可能性，可以视作一种语义论题，以那种激动人心的理论家为代表，他们善于将伦理话语转化为认识话语；后一种可能性，可以视作描述了为认识赋予特权者的动机或意图，它以一种极端方式，构成一种关于知识的阴谋论（a conspiracy theory of knowledge）。这两种可能的结论，都不必然地遵循知识具有价值中立性的基本预设，尽管最初的知识社会学家确实揭示出知识中立性的反面形象。还有一种被忽略的可能性，它是更加有趣的间接结论，认为认识特权只是对权力分配产生了切实影响——基于此，可以提出一系列开放性问题：从这轮权力分配中受益的群体，是否就是怀有初始动机而提出特定知识断言的群体？怀有初始动机者或权力分配受益者，是充分利用特定知识断言，进而提出其他知识主张的群体吗？不一而足。对于这个结论有说服力的辩护，足以破坏前面概括的传统认识论方案，因为这个辩护表明：不存在可以赋予认识特权的方法，其中包括自然科学与社会科学方法，这种方法不具备影响一个社会中权力分配的效力。然而与此同时，不能强求这个辩护做出夸大其词的论断，说什么知识不过是权势集团虚构出来，旨在保持其自身权力的一种神话。

不确定性观念破坏了老派（the Old Wave）知识社会学。"不确定性"，源自对一切知识是"负载价值"或"负载利益"这一论断的含混理解。当社会选择接受一种知识断言时，可以说，它与三类群体存在"利益"关系：

（a）第一种人：心存希望，从接受某种知识断言中，可能实现自身受益的动机；

（b）第二种人：能够切实地从接受某种知识断言中受益；

（c）第三种人：在利用某个知识断言的过程中，提出其他知识断言。

我们将第一种人称作"心存动机者"（motivators），第二种人称作"既得利益者"（benefitters），第三种人称作"充分利用者"（users）。在认识到一切知识断言都负载利益的情况下，传统认识论家的错误在于，他们未能看清：与知识断言相关的利益群体始终存在，因此，任何关于知识生产的规范性理论，都必须将利益群体考虑在内。然而，早期知识社会学家粗放地以为，在许多（或绝大多数）知识生产的情形中，心存动机者、既得利益者和充分利用者同属一个群体。若是情况如此的话，那么知识生产不仅被简化为意识空论的扩散，而且这种扩散将证明是难以置信的高效，因为事后表明：原创知识的理论家对于他们生产的观念体系付诸应用，已经严格施予巨细弥遗的全面掌控，确保只有这些理论家及其同盟者才能从中受益。

当前一批坚持经验主义的知识社会学家已揭示出早期知识社会学家的粗放认识，认为那不过是一种修辞上的错觉。新派（the New Wavers）知识社会学家（Latour & Woolgar，1979，Knorr-Cetina 1981，Gilbert & Mulkay，1984，Collins，1985），自称为"社会建构论者"或"知识文化的人类学者"，认为以前所有关于知识生产本质的探索——兼及哲学与社会学视角——错误地得出结论：对于知识运用必须严加掌控，只是因为某个特定学科的实践者也用同样严控的方式（通过利用同一套知识体系，运用同样的推理技巧，不一而足），对知识断言进行检验。坦陈斯见，幼稚昭然：如同在书籍或期刊文章中所见，对于知识生产的解释，为什么被认定为可以代表如何真实地进行知识生产？毕竟，知识论断审查者可以获得的检验工具非常有限，对于正受检验的知识论断，审查者很少能够展开全方位的审查。因此，不足为奇，知识生产者倾向于留意收集证据和检验论断，这样做的程度深浅，仅以自身遇到审查者核检的可能性为指针。况且，关于知识生产的解释，远胜过一份关于作者信念的报告，何以至此？关键在于，关于知识生产的解释，描绘了本应发生什么，提出了本学科的公认标准，甚至其中的错误和偶发失误，也必须通过正确的方式做出解释。因此，知识传播与整合的典型进程，是为努力确保在知识论断的表达与检验中的一致性，而在通向这些文本化解释的各种行动中，则不必确保同样的一致性。

然而，对于知识生产中语词与行动的关系，人们可能或多或少存有幼稚之见。传统认识论家更为幼稚，他们把已经清晰表明的辩护，从书面上理解为一种具有普遍性的方法，这种方法具备从超社会现实中获得的行迹记录。早期知识社会学家则略为精明，他们仍然继续认为：在同样的表达形式背后，必定存在同样的约束形式，即便事实证明这些约束形式原来不过是统治某个学科的利益集团施加的意识形态力量。为抵制这种决定论的幼稚思想，新派社会学家喜欢说，知识生产具有"偶然性"（contingent），或具有"语境依赖性"（context-dependent），或具有"目标开放性"（open-ended）。不幸的是，新派社会学家的这些表述掩盖而非校正了早期知识社会学的解释——特别是老派知识社会学家的短板。具体而言，这些表述中的每一个都可能包含两种意思：

（i）知识生产者的研究成果，将如何被其他人应用到自己的研究中，知识生产者不可能完全预知与（或）掌控这种情况；

（ii）或者是，对于其他知识断言，任何知识生产者都可以相对自由地进行裁剪，使其适用于自己特定的研究环境。

新派知识社会学家的错误出在：对（i）的阐释，使（i）如同是（ii）的判决性证据；这样做只是为了使知识生产再次看似置于知识生产者充分直接的掌控中——由此导致的曲解是：知识生产不是由诸如学科和其他利益团体等大集团的意志所决定；现在反而把知识生产说成是由诸如研究团队甚至个人等小团体的意志所决定；因此，早期知识社会学粗放不实的认识，通过后门又溜了回来。

有时为缓解科学中这类自以为是且粗放不实的断言，知识社会学家（Bloor, 1983, ch.6）会说，科学实践标准发挥着一种不言而喻的公民准则的功能。这种情况下，在（ii）中属于科学家的"自由"，则受到以下事实的制约：只有通过数量一定的几种途径，科学家才能把知识恰当地应用到自己的研究中。但是，即便这个墨守成规的注解无法把"制约"的确切意义强加于科学家的行动中，它却容许一个"假内行"在科学游戏中取得成功。换言之，某些人仍有可能通过形式合法的科学措辞，把他所希望的任何结果强加给科学读者。然而，合法性类比的另一个特征，可以用来阻止"假内行"的成功，就是说，一个法律在规范某些社会行为的同时，它所无力规范的某种行为，就是这个法律本身的应用。同理，潜在的"假内行"可能了解所有科学规范，而不知道哪些科学规范适用于他的研究：他们了解需要表明的正确情况，却不必知道表明它们的恰当时间。例如，"假内行"或许有能力详尽地描绘出一个旨在摧毁某种既定假说的（欺骗性）实验，但是，恰在此时，如果科学共同体其他成员完成了支持这个假说的（真正的）实验，那么，"假内行"的诡计将有可能或被忽略，或遭到怀疑（如同任何其他离谱的断言），最终可能被揭穿伪装。当科学规范应用到未知情形中时，可能存在的这种不确定性，已经引导维特根斯坦的追随者道出了语言游戏的"开放结构"本质。这种不确定性的基础是：任何特定的社会行动者，都没有能力规定出一种方式，供他的追随者未来遵循这种既定规范；由此得出，从"心怀动机者"推断"既得利益者"

的无效性。还需注意到，在整个讨论过程中，各种限制与科学"假内行"的最终失败，完全根据社会学做出解释，例如"假内行"被攻破内幕，首先因为他不具备追踪同行认知活动的能力，其次由于他的实验实际具有欺骗性。

刚才我们在此尝试的，是对传统上理想化的客观性认识做的一种社会学模拟，它以某种方式，回应了诸如波义德（Boyd，1984）这样的科学实在论者的批评。实在论者认为，对于科学"成功"的最佳解释，就是科学的影响广及超出社会的"客观的"实在。相较而言，社会学模拟方法依据这样的假设：客观性与知识生产的其他长处，可能通过社会学原理得到透彻的解释。注意，这个定位是科学实在论的精确镜像：一方面，标准的科学实在论不否认知识断言具有社会之根，只有同这个事实相关联，那些知识断言的真伪才能得到解释；另一方面，社会学模拟不必否认知识断言是"真正的"真理或谬论，只有同这个事实相关联，那些知识断言的社会之根才能得到解释。这两方面相互联系，关注的重点在于：以诸如客观性这类认识长处为例所阐明的断言，是否能够像"真理增强者"（truth-enhancers）或"制度维护者"（institution-maintainers）一样得到最佳解释？

在科学实在论者与社会学模拟者的相关检测情形中运用的，或许是一种思想实验，基于这种情境，存在一种接受某种知识断言的文化，我们持续认为这种文化是正确的，除非它的某些理由或方法引起我们的高度怀疑。换言之，根据我们阐明的见解，那种接受式文化在"不经意间"已经对真理构成羁绊。古希腊依据静止原理提出的原子论信念，可以作为这方面的一个典型实例。众所周知，德谟克里特①从未进行过任何类似伽利略那样的实验,然而在许多方面,他的形而上学图景,极易导向循着"伽利略原型"的路线思考。然而,只要我们知道,原子论者未曾尝试过从实验上证明其形而上学,而且事实上,如果了解原子论者认为自然极具偶然性的基本信念,或许他们本应对伽利略式的实验思想构成阻碍。

科学实在论者喜欢援引这类例子,它恰恰在"不顾自身"中形成一种文化,同时这种文化表明,我们的知识探索——以某种方式或以其他方式进行,受到一种心照不宣的现实支配,我们皆栖身其中,且知识探索者以程度不同的成功,对这种现实心领神会。社会学模拟者通过质疑挑战这个结论:是否有可能说服原子论者诉诸实验验证,进而通过"恰当的手段"正确领会其理论。因为如果证实原子论者不可能被如此说服,那将表明:原子论者的社会实践——特别是纯思辨式探索——对于他们基于静止原理的信念至关重要;反之,这又将怀疑指向:原子论者是否确实类似于我们如今确信的原则?

通常认为,实在论者在讨论中拥有一只"向上的手"(the upper hand),因为一种知识论断越是得到跨文化、跨时代的认同,那么,社会学家仅仅依据该断言的几种甚至迥异的社会条件基础对它做出解释,就变得越发困难。然而,科学"假内行"案例显示,如果社会学家承认,既非一个知识断言的"心存动机者",又非"既得利益者",甚至亦非二者的联合体,能够对知识断言如何付诸运用施加一手遮天的掌控,那么就有可能削弱实在论者的辩证优势。换言之,相较于知识社会学老派与新派一贯的思维偏好,三

---

① 德谟克里特(Democritus,公元前约460—公元前约370年),古希腊哲学家,原子唯物论学说的开创者。

类利益群体间可辨识的早期共识要少得多。如果充分拓宽我们的历史视野，就可以发现丰富多样的典型案例。我们来看 1895 年以来智力测试（intelligence testing）的命运，这要从比奈·阿尔弗雷德（Binet Alfred）说起。比奈是实验心理学家、法国的教育学开创者，他把智力测试仅仅作为一种鉴别工具，用来判断学生对修补式教育（remedial education）的需求。智力测试的使用者，一直包括全部的科学哲学家和社会科学方法论家，他们始终把智力测试当作判断心理学是否具有科学地位的证据。自从英国心理学家斯皮尔曼把智力测试引入英美心理学以来，反讽的是，从中获益者成为这类人——他们相信智商（IQ）是指先天智力，通过后天教育很少能够改变（Gould，1983）。因此，对于智力测试客观性的最佳社会学解释，是智力在各种情境中的多样性，这种多样性之于被测者是完全不可预期的，甚至根本不在被测者的意识中。

有趣的是，通向社会学模拟的一个最初步骤，被波普尔（Popper，1972）运用到关于客观知识王国构建的"世界三"理论中：客观知识的独立存在，表现为对于事后理论化的认知手段存在不可预期的（且通常是无意的）结局。它正如计数系统，原本为了非常特定的实践目的而设计。例如，古人在尝试将日常生活中必须从事的许多测量工作进行简化的过程中，本应发展出数学研究。随着一种总体策略的出现，测量工具被正式从测量物体中独立出来，进而导向发明出一种用来表征自然数的系统，最终发现了自然数系统独有的、关于它如何使用的特性。这些特性成为许多问题的源头，诸如无理数的性质，这种问题足以远离实用性算术，进而构成一个自主的知识领域。然而，与此同时，由于这个自主的知识领域仍被认为是构成一切测量工作的基础，数学专家从而获得了验证工程师和其他专业计量人员职业资格的权力。在这个问题上，知识社会学家通过社会学模拟,再现了对特定规则与修辞手段的检验,数学借此保持了历久存续的权力。就像弗朗西斯·培根的认识,历史表明,数学是从测量这类广泛存在的社会实践中提炼出来、具有基础性与结构性的知识,或是一种"原质"型知识。

上述讨论表明,接下来的任务,是对心理学和知识社会学的解释工作做出区分。心理学开始研究人的认知局限性,它针对的是一个人预见长期后果的能力,根据一个人自身的互动能力及其产生的人工物,同样还须从发生之初去追溯那些长期结果的源流。这些局限性是隐蔽的倾向,它隐藏在心灵具备的"节俭性"能力之后,它使信息密集化并程式化,以便将简化的信息进行必要的存储。我们稍后再回到这个论题。认知心理学家在实验室中辨明,在记忆、推理与归纳活动中出现的各种错误(Nisbett & Ross,1980),这些材料可能被用作研究认知局限性的基础。同时要记住——在实验室之外几乎不会捕获这类"错误",因为一旦出错,通过这些错误的具体化身,就可能使错误在社会中实现合理化,正如波普尔的"世界三"理论。这种认知局限性的意义,将根据个体与群体人数的多寡而发生变化,这些个体或群体的行为之间存在因果关联,他们彼此之间有时空距离,他们可以获取交流相关认知成果——特别是文本——的技术。社会学家的任务,正是对认知中的这些变量进行研究。然而,对心理学家与社会学家做出分工是容易的,难在把各自的分工分别付诸实践,正如我们将在下一部分看到的情况。

3. 非规范性社会认识论与其他几种平庸调和之论

新派知识社会学,不仅继承了老派知识社会学不体面的路线,而且写下自己的平庸手笔。这种平庸源于为了消除属于认识论的任何规范性力量,新派知识社会学家最近在社会学和哲学方面做出的尝试。社会学家一直怀疑,从哲学上谈论知识"应当"如何生产,其背后受到一种欲望的驱动,即有权威地言说远在经受经验性学科检验之上。为了安全地抵抗经验性批评,自柏拉图与笛卡尔以来,哲学家的典型做法是,为他们关于理想化的理性认知者的解释附上一个故事,说他笔下的这位理性认知者一直饱受自己内心深处的激情煎熬(Dawes,1976)。在波普尔之后的科学哲学中,可以发现同样的动向:拉卡托斯责备过去的真正科学家,为了某些具体利益而摇摆不定;拉卡托斯也责备暴民心理学,批评他们很少与自己理性重构的历史保持一致。正如社会学家所见,哲学家精明地把自身的一个弱点转变为一种力量:对哲学理想与经验性的疏离,哲学家不认为这意味着哲学理想是假,反倒认为它意味着:真正的哲人受制于自身的某种心理,因而无法实现其理想,他们至今尚未把这种心理妥善地加以学科化。因此,理想距离它的实现越是遥远,它对方法(Method,"方法"一词的英文首字母大写,旨在表明方法在认识论上的特权地位)的需求就越大;同时,对方法的需求越大,哲学家的权威就越大,因为哲学家是研究方法的专家。正如这些评论表明,对这个哲学诡计的平庸回应,就是对待规范性认识论的态度:往好里说,把它作为一种酸葡萄式表达,知识并不是如哲学家所愿的那样生产;往坏里说,把它作为哲学家的一种借口,他们无视一切探索知识生产性质的经验性学科。针对这两种情况的医治处方是清晰的:认识论家应当终结其规范性路线,进而清除当前存在于认识论家工作与历史学家、心理学家、社会学家工作之间的种种壁垒。

对认识论中存在的规范性力量的质疑,哲学路径迥异于新派知识社会学路径,哲学路径的平庸在于,它把认识论家更多地描绘为遭受欺诈者（deceived），而非自设诡道的欺诈者（deceiver）。这条哲学路径的核心经典，是奎因提出的"认识论自然化"（Epistemology Naturalized）理论（Quine，1969，ch.3），不过罗蒂的著作《哲学和自然之镜》（Rorty，1979）为这套理论的流行效力尤多。奎因理论的基本思想是：为"证明"知识断言，从笛卡尔到康德以来的哲学家提出一套总体方法，他们不断混淆着两种迥异的事业：一方面，是知识断言的合法化问题，它由某种特殊文化的规约与习惯所决定，未来则以获取知识方面的文化利益为依凭；另一方面，是知识断言的解释问题，包括对知识断言因果源流的研究，以奎因为例，他把这项工作置入严格的行为心理学与神经心理学的研究范围内。通过用这种方式对知识断言的辩护工作做出区分，就取消了对一种特殊认识论学科的需求：合法性问题，最适合传统上致力于文化批判的人文科学来处理；解释性问题，则是最适合自然科学及其在社会研究中的模仿者所从事的工作。进而言之，对知识断言的辩护工作一旦被如此割裂开来，最深层的认识论问题也就迎刃而解。在奎因与罗蒂看来，这个深层认识论问题就是：在由我们的感觉提供的贫乏的证据基础上，我们有能力产生出难以确定数量的种种理论，如何解释我们的这种能力？可以从两个方面寻求它们的解决方案：首先要解决的问题是，作为一个心理学解释问题，某人如何从一种证据——至少从一种理论中获知；其次要解决的问题是，作为一个文化合法性问题，某人如何从多种理论中获得对唯一种理论的认识。在这两种条件下，任何人都不必具备放之四海皆准的规范性知识理论。

关于这些向平庸的倒退，以及由此而生的学科之间的折中调和精神，还存在几个问题。首先，社会学家与哲学家已突出地表明，尽管认识论话语竭尽所能，以便模糊类似专门学科方法的一切迹象,但是,认识论家用来证明知识断言的方法并非其独家秘籍。假设制造方法论独特性的情况不会发生,仍不可能得出如下结论:认识论家未置身特殊优越的地位,对知识断言做出规范性判断。毕竟,说到"认知劳动分工",不仅关乎劳动者使用技艺的差异,而且涉及他们运用这些技艺时所处物质条件的不同。因此,即便认识论家成功的秘密,不过是将科学家与人文学者共同使用的推理、综合等基本方法,进行了一种奇特的运用;对于由专门学科提出的多种知识断言,认识论家会参与其中,且在这种互动关系中保持自身的独特性,科学家与人文学者则受到限制——只能对自己所属的学科发挥作用。还有异曲同工的另一条路径,它与本章中先后出现的那些主题相呼应,那就是:自19世纪初期以来,有两股实证主义一直对知识问题做出界定,规范性认识论的批评具有混同这两股实证主义的模糊形象。一方面,规范性认识论的批评,认识到逻辑实证主义一派及其强调的方法统一性,将认识论的任务简化为清理观念,专门学科的实践者如果不是被更重要的经验性工作缠身,他们本来可以自己从事这项工作;另一方面,规范性认识论的批评,忽视了孔德的实证主义。孔德强调,哲学为了调整自身的发展,赋予自身独一无二的角色,就是哲学将科学方法运用到科学本身。

还有批评对于认识论家的规范性力量仍持怀疑态度,令其不解的是,为什么那些专门学科对于本专业的行为不能只由自我调控?诚然,这种自由放任的态度,也是偏好自然主义的科学哲学家(Laudan, 1981)与偏好社会学的认识论批评家(Bloor, 1981)的共同所好,在通常情况下,他们却总是发现彼此争执不下。显然,自由放任态度经历过看似纯粹的"多元主义"甚至"大同主义",在这种情态下,与劳丹、布鲁尔类似的学者,日渐走向任何形式的自然主义知识理论,将历史学、心理学与社会学兼容其中。

可以推测，他们相信哲学家通过探索知识的经验性进路，可以从中领会许多价值。然而，他们似乎未加留意，来自这些经验性学科的知识断言，显然无法做到彼此兼容。确实，有些很有趣的断言可能在某方面不够兼容——你若愿意也可称作"不可通约"，但这并不表明——这些断言是在一个特定学科内轻易下的任何决断。作为这种不可通约性的初步证据，从检验相关文献的引用模式的角度来看，有可能被迫得出结论，认为科学心理学家与科学社会学家几乎从不引用对方的工作，尽管他们经常被视作一体，构成"科学学研究"（science studies）学科群的一部分（马可·德梅是一位少有的例外，1982）。进一步来看，这个发现应该不足为奇，因为最终将全部"科学学研究"的实践者统一起来的，是一个共同的"牧童"，即传统的认识论。因此，各门学科的实践者不必太过执着地去挑战彼此的知识断言。那么，我们现在转向（介于科学学实践者与传统认识论哲学家之间）某些潜在的冲突点上，通过这个视角可以表明：对于孔德预想的那种"规范却是自然主义的"（normative-yet-naturalistic）认识论，这里还有可议的空间。

一个关键的冲突是：在对科学活动的社会学解释中，心理主义的程度深浅必须与之相协调。通常，社会学家是"反心理主义者"，如果社会学家对于社会互动的解释，不需要社会行动者具有任何私人的精神心理内容——例如他们特殊的愿望或信仰，那么，此类私人情结都会远离公开确定的关于社会行动者的角色期待。在这种条件下，科学社会学家中的爱丁堡学派（Barnes, 1977; Sharpin, 1982），必定被认为顺应了心理主义。因为爱丁堡学派标志性地提出——社会行动者具有相对明确的"利益"，他们力求通过操控某种合法的体制——例如科学——的进程，来促进自身利益的实现。因此，爱丁堡学派惯于揭示科学争论，科学争论作为一种"超级结构"（superstructure），它的"基础设施"构成了竞争性的政治、经济和（或）文化利益。

相比之下，最显著的反心理主义案例，可能出现在社会建构论者中间。社会建构论者的观点部分来自维特根斯坦与福柯，在他们看来，社会行动者的精神内容本身，是通过制度化的赋予机制由社会建构的。如果社会行动者在精神内容方面存在一种特殊"利益"，保持或强化他在科学游戏中的地位，就是这个利益的作用所在；因此，社会建构论者把重点放在科学文本中具有说服力的要素上。诚然，社会建构论坚持认为，科学知识生产的主要功能，不是作为角逐特殊利益的竞技场；他们反而相信，"科学投入不存在终极的客观目标，只有对既有的累积性资源进行持续的再分配"（Latour & Woolgar，1979，p.198）；在这个问题上，社会建构论者与老派的法兰克福学派、新派的爱丁堡学派分道扬镳。因此，我们将会看到，对于知识探索是"知识自身的一种终结"的观点，知识生产的资本主义模型为其提供了一种新见解。

从心理主义转向心理学，在为整合社会学研究而展开的社会心理学史研究中（尤其在格式塔理论与归因理论中），可能发现这种转变的先例。这些社会心理学史研究将发现的焦点指向：在一个面向许多阐释者开放的实验环境中，几个人的出现可能会迫使某些研究终止，例如一个主题如何被感知，以及对一个主题研究做出确认与辨析。此时，如果我们采取"反唯社会论"（antisociologism）的态度，表示对个体心灵的解释不包括以下成分，即不必记录他者的出现可能对个体信念、愿望、当然还有行动产生的影响。那么，根据特维斯基与卡尼曼提出的行为心理学"前景理论"范式（Tversky and Kahneman，1981）运行的科学实验心理学研究——当前仍是学科主导，可能将被认为是"反唯社会论的"。这些科学实验（参见 Tweney，Doherty & Mynatt，1982）典型地表明，真科学家不会根据科学哲学家与科学共同体明确赞成的某种规范，去对证据、假说选择等内容进行辨析。特维斯基与卡尼曼范式下的心理学家，有时分析科学实验隐含的推理过程，但他们很少解释：科学家为什么如此严重、如此系统地偏离那些显明清晰的科学规范。科学家日渐认同对科学错误的总体说明原则，这是为了表明，科学家主体对于实验者建构的问题框架保持敏感：构建同一个问题，可以用两种不同的方式，而且你得到两种不同的反馈。那么，不足为奇，当要求科学家在教科书中常见的由"规范形式"确定的框架内解决一个问题时，他们最有可能根据显明清晰的科学规范进行推理。这看似开启了通向某种唯社会论的大门，它也许直指学科社会化存在的心理局限性。科学实验规范在哪一点上对冲了决定科学家做出应有反应的科学训练？然而，在科学心理学家中间，彻底消除了反唯社会论的理论主张，因为他们倾向于相信：科学错误深植于科学家的个体认知机制中。于是形成这样一幅图景：人类如同生来就有缺点的计算机，至少在从事科学研究时，他们屈从于外部的有效性检验（Faust，1985）。

心理学主义与社会学主义除了跨越学科界限的相互渗透，二者之间无法兼容的冲突，也以新的形式重新呈现——关于学科起源与学科保持存在的竞争性历史假说。尽管通常把各门科学学科当作"社会"与"认知"的交会点（大致当方法论成为制度化之际），但是，用来说明社会与认知交会出现的普通解释策略，已普遍实现了心理学化。为了认识心理学进路与社会学进路（福柯是二者的榜样）的差异之于科学诸学科历史发展的意义，我们来看围绕19世纪生物学作为一门专业学科兴起的问题，提出的不同于既有定论的两种替代性假说：

（d）历史心理学主义（Historical Psychologism）：生物学的关键性开端，是由一群被称作"生机论者"的个体发起的一场思想运动。生机论者认为，运用物质性科学的方法，不可能对生命现象做出透彻的研究。让这个信念获得社会认同，是他们的共同旨趣。

（e）历史社会学主义（Historical Sociologism）：生物学的关键性开端源于"机遇结构"（opportunity structures），即在一个非常与众不同的领域，进行观察、描述和组织的（人与物）一系列程序，已被证明是富有成效的，这些程序现在却被当作一整套标准来使用。心存差异性方案（异于现行方案）——甚或是极端相反的方案——的研究者个体认识到：把自己的科学论断拿到标准程序规定的论坛上去竞逐高下，是他们的旨趣所在。

根据这些可选择性条件，旧有的科学史与科学哲学智慧可能支持假说（d）；如果经过一番检视，就会问：为什么每种情形的策略发生了改变？于是可能会接受假说（e）。

对于（d）假说的偏好，历史学家可能不会有一套原则性辩护，但是显然，科学史倾向于支持假说（d）——它类似于设想。至于跨学科借用的议题，如同物理学家或经济学家对某种数学技艺的运用，可争论的观点是：观念突破的历史将被跨学科借用的历史消耗殆尽。然而，历史学家经常看轻了跨学科借用的重要性，他们关注这类事实：数学技艺最有意义的作用就是解决物理学问题；他们却不关注这类事实：为充分利用数学技巧，物理学家必须以新方式重构他的物理学问题。用前一种眼光观察跨学科借用事件，科学史仿佛受到个体科学家意图的操控；若用后一种眼光观察，科学家看似受到自身力所能及的有效资源的限制。至今有许多科学史被写成科学家研究纲领的成败史，却很少考虑机遇结构已被利用或未被利用的程度。

类似学科史对于假说（d）或（e）的偏好，哲学家有一个特色鲜明的原则性理由，关于知识生产的目的，它开启了一种得到普遍支持的观点，我们在后面会充分讨论这个议题。现在我们只需初步涉及这个观点，即知识生产者首先要为自己对将要制造的知识断言划定一个领域，然后他们用特定程序检验这个领域，进而得出与该领域相关的一些真理。即便根据这个简单描述，已经为认识知识生产者注入一种心理学的思考，进而转向乐于对知识生产者的行为做出心理学解读。这种心理学解释的症结所在，就是理论结构优先于方法选择。如果没有这个解释，将很难明白实在论者与证实论者在认识论问题上发生争论的动机何在。实在论（realism）的貌似合理性，很大程度上有赖于一种想当然的心理学事实，即我们自以为是地宣称某种断言是真或是假，即便我们没有办法可以对断言的价值做出检定。可以推测，根据假说（d），在一门学科的早期阶段，经常做出此类断言，此时知识共同体已具备了本学科的某些信念，但是对于这些信念的检验，尚缺乏能够得到普遍认可的手段。同理，证实论（verificationism）的意义，在于它构成实在论的一种解毒剂，只要人们确实想要让理论化在先，选择方法在后；接下来，证实论者意在表明，只要选出一种方法用来检验理论，该理论就具有了认知意义（进而声称该理论实现了真理价值）。比较而言，假说（e）式的科学编史学，将优先的心理学解释转向科学历史的源头——学科领域与理论——真正的学科内容，它们基于事后的建构，以便通过一批人，针对某些特定技艺的拨款及成功进行的资源配置做出检验（Abir-Am，1985）。

只要我们看过科学史、科学心理学、科学社会学中的一些例子，就已表明学科之间的不兼容性。然而，在哲学家阵营内，也已存在心理学主义与社会学主义的认识论形式，但这两门学科的不兼容性在这里被忽视了，这并非源于大同精神，而是因为关于知识生产的规范理念的哲学争论，缺少清晰规则的指导，而这些形式的心理学主义与社会学主义，通常从属于知识生产的规范理念门下。当然，"规范理念"（regulative ideal）是一个康德式术语，在这里应更贴切地称作"认知乌托邦"（cognitive utopia），它是知识生产最理想的社会组织形式——也是社会认识论研究的主要对象。如果我们把"真理"作为一个界标，把它作为所谓生产知识的目标，那么，分别以康德与波普尔为代表的心理学与社会学乌托邦，通过以下方式可能被区别开来：

（f）认识论心理学主义（Epistemological Psychologism）：为实现能够生产真理的知识过程，其最佳途径就是要求——所有知识生产者对此过程抱有同样的态度，即人人应当对真理的生产心存追求。

（g）认识论社会学主义（Epistemological Sociologism）：为实现能够生产真理的知识过程，其最佳途径——无须所有知识生产者对此过程抱有同样的态度，而是需要所有知识生产者以同样的方式，对彼此的知识产品做出评价。

"知识断言"始终出现在"信念"通常发挥作用的地方，一个原因就是，对于知识处理所谓的生产过程，需要在（f）与（g）之间保持中立。不必说信念就是根据某种特定方式做出的行动安排，就是合理（或可信）的真信念的生产，通常惯于把生产者的心理变化包括在内（Goldman，1986）。比较而言，在心理学意义上，知识断言可能被视为一种态度的外向表达；在社会学意义上，知识断言可能被视为一种语言游戏活动，它可以通过某种公开可见的方式得到辩护或被击败。如何得出（f）与（g）之间的差异，通常又是如何得出发现语境与证明语境之间的差异，读者可能已注意到这二者的相似性。在最普遍的意义上，心理学主义类似发现语境，包括对渗入知识生产过程的知识生产者心理结构的评价；社会学主义类似证明语境，包括对知识生产过程所导致后果——真实的知识产品的评价，而不顾及知识生产者的心理结构。迪尔凯姆（1938）在同另外两位法国社会学创始人塔尔德[①]和勒庞[②]的争论中，首先认识到：根据发现语境与证明语境的差异，必须将社会学主义与心理学主义区别开来，以防止社会学主义沦为不过是大规模的心理学主义。为领会（f）与（g）在此表明的深层差异，我们来看：爱丁堡学派主张知识生产过程不过是角逐利益的竞技场，如果证明爱丁堡学派的主张是正确的，那么社会学主义与心理学主义将会做出怎样的反应？

（f）的支持者希望真理的生产由此受限，因为只有在真理能够有益于个体特殊利益的情况下，个体才会对真理心存追求。为了使知识生产过程更为"多产"，（f）的支持者宁愿使知识生产者个体人人瞄准真理，而不必顾及真理对他们以及后人可能造成的社会后果。这将必然导致人们坚信自己的信念，且希望自己的信念确实为真（且以同样的方式对待其他每个人的主张）。我们很容易看到那种强制性方法的角色，为了忠实地宣示真理这项艰巨任务，它把知识生产者置入正确的心灵框架中。相比之下，（g）的支持者没有如此那种近乎强制性的方法自觉，主要原因在于：他们不相信真理生产尤其需要知识生产者对知识生产过程心怀特殊情态作为帮助，诸如"一心想要生产真理"。因此，（g）的支持者对于爱丁堡学派的观点更为乐观，他们相信，由于知识生产者尽力使自身利益最大

[①] 塔尔德（Jean Gabriel Tarde，1843—1904），法国社会学家，西方社会知名的心理学家、统计学家和犯罪学家。
[②] 勒庞（Gustave Le Bon，1841—1931），法国社会心理学家、社会学家，群体社会心理学创始人。

化，他们将以最有可能被接受的公开形式，竭力削弱彼此的断言。就是说，通过吸引与自身理论相关的真理生产，以便掩盖知识生产者的批评唯独受到自身利益驱动这一事实。如果这个过程持续得足够长，它将成为运用"看不见的手"或"理性的诡诈"，对如下问题进行解释的基础：有一批知识生产者，他们的主要利益与真理生产毫不相涉，真理何以可能由他们最终生产出来？进而言之，这是一种唯社会论的解释，每位知识生产者都被阐释为不明就里的真理生产者，因为真正操控他们追逐自身利益所运用手段的力量，是其知识产品必须获得同行的积极评价——这是一个刚性规定。

4. 社会认识论阐发规范性，认识论阐发趣味性

循着伦理学的典型案例，人们可以基于以下两种基本立场，做出他们的规范性判断：

（m）在某人行动之前，以便指导（direct）他的行动；或者

（n）在某人行动之后，以便评价（evaluate）他的行动。

主张认识论实践的新派知识社会学批评认为，由于哲学家本人并不参与他所批评的行动，因此，哲学家只是在（n）的意义上做出规范性判断。然而，在（m）的意义上，同样可能认为，哲学家做出了规范性的言说。这种情况表明，同早期知识社会学家一样，哲学家遵循马克思的威权性论断，他们自认为不仅必须解释世界，而且还必须改造世界。事实上，关于事物的真理，可能恰好在（n）意义上，关于过去的知识生产才是规范性判断，这意味着在（m）意义上，它构成对未来的知识生产做出规范性判断的基础。

我们还需从社会学角度，指出哲学家的观念化倾向的可信度。这方面的良策可能是，把哲学的观念化视作社会工程的省略形式。

这个良策根本上源于培根，尽管进入20世纪，培根式的典范已成为法国哲学家加斯东·巴什拉[1]（1985）提出的科学实验化理论，这个理论迄今为止已经演化出几种版本[包括Von Wright（1971），Bhaskar，1980；Hacking，1983；Heelan，1983；Apel，1984]。它的基本思想是：如果我们仅仅根据一般性观察做出判断，自然就不会呈现出它具有的法则式特点。那么，我们必须创造出一种环境，使自然的法则式特点可以在其中根据需要而呈现。创建这个环境的指令，通常暗含在关于自然法则的一种"其余条件相同句"（ceteris paribus）中，且该指令由不可能超出这个情境的社会实践组成。例如，今天用来表明"惯性法则"的社会空间，要求必须对在实验室中做零摩擦运动的物体进行观察。针对这条规则，社会建构论者想说：当一位科学家声称某种现象的混合体"实质上"受到某种特定自然法则的支配时，对于所有科学家来说，这就意味着：他知道如何约束实验环境，以便使这个现象以有规则的方式运动。根据学科要求的各种约束条件来界定学科，这种尝试已经进行过（Rip，1982；Whitley，1986），正是源于这种各自为政、在互不兼容的学科约束条件下进行的学科划界，所以导致整合社会科学研究的努力遇到许多困难（详见第八章）。因此，当哲学家提及理想的理性认知者时，他可能也在表明：我们对知识生产的判断，应在更为严格的社会背景下进行，哲学家的方法偏好，成为创建这种社会背景的部分指令。因此，针对笛卡尔早在《谈谈方法》中论及理想化的理性，我们必须进行严肃的思考：如果不从规范性的社会交往向后倒退的话，笛卡尔的方法则不可能付诸实践。

---

[1] 加斯东·巴什拉（Gaston Bachelard，1884—1962），法国哲学家、科学家和诗人，法国"道德与政治科学学院"院士。

循此思路对认识论家的规范性判断进行阐释，唯一的问题就是：这些判断只提供了部分说明，其他说明还包括修辞的、技术的以及一般的管理手段，通过这些手段，迫使他人遵循认识论家的方法，但是，认识论家的方法至今仍很少成为哲学讨论的议题。这个失败最直接的标志，就是认识论家通常对教育议题缺乏兴趣（杜威是最明显的例外）。相反，认识论家习以为常地断言（尽管笛卡尔之类的认识论家论证明晰），他的方法是"不证自明的"，就是说，这种"方法"表明：一切理性的人都将认同这种"方法"之所是，且遵循这种方法。在社会学家看来，这个断言足以确证——认识论家的傲慢与天真。然而，认识论家可能会竭力证明自己的正确，认为社会学家未看到认识论家理念化的关键所在，社会学家受到反事实的蒙蔽，而非受到强制性方法指令的蒙蔽。就是说，认识论家的兴趣限于思想实验，具体情况下抽象方法的有效性，不以抽象方法可能对应的经验性现实为依据，因此并不要求以任何有意义的方式对社会环境进行重构。然而，即便这类回应无须令社会学家满意，社会学家仍时常将认识论家的做法归诸我所谓的"建构论者的倒退"（constructivist's regress）。换言之，只要不存在"不证自明"的认识论方法，即便只是作为一种思想实验结果的观念，它也必然面临危险，但是，在认识论家的方法以及使这种方法被接受的手段之间，通常仍然存在差异，因为使这种方法得到接受，需要让社会环境发生某种改变——即便只是在语言选择上，对心存接受这种方法意向的受众具有说服力。

在社会学家对认识论家的各种质疑中，以上复原了认识论家身上常见的规范性和社会性元素，我们现在来确证认识论家身上残存的自然主义元素。一旦承认哲学家是在（n）的意义上做出规范性判断，那么我们可能会问：这些判断是如何做出的？回答这个问题，存在下面两种可能性：

（n1）对每种知识生产具体情形的评价，是以可能性最大的知识生产情形作为参鉴做出的。

（n2）对每种知识生产情形的评价，仿佛这种情形就是一种可能性最大的知识生产情形。

如果考虑到旨在构建一种通往实现最佳知识生产的方法，那么，在（n1）意义上，传统认识论至今仍是规范性的。然而，考虑到对于完全遵循（n1）进路，社会学家已表明了怀疑立场，且认为这种进路作为研究方法是不完备的，认识论家可能转向在（n2）意义上的规范性，进而践行过分乐观主义的认识论，也就是伏尔泰[①]在小说《老实人》(*Candide*)中深信不疑地道出——"这是可能的最好的世界"——这句名言后，所指的那些哲学家。过分乐观主义之于认识论家，就是把他通常认为在知识生产过程中唾手可及的"干预"（诈欺、误解及其他错误），视为仅仅表明：他尚未领会那些"迷离正途的内容"应纳入知识生产过程中的哪个位置（Dennett，1971）。

我对知识问题的关注，将重点放在真实生产的知识上，但这并不表明：过分乐观主义的认识论家应把他的阐释仅仅置于随意选取一些当前实践的基础上；相反，他应辨明知识生产所具有的历史性常量与常规性变量的特点，这会使有些人认为：这类事情——作为一种"过程"或"系统"——可以理性地纳入认识论家的通盘设计之下。因此，过分乐观主义风格的认识论家面临的问题将是："这个经过设计的过程，为什么使知识生产者总是根据一种特定的方法论，来解释他们的成功？即便在符合那种方法论的意义上，他们几

[①] 伏尔泰（Voltaire，1694—1778），法国启蒙思想家、文学家和哲学家。

乎不做任何足够严格的事。"在过分乐观主义者看来,相较于理想化的方法,有多少真实的知识生产过程被证明是无效的,根据这个标准,可以对某种古典认识论的完备性等级做出判定。古典认识论家本人宁愿期待一定数量的无效性,而现在最好的认识论,则是根本不去发现知识生产过程中存在的无效性。

在这个问题上,读者无须因为读到我们的见解而情绪激动,古典认识论家可能认为自己也对知识生产抱以一种用心设计的姿态,他与持过分乐观主义的认识论家的唯一不同,只是他不假设知识生产的过程总是(或永远)在一个完美程序中运作。诚然,通过假设知识生产过程以最佳方式运作,过分乐观主义的认识论家似乎陷入自然主义谬误,因为他不仅根据应然来推断知识生产的实然,而且实际上把应然与实然等同起来。因此,这个缺陷将为过分乐观主义者带上令人尴尬的天真罪名。为了批判这个罪名,现在让我们从认识论家设计知识生产时可能采取的两种方式开始思考:

(p)假定他已知悉生产知识的目的,那么他能决定:为实现这个目的,一部分知识生产过程是如何运作的?这些过程是否能够行之有效?

(q)假定他已知悉:为实现某种目的,部分知识生产过程能够以最佳方式运作,那么他能决定那个目的的未来状态,它可能是怎样的?它可能不会是怎样的?

古典认识论家用(p)方式思考,说明他关注"真理增进式方法论":真理是目标,(认识论家的)方法是手段,在真实的知识生产情形中,这个目标与手段可能发挥作用,也可能不发挥作用。但是,要说明(p)与(q)之间的差异,必须追问:古典认识论家如何能够断言他了解生产知识的核心所在?特别是认识论家如何成为首个承认几乎不存在最佳知识生产情形的人?当然,通常给出的答案是：通过定义，在方法论上，知识听起来接近了真理。因此，如果古典认识论家认识到：大多数流转传承为"知识"的知识，并不是由以认识论家认为完美的方式生产所得，那么，认识论家宁可不再使用在这些实际情形中运用的规则，也不会为了获取这些实际情形所共同具有的其他内容，而对认识论家已做出定义的知识做出丝毫改变。

现在，如果过分乐观主义者声称，在古典认识论家的方式上，他了解生产知识的核心所在，那么他确实是天真的；因为接下来，他将否定古典认识论家与知识社会学家都赫然承认的事实，那就是：在知识生产的哲学理念化与真实情形之间，存在重大差异。然而，在（q）意义上，过分乐观主义者对知识生产采取了设计的姿态，且遵循知识生产过程以最佳方式向某个目标行进，但这样有些经验性决定论的倾向，它的目标就是：根据知识生产的真实的结构性约束，哪种目标可能实现？据此，对于诸如持久性（retention）、累积性（accumulation）与一致性（convergence）等这类性质，真实的知识生产过程无法对它们做出任何清晰的指示，这类性质可能不过是一个偶然的经验性事实。然而，自美国实用主义创始人皮尔士[①]以来的科学哲学家（Rescher，1978），断然将知识生产的核心同指向真理进步的理念构想联系起来。（更强的结论将表明，设置完全适恰型的指征是不可行的。）

关于持久性、累积性与一致性三位一体的思想，如果我们不考察它的基础，可能根本无法获知它还构成另一种哲学方法论。皮尔士式的三位一体思想，吸收了以下认识：知识不仅在松散的意义上

---

① 皮尔士（Charles Sanders Peirce，1839—1914），美国哲学家、逻辑学家，实用主义创始人。

进行人际传播，而且在成功的知识传播过程中，有些恒定的知识内容被保存下来。20世纪分析哲学的任务，在很大程度上，已是对更严格意义上的知识传播理论或翻译理论的研究。然而，历史记录表明，只有一系列有争议的尝试，根据使两个句子"同义"或"表达了相同的命题"的标准，才能对知识传播或翻译的性质做出界定。无疑，知识传播事业的非决定性，始终因为对于任何更严格的知识传播意义缺少"真实世界"的范例，而这种真实世界的范例，超出了在规范逻辑意义上的真理功能等价性标准。在这个历史记录的基础上，过分乐观的认识论家得出结论：无论知识生产的核心是什么，不必把类似分析哲学家主张的知识翻译意义那样的虚幻行动包括在内。

结果是，对于预示强意义可译性的知识产品的两种图景，过分乐观主义者产生了怀疑。首先，对于知识可以被视为一个储藏屋，储藏内容可以在适当时刻进行扩展或收缩，他持怀疑态度。这幅图景经常表明，对于两种知识体的相对尺度，有可能做出不等值的判断，这个观点的核心是：秉持知识实质上是累积性的信念。储藏屋图景呈现出逻辑化的知识翻译观，在试图阐释科学革命是"理性的"问题时，这种观念变得尤为清晰。例如，艾萨克·莱维（Isaac Levi，1984）主张，在科学革命进程中，知识基础必须是收缩在前、扩张在后，而不是相反，因为如果一场科学革命由知识基础的扩张为起点，矛盾将会随即而至。看上去，这个观点中的"必须"被赋予超然的地位——至少如果将科学的历史阐释为一部理性历史的话。因而我们有望看到，与牛顿机械力学存在实质性矛盾的那部分亚里士多德物理学，从牛顿物理学尚未进入的18世纪早期的知识基础中被彻底删除了。历史事实显然并非如此。这就意味着：同样的知识生产过程，有可能把互不兼容的知识体结合起来；反之亦表明，真实的知识生产过程，充其量只是其自身逻辑自洽性中存在不完美之处的监控者。后面我们将详细分析作为一个"系统"的知识生产过程，那时再对这个问题展开讨论。

知识产品实际被视为一种从推论得来的封闭式的认同网络，过分乐观的认识论家对此也持怀疑态度。然而，储藏屋图景力求说明：知识具有的扩展与收缩的属性。网络图景力求捕捉其他所谓的知识属性，例如针对这些属性的逻辑后果提出命题的权力，以及确认这些命题如何得出的权力。逻辑实证主义致力于对这个图景做出阐释，一个显著特征是，逻辑实证主义对"理性"的界定，以这样的认知者为依据：他相信已得到明确认同的命题，以及这些命题的一切逻辑后果（Dennett，1978；Part，2）。那么，非理性的主要源头来自认知者，他们或从一个命题到下一个命题未能做出正确的推理，或对于自身所知的知识基础缺少充分全面的把握。如果历史实在摧毁了第一图景，心理实在则摧毁了第二图景；因为如果知识是一个从推断得来的封闭网络，那么理性将唯独具有人工智识属性，由于在封闭式网络图景中传达的非理性，构成人类及其知识生产过程的规范（如同他们因包容矛盾而得出的上述看法）。上述观察表明，封闭式网络图景违背了过分乐观主义在方法论上的责难，那就是：从经验上看，知识（进而理性）关键是由对自然发生的情形进行研究所决定的（Cherniak，1986）。

知识生产的两种图景为知识的可译性预设了强逻辑意义，对于过分乐观主义的这种认识论，刚才我们已做出批评，现在必须承认，这两种图景日渐与一般知识观念密切相关。因此，过分乐观主义余下的负担，是在两种知识图景之外又生成另一种图景，这种图景以处于"自然状态"下的知识产品为真。为迎接来自古典认识论家的挑战，我们将为过分乐观主义者提供一幅知识生产的复合式图景，它主要来自当前流行于法国科学哲学家与科学社会学家中间的马克思主义、建构主义和系统学理论,在某种程度上,它也是对布尔迪厄①(1975)、塞尔②(1972)、拉图尔③和伍尔加(1979)所提出的建构论主张的纯化与综合。[富勒(Fuller,1984)把这个图景置入当代欧洲社会学理论的语境中]。然而,正如以下论题清晰表明的那样,社会学模拟标志着与古典认识论家处理同类问题所采用方式的根本决裂。

(A)误导的是,至少在原则上,认为知识可能是由难以确定的知识生产者的累积之功而形成的。相反,知识生产是一种"经济节俭的"过程,这意味着:一位知识生产者拥有的知识越多,另一位知识生产者拥有的知识则越少。因此,调节知识生产的关键问题,不是如何积累更多的知识,而是如何更公正地重新配置知识。

(A1)知识生产过程的"经济化"表现在两个层面:在微观层面,每个新的知识产品(如一篇期刊文章),对可信度的整体平衡做出了重新配置(见[B]);在宏观层面,知识生产过程中运转着数量相对恒定的知识,这意味着:生产出的相对少量的知识被长期保存下来;进而,被保存下来的少量知识是"被翻译出来的"(见[B1])。

(B)"拥有知识"与"占有"无涉,因为拥有一种精神表征,是古典认识论的典型做法。相反,一个知识生产者在加入知识生产的过程中,能够(且通常愿意)获得知识,这属于一种社会性状态。一位知识生产者"拥有的知识",如果足够使他的追随者或贡献出自己的知识资源,以跟上他的研究(甚至为了反驳的目的);或引用他

---

① 布尔迪厄(Pierre Bourdieu,1930—2002),法国当代社会学家,思想家和文化理论批评家。
② 米歇尔·塞尔(Michel Serres,1930—),法国哲学家、科学史家。
③ 拉图尔(Bruno Latour,1947—),法国当代哲学家、社会学家和人类学家,科学知识社会学"巴黎学派"的开创者。

的研究,作为追随者自己研究的背景资料;只有当追随者提供的知识能够完全偿清这些投入,这位知识生产者才会继续"拥有知识"。因此,"拥有知识"终究是一个可信度问题。不过,鉴于知识生产者对彼此知识成果的利用存在多种方式,知识生产过程以可信度为中心的事实,并不必然意味着:知识生产者对其他问题的认同,超过了对"可信赖的知识生产者是谁"这个问题的认同。

(B1)与知识生产相关的"翻译"的意义,限定在对具有功能等价性文本的设计上,这促进了可信度在知识生产过程中的分布。因为相较于可能长久保存的知识(脚注数量的累积性增加,与脚注所提供资料的多少并不成比例),生产出来的知识在数量上更占优势,因此,已在传播中的知识会产出大量的冗余知识,其数量应居首位。因此,我们通常所谓的"阐释"(interpretations)、"纲要"(synopses)、"评注"(glosses),都被认为是知识生产中的"翻译",这些"翻译"增加了其生产者的可信度。据不完全统计,这些"翻译"也削弱了知识产品被取代者的可信度。因此,与知识"翻译"相关的意义,是更替取代或剔除文本,尽管不必断言这些文本的确切内容始终被保留着。的确,"保存下来"的知识,如同这个解释所表明的那样星散斑驳,可以这样理解这个问题:一个文本的许多内容可能未曾经受必须的批驳就消失了,只有在未来要变革某种特定的知识生产过程之际,那些消失的知识才有可能被重新发现。

第二章　社会认识论与社会形而上学

1. 二者的差异性

我们已经表明，或许使认识论成为自主性活动的关键一步，就是将认识论与形而上学相分离。既然如此，花些时间把社会认识论与社会形而上学区分开来，可能是有意义的。"形而上学"有一个标准定义，认为它是"关于存在究竟是什么的研究"，尽管一些研究被形而上学学科的思想所压制，另一些研究未能留下什么印象。为什么仅仅通过对我们所感知的世界做出充分细致的描述，无法满足形而上学的需求？"现象学"就是这样一门关于形而上学的学科，它可能需要一双敏锐的眼睛，但是随着学科的发展，它将更类似艺术，而非类似科学。作为对这个问题的现成回应——由笛卡尔普及开来，会说：我们的感知可能会出错，只有通过把这些感知形而上学地建立在确切无疑的事物基础上，才会获得一种可资依凭的可能性。然而，现象学家可能更喜欢——像马赫那样，以形而上学基础作为先行，对于从他所观察的现象中得出的结论，只是抱以非常保守的态度。例如，他不会准许这样的推理：例如从类似椅子的感觉中，得出一把椅子、一组分子或任何其他事物整体存在的结论，因为事物整体的存在，必须以对该事物的原始感受作为补充佐证。根据这种方式，同时可以既避免人的感知出错问题，又为解决该问题提供了形而上学方案。

尽管如此，通过根据稍有不同的方式对人类感知错误的危险性做出阐释，即可看清对形而上学这门学科的需求。毕竟，在笛卡尔那里，对感知错误的恐惧，实际是恐怕有一种恶魔存在于我们感知各种现象的根源中。就是说，相较于透彻描述所观察现象表明的内容，笛卡尔真正担心的，是对于真实世界的认识可能存在更简单（也更乏味）的说明。多样性可能会掩盖认识在根本上的统一性，因此，现象学家的事业可能是毫无必要的精力浪费。那么，相关的感知错误，不是我们的感受本身可能为假，相反，我们的感受可能是表象与肤浅的。对于这个指责，现象论家必定抱以开放的态度，应对这个指责只有投身某种额外的事业，形而上学就是旨在将世界的复杂性简化到最低程度的事业。其实，形而上学的确不过是关于世界的自然经济性（natural economy）的研究。因此，形而上学如何实现对实在的解释，其方法论约束在于：诉诸最少的原理，阐明最多的现象。尽管如此，这仍为形而上学历史上存在过的许多不同体系留出了空间：一极是新柏拉图主义（普罗提诺）与绝对唯心主义（黑格尔），主张根据一种情形对一切事物做出解释；在另一极，可能会发现我们的现象论家，他们主张：对于将世界明显的复杂性进行简化的任何尝试——无论可能会多么有用——其实扭曲了同样复杂的基础性实在。

既然由此已经促进了形而上学的实践，那么，认为这种实践可能是社会性的，原因何在？为回答这个问题，我们首先必须思考：是什么使人类有能力从事形而上学？如果出于自然主义的探索，极易在马克思与达尔文时期找到自己的精神家园。其实，这个源头最早可以上溯到12世纪的法国哲学家与神学家阿伯拉尔。通常认为，阿伯拉尔是中世纪第一位唯名论家，但是，他也思考作为对手的实在论者声称的知识主张的由来。实在论者认为："普遍性"（universals）的存在，构成了现象特殊性的基础。阿伯拉尔的基本立场是：形而上学家反思性地对未经反思的记忆内容进行思考，这个立场将与他身后几个世纪的另一位伟大的唯名论家约翰·密尔产生共鸣。为厘清阿伯拉尔准则的意义，现在我用一个实例来说明，后面关于社会形而上学的讨论将聚焦分析这个问题。

记忆的天然功能之一，就是消除特殊现象之间的种种差异，以便更易于储存和唤起这些特殊的现象。在这个系统性遗忘的过程中，失落的是现象的独特性，保存下来的是各种现象共有的某些一般属性；于是，普遍性从特殊性中凝练而出。实在论者关注的焦点，是记忆以这种方式工作的事实。还有另一种能力，它可能非常有用，但它不保存为记忆，它的独特性永久地保存在特殊现象中。唯名论者对此的回答是：正是由于普遍性总是从特殊性中凝练而出，因此不能这样推论——普遍性必定只能通过那一种方式提炼出来。于是，唯名论者开始强调从特殊性中如何提炼普遍性的传统要素，即便"提炼"工作本身具有普遍性。在本书随后的章节中，我将讨论：当一门学科致力于一种物化的编史学时，提炼普遍性的过程随之发生，我将为此提出一种制度化的思考。这种物化的编史学，通过揭示一门学科的当前活动是实现了与历史上相关实践者共有的一个目标，由此对该学科当前活动的合法性做出规定。

于是，我们看到，形而上学家的学科规则在于，他具备对自然发生现象的某些特点做出系统性解读、而忽视其他特点的能力。这就是如何从特殊性中提炼普遍性的能力，普遍性因此拣选出特殊现象中具有"必要性"或"本质性"的特点。放大来说，这种形而上学实践导致许多社会设计出将社会成员进行分类的方案。这些方案的政治目的，就是拿牺牲个体的独特性作为代价，以换取接受同一种社会成员分类标准，进而从这种单一分类标准中得到平等性（equality）与互换性（interchangeability）的美名。这样一来，形而上学家把处理问题的可能性，建立在类似上述情形的基础上，至少可能会由此得到一种规范的公正感。实质上，最初在迪尔凯姆的认知社会学中，"集体表征"（collective representations）被认为是一种具有明显差异性的主观事物，而在我们的意义上，它是社会形而上学的一个特例。关于这些表征的迪尔凯姆式范例——法定的基本分类范畴，如图腾与禁忌——支配着一个社会中社会成员的分离或结合，根据法国社会人类学家列维·斯特劳斯[①]（1964）提出的"双重密码"（dual code）——自然密码与文化密码各占一半——对每位社会成员做出界定。就是说，个体具备以社会接受的方式来行动的天赋能力，而对个体行为进行调节的各种规范，同时对关于这种天赋能力的多种理论做出了清晰阐释，并且通过由文化建构的行动者，确认了这些理论的真理性；因此，由于认为奴隶只具备有限的天赋能力，警察的各种管制旨在把奴隶从公民中区别出来，而警察的各种管制强化了奴隶天赋能力有限的认识，基于这样的做法，所以只允许奴隶与公民进行非常有限的互动。

近年来，福柯（1979）极大拓展了他的"法律作为社会隐喻"的思想，进一步揭示了个体被迫嵌入各种医学与刑罚框架的规训过程。嵌入过程常常需要对物理环境与新增技术进行重构，以使相关阶层中的成员标记全部经过设计之后，在训练有素者看来，这些新标记显得更加明晰。对此事实不应感到惊奇，其实，它说明——为

[①] 列维·斯特劳斯（Levi-Strauss, 1908—2009），法国哲学家、人类学家，结构主义人类学创始人。

什么一种名副其实的形而上学必须是社会性的。就是说，如果一种形而上学似乎是对"事物真正如何所是"做出的说明，那么，它的分类特征应当看似是"天然的"，即便对于不可能去认识或接受这种形而上学的理论验证的那些人，他们也应感到是"天然的"。换言之，为了掩盖现实的社会建构特性，重要的是，要使任何心存潜在不满的个体感到：如果他们对于居统治地位的社会形而上学持怀疑态度，他们必须承担举证责任。例如，福柯本人在写到"规训"（discipline）时，在精神病医生能够分辨出病人患有某种精神疾病之前，精神病医生与精神病人必须经受"规训"。精神病医生出于自身的职责，必须学会关注病人的注意力——福柯所谓的"凝视"（gaze），关注病人表现出的特定行为，那将成为病人接受诊治的"症状"，即便换在不同的社会情境中，这些"症状"将会看起来十分正常。同理，病人必须学会用这种方式阐释自己的行为，进而承认精神病医生比病人自己更了解病人属于哪种人。病人如此屈从于精神病医生的权威，病人促成了精神病症分类体系的标准化，进而促成这个分类体系的客观性。

从形而上学转向认识论的一条途径，就是使形而上学家把自身定位在自己的体系中。例如，假设一位精神病医生对自己行为的精神病学状态进行反思并得出结论：他表现出充分的精神错乱症状，自己承认应当合法地进入精神病院。假设这位精神病医生坚信自己诊断方案的有效性，那么，现在他从根本上就面临一个认识论问题：如何协调表象与实在的关系？这位精神病医生的自身行为实质具有的病理特性，为什么能使他（与其他人）这么多年可以逃避精神疾患的诊断？合适的答案包括："虚假意识""自我欺骗""系统性扭曲"，以及受到一般观念规则影响的其他判断。

从我们的目的看，一种观念是对某种现象的说明，这种说明也用于检验现象的呈现。那么，在这个定义中，许多观念可能为假，但不必然为假；相反，许多观念主要用于对现象做出说明，以便使现象看上去是"正常的"，或至少无须做进一步检验。观念推理（ideological reasoning）存在两种普遍形式：

（a）功能性说明：它根据现象对于某些总体性社会计划的有利影响，对现象做出说明。至少在没有进一步论证的情况下，现象通常被认为是假的，这种做法有失轻率。尽管值得注意的是，他们率先运用轻而易举的证伪否定了现象——就像用"看不见的手"对资本主义市场做出解释一样——这导致制造可疑现象的人（即行动者），可能不知道（甚至可能会反对）紧随可疑现象之后可能到来的利好结果。

（b）先验性论断：它声称如果一种特定状态的事件未能实现，某些证据充分的现象将会被描述为是不可理喻的。这种论证看似对证据充分的现象做出了说明，其实它被用来为事件的状态建立可信度，这对于现象的呈现是必不可少的；因为这种事件的状态通常有点类似因果性，相较于有关世界的证据充分的现象所具有的时空规律，这种事件具有更加晦涩的形而上学意义。

简言之，经过设计的种种意识形态，旨在预防外来的批评与修正。当然，这引入了那位精神病医生过去曾给出的原因——唯独没有从他自己的精神疾病方案中给出原因。例如，那位精神病医生可能多年来一直相信：他充分反思过自己的精神状态，有些刺激能够很典型地促使病人表现出相同的行为模式，他知道自己没有受到过任何那类刺激的驱动。根据这种解释的观念图式，如果不诉诸更为深入、相应也更少虚假的认知层次——在这个认知层次，那位精神病医生只是进行了"理性化"，他并未做出"理性的分析"，不知这种做法将如何着手挑战那些虚假的观念？但是，回想一下，我们一直明确要求：那位精神病医生最终确实能够挑战并颠覆这种解释。当那位精神病医生对他的解释的观念特质做出辨析与评价之时，他就变成了一位认识论家。

那么，在社会形而上学的什么位置最可能发现各种各样的意识形态？一个重要的位置，就是英国人类学家玛丽·道格拉斯①所谓的"保持边界"（Bloor，1979）。无论社会形而上学的方案是什么，个体的人通常不能被轻易划分出类别。此外，个体如果落入某个特定分类体系"之间"（between）或"之外"（beyond），通过对社会形而上学方案的重大权威论断——这个方案的全面性——构成破坏，将会威胁到这个方案的整体合法性。那么，"保持边界"的关键就是：鉴于社会形而上学方案合法性出现的异常迹象，将这些异常迹象产生的影响进行中立化，从而在理念上使社会形而上学比以前更为强健。下面通过对两种情形的分析，我们将会看到：在第一种情形中，社会形而上学的力量如何在灵活变通性的表象下行进；在第二种情形中，这种社会形而上学力量如何呈现为一种纯粹的力量。

就灵活变通性而论，多数合法的社会形而上学体系体现出某种平等性原则，它允许在对特殊情形进行辨析与判断时，接受"法律条文"的例外情况，以便满足"法律精神"。然而，在英美法律体系中，诉诸平等性已经非常普遍，令人惊奇的是：这些反常事实为什么不被视为英美法律体系存在不完备观念的症象？相反，人们认为，平等性指向主持灵活变通法律体系的法官的"宽容之心"，这反过来又给人们留下印象——法律不是铁板一块的权威体系。当然，这种法律体系将做出实质性修改的机会大为减少，确切的原因在于：以防在特殊情况下，对于出现的异常迹象或例外情况容易法

---

① 玛丽·道格拉斯（Mary Douglas，1921—2007），英国爵士、人类学家。

外开恩。

至于付诸行动的负面观念,我们先来考虑一种情况:它首先由迪尔凯姆(1951)阐明,后来由福柯演绎得有声有色。通常认为,一种重要的常见出轨行为的发生——主要是犯罪和精神错乱,将证明占统治地位的社会形而上学出现了机能不良的情况。然而,社会权威们能够轻易地把明显的"负面情形"转变为一种"正面情形",他们主张:所有迹象表明,出轨者认为自己坠入了某种类型的观念体系,因此故意竭力避免受到各种形式的监禁,这些监禁被认为是"正式分类"(formal subsumption)。显然,通过为更广泛的监禁做出辩护,证明这些被监禁者是比正式分类的最初期望更难捉摸的出轨者,这种观念声援了占统治地位的社会形而上学。

在上述情况中,认识论家的角色是为保持观念形态的边界进行定位。以前面列举的那位精神病医生作为一种范式,我们现在准备针对把认识论事业从形而上学中区分出来的这类问题,提出两个质疑:

(c)既然知道观念具有虚假性,那是什么容许那位精神病医生的观念任其所是地存活(即发挥作用)那么久?

(d)既然知道这种观念能够发挥作用的价值所在,什么又容许那位精神病医生发现了他的观念的虚假性?

甚至先不必回答这些问题,我们仍能得出结论:认识论家的兴趣在于,对人类众多个体的形而上学体系做出评价,而个体的形而上学体系是由认识论家自己的形而上学体系进行分类的。

那位精神病医生的案例发生之时,就具有反身性,因为他竭力使自己身处他的混乱体系中。但是,与此类似的认识论事业却不必具备反身性,其实通常构成认识论事业驱动力的,正是对每个人的存在都缺少反身性观照,疏于观照的,既包括由认识论家形而上学体系做出分类的人类个体，还包括认识论家本人。如果对这个问题无动于衷，我的认识论就是其他人（也许同那位精神病医生的情形一样，那也是我本人早年的自我写照）观念形态的寄生物。用具有启发性与刺激性的方式重申这个问题，就是说，如果形而上学家把对待人类个体的多种形而上学当作他的一己之私，只是屈从于用自己的观念体系对人类个体进行分类的权威性，那样的话，将不再需要认识论。

一旦做出这样的申明，认识论的威权主义性格就被拉到犀利的聚光灯下。认识论家既可以授权形而上学家进行研究，又代表认识论家来发声，他也可以自我赋权代表形而上学家来发声。第一种可能性在许多情况下都能成为现实，其中以认识论家自视为人类学家的做法最为闻名。认识论家只是简单地声称——一个部落的形而上学观念，代表了他们对"事物真正如何所是"的认识，他们随即就果断地"变成了本地人"。这也是哲学中相对主义暗中采取的立场。第二种可能性发生在更为普遍的情况下，认识论家发现有必要根据自己的形而上学体系，对一种部落式的形而上学做出重新阐释，以便阐发这个部落的合理性认识，也就是将它制造成一些合理的错误。这是哲学中许多绝对主义背后的策略。无论哪种情况，认识论实践邀请我们思考一个总体性议题：在知识问题上，哪个人类个体享有能够代表其他个体的权威？诚然，相对于其他个体（人或事物），一种个体（人或事物）能够站在"代表"这种关系的立场上，这意味着什么？

2. 先验主义和自然主义的表征进路

从霍布斯①开始，以及继之而起的整个理性主义时代，语言被认为是物质世界的号令者，如同法律被认为是人类世界的号令者。在霍布斯与法国启蒙运动唯物主义者的案例中，合法性律令仅仅被认为是语言规则的一种特殊情况，也许更有趣的情况是，合法性律令被认为是付诸应用的语言规则的最佳研究案例（Foucault，1970，第四章）。包括语言与法律案例在内的观念都是代表性的：就是说，选出的代表被赋予代表选民发声的权力，相较于语言共同体中能力强的成员被赋予为世界代言的权力，选出的代表用更接近特定情境的方式发声，而与特定情境根本不同的方式则不会被运用。

在政治理论中，有两种关于代表性的观念最为典型，它们分别对应于本章列出的两种语言代表性进路。一方面，一个代表可能被他的选民赋权，在处理公共事务时，代表以绝对权威投入行动。在这种情况下，无论选民有什么声音，只有通过他们的代表才能发声。这是霍布斯式的专制立场，它被阐释为关于认知控制的一种理论，代言人凭借正确的言说，向全世界发挥作用。这种关于代表性的观念，表明先验论者的不对称进路。实际上，先验论者声称：无所代表的言说就不能被说出。

另一方面，自然主义进路支持一种更为民主的观念，代表应该是对他的选民负责的人，是拉丁语中所谓的"同侪之首"（first among equals），正如古罗马帝国在稍有不同的情境中创造了这个词。因为词（words）本身是一种物（thing），没有理由认为：词

---

① 霍布斯（Thomas Hobbes，1588—1679），英国哲学家、政治家，创立机械唯物主义完整体系。

与物的关系结构比诸物的结构更为稳定,词代表了诸物的关系。因此,正如诸物可能发生改变,这与诸物的代言人是否计划或期望发生改变无关;同理,词也会以相同的方式发生改变,这种改变作为词与词所代表的物之间必然互动的结果。在此,最恰当的政治类比是:由于代表成功说明的情况,引发了选民的不安,代表因而毫不知情地失去了他的代表席位(Pitkin,1972)。

在启蒙运动中,通过对法律与语言共有的"表征结构"进行考察,建立起沟通法律与语言的桥梁,对此事业我深表同情。然而,首先应留意这个观点的一个后果,以免你们认为:我现在打算以超离界外的方式(即去情境化的方式)——当代哲学的特质——来谈论语言。当我说到,在一个语言游戏中"得出有效的推论"或"做出合法的改变"时,你不应自动想到:这些推论与改变只能由语言共同体中的任何人做出。例如,在福柯的思想情境中,病人驯服于精神病医生的权威,这绝不是由病人进行确切推理的能力——如同精神病医生将对病人情状做出的确切推理——所强化的。相反,这种对理性话语的"模仿",将会导向对病人精神错乱的深度与复杂性的强调。因此,精神病医生的诊断,不仅必须根据一套固定规则做出清晰表达,而且这个诊断还必须由已被授权发布该诊断的人给出清晰的表达。如此一来,至关重要的是形成这样一种局面:病人已经驯服于精神病医生的权威,当精神病医生代表病人发声时,病人保持沉默。

现在,在两种意义上,就"语言/法律"能够对"物/人"发出"指令"的问题,让我们转向更系统的思考。正如我们已经所见,这个指令关系通常称作表征(representation),为了便于表述,关于语言/法律在表征中所扮演的角色,我将其称作表征者(repraesentans);关于物/人在表征中所扮演的角色,我将其称作被表征者（repraesentandum）。据此，表征者或被视作（i）从表征者的外部出发，调控被表征者；或被视作（ii）从表征者的内部出发，构成被表征者。（i）描述了通向表征的先验性进路，（ii）则描述了通向表征的自然主义进路。尽管先验性是比较有用的表征进路，相反，我却要为自然主义进路做出辩护。

根据先验主义进路，一个表征者既不必然地影响被表征者，也不必然受到被表征者的影响。简言之，词的规则独立于物的规则。这个进路背后的直觉意识，很容易被识别出来。例如，不存在一种物理关系，可以使它的所有代言人凭借这种物理关系能够立足于世界，只凭借将"牛顿的《自然哲学的数学原理》在1687年出版"做一番表明，显然无法让这类代言人立足于世。相反，似乎存在一套情境，出于"正确"表达语句（即阐明与情境相关的真理）的英语惯例，因此，对这套情境或多或少地做出了界定。事实上，知识是处于特定语言共同体中的一种状态，以此作为判断的基础，关于牛顿在1687年出版《自然哲学的数学原理》的这个事实，即便我们已认同的对这个事实的最佳解释，它也可能最终被证明——对于总是说"牛顿在1687年出版《自然哲学的数学原理》"的共同体而言，这种最佳解释从来不是该共同体成员之所以那样言说的一个合适理由。然而与此同时，至于词与物之间必然的独立性，它既允许词的规则充当一种可参照的指称框架，据此可以对物的规则发生的变化进行"监测"或"描绘"；又允许物的规则充当一种可参照的指称框架，据此可以对词的规则进行检验，甚至可以替换词的原有规则。因此，无论作为英美哲学中意义理论家的化身，还是作为欧陆哲学中符号学家的化身，先验论者固执昭彰地认为——存在一种非物理性关系，当它的一切代言人做出正确的表达时，他们凭借这种非物理性关系能够立足于世界，这被叫作指称（reference）或指谓（signification）。那么，要了解一种语言，就是要了解如何发现这种语言认识世界的途径，了解能够与不能够进行"指称"或"指谓"的各类事物。

相较之下，自然主义进路认为，表征者与被表征者之间可能存在因果性互动：词的规则是物的规则（秩序）的一部分，语言是世界的一部分。这个观点的证据非常精妙，它有赖于观察，无论一个人多么艰难地竭力将语言或世界不断变化的影响包含在他的观察中，实质的问题是：如果没有彼的改变——至少在无意中改变，此亦不可能发生改变。长期以来，语言学家注意到，语言改变具有一种"内在机制"，它与实际言说者的意愿相对立；正如听起来相同的词可能具有相同的意义这个趋向，与这个趋向相反，语言的内在机制创造出新范畴，可以轻易地将各种具体情况完全纳入新范畴。其实，正是由于这种变化很大程度上是在无意中发生，因而只有在回溯过程中才能察觉这种无意的变化，这就使语言看上去仿佛具有自主性和结构稳定性，先验主义进路因此也看上去颇为强势。

在此为了便于比较，关于重新认识"正义"及其在西方哲学史上的同质性话语问题，我们来看它的两种解释方式：一种是先验主义解释，它指向正义的"性质"，关于正义的所有理论都力求把握这个性质。这些理论非常多样化的事实表明，或许有些理论陷入了错误，但正义的性质是深刻与复杂的。此外，这些理论在其生命史上遭遇浮沉的事实，无论如何也不能改变正义本身的性质。另一种是自然主义解释，它对问题的判断更为中肯，认为"正义"是一个已被多次循环使用的词，以便从中把握"正义"的多种不同的使用范式，真正将这些用法聚拢起来进行对比时，才发现它们之间鲜有共性，它甚至比同用一个词的共性还要少。当然，就是说，为什么"正义"一词在应用语境的转换中，它的意义也随之发生了改变，这是存在"历史原因"的。如果我们继续认为"正义"终究选出了一些深刻与复杂的性质，那只是因为我们不必要地认为：有更多出乎意料的因果关联将这些语境联系在一起。

尽管多数当代语言理论（马克思主义是一个可能的例外）预示了先验主义，但是，在距今一个世纪之前，先验主义与自然主义的争论非常活跃，它发生在语言学与逻辑学这两个迥异的领域。

在语言学领域，自然主义曾经是一种公认的观点，它源于德国历史学派的语言学家博普①和施莱赫尔②。自19世纪90年代起，自然主义与达尔文主义相结合，产生了一种作为种属谱系的语言观。根据自然主义语言原则——实际言说者无权控制语言的内在变化，新的语言观认为：语言也历经类似生物进化的变异与选择过程。其实，由于语言学家日渐相信：语言进化完全独立于实际言说者的意志，实际言说者至多有可能"期盼"他所言说的语言的未来状态，语言学家也开始主张：语言学应当是一门自然科学（Aarsleff, 1982, ch.10）。

有趣的是，对先验主义的反动始于法国语言学家布雷尔③（1964），他推翻了语言具有"自主性"的基础，随后把矛头指向语言学：语言的确具有独立性，表达（expression）也具有自己的生命，但语言不是阻碍表达的障碍，相反，语言是一种具备多种用途的工具，它可以促进表达。这样，布雷尔对公认的语言变化法则做出重新阐释，并且为表达开启了新的可能性，这种可能性是开放的，而非

---

① 弗朗兹·博普（Franz Bopp, 1791—1867），德国比较语言学家，1916年首次运用比照法对印欧语系的亲缘关系进行分析研究。
② 施莱赫尔（August Schleicher, 1821—1868），德国历史比较语言学家，自然主义语言学派创立者。
③ 米歇尔·布雷尔（Michel Breal, 1832—1915），法国语言学家，1893年借用希腊语词根创制"语义学"（sementics）这个术语。

那种旧式封闭的可能性。作为布雷尔批判的结果,他提出建议——"语义学"(semantics,1893年布雷尔开创语义学研究)应成为人文科学的基础学科。随着索绪尔①开创结构主义语言学,布雷尔的功能主义策略被固化在先验主义进路上,这个进路也成为当今科学语言学最显著的特征。一种语言的单纯呈现,可以证明这种语言的言说者已判定这种语言具有表征世界的能力,一旦认同这个观点,以下认识将变得不再清晰:语言的历时性研究②,将为词如何表征物的共时性研究③提供有益补充(Aarsleff,1982,ch.14)。

现在转向逻辑学。无论上述关于语言的争论谁是清晰的获胜者,那时语言表征的两条进路或多或少具有平等的基础。对此,我们的兴趣是关注英国"唯心论者"布拉德雷④与德国"实在论者"弗雷格⑤之间的差异(Passmore,1966,chs.6-7)。正如那些可怕的引述所表明的,形而上学标签具有潜在的误导作用:一方面,布拉德雷的唯心论是自然主义进路的典范,它包含一种语言观,即把自己当作自己所要表征的自然的一部分;另一方面,弗雷格的实在论属于柏拉图一类,把语言描绘为——一旦探及语言的逻辑形式——关于命题的先验性传递者,语言的真伪独立于语言被物质外壳包裹这个事实。弗雷格相信,对于把握实在的结构,逻辑是一种最好且独特的分析工具,因为有些内容从根本上被迫与事物相分离,逻辑能

---

① 索绪尔(Ferdinand de Saussure,1857—1913),瑞士语言学家,现代语言学奠基者,结构主义开创者之一。
② 从时间长河的纵深尺度中探求现象的变化——译注
③ 限于同步与一时,不考虑在历史纵深尺度发生的变化——译注
④ 布拉德雷(Francis Herbert Bradley,1846—1924),英国哲学家、逻辑学家,新黑格尔主义代表。
⑤ 弗雷格(Gottlob Frege,1848—1925),德国数学家、逻辑学家和哲学家,数理逻辑和分析哲学的奠基人。

够表征这类事物的独特"意义",在物质世界中,这类事物呈现为一种坚固的整体(正如以金星为例,不是从物相上,把金星同它作为日星与夜星区别开来)。相比之下,布拉德雷认为,弗雷格所谓"逻辑的表征力量",不过是理性化而已:"实在结构"的抽象特征仅仅指称实在的不完善性,因此实在存在假象,这个判断从以下事实中得出:部分实在被用来阐明整体。

至于语言具有表达真理的能力这个问题,布拉德雷与弗雷格观点各异。当然,弗雷格坚持的著名观点认为:语言对于表达真理是必不可少的,这种情况发生在——当一个事态"满足"了一个命题的真理条件时。如今不足为奇的是,布拉德雷否认任何弗雷格式的主张。相反,他坚持一种有趣的立场,认为:所有命题都具有不确定的真理价值("错误的程度不同"),因为即便在真理条件已被满足的命题实例中,实在自身的性质并不要求:那个命题——而非其他命题——必须已被完全彻底地表达出来。那么,简言之,由于布拉德雷从世界的立场来看待语言(不是相反,如弗雷格那样),对于所表达语言的偶然性特质,他保持着敏感性,社会建构论者在对科学话语的研究中,已对这个自然主义进路的关键特点进行了探索。

尽管总体而言,我对语言表征的先验主义进路少有同情,然而它还是抓住了关于语言/世界关系的一个还算根本性的直觉,即如果将真理定义为:词是物的对应物,那么必须存在一种关于世界的先验性语言观。根据自然主义进路,不清晰的是:世界怎么至少是看上去与语言表征的世界存在这种观念上的差异。为回应这个问题,我想提供两条路径,循此路径,自然主义者可能会以维特根斯坦(1961,命题5·6)的那句晦涩名言相夸耀——"我的语言的界限意味着我的世界的界限",这句话极易被认为是先验论者的箴言。

为快速说明这个问题，我选用对这句话做出解释的两种虚饰之词，一种是直率之词，另一种是机巧之词。通过把词看作只是世界上的另一种物，两种虚饰之词对词与物之间看似存在因果的独立性做出说明，在此意义上，二者都是自然主义的。至于自然主义的虚饰之词，你可能注意到：这些虚饰之词关注的，是语言在促进与妨碍内容表达中的角色，它们并不关注对语言表达绝对允许或禁止什么，相较之下，这是先验主义进路的典型做法。的确，维特根斯坦的话语总是颇具先验性的玄虚之词，就像他说的："任何我不能说出的内容，只是我无法了解其意义的内容。"

　　从字面上理解这句话，对于探索认识世界之路的人来说，宛若一种教导。如果在一种特定语言中，一个命题证明为真，那么在满足运用那种语言表达的可验证性条件上，这个命题必定为真。情况若是如此的话，那么，就会存在一种明晰的程序，可以逐渐认识这个命题所包含的真理；反之，这种程序也可以用作对语言转换（翻译）产生影响的基础，即从首先表明这个真理的那种语言，转变成这个真理未被表明时的另一种语言。比如，第一种语言是牛顿机械力学，第二种语言是亚里士多德的力学，那么，对落体法则的"翻译"可能是件麻烦事，因为亚里士多德的力学语言无法把自己借给（牛顿以来）对这个真理轻而易举的清晰表述。或许用于验证诸如惯性这类法则的概念，必须被表征为一种推论，允许可以从观察语言表明的证据中得出这种推论，即便对于亚里士多德的认识条件来说，这种观察语言也完全是基础性的。因此，现在不可能发生的是，亚里士多德本人曾经可能发现自由落体法则，然而，最有可能的做法却是：通过教导亚里士多德如何在他的力学语言中将自由落体法则表达为一种真理——也就是证明它是一种真理，以劝说亚里士多德信服这个真理。那么，这样做的结果就是：语言的差异，仅仅表现在它们相对简洁的阐述与理解上,这源于语言以共同的一般性方法付诸运用。在力求实现语言转换(翻译)过程中,这些最显著的差异,反之又成为那种直觉的源头,即相较于其他语言,有些语言更近于表征一种先验的语言世界。

机巧之词,恰如其名。对维特根斯坦话语的机巧式理解,把直率式理解的重点略微转向了这种思想:在通往将人对世界的任何念想付诸表征的道路上,语言应当被认为是唯一的方式。机巧型读者以看似无害的观察为起点,认为语言可表达的唯一真理,就是存在于语言中的真理。就是说,如果是从前提中得出的推论(前提本身还源于其他前提,其有效性也通过同样的方式得以建立),因此,这个推论则是有效的。然而,这些真理仅仅指向探索世界的那位言说者,并不必然地对世界之所是做出界定,而正是关于世界之所是的界定,这些真理才得以成功地由这位言说者来道出。恰恰由于缺失关于世界所是的规定性,机巧型读者的动机才应运而生。

费耶阿本德对伽利略做出的神话式的不实解读(Feyerabend,1975,ch.11),是切中问题的佳例。我们在此列举的一些人——如伽利略,其实违反了许多他所处时代公认的科学语言游戏的推理规则——其他时代同样如此,因为他违反了当时用来检验其论断所依据的规则。因此,他顺理成章地要遭到他所处时代的权威机构——宗教裁判所——的迫害。然而,在牛顿手中——伽利略最终还是说出了一些我们现在能说的、完全正确的对世界的认识。在费耶阿本德的讲述中,反讽的内容随处可见,因为我们现在无法明确的内容是:伽利略甚至受到某种"真理"直觉的驱动,这种直觉超出了伽利略的科学语言表达能力,这种情况本应成为伽利略曾经伪造证据的借口。与此相反,伽利略最可能运用语言——正如其他每位言说者运用这种语言一样,来表达并满足他自身的利益。从伽利略当年所处的特定情境来看，他需要误用语言，就是说，即便当他主张的论断不受认同、岌岌可危之时，为了捍卫自己的主张，他也不惜误用语言。尽管如此，将所有攻击伽利略的那些谬误观点加起来，就是承认了伽利略关于地球力学真理的实质。之所以这样做，的确因为没有理由认为：伽利略当年不入主流的实验方法会结出持续不断的成果——当然，除非这些持续结出的成果恰恰为了表征世界是真正如何构成的，而不必考虑它所运用的方法或语言。这个论点的说服力在于，费耶阿本德神话式的不实解读，把牛顿搞成了阅读伽利略的机巧型读者；至少，费耶阿本德的做法，就是语言游戏中的欺骗手法如何可能以一种假冒的形式，呈现出一种先验性语言世界。

由于自然主义者坚持认为，词只是一种类型的物，词与物的区别是功能性的，而非本体论层面的，这种区别存在两种情况：有一些物，词用它们来作指称；有一些物，词的指称指向它们。由于符号学家喜欢做记号，如果给定合适的编码，任何事物都能用来表示其他事物。通常认为，假扮为语词的夸饰之词和涂鸦之言具有独特的优势，它们能够对被表征者做出经济节俭的表达。具体而言，一张书页上的有些精辟话语，可能会抓住一个事物的本质特点，无论出于什么原因，那些本质特点不可能一目了然地分辨出来。更明确的是：一个表征者是一个充分有效投入使用的物，根据使用者必须付出的精力和他所获得认知收益相比，表征者之物的有效运用，要比被表征者本身更有价值。这番界定最清晰表明的问题是："'充分有效'是多么有效？"这个问题的答案，将以在共同体中发挥作用的表征体系的总体功能为依据。因此，我们能够强调，一个共同体在两种表征类型之间应当如何分配事物，以便达到某种程度我所谓的"认知经济性"（congnitive economy）。

在一种极端情况下，"言说者"（在正进行表征的人的意义上）

可能用一种静默或无形的表征者，它只需投入最少的精力，但也只能得到最少的认知收益，因为受众将无法判定正在被表征之物的情况。这种言说者将只允许被表征者"为自身言说"，并且希望精神感应术是一种可信赖的交流形式。在此可以提醒读者，禅宗大师的那种秘而不宣的孕思式静默，就是让信徒进入与禅师相同的一种令人迷惑的孕思与静默状态。显然，这种表征体系在它所属的共同体中扮演的角色，将主要不是通常意义上的交流表征所代表的角色。

另一种极端情况，是拉普塔岛（island of Laputa）上的原住民，他们是格列佛（Gulliver）旅行中遇到的人物：这个"飞行浮岛"上的人只谈论在自己所能见闻或所能触及范围之内的事物，就是说，他们只能指称那些在他们能力所及范围内的事物（Swift, 1960, Part 3）。在这种情况下，只要受众能够感性地把视点聚焦于被表征者，如同被表征者正被用作它自己的表征者那样，他们就获得了最大的认知收益。不过，这也需要最大程度地付出精力，因为无论一个表征者——如"桌子"这个词何其具有多义性，这个表征者（词）付诸使用时，为了满足多种目的，它仍然需要比实际的桌子本身更便于使用。进而言之，尽管拉普塔岛的受众可能获得确切了解言说者所表征内容的认知收益，但是，对于受众可能如此确切了解的事物数量来说，受众的语言可能构成了极大的限制。通过这种语言，当然可能了解表征者作为时空延伸个体的昭然身份，同样可以了解表征者笼统的可感知的特征，这些内容都是易于通过表象所表现出来的。但是，由于不存在一套独享特权的表征者——例如语句或图像——可能用来表征属于不同种类的事物，因此，该事物可能与其他事物共有的各种精细微妙的特点，将很难被表达出来。

一个共同体的认知经济性，可能被认为趋向上述两种极端情况之一，它们对应于认识论文献中那些熟悉的漫画式场景。第一种极端，是最小化工作与最小化收益，它可能被视为激进怀疑主义的范例。它的预设是：任何语言的表征能力都足以被削弱到这种程度，即总是表达出由表征者在认知上做出证据不足说明的内容。如此一来，无论我多么力求清晰与生动，我将永远不能确切说明我所谈论的内容，在这种情况下，我也根本不再力求什么清晰与生动了。第二种极端，是最大化工作与最大化收益，它可能被当作一种天真的实在论。它的预设是：被表征者在认知上完全由表征者决定，因为每个被表征者是它自己的表征者。如果这两种极端立场是唯一可能的选择，那么，语言作为表征共同体认知结构的手段，它将变得毫无用处，主要因为由语言构筑的交流被逐渐从根本上破坏了：激进的怀疑主义使交流变为不可能的事，天真的实在论则使交流变为多余之事。

然而，还有另一条路径，可以观察一个共同体的认知经济学。就是说，通过有规律地从表征者转变为被表征者，以及再周而复始进行转变的事物，以便在上述指定的两类事物之间保持一种大致"平衡"。有一个例子或许会使我的观点更易于理解。我们先从某些不证自明的事物开始，例如拉普塔岛上的一张桌子，因为它同时既是一个被表征者，又是它自己的表征者，这被理性地视为天真的实在论者的观点，我们在日常生活中也对桌子抱有这样的观点。现在让我们想象：拉普塔岛人发现，他们关于桌子谈论了许多，这样做，取代了在拉普塔人的世界中桌子与其他事物之间存在的许多重要关系；他们发现，这种做法只是更便于不太费力地做些事，而不是把对一张桌子的认识，转向每当拉普塔人想指称一张桌子时所秉持的观念上。拉普塔岛人也认识到，从现在起，通过运用其他表征物来调和对桌子的认识，其中包含折中性方案。例如，要用些许夸张的语态来说明"桌子"，就是说，在衡量认知证据不足的标准中，考虑到了为追求功效性所付出的代价,因为现在"桌子"能够用来指称事物,已不再是字面意义上的桌子;只从一种由代言人构画且给定的关于"桌子"的表达中,难以对"桌子"做出清晰的说明。然而,这种做法本身也许并非全错,因为认知证据不足也变成一种可能性,就是同隐喻、反讽以及其他非线性言说方式相联系的那种语义丰富性。那么,为了把这种语义丰富性置入一个坚固的理论外壳中,把"桌子"一词引入拉普塔人的语境,就可能被翻译为:相对于在被表征者层面的功效性损失(即"桌子"一词无法像桌子本身那样,是一种清晰与独特的关于桌子的表征),在表征者层面的功效性上,折中式地得到一种收获(即在桌子的表征问题上,"桌子"一词比桌子本身更便于使用)。正是这种在表征得失方面取得的平衡,就是我的认知经济性主张中所谓"均衡"(equilibrium)的含义。

拉普塔人语言实例的生动性,本应澄清认知经济性中的一种均衡观念,然而它却未能阐明一种普遍必需的观念——一种自然主义叙事的语言表征。为了阐明这个普遍必需的观念,让我们假定:至少一个共同体的部分活动致力于对知识基础的修订和拓展——换言之,存在一种在功能上与科学等价的制度。科学活动对一个共同体的表征体系造成长期显著的影响,集中体现为事物在作为表征者与被表征者之间进行的换位轮替,这又集中体现为下述问题:"需要诉诸多少理论媒介,才能把某个事物阐明?"运用"理论媒介"(theoretical mediation)一词,我意在表明:通过一套特定的表征者——我们通常所说的"理论",将一个被表征者阐明的程度。我把这个程度当作日益增长的理论媒介的一个特点,它使普通的个人对于被表征者的理解变得更为间接了:或许普通人现在必须掌握一种特殊话语,在允许权威地表明被表征者之前,需要经过相当程度的专门训练才能掌握这种话语。反之，日益减少的理论媒介，为认识数量更多的被表征者——他们身处特定的共同体中——开启了大门。因此，关于正在发生的表征者与被表征者之间的换位轮替现象，我们可以想象两种情形：一方面，曾经是不证自明的事物，如同拉普塔人的桌子——那类普通观察所得之物，后来人们对它的认识可能仅仅止于：从几种科学理论中得出的推论复合体；另一方面，过去只是通过许多理论媒介了解的事物，例如暗藏的第八大行星（海王星）被引力拉到天王星轨道上，它们现在可能已经充分融入了普通天文观测中，这类观测只需针对一个星体，以便清晰且详尽地认识它。

认知经济性趋于一种均衡的论点，只是这样一种思想：任何在表征系统某一点上减少理论媒介的努力，都以在其他点上增加的理论媒介作为补偿，这方面的情况或许仍是有待揭秘的黑箱。换言之，不仅是理论媒介导致对被表征者的认识变得更为间接，而且在很大程度上，日益增长的理论媒介本身，也源于间接原因（无意地）所致。因此，还是回溯一个早期实例，可以肯定的是——亚里士多德只是以一种高度媒介化的形式，可能将由牛顿原创且由牛顿自己证明的惯性概念表达出来，与此同时，只能通过间接与笨拙的方式，由如下事实对前述亚里士多德的情况做出补偿：对于地球运动的多方面的认识，在常识与亚里士多德力学的意义上，能用相对极少的理论媒介做出表达，然而最终证明：这些认识是牛顿机械力学中高度理论化的复杂事物。因此，认知均衡论题切中的要害，在于它预示了：如果一个表征系统不能从根本上进行重构，那么，说一个共同体现在应该对世界有一种"更加"理论化（以理论为媒介）的认识——相对于在共同体早期历史的某个点上对世界的认识而言，则没有明确的意义；相反，上述情形显然都具有理论性日渐强化的特点，但是，最好把它们看作——不过是在特定表征系统中发生的一些地方性事件而已，只是其他地方被削减的理论性，抵消了它们日渐强化的理论性。

在这个问题上，我认为，认知均衡论题本身绝非不证自明的。有鉴于此，为了推进对这个论题的深入理解，我将用两个案例做进一步说明——一个来自人类学，它相对具体；另一个来自系统理论，它相对抽象，两个案例在解释所发生情况的过程中，深入揭示认知均衡这个论题。如果不出意外的话，这两个案例将为我们提供机会，进而揭示表征的先验论进路与自然主义进路之间的差异。

2.1 蒙昧群体中的自然主义

恰是进入 20 世纪，人类学家已使"蒙昧心灵"（the savage mind）呈现出不及那些"文明的"西方人的推理模式。的确，通常认为，基于原始人的蒙昧心理与西方儿童心理之间存在明显的相似性，蒙昧的原始人是西方人在进化历程中的一种先驱，"智人"的称呼还远不适用于这类先驱。关于蒙昧者的原始性，有一个武断的例子，认为蒙昧者不具备从具体事物中区分出抽象概念的能力，它表现为：蒙昧者在说到词（或概念，本文使用到二者时可互换）与物时，经常将二者混为一谈。例如，一位萨满为了破译诸神传达的信息，可能宣称自己能够"与躯体通灵"，即便在人类学家看来，萨满仿佛是在排布那些灵物，并且已经为它们赋予意义，为了激发与此场景相关的某些宗教观念，那些意义反过来可能成为一种隐秘的命令，萨满群体以特定方式将这些秘令付诸行动。那时，灵物躯体在思想上并未真正被萨满操控，正如在算术中算盘珠无法被真正操控一样：灵物躯体和算盘珠都只是思考这种抽象过程的具体模式，在观念上，思考的成败与这个模式是否被操控得特别得法并无关系。人类学家如果从这个观点上认清了萨满，那么，在看到用来解码灵物躯体的隐秘规则后，他想要了解的将是：为什么萨满及其共同体把每次"正确的"（根据隐秘规则）解码看作一次经验性的发现？为什么当萨满做出显然"错误的"解码时，萨满共同体并不怀疑这位萨满的权威？

在这个问题上，人类学陷入了迷惑，因为人类学家是一位先验主义者，而萨满及其共同体是自然主义者。对自然主义者而言，在谈及思想受到灵物躯体而非受到概念或词的操控时，不会陷入范畴分类的错误。相比之下，先验主义者假定：一个物体每次付诸使用，必须由一套独特的概念作为媒介，这意味着在可当作表征者（即概念）的对象与可作为被表征者（即物体）的对象之间，制造了一种本体论差异。那么，表征者作为意义的功能，弗雷格称为"意义"（senses），由特定的语言共同体赋予其意义，并将其固定为一个物体的特定身份认同，以便在约定的基础上，这个物体能够被指称。当然，自然主义者否认这幅图景，他们认为概念与物体既可以用作表征者，也可以用作被表征者。的确，可以想想，"允许一个物体表征某种概念"，这意味着什么？正如在用灵物躯体表征神圣信息的实例中，萨满共同体认为：对智者而言，语言使用者将物体当作不证自明的东西，因此无须任何进一步的媒介概念。自然主义的观点认为，作为部分思想媒介的某些事物，或是一套表征者，如果它无法被某些更基本的思想媒介所传达，或被某些更基本的表征者体系所表征：就是说，想到（或说到、或指称）X，就认为 X 是不证自明的。

进而言之，在人类学家看来，仿佛萨满正在掩盖错误，并因此而打破了自家规矩，其实，萨满（及其共同体，在他们认同的范围内）正在重新协商其实践活动在某些方面的表征功能。例如，如果萨满否定了通常从灵物躯体解码得来的神圣信息,实际上,他正在声称以前的被表征者(即通常的神圣信息)本身,现在应该用来表征——迄今为止某些未知的被表征者(即另一种神圣信息)。就是说,经过这番周折,灵物躯体已过刻上萨满"可疑的烙印"。阻止萨满"可疑的烙印"行动,正如阻止一段迷乱的特别推理,就是假设对于灵物躯体的某些直率的阐释正在受到萨满的压制。诚然,萨满可能正在掩盖先验主义者希望他说出的内容——萨满出错了。然而,对于自然主义者而言,如同我们推测的萨满行径,从萨满的隐瞒举动中无法得出:萨满共同体不接受对于灵物躯体尽可能直率的理解——至少如果对坚持认知均衡论题发生了摇摆。为说明这个问题,假设萨满确实承认自己出错了。通过故意遗漏例外情形,保持了既定规则未被复杂化,无论如何保持住了萨满规则的清晰性。与此同时,萨满的话语却不再被人们信以为真。换言之,萨满话语本身变为"可疑的烙印":表面上,萨满正在代诸神发号施令;实际上,萨满对诸神的理解却有可能出错。因此,为了保证人们遵行萨满的号令,萨满共同体可能必须另行发出独立可信的主张,而不能再利用那位出错萨满的权威。

2.2 诸体系中的自然主义

进入现代,三位卓识智者已经具备了西方想象(Western imagination)的魔咒:笛卡尔妖、拉普拉斯妖以及麦克斯韦妖(Schweber,1982)。然而在许多方面,他们是同样的卓识智者,即:认知者不必对认知对象施加因果性影响,就能充分获知认知对象。在康德的认识论中,这类认知者被称作"超我"(transcendental ego),我们在本文中一直对"超我"的表达方式、表征的先验进路及其表现出的自然主义者进路进行着比较。在先于推进形而上学事业发展的更早些时候,笛卡尔已然面临笛卡尔妖。他的先验主义主张有赖于这样的思想:妖未留下它在现象世界中呈现的一丝印记,如果现象世界将被理解为某种统一的整体,妖的呈现(或某些宽容的版本,如上帝)可能只是一种预设。拉普拉斯妖与麦克斯韦妖,分别是18世纪与19世纪物理学的化身。拉普拉斯妖是乐观主义的造物,而麦克斯韦妖终究是一种悲观主义。针对两种妖的可能性产生的情态差异,反映出物理学家的表征体系从先验主义向自然主义的一种转变。思考这种转变,我们将会对认知均衡论题得到清晰的认识,就是说,将认知均衡阐释为一种观念变革如何发生的模型,其意义何在?

控制论已经分化为对两类系统的研究:一种是偏离—消减型系统(deviation-counteracting type),这类系统无须引入新噪声,就可以从系统中将原噪声消除;另一种是偏离—放大型系统(deviation-amplifying type),这类系统只能通过引入新噪声,才可以从系统中将原噪声消除,然后再将新噪声消除,依此类推(Maruyama,1968)。支配第一种类型的法则可以进行临时修正,就是说,如果重新回到系统的初始状态,唯有通过反转主导性法则的运行才有可能实现,而主导第二种类型的法则具有临时不可逆性。因此,如果我们把物理学宇宙当作一个系统,那么,经典力学法则建立的宇宙模型,将属于第一种类型的系统;而热力学理论与进化论建立的宇宙模型,属于第二种类型的系统。在第一种宇宙模型中,住着拉普拉斯妖,它只需给出宇宙法则以及一切系统的初始条件,就能计算出在任何时空点上发生的情况,而计算本身无须对所研究的宇宙状态施加影响。在第二种宇宙模型中,住着麦克斯韦妖,正如它可能与拉普拉斯妖的先验性偏差相近,对于走向熵增的统计学趋势,它能够为其引入一种局部反转,唯以宇宙中随处都可以产生熵增为代价。事实上，对于一个特定范围内的分子运动，麦克斯韦妖能够成功影响这种运动的结构越多，宇宙的其他部分越有可能呈现出一种分子的自由分布状态。这点看上去略显矛盾，但它正是为宇宙赋予秩序的过程，作为一种无意的结果，它还包含着混乱的产生。由此可见，一种存在物发现自身是如此无法挣脱地束缚在宇宙之中，它想要表达的，正是一种自然主义的产物（Watzlawick，1977，ch.18）。

拉普拉斯妖，是指一位理想的传统认识论家，为了获取关于世界系统的信息（或从世界系统中消除噪声），它在这方面付出努力，但无须损失任何此前获得的信息。根据传统方式，信息获取被假设为在支付成本与损耗上是完美高效的：拉普拉斯妖的计算，就是成功地生产出新知识，而无须"损耗"任何旧知识，即新知识未使旧知识失效。拉普拉斯妖的这个形象，可以表明传统认识论中的许多修辞术：

（e）观察者在悄然中无动于衷地表征着世界系统（即便当表征方式——其中包括诸如望远镜与显微镜这类仪器，改变了理解模式与被观察对象时）；

（f）总体上进步主义的知识本质（无论它趋向更加貌似真实、更具确定性，或者只是累积了更多事实）；

（g）科学理性的所谓参数本质。

如果这几种重要的修辞术反映出科学事业的真实性，那么，认知均衡论题所揭示的，显然皆为虚伪。但是，正如实际发生的情况所示，过去50年，这几种重要的修辞术已经表现出仅仅是修辞术而已。法国科学哲学家巴什拉（1985）的开创性著作《新科学精神》（*New Scientific Spirit*），开启了现象学科学哲学，巴什拉以其"不存在无须改变的表征"的口号，已对（e）构成反击。稍后我们将会多次用到这个口号。库恩表明，在科学革命期间，通过某些旧知识基础的失效，任何新得到的信息必定由此得到补偿，这个观点有力地粉碎了（f）。马上，我们将对这库恩的这个观点做出说明，因为它为认知均衡论题提供了历史基础，拉卡托斯已将其称作"库恩缺失"（Kuhn Loss）。最后，当代法国科学哲学家塞尔（1972，1982）对（g）做出回应，为关于理性的学说指出认知均衡论题的含义。下面我将详细讨论其中的几个问题。

"参数"一词，通常是一个决策论术语，政策制定者可能尽力优化他在一个参数环境或战略环境中的地位（Elster，1983）。我们这里讨论的政策制定者是科学家，他们力求取得一个充分确定的（完全有益，毫无噪声）关于世界体系的表征。传统认识论家假定自己在一个参数化的环境中工作，就是说，他没有理由认为大自然通过混淆他的假说，故意向他隐藏了自然本身的秘密，相反，大自然轻易地臣服于他的规则之下。关于大自然的形象，较少具有性别歧视的观点（即较少培根式风格），在亚里士多德的"潜能"（potencies）、康德的"质料"（matter）（"接受"模式）与黑格尔的"自在"（in-itself）理论中，可能会发现这种观点。这种自然形象遭到塞尔的反击，他把科学家的环境描述为策略性的，关注大自然仅仅因为自然对揭示科学家的秘密感兴趣，正如科学家对揭示自然的秘密感兴趣。随着科学事业真正变成了一种人与自然的游戏，科学表征的进路也从先验主义转向自然主义。

牛顿这样的科学家，通过在亚里士多德的世界体系中，提供一种统一且数学化的运动理论，全心全意地要消除自然世界的噪声或异常。他在研究中坚持这样的设想：他的研究策略将会解决更多的问题——它远多于该策略本身产生的问题，因此，这个策略被认为是通往整全知识的一个步骤。然而，考虑到牛顿有限的智识资源

（正如这些资源可能的那么宏大），他无法穷尽对世界体系一切可能状态的考察，在他力所能及的每个行动过程中，都可能存在这种情况。因此，牛顿的行动如同命运不济的麦克斯韦妖：在最接近牛顿正尽力解决的问题中，如行星运动问题，牛顿取得了超越亚里士多德的显著进步。其实，这个显著进步转移了公众的注意力，因为此前公众一直聚焦在关于世界体系的其他理论方案产生的巨大噪声中。牛顿一旦摆脱了目的论式的物理学，除了人作为另一种运动的实体，人类在宇宙中就不再具有一个先定的目的或"自然的定位"。按理说，这个问题的重要性，堪比牛顿成功解决的自然科学问题。但是，可以不顾这个暗含的代价①，牛顿的科学革命首先被极大地视为一种信息净得，这种情况如同在亚里士多德宇宙模式中所见。亚里士多德宇宙模式与牛顿体系前后相继，关于"人在宇宙中的位置"问题，18世纪的各路人士众说纷纭，其中包括牛顿本人。

我们现在如何处理这个突如其来的不连贯性？借用解构主义文学批评家保罗·德·曼（De Man，1971）的话说，持续谈论人在宇宙中的位置，这个事实表明由于对牛顿式革命的"洞见"，无意中生成一种"盲目性"。塞尔将这个盲目性拟人化，他说：大自然已经成功地用计策掌控了（outfox）科学家，大自然让科学家在他们自己的游戏中，把一种失败解释为一种胜利。大自然成功的长期策略在语言学中得到揭示，认为"人在宇宙中的位置"这个表述巧妙地进行了意义转换，使它最终变得很难反驳这种说法：不沿用亚里士多德宇宙学中"陈旧"的表述法，牛顿就无法阐明自然实在的一个重要组成部分。这是遮蔽"库恩缺失"意义的关键时刻，康德概括了人类社会那些非牛顿式要素的特征——目的与道德，这些特

---

① 指人在宇宙中目的论预设的失效——译注

征尤其具备一种与牛顿主义并峙（para-Newtonian）的本质。这样，康德在人的现象性存在与人的本体性存在之间做出了区分，前者受到超出人自身控制的法则（即牛顿的那些宇宙法则）的操控，后者受到人的自我立法的律令操控。做出这个区分之后，证明的重担断然落在这类人的肩上，他们希望论证：物理学宇宙如果不能对"人在宇宙中的位置"做出说明，那么这种对物理学宇宙的解释是极不完全的。

通过以上对蒙昧群体和几种理论体系如何描绘认知均衡论题做出的明确阐述，现在我们可以对我所谓的均衡论题做出解释。毕竟，热力学家及其在控制论中的追随者，都喜欢说某类事物够得上一个"系统"，这样说的依据在于：系统如何构成正在观察的这个运动的程度与范围，而无论这个系统处于"均衡"状态，还是"非均衡"状态。例如，人类学家关注作为自足实践的占卜，并因此发现萨满关于灵物躯体的特别推理，提高了系统中的无序水平，这看上去使占卜的暗示规则变得复杂化，因为除了将这个独特的仪式保留下来，别无其他明显的理由。相形之下，原始部族的蒙昧群体把萨满的特别推理定位在一个更大的表征系统内，这个系统不仅包括动物躯体，而且包括萨满本人，都作为表征者。那么，人类学家面临的问题，是把他们关于占卜如何运作的阐释复杂化，还是把他们关于萨满如何运作的阐释复杂化。蒙昧群体决定采用前者，它可以有效提高作为媒介的猜想推理水平，这对于一位观察者理解占卜是必备的素质。现在，这位观察者不仅必须掌握占卜活动中的明显规则，而且他也必须了解占卜进行时的那些关键环节。这种做法的一个结果，就是把萨满手中的更多权威，置于对他自身行动的阐释之上。注意这个结果，也就是：与人类学家相反的蒙昧群体认识到，在他们的表征系统中，规则律令均不存在绝对的得与失：在这面，蒙昧群体含蓄地认同了认知均衡论题。

同样，我们有可能把启蒙运动中牛顿仰慕者的做法，看作与人类学家的做法类似，只有在这个时候印象最深的是：我们在认识物理学宇宙过程中，所发现的自然规律日益增长，这被视为牛顿机械力学带来的结果。然而，在具有批判性的历史学家看来，这个科学进步的标志，只是18世纪欧洲文化表征系统中一个纯粹的地方现象，这样做只是使人的本性更加难以把握，同样也使认知均衡论题的折中特质更加难以把握。的确，与可能的预期相反，启蒙运动时期的神学家能够从"人是机器"的新信条中找到安慰，因为这个信条包含了一个堪比神圣天才的悖论。正如法国神学家安托万·阿尔诺最早强调的，即便人自身确实只是另一种机器，尽管如此，人仍是如此复杂的一架机器，至于上帝如何用极其简单的物理学法则来设计人这架机器，这个问题总是保持着神秘性（Vartanian，1973）。同样值得注意的是，这个例子清晰地表明认知均衡是如何保持的：随着牛顿主义的兴起，对人性的认识变得更加间接了（只有通过机械力学作为理论媒介，才能实现对人性的理解）；而且这种间接性也是由人性自身所间接引起的（至于"人是机器"这个信条的神秘性，是引入牛顿主义而带来的在无意中产生且经常不易察觉的结果）。

3. 用自然主义解释先验主义：布鲁尔评波普尔

根据纯粹的自然主义方式，以及特别的社会学方式，尝试对表征具有的先验性表象特点做出解释，我们现在将这个问题引向更深入的考察。在布鲁尔①（Bloor,1974）以对《客观性知识》的评论为开端的一系列著述中，他一直尝试对波普尔神秘的"世界三"理论的背景——没有认知主体的知识领域——做出改变，使它从柏拉图式的天堂转向维特根斯坦式的语言游戏。由于"世界三"完全的神秘性，它还是关于表征的先验主义进路的真实缩影。我们将看到，布鲁尔成功表明——有多少通常成为客观性标志的事物，可能被理解为是受到规范性约束的社会行为的产物；与此同时，对于已被波普尔和其他思想家认为是最具标志性的我们对客观性意义的理解，布鲁尔却未能精确地将其实现社会化，即有些事物（一种异常或一种问题）实现了客观性状态，得益于它们抵制我们在概念化和预期化方面所做的努力（或从个人角度理解，或从集体角度理解）。然而，对此进行社会化的转译也是可能的。根据我的判断，布鲁尔对维特根斯坦的依赖，使他忽视了知识传播的历史维度。对这个缺陷的校正表明，福柯的知识"考古学"进路，在加强布鲁尔的"知识社会学强纲领"中发挥的作用。

在"没有认知主体的认识论"（Epistemology without a Knowing Subject）中，出于对各种心灵与身体之说耗尽了人类世界蕴含的所有整体性的怀疑，波普尔（1972, ch.3）提出一种"生物学"论证。人不仅是一种具有意识能力的动物，同时也是这样一种存在物——人的交流能力经过进化，达到了能够对他所面临的世界进行描述与批判的程度。作为人类这些独特能力的产物——书籍、艺术创作，以及其他文本化或符号化的编码形式——具有一种独特的存在论（或本体论）地位：它们既非认知者（knowers），严格地说，它

---

① 大卫·布鲁尔（David Bloor, 1942—），英国社会学家，与巴恩斯创立科学知识社会学"强纲领"理论，是爱丁堡学派的核心人物。

们亦非已知物（knowns）；相反，它们是可知的事物（knowables）。为把我们的直觉导入对"世界三"的接受状态，波普尔要求我们想象一种状态：在这种状态中，我们已失去在世界中所能遇到的精神产品与物质产品。因此，我们不再具备自己由多年经验累积所得的个体主观性内存，我们也不再拥有诸如机器、工具、建筑之类的人工制品。然而，正如波普尔的主张，只要仍然保持着"世界三"中的事物，以及我们解码这些事物的能力（大概是一种一般的语言能力），在历尽艰难之后，我们将有能力对我们的文化进行重构。把这个故事讲到极致则是：即便人类被消灭，将会引进十足胜任的火星人来重构人类世界，如果这类伟业成为可能的事实，那么，波普尔因此会得出结论：存在一个"客观性知识"的自主领域。

读者或许已经感觉到，现在我们处在骑墙的基础上。首先，波普尔思想实验的前提是矛盾的：局外人通过实际不与我们发生互动的方式，发展出一种语言能力，他们可能会重构我们的文化。显然，波普尔之所以想要这个前提，因为在我们的信念（"世界二"）与局外人认识这些信念的能力（"世界三"）之间，楔入了这个前提。然而，近年来，麦金太尔[①]在为人类的道德话语阐释意义的过程中，一直鲜有成功地支持着另类人类学家。麦金太尔认为，任何缺少完美语言能力的事物，必然将会把一幅重要的道德话语被系统性扭曲的图景呈现给外来者。实际上，尽管我们现在看上去与曾经的亚里士多德以及其他伟大的伦理学家已然异趣，但我们仍具有相同的问题；所以才有麦金太尔的著作《追寻美德》（*After Virtue*）。（在第二部分，我将重点讨论麦金太尔提出的这些伦理问题，并且运用麦金太尔——而非波普尔——认为有益的方式，解决这些问题。）

[①] 麦金太尔（Alasdair MacIntyre, 1929— ），苏格兰人，当代西方最重要的伦理学家之一。

但是，关于波普尔观念化的"世界三"，还存在其他问题。首先，说"世界三"是"可知事物"的领域，就是利用了这种"可能能力"（-able）的多义性。尽管对这个关键问题，波普尔很少开诚布公地讨论，看似能够从"世界一"的工具中区分出"世界三"的文本，其实只是这些文本能够介入（干涉）"世界三"的任何方面。如果一种文本被阐释为保持或改变物理环境的一套指令（instructions），它就能够用作介入"世界一"的文本；如果一种文本被阐释为表征三个世界之一的一套陈述（propositions），它就能够用作介入"世界二"的文本，并因此成为读者认同的代表性文本；最后，也是最显而易见的，如果一种文本被阐释为对其他文本的意义进行界定的一套评论（remarks），它就能够用作介入"世界三"的文本。因此，一旦我们注意到：一个文本不仅是能够以几种不同方式进行认识的一个物体（即在可阐释的意义上，"可知的"作为一套指令、或一套陈述，或一套评论），而且这个文本自身也成为对不同世界中的事物进行认识的一种媒介（即在某事物意义上的"可知"，可能被用来认识某事物之外的其他事物），那么，"可知的"多义性就进入了这三个世界。

现在，如果读者受到加拿大媒介理论家麦克卢汉[①]和意大利哲学家艾柯[②]偏好的影响，将会发现波普尔对"世界三"的定义太过狭隘，因为当代的技术和符号学研究趋向于推倒"世界一"与"世界三"各自的界限，使其进入"互为表征对象"（mutually signifying objects）的领域。因此，根据当前这个观点（在考古学语境中，它

[①] 麦克卢汉（Marshall McLuhan，1911—1980），加拿大传播学家，是"地球村"、信息社会和电子世界的"先知"。

[②] 艾柯（Umberto Eco，1932—2016），意大利哲学家、符号学家、历史学家、文学批评家和小说家。

本能地最具可行性），传统意义上的文本，被语言编码的事物，均不具有作为实在的"表征者"或"象征物"的特权地位，一切人造物自身内秉的能力将得到充分实现。但是，对于波普尔三个世界理论的一种宽容理解要求，将"世界一"与"世界三"之间的差异看作功能性的，而不是存在论意义上的。换言之，一个文本可能同时存在于两个世界，但是在"世界一"层面，该文本发挥一种物质实体的功能；在"世界三"层面，该文本则发挥其作为一种可知对象的功能。这种功能性差异至关重要，由于波普尔对于可知世界的详尽阐述，可能是一种最成功的探索，对于受传统驱动的柏拉图主义者以及其他先验主义本体论者的直觉来说，波普尔的阐述更是为他们提供了解释。此外，还应注意，在我们对布鲁尔的批评中，这些直觉在讨论现代心灵问题时极易被遗漏。

一旦我们想要开始了解"世界三"的确切内容，布鲁尔就进入了我们的思想图景。波普尔的思想实验，或许已经成功地为客观性知识刻画出一个形而上学空间，为了对这个形而上学空间的内容做出充分说明，显然还有许多工作有待完成。例如，如果在"世界三"中能够发现小说《唐·吉诃德》(*Don Quixote*)，那么，印刷版的《唐·吉诃德》，以及个别读者收集的关于《唐·吉诃德》的一系列阐释，当然都不必出现在图书馆书架上：前者可以在波普尔的"世界一"中找到，后者则会在"世界二"中发现。在这个问题上，波普尔借助了柏拉图的理念论、黑格尔的绝对精神论以及弗雷格的主张，布鲁尔则提出更为切实的观点，认为"世界三"只是一种社会性的世界——或更精确地说，是一套可允许的语言游戏活动，这种语言游戏构成一种"生活形式"。在这种情况下，出现在"世界三"中的《唐·吉诃德》，作为人们必须参加的语言游戏，是为了不再让一种文本阐释作为指导某个特定读者共同体行为的法规。这个语言游戏的构成要素,是堪称波普尔从《唐·吉诃德》中引用的知识,是堪称波普尔对一种特定文本阐释表示支持的主张,不一而足。与波普尔和其他类似的柏拉图主义者相反,布鲁尔的"世界三",不包括对《唐·吉诃德》"可能性最大的阅读",即不包括在写作《唐·吉诃德》小说文本时,与塞万提斯意图有关的一切真实主张。

最后这一点对于布鲁尔至关重要,因为像维特根斯坦一样,对于诸如"波普尔引述""波普尔主张",布鲁尔强调这类观念具有开放型组织结构的性质。这意味着由一套语言游戏规定的社会秩序,限制了一个行动者自主选择的可能性,因此在特定情况下,只能通过其他行动者来决定行动方向(Waismann,1951)。这样,在历史的某一点上堪称是对《唐·吉诃德》备受认可的阐释,在它的早期阶段可能不会呈现那种开放型组织结构,即便在开放与约束这两种情况下,阐释者都看似正在玩着相同的语言游戏。当波普尔(1972,p.155)声称,只有通过"世界二","世界三"才能与其他两个世界互动时,他很大程度上表明了同样的道理。然而,正如布鲁尔所见,由于波普尔的"世界三"模型——至少部分而言——处在柏拉图恒稳不变的理念天堂中,波普尔因此低估了"世界三"内容具有开放型组织结构,进而具有社会属性的本质。但是,我们现在将要看到,布鲁尔走到了与波普尔相反的另一极端,低估了"世界三"的自主性及其进而具有的客观性。

布鲁尔(1984,p.229)声称,他对"世界三"的社会学建构,抓住了"世界三"客观性的主要方面,用他自己的话说,即抓住了"附着于我们信念之上的非个人且稳定的特质,抓住了附着于实在的参照物之上的实在的意义"。布鲁尔(1982)很正常地把这个思想归功于迪尔凯姆,尽管迪尔凯姆从未以布鲁尔的方式表达过这样的思想。迪尔凯姆（1961）惯于以集体性表征为指归，但他从未说过信念具有一种与生俱来的社会性，其中的差异是微妙的。不过，这对于理解布鲁尔困境的源头仍然至关重要。

同波普尔一样，迪尔凯姆及其在法国和英国社会人类学界的追随者，认为信念具有不折不扣的主观性，因此，对信念的认识超出了致力于客观性知识探索的领域之外（社会学曾被认为是客观性知识）。诚然，正是在这些基础上，迪尔凯姆与法国社会学创始人塔尔德和勒庞产生了分歧。后者主张：社会学研究的集体性表征，可以简化为构成集体的个体之"情感"的总和，这将是最适合主体间心理学研究的问题（Sorokin，1928，ch.11）。尽管在这个问题上，迪尔凯姆本人观点暧昧，一项关于迪尔凯姆学派运用"集体性表征"的细致研究表明，迪尔凯姆所谓"整体性"的产生，并非当每个人都具有相同的信念之时，甚至也不是当每个人都相信，一种信念已经被一个群体接受之时；相反，这种整体性的产生，适逢每个人都出于策略上的考虑之时，他们根据特定的语言实践和其他符号化实践，同意表明他们可能偶然相信的东西。索绪尔把结构主义语言学（即语言，langue）呈现为一种对集体性表征的研究，这当然就是索绪尔如何对迪尔凯姆进行注释的过程（Dinneen，1967，ch.7）。换言之，对于信念的认识，一旦被认识论家从个体上升到社会层面，这个看法就需要得到遵循：个体相信，集体一致。在对迪尔凯姆的认识论迄今为止最透彻的研究中，英国社会人类学家罗德尼·尼达姆[①]（Needham，1972，P.155）强调了这一点，他认为：现代社会中，对于一种集体性表征的示范，相较于任何一套特定信

[①] 罗德尼·尼达姆（Rodney Needham，1923—2006），牛津大学人类学教授，象征人类学代表人物。

念，法律体系与我们的关系更为密切。

相较于波普尔，迪尔凯姆更接近福柯，他的集体性表征思想走得很远，进而否定了对于信念的任何跨文化（更不必说本体论上的）的输入。他们指出，信念寓于个人心理之中，反过来，信念又成为现代欧洲文化的发明（Mauss，1979）。因此，如果人类学家根据一种文化共同体成员坚持的"信念"，竭力要为这种"信念"整理出它的认识论的话，那么，他们着实冒了很大风险，错误地阐释了一种另类文化。尼达姆（1972，ch.2）漂亮地记录了这个主张，正如在研究苏丹努尔人（Nuer）的案例中，尼达姆对于信念未着一词，这不是由于他的心理学词汇没有足够的辨别力，而是因为在努尔人用来评价断言的语境中，从来无须把断言当作一种信念的表达。换言之，在努尔人的文化中，只是不存在这样的情况：人们在对断言做出评价时，兴趣集中在以所做评价与断言发布者的背景知识的契合程度为根据：这是我们评价一个信念时所处的典型语境。即便在我们自己的文化中，这个意义上的信念评价是相对晚近的事情。"观念"的拉丁文词源 *fides*，原来必须事关忠诚，它是为了信念目标而付诸行动的意志（或如认识论家现在说的"倾向"），特别是以上帝的名义。然而，信念作为一种将个人知识集合为一体的观念，无论其目标是上帝，还是"不大不小的干货"，只是在 19 世纪它才出现在一般的英语应用中（Smith，1977）。

然而，为了能够在正确的轨道上理解布鲁尔，我们在此不必决定——信念是否是一种具有跨文化效力的知识门类。布鲁尔必须从迪尔凯姆那里汲取的关键是——它生动地呈现出来，信念是一个社会中众多个体彼此间传递的"信息"，同时，这些信息的表征是众多社会个体共有的"媒介"。因此，一个信念可能在语言上通过多种方式得到表征，每个表征或多或少都成功地传达出这个信念的意义。语言游戏的规则可能是这样的：某种信念——在得到明白易晓表达的条件下——比其他信念更易得到验证，但是，这不能排除发生以下情况的可能：一个极难证明的信念，有朝一日被一位技艺高强的游戏玩家成功地证明了。于是，布鲁尔可能在集体信念上出的错，实际是一个预设，社会成员现在已经同意根据这个预设来行事。回到我们的初例，不是有关《唐·吉诃德》更为牵强的阐释文本不可能做出辩护，而是这些辩护必须更严格地满足检验标准，它比阐释者经历的检验标准还要严格。因此，那些牵强的阐释尽管不是合法的，却是存在的事实，作为关于《唐·吉诃德》意义的一种合法性信念，读者群体将那些牵强的阐释排除在外。

同类情况也出现在新旧科学理论更替的事件中。然而，像从事"内在主义"科学史研究的大多数布鲁尔的对手一样，布鲁尔错误地认为，在这类事件中通常发生的，是种种信念的改变。至少，如果布鲁尔意在挽救波普尔"世界三"在迪尔凯姆理论体系中的出现，他确实是出了错。波普尔毫不动摇地认为，信念是纯粹的主观性问题，这个问题唯独属于"世界二"，也如同我们所见，"世界三"作为确定性的表现而出现在"世界二"中，主要由于它在语言上是合格的（特别是具备阅读能力）。因此，可以在全球灾难发生之后，凭借这种语言能力，成功地重构我们的文化。一旦把更严格的迪尔凯姆的理论光泽施予布鲁尔，在将"世界三"实现社会化的过程中，语言游戏扮演的角色就会变得清晰起来：对于诸如语言之类能力得以展示的场景，语言游戏定义它，确切而言，就是语言游戏如何为社会行动提供一种规范结构。布鲁尔有时确实支持这个立场，正如他对这个问题的表述：

在社会系统的稳定特性与知识系统的稳定特性之间，存在清晰可鉴的联系,但二者之间不是专断地互为关联;当我们对我们各种关系的传统模式进行筹划时,同时也对我们的认知必须依凭的框架进行了整理。一旦认识到在根据实际安排我们的信念与根据社会约定安排我们的信念之间,我们并不拥有一种选择,那么,上述观点也就不足为奇地被视为偶然了。凭借我们的常规,而非无视常规,我们进行着认识。我们的常规,表征了一种无法回避的知识状态,以及一种不可避免的知识工具。渴求一种不以常规习俗作为媒介的实在,就像是移除了我们的视觉器官却还想看得更清晰。(Bloor,1984,pp.239-240)

尽管如此,布鲁尔未能一贯坚持这个立场,也许因为他在两个意义上驾驭着常规。在政治学与语言学中,常规(conventions)分别对应着契约与语法,常规是一种实践,它的出现很大程度上与诚心刻意设计无关,但是,凭借坚持常规的个体数量增长这个有利的结果,常规得以生生不息地保持着。这个意义上的常规,也是大卫·刘易斯名著《约定论:一份哲学上的考量》(1969)的主题,常规通常被认为是自然发生的。然而,还有一种更具人工意义的常规,它与"约定论"(conventionalism)有关,法国数学家庞加莱①构造了这套为理论陈述赋予效力与合法性的学说,即这套学说遵循早期有关定义与假设的清晰约定。正如普特南(1975,ch.9)首先发表的评论,约定论的形而上学影响比它看上去的情形更为强劲,因为约定论的原则意味着一种数学法则的效力,这种数学法则不过是遵循着一套公理,而从这套公理中可以推导出这种数学法则。如今,在布鲁尔有关科学理论更替的多数案例研究中,都包括对理论

---

① 庞加莱(Henri Poincare,1854—1912),法国数学家、天体力学家和科学哲学家。

所采纳的一套信念的说明,一种理论是否得到接受,以一套理论信念将如何促进逐利科学家群体的利益为依据。他有时重点关注科学家如何从信念中排除事后的利益,此举恰巧得到更大范围科学共同体的赞同:这表明了"约定"的第一种意义。然而在其他场合,布鲁尔把重点放在科学家身上——他们最初决定坚持某种信念,旨在促进自身的利益,这表明"约定"的第二种意义。

布鲁尔未能对"约定"的这两种意义做出区分,尤其当我们尝试对"我们的关系"与"我们的认知必须依凭的理论体系"相伴而来的"筹划设计"详加分析时,这个短板尤其显眼。布鲁尔说:每当我们从事科学时,我们也在进行着社会实践。即便假定此时他是正确的,也不能得出如下推论:能够促成好的科学政策的东西,也能促成好的社会政策(反之亦然)。如果我们把科学当作一种自然发生的约定,如同波普尔笔下的资本主义市场,那么,这里的诱惑就是放任科学如其在现实中的运行那样,这使科学没必要最大程度地有益于社会。另外,如果认为科学是一种人工建构的约定,如同一场人种学风格的游戏,那么,就有可能存在一种诱惑,即用那种通常易于保留下来的风尚,去树立并破除由各种成规戒律铸就的体制化结构。因此,直到布鲁尔即将得出关于成规的理论之际,他仍不能清晰表明:我们知识事业的"规定性",理应对知识事业本身做出解释或证明。

尽管如此,布鲁尔关于"成规与利益"的解释理论,已被用来与内在论科学史家的解释一竞高下。内在论科学史家力求根据相关科学家可能得到的证据和背景信息(或错误信息,如所研究案例中可能出现的错误),对极其相同的理论信念做出解释。无论哪种对科学理论的解释,都无须从"世界二"中清晰地区分出"世界三",尤其对于"世界三"的社会学解释理应提供规范性约束的意义,这些解释都缺乏认识（Lukes，1982b）。出于弥缝的考虑，对于个体科学家如何裁剪自身的信念，从而为他们的社会目标效力，布鲁尔明智地避免关注这个问题；相反，他应尽力表明：科学语言游戏如何阻碍或促进某种信念的清晰表达及其合法性的实现，对于谁可能有兴趣将这些信念向前推进，他则不必措意。于是，为了借用布鲁尔这个可爱的理论实例，的确，波义耳与牛顿本不应提出微粒论自然哲学，而且他们也不该对尽量回避各种宗教派系感兴趣；针对波义耳与牛顿的信念如何获得主观性立场——他们个人发现这是值得追求的信念，上述假设在很大程度上给出了基于社会学的解释。这些信念如何实现它们的客观性，如果对此做出社会学解释，这种解释将不必辨明17世纪英格兰的科学资格仲裁者，也不必辨明这些仲裁者用来判断科学能力标志的语言表征形式（特别是那些论证形式），它只需提供一种相对容易的评价，以这种评价作为媒介，微粒论信念得以传达。

因此，我们看到，布鲁尔在为客观性构建社会理论过程中遭遇的困难，这些困难源于他对社会行动者的一般性描绘，即他们是"世界三"内容相对不受约束的操控者。作为这种认识的一个结果，布鲁尔无法表明客观性如何可以超越来自"世界二"的灵魂和居民的判断；针对"世界一"中的物质部分，他也没有退回用传统方式鉴别这种客观性。反讽的是，布鲁尔立场中这个弱点的最显眼之处，恰恰是他所认为的最大进步，即他的科学社会学理论超越了波普尔对"世界三"的解释。关于"世界三"作为一种独立存在，波普尔的一个关键论点在于，他认为所有理论都具有原创性理论家所未知的逻辑含义，这个暗含的逻辑意义由后继的理论家识别出来，进而发现其中潜藏的新理论。因此，这些预期之外的理论成果成为许多问题的基础，在波普尔看来，这是真正知识进步的唯一源头。

布鲁尔对波普尔的这个关键论点不屑一顾，把它当作一种神秘的柏拉图主义，为了取而代之，他提出如下解释策略：

> 的确，我们不得不说，逻辑含义不会预先存在：随着我们工作的展开，我们在其中构建着这些逻辑含义，在此凭借的不过是我们自然拥有的意向，或是在专业训练中已经给定我们的倾向（dispositions）。这必将成为某种程度上我们认同依照自身潜存的暗示意义来行事的理由。我们习惯说：我们假定意向（倾向）是预先存在的，这个假定的结果，反倒成为需要得到专门解释的我们行为的一个侧面。这个解释可能是：某种情感参与到我们的推理构画中——例如强制性情感。这个解释也可能是：这种言说方式是力求对我们言说此事而非彼事的倾向（确实未经检验的）进行检验的一种方式。在我们当前与过往的言语实践之间创造一种连续性，这就是我们的解释之道。（Bloor，1984，pp.234-235）

需要注意的是，"我们惯于把假定预先存在的结果当成事实来说"，布鲁尔对此做出的解释，从广义上说，隐含着目的论。我最后引用的三个陈述，在三个不同意义上，每个陈述都可能被理解为隐含着"目的论"：

（j）每个说明可能正在描述某些特定个体的意向，其中合乎逻辑意向为特定个体的利益服务；

（k）每个说明可能正在运用逻辑的强制性，对于无法得到说明的某种心理倾向——它在一切人类个体身上都能发现，进行理性化。

（l）每个说明可能正在施行逻辑的功能，这种功能用来维持社会秩序，而不必考虑是否有人愿意依此逻辑行事，甚至也不必考虑人们是否意识到这个功能的实际效果。

不过,无论哪种说明,是否对客观性的意义做出解释?这里的客观性,是针对社会行动者本身依附于一种理论的逻辑含义而言。讨论这个问题的另一条途径,就是质疑。假定在解释我们的逻辑趋向方面,(j)(k)(i)均具备一定的有效性,那么,为什么大多数社会行动者本能地对这些真正解释的完备性持怀疑态度?因为在对布鲁尔提出的那种社会学解释保持怀疑的过程中,我们时常不断坚定自己的信念,确信逻辑含义具有客观性。不知何故,我们不明就里地怀疑着:社会行动者制定的一套成规,构成以某种方式行动的准则,相较于此,遵照逻辑行事,必定有更多的规矩。或许布鲁尔终究是正确的,认为所有这些直觉与怀疑都是虚假意识的例证,然而,它们恰恰也是构成客观性表象的那类事物,因而必须得到解释——或还原——通过一种关于客观性的社会理论。(我们将在第十章详细讨论这个问题。)

布鲁尔未能把"世界三"的身份从波普尔的其他两个世界中区分出来,稍微转换视角观察这个问题,让我们简要概观布鲁尔最持久的努力,即他揭示的:行动者如何对于一个理论出乎意料的结果进行协商。这个思想出现在对拉卡托斯著作《证据与反驳》的一篇评论中,布鲁尔(1979)在此主张,一个理论尽管有过失败的预测和未能预见的反例,但这不影响它具有表征实在的持久能力,正如只要这个理论的支持者同意调动一套手段——拉卡托斯的负面启发性——经过精心设计,用来对冲理论异常造成的失稳效应,就会使理论异常重归正常稳态。然后,布鲁尔表明:使用这套手段的倾向超出使用另一套手段的倾向——比如恶势力正在为采取例外手段设障阻拦——这恰恰暗示了:特定研究共同体是如何组织的。然而,这些维护理论的努力,能当作理论客观性的来源吗?如前所述,回答这个问题的最佳策略，就是思考在哪一点上理论目标从直觉上偏离了理论的社会性。对一种反常现象的分类，容易被认为可以通过社会协商来进行，而恰恰是一种理论异常的发生——一旦需要进行分类时——似乎非常独立于社会规则，这很大程度上得益于：迄今为止，人们仍然未对理论异常与社会规则产生联系抱有期待。即便布鲁尔坚持这个观点："自然规则（为理论）提供了外部刺激，社会规则（为理论）提供了一种方式的反馈。"（Bloor，1974，p.76）然而，波普尔本人拒绝让客观性退回传统上它在"世界一"中的位置，如同现在布鲁尔看似表明的观点。实际上，正如我们将要看到的：显然，理论与理论所无法预知的结果是相互包含的整体，这使一切对象都安全地保持在"世界三"之中。

让我们来看有些类似的两个例子，一例牢固地根植于动物王国，另一例显然是人类行为。假设一些丛林动物想从当地一个池塘中饮水，由于这是它们的唯一欲望，这些动物选取通向这个池塘的最短路径，沿途披荆斩棘，并且留下行进踪迹，以便此后其他动物前来饮水时可以有迹可循。尽管在饮水利益上显然存在一种无法预期的后果，但是，这条饮水路径将很快变成属于这群动物自身权利的一个利益目标，由于这条路径的存在引发了一些问题，如果不提出这些问题，可能会严重干扰动物生态。例如，这条路径应当是免费的，还是限制通行？如果某个动物要限制它所属群体内其他成员的通行权，怎么办？这些动物被迫以某种方式提出这些问题，在波普尔（1972，p.117）看来，它们的行为受制于"世界三"的约束。

现在假设以古人为例，我们来反思他们在日常生活中从事的许多测量工作。古人通过从可能被测量的各种事物中，清晰分辨出一些测量工具——可供他们重复使用，从而决定对他们日常从事的测量工作进行经济化，由此导向自然数表征系统的发明。然而，我们很快又注意到：这些符号的作用，不仅止于促进了古人日常测量的实践工作。一方面，计数系统具有自身的独特属性，因此生成许多由数学家发现并探索解决的问题；另一方面，这个计数系统一旦被认为是所有测量工作可以利用的媒介工具，那么，至少关于这个计数系统中某些属性的知识，转而会成为一种必备的测量能力，这最终导致数学成为诸如工程师培养中的一项必备内容。这种做法的前一种结果，如波普尔强调的，它建立了数学作为一种知识体系的自主性；而它的后一种结果，如福柯（1975，p.118）强调的"稀有性原则"，数学家因其稀有而被赋予特权，只要工程师从事测量，数学家就有权判定工程师的测量资质。

从上述两例可以看出，动物与人类如何意外地——实为无意——引发了"世界三"，关于非预期性结果、客观性与社会规则之间存在联系的性质，我们可以得出几点结论：

首先，开创饮水路径与计数系统的结果是无法预期的，这个无法预期是指：对于其他群体可能使用这些成果的各种途径，创造者心中全无所想。这意味着对于可能发生的非预期结果，必须有一批人能够从一个通用的人造物池塘（包括多种表征体系）中打捞出点什么，但是，这种行为的目的通常不受严密监控，因而为具有差异化的多种使用方式提供了可能。那里假如存在对个体的严密监控，那么就有可能预见，进而可能控制饮水路径与计数系统可能的应用范围。正如默顿①（Merton，1936）最先阐明的观点，实质上每位古典社会理论家——包括像亚当·斯密②[同样可以包括波普尔

---

① 罗伯特·默顿（Robert Merton，1910—2003），美国社会学家，提出中层理论和经验功能主义。
② 亚当·斯密（Adam Smith，1723—1790），苏格兰人，经济学鼻祖，古典经济学派开创者。

（1957）]这样的"方法论个人主义者"——把社会性的起源置于种种约束之下，致使这些无法预期的结果被置于未来行动的可能性之中。

使一群个体不易受到监控，并因此使他们的行动变得难以预料，之所以如此，或是因为这群人拥有了纯粹的计数系统，或是因为他们在大尺度时空中进行分配与处置。假如计数系统的发明者认为，他的方案以后可能极易引出无理数问题，他本应想出一些其他办法，将测量者从被测对象中区分出来，或者他甚至可能完全抹掉这套计数思想。但是，当然，计数系统一旦离开发明者之手，假设的那些选择也就不再成为可能。这里与福柯（1979）相关的，就是他提出的一种"自然厌恶真空"的社会对应物——理智地说，即权力厌恶无知。对一大批个人的行动进行监控，一旦这种做法不再可行，那么，不受监控的个体便自组织成为一个受监控的群体，或在他们的自组织群体中间形成"纪律"。因此我们看到，不仅数学家研究计数系统发明具有非预期性结果，而且他们也体现出一种特殊能力，即能够监控工程师行动的能力（Smart, 1983, pp.108–137）。

那么显然，非预期性结果是内在固有的一种社会历史现象。尽管出于不同原因，波普尔与布鲁尔却都遗漏了这个关键问题。波普尔或许因为他的"世界三"范式是一整套数学目标，一种理论如果先于它的发现而存在，对于这种"先于存在"（pre-existing）理论的影响，波普尔不必要地陷入一种柏拉图式思想图景中。毕竟，波普尔（1972, pp.128–140）首先提出"三个世界"理论，是献给荷兰拓朴学家、数学直觉主义者布劳威尔的批判性礼物。布劳威尔认为：（i）唯一实在的数学对象，是由那些有限的人类心灵构造的可构造之物（通过一些直接证据过程）；（ii）这些对象唯独作为精神构造物而存在；（iii）这些对象的客观性的保持，只有通过我们的能力，在意志上构造它们。波普尔引入"世界三"，很大程度上将其作为反驳布劳威尔信念——（ⅰ）及其必然伴生（ⅱ）（ⅲ）——的手段。这个反驳引发的正面论题是：数学对象不能是纯粹的精神构造物或直觉构造物，因为从数学对象中产生的一切问题，都不是有限的人类心灵所能预测到的。

布鲁尔通过从几套主张到语言游戏的努力，改变了科学理论的性质，他也恰恰批判了波普尔对布劳威尔的过度反动，批判了波普尔因此坚持的对"先于存在"的数学形式的柏拉图式意义。不过，这位社会学家并未因此而被迫表示，说什么一对矛盾得到了解决，无论将矛盾作为纯系常规的事物，还是作为率真自然冲击理论的标志。相反，布鲁尔只需表明：一个理论一旦用于表征不完全在原创理论家（们）可预测范围内的事物，甚至表征可能超出他们所想的事物，拉卡托斯风格的反常现象就发生了。然而，在创造理论的过程中，原创理论家也在创造反常运行的潜在可能。[当然，亚里士多德的动力论，是对这种潜在可能的实质性解释模型，布尔迪厄（1977）复活了这个模型在社会学理论中的应用。]对于一个理论而言，它只有某些潜在的结果得到了清晰表述，其他可能的结果将永远保持沉寂，同时，新出现的情况将是由其他理论施展的语言游戏。

使非预期结果的出现成为可能的事物，也使这类事物的出现很难被探测和察觉到。通常，根据行动者构画与期望的结果，对行动做出评价；行动的副产品很少被考虑到，除非它们自身相当值得关注，或它们与行动者所构画/期望的结果相对同时同拍。然而，如果直到初始行动后很久，这些副产品才使自身引起外界的关注——然而时移事易，在与此前迥异的情境下，由于与其他行动的副产品混杂在一起，不可能辨别出这些副产品与它的初始行动是具有因果相关性的结果。福柯（1975）的"知识考古学"把目标精确地指向：重新找回这个时常发生、晦暗难明的一系列偶发事件，因为没有能力对一种观念或实践的社会—历史根源做出说明，时常被认为是这种观念或实践具有的永恒性与不变性特征——一言蔽之，就是这种观念或实践的"客观性"。因此，福柯在著作《词与物》（1970）中，以令人奇惑的事实开篇，"人的问题"通常一直被认为是我们文化中的一个恒久论题，而专门针对这个恒久论题进行考察的思想，直至1795年康德创造出"人类学"（anthropology）这个词才出现。自然史、语言学、政治经济学中非常独立的研究路线，大致同时在18世纪中期分别出现，福柯接着继续表明，通过这种进路，在"人的问题"之外的其他事物上，人类学话语的潜在力量是如何被创造出来的。通常看来，布鲁尔总是从历史中选取一些情节，但并不表明自己对历史变迁具有自觉意识；与布鲁尔不同，福柯认识到：用社会性来辨明客观性，并不是使得到认同的客观性知识，对于社会行动者个体的意向和期望的抵抗，可以有丝毫减轻。

第二部分
知识生产的语言与历史问题

第三章 实在论，科学学研究的移动靶标
——一部哲学家、史学家与社会学家孜孜以求的故事

一个陈述是真或假，或事件的某种状态是否得以实现，这与我们的知识状态相关吗？实在论者（realist）回答："无关。"反实在论者（antirealist）回答："有关。"如果争论基于这个僵硬的起点展开，两种观点的差异似乎显而易见。情况确实应该如此，如果不是因为以下事实的话：关于这个问题的争论，出现在科学学研究（Science Studies）的许多重要问题上——这些重要问题之间不存在清晰的联系。换言之，在根据不同的探索语境对实在论问题做出不同判断方面，我们追随英国分析哲学家达米特[1]（Dummett, 1976, ch. 10）和美国认知心理学家福多[2]（反对奎因和戴维森[3]，他们的理论更为流行）。错误的做法是，简单假定这个问题必须以适用于所有语境的单一方式来解决。必须承认，迄今为止，形而上学争论的标准程序始终尝试全是或全非的解决方案。然而，这种程序助长了一种"根据原则"或"优先性"方式的论证，鉴于这种论证方式意在

---

[1] 达米特（Michael Dummett，1925—2011），英国爵士、语言哲学家和逻辑学家，弗雷格研究专家。
[2] 杰瑞·福多（Jerry Fodor，1935—2017），美国认知心理学家，"二战"后最重要的心灵哲学家，提出思维语言假说。
[3] 戴维森（Donald Davidson，1917—2003），美国分析哲学家，思想集中于心灵哲学、语言哲学、形而上学和认识论领域。

涵盖所有情况，它惯于在抽象层面运作，因此它很难对特殊论证的有效性做出判断。通过对科学实在论的先验论证，我们来看一个这种论证方式的实例，它十分抽象，致使面对历史证据应当如何阐释这个实际问题时，它不再保持清晰。

进入这个实例之前，我们先来回溯导致实在论问题产生的各种语境，也是按照顺序对这些语境背后的观念形态演进做一个速览。为方便起见，我用一系列断言的形式，将这个问题表述如下：

（1）你如果不是一位由来已久的实在论者——即便作为一位反实在论者——你也不能加入科学实在论的争论。加入争论的各派确信，这场争论的胜负结局，科学史肩负着决定性的责任。基于这种信念，很大程度上是因为：争论各派假定，历史的探索与任何其他实证性探索在认识论上是同样安全的。这种认识甚至出现在库恩与费耶阿本德那里，二者非常关心历史行动者如何构建他们的世界，这远远超出他们对更为严格的阐释学议题的关心，即历史学家如何构建历史的行动者。其实，科学的反实在论者如果不愿意从"赤裸裸的事实"中抽象而出，他可能会特别认同历史的实在论。

（2）可以理解，对于由物理学家和其他自然科学家生产的知识整体，知识社会学家是反实在论者，尽管如此，对于社会整体，他们却无须同样是反实在论者。例如，知识社会学家可能相信，为什么认为一组特定的人群属于一种特定的类别？用事实说明这个问题"颇费周章"（a fact of matter）。但是，科学实在论者可能会从理论上说，这个事实必须与这些个体共同具有一些属性（一种"本质"），社会学家则首先表明：个体确实不具备那种断然宣称的共同属性，进而说明那些个体是根据与分类语境相关的社会事实、由"常规惯例"组织为一个特定群体的。

（3）现代实在论者的争论，类似关于普遍性存在的学术争论。

与普遍性的捍卫者相对应的，是调控实在论者（regulative realist），他们相信：如果某个事物属于一种 x，那么，恰恰是 x 所具有的某些属性，被认为是一切 x 类型的事物都具有的属性。与唯名论者（nominalist）相对应的，是构成实在论者（constitutive realist），他们相信：确实存在某些纯粹的个体（事物，事件），这些个体的存在基于语词的指称，但无论如何，这些个体的存在不是建立在那些语词基础上。在此需要注意的是，这两种实在论在逻辑上是彼此独立的。例如，实证论者与社会建构论者，都是典型的构成实在论者，而非调控反实在论者；库恩与多数柏拉图主义者，则是调控实在论者，而非构成反实在论者。当然，在构成与调控方面，科学实在论是双料的实在论者，尽管认为，一个人在调控与构成问题上必须持相同的观点，但是，在另类文化是否"真正"具有理性的争论中，这个观点已造成诸多混乱。

（4）知识是历时性渐进积累的过程，至于科学实在论对这个观点的认同，预示了知识可以得到保存，反过来又必然产生这样的问题：一个特定知识断言的内容，在它之后的知识体系中可以得到完整保存，那么，知识前后相继的完美转换如何发生？在这个问题上，实在论者现在面临两种选择：要么保存他正在指称的初始断言的整体内容（多元主义或多世界实在论），要么仅仅保存曾使断言者做出指称的那些初始证据（一元论或单一世界实在论），库恩与奎因分别代表这两种不同的实在论。在此，反实在论者坚持认为，关于知识前后相继的完美转换（翻译）如何发生，以上两种实在论进路都无法提供尽善尽美的说明。相反，在上述两种进路之间，各种知识转换的方式，都包括一种由知识赖以生成的语境所决定的折中方案。

1. 实在论：谁肩负其举证责任？

距今三百年前的某段时间，贝克莱主教①提出一种本体论主张，他认为：实在论难以理解地建立在一种反事实断言基础上，即关于世界的说明独立于世界的认知者，这种认识无所谓对错，因为根据定义，这种断言无法被证实；因此，贝克莱主张，我们的"直觉"相信上帝存在，它以我们在认识世界时同样存在的"直觉"反实在论为基础，且必须有一个始终警觉的检验者存在。但是，贝克莱时代已与我们相去甚远。如今谈到实在论，哲学家经常首先声称：我们具有实在论者的直觉，实在论是常识，或实在论是一种自然而然的态度。这类断言意在将关于断言的举证责任，从实在论者转向非实在论者。不过，尽管在事实上，这些断言为科学实在论开启了详细论证的先声，但是这些断言的基础仍是典型的含糊其词。

通常认为，"真实地认识世界"或"对世界抱有真实的态度"都是虚饰之词，用哲学行话说，就是这种虚饰之词认为：在理论创造者（行动者）所认识世界的条件下，才有最大可能取得对某种事态的认识。这样一来，人们通常认为的"实在论者"，不是对于事物如其所是地如何发生、为什么发生（科学实在论者乐于了解的事），能够了解其最佳解释理论的那些人；而是能够预测什么有可能（或不可能）发生的那些人，既可以针对他们从事的研究领域，也可以与他们的研究领域无关。那么，通常的实在论者就是致力于实践而非理论，致力于预言而非认识，致力于处世之道而非认知之道。

---

① 贝克莱主教（Bishop Berkeley，1685—1753），爱尔兰人，基督教主教、神学家、近代经验主义哲学家，主观唯心主义创始人。

这样看来，通常所说的"实在论者"，并不关心哲学中的实在论问题。的确，我们可以想象，一位科学实在论者通常的习俗，不过是"实在论者"在其自身意义上的一种范式化实例。例如，这位科学实在论者可能具备用来解释他所感兴趣的任何事物的一切最佳理论，但是，当这些理论在特定案例中应用时，它们必须以极复杂的方式联系起来方能奏效，因此，在必须对下一步可能发生的情况做出预判时，我们的实在论者面临很大的困难。具体而言，我们说，这位实在论者知道有关地球力学、光学、感知心理学的所有最佳理论，而涉及我们对世界的常识性理解时，他却对这类"习俗"的心理学和物理学理论一无所知。那么，不足为奇的是，如果我们的科学实在论者最终碰壁，并且做出其他方面的各种事情，那么，这类事情表明他是一位"心不在焉的教授"，而非一位通常意义上的"实在论者"。

反讽的是，这个例子应当使我们对这类事实保持敏感：即便我们知道对某些目标领域的行为具有支配作用的"真原理"，也不能就此得出推论，认为这些原理在回答我们对该领域感兴趣的问题方面非常有用。进而言之，我们甚至不能推论，认为这些原理对于科学研究本身将非常有用，除非我们已经确定（通过独立的论证）：探寻真原理是科学的目标之一。对于类似迪昂[①]这样的实证论者或信仰主义者（Duhem，1954）而言，这一点本应显而易见，他们主张：那些典型地被认为是"真"原理，在形而上学与神学意义上是自然的，这些"真"知识显然超越了对科学的方法论责难。然而，问题的关键现在变得非常微妙，我们极尽可能地想掌握源于科学技术应

---

① 迪昂（Pierre Duhem，1861—1916），法国物理学家、科学史家和科学哲学家，秉承历史主义。

用的真实具体的"真原理",例如夸克以及其他微观物理学的创造物,这些科学发现与人类的关系似乎很小,科学家对这些科学发现的兴趣所在,就是对作为科学目标之一的真原理的探求。(诚然,科学实在论者在此可能运用了一种"回避句式",他未能表明:这些真实具体的原理对于生产某种有益于人类的副产品是必不可少的。)

至此,有人可能无法同意我所说的这些内容。他们认为:"你尽力表明的,就是'实在论'是包含多种不同意义的一个词。实在论哲学家喜欢利用实在论这个词的普遍性意义,这个事实仅仅表明:不应当允许他们那么做;这当然并未表明:哲学中任何形式的实在论是假的,还是左右支绌站不住脚的理论。"但是,的确,实在论无论好坏,正是"实在论"这个词,使文学批评家和科学史家竖起耳朵,开始对哲学家正在做的事情感兴趣。如果想想过去几年关于实在论话语的争论几经转换,至于什么是盘旋在"实在论"一词上空的有趣议题,至今仍是一个非常开放的问题。

为了使大家了解仅仅在过去二十年间,实在论话语如何发生了戏剧性的变化,还需回到以"实在论与工具论之争"为名展开的争论开始之时,实在论者肩负举证责任,他需要说明:如果在科学中不假设——科学理论话语有其真实的所指,那么,为什么科学事业则无法进行?对此问题的预设是:科学的实证理论既正确,又巨细弥遗,即:科学以对世界做出日益高明的预测和控制为目标,对科学理论相对价值的衡量,可能专门以科学理论对科学目标做出的贡献为依据。只有在某种程度上,科学理论能够间接地对自身不断增强的工具性做出预示,科学理论的传统价值——诸如理论的解释力、衍生力与类推力,才能保持其有效性。应当注意,通常意义上的实在论者,对于工具论者的情思所致可能感到非常心悦诚服,毕竟工具论者不否定科学理论所指称的内容;相反,工具论者否定的只是：通过认识科学理论指称的是与非，科学目的无论如何是被扩大了。因此，正如普通实在论者无视当前哲学家与工具论者争论的议题一样，同理，"普通科学家的良知"同样无视二十年前令其对手大动干戈的议题（Nagel，1968，ch.6）。

从修辞学的立场看，科学实在论者在最初的争论中处于劣势，因为这场争论基于工具论的理论框架，就是说：实在论者必须对实在论做出一种工具论的辩护，即表明实在论如何拓展了科学的目标。理路如此错综，也许不足为奇的是，实在论者的回应不可能立竿见影地得到确认。对于20世纪60年代至70年代初这场争论事件（辩证的事态）的意义，至今依然混乱丛生，莫衷一是，这在很大程度上也应归罪这样的事实：迄今为止，史学家与哲学家未能认真地说明什么是确切的"实在论""工具论""实证论"，以及可能设想的它们的特点是什么。以人们认为库恩和费耶阿本德应在这几个问题上扮演的角色为例，在我看来，他们是"工具论预设"的受益者，随后工具论预设在哲学争论中得到应用，但他们本人都不是工具论者。其实，他们认同非常奇特的实在论形式（库恩认同多世界本体论，费耶阿本德则认同单一世界本体论，且拒斥任何可能形式的认识论），如果任何科学都依赖于认识我们的理论话语是否具有真实的指称对象，这将迅速挫伤从事科学事业的勇气。当然，恰恰对于这个问题，同样遭到工具论者的否定。

2. 击败实在论者，现在为何这么难？

正如我们对一切辩证逻辑的期待，现在钟摆已动，以致当前关于实在论的哲学争论，将举证责任不偏不倚地放在了实在论者对手的肩上，他们现在名为"反实在论者"，这个称呼已经表明：实在论者的对手主张所阐释的意义,主要依据的是与实在论相反的立场。有两种方式可以提出反实在论者现在必须回答的问题,这两种方式并非完全等价,但它们同样足以强调老派形而上学论家与新派科学哲学家在风格上的差异。老派形而上学论家认为:是否存在某种途径,可以对科学的成功做出明智的解释?而不止于说明(最新)科学理论的(大多数)术语的真正所指是什么。新派科学哲学家认为:是否存在更好的方式,可以对科学的成功做出解释?而不止于说明(最新)科学理论的(大多数)陈述为真。如果科学的历史是从根本上阐释意义的话,那么,对科学理论做出实在论的阐释,则必须从观念上预设一种效果。老派形而上学论家激发反实在论者去反驳这种关于效果的先验论主张,新派科学哲学家以更具经验性的方式予以反驳,他们假设:一旦收集到所有关于科学实践的数据,把它应用到力求阐释实在意义的一般性理论中,我们将发现:对于科学为什么如此成功显赫的最佳解释,就是科学理论对实在论做出了真实的表征。那么,实在论者在老派与新派之间的差异,就归结为康德与皮尔士之间的分殊。

然而,对于他们的所有差异而言,新旧两派实在论者都同意——反实在论者有必要尽其所能,对科学的成功做出解释(Boyd, 1984)。以此方式表明这种竞争性现象,恰好把握住了实在论者如今对这场争论话语的掌控程度,实际上,这正如要求反实在论者为反实在论提供一种实在论的辩护。"成功"只是实在论者用来表达"进步"的一种谨慎方式,通过对越来越多的现象做出越来越好的解释、预测与控制,以此作为标准,进而对长时段净累积的知识进行测量。如果将这个意义上的成功当作科学历史的全部事实,那么注意:这种解释路径对反实在论者则关上了大门。例如下面这个论断:如果将亚里士多德在解释、预测与控制现象方面的旨趣与我们现在的旨趣相比较，仍然不能明晰的是：我们迄今为止不断发展与实现的旨趣，是否真的比亚里士多德为实现他的旨趣所做的努力，发展得更加深入且取得了进步。反实在论者不会做出这个论断，因为实在论者的"进步观"允许对任何相对主义动机做出重新阐释，例如：他们首先说：亚里士多德在进行他所谓的"科学"时，实质上从事的就是我们今天的事业；他们其次说：亚里士多德的观点可以转换（翻译）成我们今天的说法，然后对其真理价值做出评估。

另一条与反实在论者密切相关的批判路线是：随着科学发生重大的观念变革，认知兴趣的转变致使整个知识体系成为昨日黄花，这不是因为整个知识体系已经被证伪，而是由于旧知识体系无法轻易嵌入新的观念体系。结果，科学家只是停止了对旧知识体系的谈论。这种现象就是拉卡托斯所谓的"库恩缺失"，在目的论的缺陷中，从亚里士多德世界观向机械论世界体系的转变完成后，这种现象被最清晰地描绘为——它构成自然的一个基本特点。显然，反实在论者希望藉此表明，已经存在一种知识净得的论断很难成立，除非基于明显有助于我们当前利益的立场。然而，在克里普克与普特南之后，通过他们开启的指称因果性理论，实在论者轻易阻断了反实在论者的这个理论动向（Schwartz，1977）。实在论者在此的总体策略是：正是因为亚里士多德认为，存在一种终极目的因（"多种目的"，purposes），人们可以就此做出真断言或假断言；但不能由此推论：源于目的因的那些陈述，是真正关于多种既定意向实体的陈述。相反，亚里士多德的陈述确实指出，任何最佳科学理论实体（当然包括我们的行动，它可以作为理论的替代形式），都将对它们表明的陈述做出最佳解释。那么，这个预设的解释有望表明：亚里士多德们如何系统地把一些真正实体的特定属性错误地确定为目的因。

为阻断反实在论者的这一论断，实在论者声称自己正在阐明意义与指称的关系，即：关于一种语言的指称理论，无须通过这种语言言说者的陈述，就能接受言说者的"意义"或"意向"；唯一需要认同的，是促使言说者表明这些陈述所指的那些实体（如同最佳科学理论确认的那些实体）。然而，在反实在论者看来，这不过是实在论者在以微妙的方式乞求认同，因为它预设：关于特定陈述的指称存在一个重要事实，即它独立于将世界概念化的那个语言学体系。然而，这个预设被认为是实在论与反实在论观点冲突的根本所在，并将实在论者与反实在论者区分开来。如果把这个区分应用到当前的"实在论预设"中，关于指称因果性理论的哲学争论，很大程度上围绕两个目标展开：其一，旨在使提出的观点在概念上逻辑严密；其二，对于不易辨明指称含义的情形之内涵，做出确定具体的说明。一直以来很少讨论，一个理论具有的"一般经验可行性"（general empirical feasibility）问题，（我们是否拥有这样一种资源，可以根据"一般经验可行性"的方式，来决定陈述的指称意义？）抑或这种"一般经验可行性"是否接近我们真实的指称实践？现在，是否存在任何一种方式，能够使科学史家开启某些新的探索途径，进而从反实在论相对于实在论的辩证劣势中，拯救反实在论者？

　　让我们从老派形而上学家开始，他们向反实在论者发起先验性挑战。乍看起来，在对反实在论者的辩护中，似乎存在经验之心的历史学家很少能够有所作为。但是，这个判断可能太过稚嫩。回想那些先验性主张，它们旨在表明：对科学史做出实在论阐释，仅仅存在一种观念上的必要性。对此至少可争论的是：如果科学演进的轨迹无法呈现其他认识探索——诸如宗教与常识——的历史所缺少的那种进步的话，确实很难把科学史（the history of science）理解为关于科学的一种历史（a history of *science*）。然而，正是由于我们对科学的理解存在这种观念上的局限性，因此不能得出推论——真正的科学历史确实呈现出必要的观念上的进步，仅有的可能是：在我们的文化中，书写科学历史的某种方式变得非常以邻为壑——这种科学史的叙事结构包括发生在17世纪的一场"科学革命"，以及过去三个世纪各门科学在赶超经典力学成就方面日益成功的努力，这使我们系统地忽略掉任何有可能阻碍这种特定科学编史学的迹象，或只是对这种迹象做出不屑一顾的解释。

可见，我们已经为实在论者反驳老派实在论提供了基础，与此同时，它也是一种反实在论的辩护；进而言之，它还是一种辩证策略，在这种辩证策略中，科学史家的技艺具有必不可少的本质性作用。常规的科学史叙事系统地遗漏掉一些事实，科学史家在此的主要角色，是通过揭示这些被遗漏的"事实"（如同实在论者的解释），对通常用来描述科学历史的叙事进行"祛魅"或"解构"，因为针对驱动当前科学探索的认知旨趣，这种叙事履行着使认知旨趣合法化的潜在功能。如果史学家发现，这种方法追随的榜样——马克思、福柯、德里达——是极其含混晦涩的大师，那只是因为：在击败由实在论者不断提出的历史论题过程中，这些大师至今仍不愿做出历史实在论（historical realism）的预设。在此，马克思和福柯可能是个例外，不过，他们确实未能一以贯之地彻底践行他们的历史实在论。其实，解构主义者在战术上的一个最大失误，就是他们对于激进的反实在论，始终仍停留在孤立地关注它的反身性含义而不顾其余的层面，并由此生成"自我解构"的文本；与此同时，解构主义者忘却了这一事实，在当前的辩证语境中，实在论遭到其自身话语最强有力的反驳。然而，实在论者仍未忘却这个重大失误的意义，并且将此失误推向极端，认为反实在论不能建立在传播理论（communication theory）的基础上，因为科学预设传播理论保存着科学日积月累发现的真理。

"剑桥学派"思想史家昆廷·斯金纳①的方法论（Skinner, 1969），在做出历史实在论预设的意愿方面表现得更为可信。斯金纳运用"牛津学派"分析哲学家约翰·奥斯丁②提出的"言语行为理论"这一武器，系统地表明：其一，有心的读者在认识马基雅维利③、霍布斯与洛克④方面表现出巨大差异（如同斯金纳费力地发现，这并非三位人物希望读者如何理解他们的本意）；其二，我们如何把这三位人物理解为"我们的政治传统"的声音。此外，这个巨大差异最重要的特点，并非霍布斯的读者认为霍布斯主张此种观点，我们则认为霍布斯主张彼种观点；相反，读者经常把霍布斯理解为是在履行——而非提出或宣称——某种言语行为，我们典型地认为霍布斯自始至终践行着这种言语行为。我特意把斯金纳方法论的这个重要观点介绍给科学史家，因为在科学史家可能揭橥反驳实在论者的事实中，可疑的科学家未被原原本本地理解为他们在提出论断，反而认为他们在将言语付诸不包含特定真理价值的种种行动。

在做进一步论述之前，应该究明的是，科学实在论者终究只接受有实在论预设的主张，在反驳科学实在论者的论辩中，科学史家需要的仅仅是辩证地预设历史实在论，我所说的无意表明：历史实在论通常是一种理想的哲学立场。但是，完全公道地对科学实在论者而言，我还应表明：如果科学实在论者能够公允地看待始终被

---

① 昆廷·斯金纳（Quentin Skinner, 1940—），英国思想史家、历史学家，"剑桥学派"思想史研究代表人物，倡导"历史语境主义"。
② 约翰·朗肖·奥斯丁（John Langshaw Austin, 1911—1960），英国"牛津学派"分析哲学家。
③ 马基雅维利（Machiavelli, 1469—1527），意大利政治思想家和历史学家。
④ 洛克（John Locke, 1632—1704），英国哲学家，经验主义开创者，与贝克莱、休谟并称英国经验主义代表；创立政治哲学的社会契约理论。

他们"系统性"遗漏的事实的意义，他们就有能力抵御来自科学史家的攻击。简言之，这使实在论者竭力以某种方式将科学史的"目的"抽象化，即最大程度使关于事物本质的理论实现连贯性与综合性，进而表明实现了将科学史抽象化的目的，而且实在论者所辨明的事件是何其重要；相较之下，历史学家所辨明的事件仅仅具有偶然性，而且它们本无发生的必要。

在晚近的科学哲学中，波普尔，特别是拉卡托斯（1970），一直是这种反事实目的论化（counterfactual teleologizing）的大师。然而，在书写这种历史的过程中，科学实在论者必须当心——切勿陷入最先被马克斯·韦伯注意到的一种谬误（1964），这种谬误用实在论的因果意义混淆了其价值意义。尽管毋庸置疑，就伟大科学家——如亚里士多德、伽利略、牛顿、爱因斯坦而言，科学实在论的价值具有重大意义，不过这些伟大科学家也用这种存在谬误的方式来阐明自己的工作。这恰好可以证明：在决定科学史上真实的事件进程方面，实在论认同发挥的影响微不足道。其实，考虑到一般意义上历史具有的因果复杂性，应当做出充分理性的假设：对于历史行动者的价值认同来说，能够发挥作用的因果要素始终具有偶然性。

现在，我们转向科学史家与新派实在论者之间一个更直接的冲突。你可以回想，新派实在论者认为自己是一位通晓历史的科学家，他的指称理论将帮助他确定过往科学家真正谈论的内容，确定过往科学家在表述他们所言说内容时的正确性。现在，如果新派实在论者幻想自己是一位科学家，或至少认为实在论是关于科学"成功"的一种经验性假说，那么，这个假说必定具有系统的可检验性。诚然，毋庸讳言，由于新派实在论者是一位实在论者，即便事实证明——不存在检验其假说的方式，他可能依然是正确的，他可能只是追随老派实在论的路线,并且声称:如果科学史是从根本上阐明任何意义的话,那么,指称因果性理论是必须进行预设的一部分。然而,在这种情况下,新派实在论者也将不得不放弃自己具有科学性或经验性的任何借口。这样一来,新派实在论者被迫在反实在论者的界阈内上演可验证性条件(verifiability conditions)的游戏,就是说,在哪种程度上,我们能够判定过往科学话语的指称?正如我们能够辨明科学话语在多大程度上为真一样。

3. 将科学实在论付诸历史检验

通过阅读普特南(1975,ch.13;1984),人们可能容易留下这样的印象:必备的可验证性条件是容易满足的,许多论断都有一种只能被称作"伪经验性"的感觉。例如,我们知道,1912年玻尔-卢瑟福对他们所谓"电子"的描述,接近于满足量子力学对今天所谓"电子"的描述,它借助今天意义上的电子,扮演了许多与昔日电子相同的概念性角色。普特南希望验证这一断言的方式,就是将"质疑原则的长处"应用到玻尔和卢瑟福身上(他们在1912年的心灵结构),这意味着:如果玻尔和卢瑟福被揭示出存在(我们现在认识到的)错误信念,且错误信念充满他们1912年对电子的描述中,那么,他们二人将乐于接受今天的说法。这里所有的伪经验性感觉,并非源于普特南纯粹依赖的反事实历史(counterfactual history)。事实上,我认为,对于希望加入实在论争论的科学史家来说,这种反事实历史非常有用——只要同天真直觉的诉求做个对比,就可见反事实历史方法论更具实质性价值,在我看来,恐怕这两种方法都在普特南那里发挥着作用。

天真直觉潜藏在哪里,先验性眼光就距哪里不远了。其实,普特南一直主张：为了对科学史做出更易于理解的阐发，玻尔－卢瑟福电子必须接近于当今对"电子"概念所指称意义的描述。为阐明这个问题，普特南采取了撼人之举，他声称科学理性有赖于下面这个正在受到阻止的归纳特性：正如 50 年前坚持的科学理论（或过往适当的其他时间段），今天不会被拿来信以为真，同样在另一个 50 年，我们今天信以为真的理论，将无法享受到它在今天的地位。普特南的担心，似乎源于一种已在史家中流行的观点。这些史家受库恩与费耶阿本德影响，认为革故鼎新的科学理论，不只是阐明一组通用数据的更好或更坏的方式，它们反而构成许多组不同类型的数据。根据这个"整体性"进路，用一种科学理论取代另一种科学理论，就是用一组数据取代另一组数据。因此，由于理论作为整体或被接受，或遭驳斥，对于理论演进的历史进程来说，这就相当于什么也未得到保存或传播，这意味着消除了科学进步的关键性预兆——累积性增长（至少存在于用来说明的一组数据中）。

现在如果有人坚持认为，科学理论被设计出来，是专门用于满足一个特定时期的认知或实践需求，这种激进的整体论不会引发任何问题。但是，正如波义德——普特南的弟子——的观察，科学史上的理论更替看似具有一种暗示性的方向，即指向能够涵盖更丰富的数据（Putnam，1978，ch.2）。波义德[①] 相信，这个趋向的产生，源于最新理论可以对早期理论无法说明的数据做出新的解释，同时使早期理论取代更早期理论的大多数数据得以保留。注意此处波义德关于方向性的概念，使我们能够把一种较强版本与较弱版本的科学实在论区别开来。强科学实在论，以皮尔士、波普尔与早期普特南为依托，将科学理论更替的方向，指向科学史中不断增长的数据

---

① 理查德·波义德（Richard Boyd，1942—），英国当代科学哲学家。

涵盖性或"解释现象"的程度，并以此证明科学的目标（且最终实现）在于：对事物真正如何所是做出可能的最佳说明。依此观点，科学史兼具一个方向与一种目标：科学活动既在其自身权力中具有目的性，又具有超出其自身追求的目标。相比之下，弱科学实在论赋予科学一个方向，而非赋予科学一个必要的目标，即：对于不断增长的数据涵盖性来说，不再需要这样一个过程，即不得不与终极实在图景保持一致的过程。这个观点可能会与一位实证主义者的趣味相契合，它实际也深受范·弗拉森[①]（Fraassen, 1980）的倚重，这位理论上的反实在论者，也是一位经验主义（empirical）实在论者，而且这个观点似乎潜伏在普特南（1983）最新出版的几种著作中。

由于普特南的著作包括以上两个版本的科学实在论，若对普遍性立场发起批评，它成为一块绝佳的试金石。下面，我将从四个基础上，首先对强科学实在论进行批判；然后，从一个方面批判弱科学实在论；最后，针对有赖于指称因果性理论的任何形式的科学实在论做出批判。

我发起的第一批判，指向令普特南担心的、假定必须加以阻止的归纳逻辑。如前所述，只有科学实在论者，才要求必须进行这种归纳。对于为什么应当完全彻底地贯彻归纳逻辑，无论是科学实在论者的对手、工具论者，还是更具一般性的反实在论者，他们可能不仅接受这种做法，而且还对其做出解释。回想一下，工具论的全部要义在于：科学的成功并非系于科学论断的真理价值（甚或它们是否具有真理价值），因为科学理论不过是对预测或控制世界发布的一整套详细描述的规则指令。这样看来，实在论者的担心似乎源于对语言所能发挥的各异功能的理解太过偏狭：诚然，语言的各异

[①] 范·弗拉森（Bas van Fraassen, 1941— ），美国科学哲学家，反实在论的代表。

功能所包括的，远超出仅仅用于表征或描述，因为（工具论者同样认为）科学家的语言实践并不是主要发挥表征或描述这两种功能。更具一般性的反实在论者，可能采取一种略为不同的策略，他们首先承认（至少出于论辩目的），科学话语主要具有表征性或描述性，然后主张：随着科学共同体认知旨趣的变化，那些必须具有真理论的事物同样发生了变化。根据这个判断，那么实在论者的担心，主要是因为他们怀揣毫无根据的信念，认为存在某些不变的认知旨趣——这暗示出他们以更早的实在论者作为科学历史的"目的"，根据这些不变的认知旨趣，人们可以超越时间限制来谈论"持续增长的成功"。

我发起的第二批判，直指普特南所谓的"近似真理"（approximate truth）。与批判这个观点的大多数哲学家不同，我不想过多关注这个观点的观念要义与事实要义，前者认为：如果不把真理预设为已知（如普特南和其他实在论者程度不同的所为），"近似真理"可能缺乏有效的意义；后者认为：根据科学理论与真理的近似程度来确定科学理论的等级，这样的方法尚未发明出来。我自己的关注所在，是严肃审视最初引导波普尔将"逼真性"概念化的隐喻，它是新近一切有关近似真理的理论原型。波普尔把理论前后相继逼近真理的思想，比喻为正在攀登一座被浓雾笼罩的山峰的登山队员，这个隐喻的一个寓意，我也用它来吸引你的注意力，就是几位登山队员可能与顶峰相距同样的距离，但他们分别从不同方向向顶峰攀登。对科学实在论者来说，若是没有理由相信——存在一种更为理想的优先方向可以通往顶峰，那么，上述登山情况则使问题变得有些杂乱[可与（Haack 1980）对照]。

为探索这个隐喻问题的根本，可以想想在牛顿关于世界体系的科学理论发展中，神秘的开普勒①与机械的笛卡尔②所扮演的角色。（用"发展"这个词，是因为我力求尽最大可能以科学实在论者自身的方式，讲述关于他们的故事。）开普勒正确地提出：行星轨道为椭圆形，行星之间存在引力，引力的衰减同行星与太阳距离的平方成正比。不幸的是（从牛顿的立场看），开普勒相信：行星间引力的物理来源是太阳，引力本身是上帝神圣精神的化身。笛卡尔正确地提出：要将上帝的解释意义最小化，宇宙中存在另一种力，这种力内在于各个实体，推动各个实体间的相互运动。因此，笛卡尔已经具备关于"惯性"的清晰概念，却对万有引力一无所知。此外，他继续认为行星在圆形轨道上运动。通过开普勒与笛卡尔的上述对比，可以表明：如果不存在关于真理的理想化优先方向，尽管二者的科学取向迥异，他们仍能以大致相同的程度，逼近牛顿机械力学所表明的真理，因为出于牛顿机械力学的立场，这两位"自然哲学家"的工作表征了可敬可赞的理论力量（及其缺陷）。

　　严格来说，上述实例无一与科学实在论相抵触，尽管如此，实在论者仍有可能发现一种极不理想的情况，因为那时的科学家对于他们在科学进步方面的贡献，表现得有点儿太不聪明。正如常见的普特南与实在论者的做法，他们认为，必须强调的一点是：往昔科学家大致想了解的那类事情，现在也成为我们的兴趣所在，因此公允地说：在许多情况下，对于我们现在所能提出的真描述而言，往昔的科学家为我们真实的描述提供了近似描述。需要强调的另一点是：正如我们已经表明，像近似真理观所允许的那样，往昔科学家能够提供与我们现在的状况相近的描述，即便对于我们现在感兴趣

---

① 开普勒（Johannes Kepler，1571—1630），德国天文学家、物理学家、数学家，发现行星运动三大定律，现代实验光学奠基人。
② 笛卡尔（Rene Descartes，1596—1650），法国人，西方近代哲学创始人之一。

的任何内容,他们毫无了解的兴趣。

这把我们引向我的第三批判,它针对普特南诉诸的"有益的怀疑原则"。正如玻尔-卢瑟福案例表明的那样,普特南认为:如果向一位理性行动者表明,他的某些信念为假,那么,这足以让他改变那些假信念,具体来说就是针对他的批评所表明的那些人,这位理性行动者要改变关于他们的错误信念。现在,普特南的这个断言可能适用于他选择的情形,因为存在历史可能的是:玻尔与卢瑟福共同致力于由当代量子力学带来繁荣的一项事业。不过,通常而言,关键是要支持两种情况,它们的相似性促使我们不断向我们经过的历史深处回溯,在此过程中,我们仍然愿意认为行动者是理性的:

(a) 某位行动者姑且承认 (grant) ——他的某些信念可能为假,假设他现在致力于某项现代研究计划;事实却是:他并未从事这项现代研究计划,因此,对于他的种种批评是不适用的;

(b) 某位行动者确实承认 (admit) ——他的信念确实为假,但是他纠正了这些错误信念,以便减少自身在认知利益上的损耗,而不是去紧密迎合对他的错误进行批评的那些现代批评家的信念。

几个思想实验或将撼动你在正确方向上的直觉——这个正确方向远离了对质疑原则优点义无反顾地运用。我们首先假设,伽利略正在通过一系列实验,竭力使亚里士多德确信:他混淆了平均速度和瞬时速度。为什么实验演示不能给亚里士多德留下深刻印象呢?也许亚里士多德拒绝关注运用伽利略方式进行实验的科学结果;也许在亚里士多德看来,两种速度的差别已归结为速度在数学表达上的差异,因此,他宁愿拒绝相信速度的清晰性。现在我们再假设一位彻底信奉不可知论的牛顿主义者(不是牛顿本人),他要竭力使开普勒确信:宇宙的万有引力,而非太阳发出的光和热,是对"平方反比定律"的最佳解释。这位牛顿主义者认为自己的论断是独一无二的物理学原理，开普勒则根据牛顿主义者将上帝之力概念化的结果对这些论断做出阐释，并进而对牛顿主义者的论断做出相应的裁断。

通过这些例子，我不是意在表明：亚里士多德和开普勒可能从来不会把伽利略和牛顿主义者的批评当作他们曾经的心之所想。然而，把这类顺序反转过来，就包含以下意思：劝导亚里士多德和开普勒相信——他们的研究方案现在不像他们的那些批评一样稳妥。此外，我相信，即便事关这类规范性问题，理性的争论依然可能存在。总之，我在此想要指出的是：相较于对科学理论对话者信念的简单证伪，对科学理论的批评必须诉诸更多的考量。

前面有关近似真理的论述已经表明，我的第四批判指向这个实在论断言——"真理"是对科学成功的最佳解释。即便我们承认，科学历史的总体目标是最大程度地对实在论做出真理性表征，但不能据此推论：对任何特定科学理论做出的成功的最佳解释就是真理。同意这个结论，就类似于如下主张：由于市场的功能是让一切市场参与者受益，可以推论，每个市场参与者都想要让其他的市场参与者受益，即便如亚当·斯密表明的那样——允许市场进行自我调节的力量，恰恰来自市场参与者只想让他们自己受益。一般而言，"真理即全部"（the truth of the whole）的思维意味着：认为真理是由历史成分组成的，就是陷入了逻辑上的分离谬误。我用这个逻辑支点来支持黑格尔的下述论点：如果历史是"理性的"，抑或历史怀有意图与目的，那么，在历史行动者不明就里地引发某个历史意图的意义上，历史同样可能是"机巧狡诈的"（Elster, 1978, ch.5）。

凭借实在论者对待科学历史的态度，他们可能发现黑格尔的论点或令人欣慰，或令人烦闷。如果实在论者认为，他对特定科学理论的成功做出了解释，历史则为这种解释提供了一种经验性检验，他会对此感到欣慰。另一方面，日益增长的大量历史与社会学研究显示，如果我们把一个科学理论的"成功"等同于该理论的存在价值，那么，很有可能错误地认为：最成功的科学理论，就是其真理断言至今仍在经受最严密细致考量的理论（Shapin，1982）。此外，作为一位黑格尔主义者，在我看来：科学实在论者可能拒绝接受这些潜在的被证伪情形，并且只认同"真理即全部"的断言，也许他的故事并非全无道理。如果一个科学理论的标志性存在，源于它为自身所处时代的认知旨趣效力，那么，科学理论跨越历史得以留存的那些部分，则必须为几个时代——或是非常不同的时期——的认知旨趣效力。这些做法岂有可能？或许其中的原因在于：恒定不变的认知旨趣，是真理的一个标志性的经验特征（更强劲地说，或是一种实践结果）。

但是，注意到科学实在论者为讲述此类故事而必须付出的代价——并且他从中开始发现那个恼人的黑格尔论点：出于机警之心，实在论者开始不再涉及科学史家感兴趣的那类议题，而科学史议题的典型关注就是每个特定科学理论的命运。此外，即便科学史家的焦点在于，通过关注认知旨趣发生的重大变化，对科学理论的生存状况做出解释；对此，实在论者必须坚决主张对科学理论做出的另类说明，更有可能受到反实在论者和工具论者的青睐：反实在论者可能尽力表明，认知旨趣的改变，引发科学理论术语的意义发生了微妙变化，这些术语的新旧版本变成不过是同名异物而已；与此相反，针对科学中的旧理论如何调适纳入新目标，工具论者的关注焦点，恰恰是人在情商方面的足智多谋。

弱科学实在论似乎较少开放地面对批评，因为它主张对科学理性的说明，不必诉诸科学实践本身之外的任何目标。的确，有一种方式可以详细阐明这个观点，使其与科学的社会建构论进路相兼容，它们通常被视为反实在论进路。相较于这个仅由普特南给出暗示的观点，伊恩·哈金在他的著作《表征与介入》(1983，chs.9–14)中，对这个观点做出迄今为止最精细的阐述。普特南与哈金一致认同的基本思想是：只有经过设计的每个科学理论，才可以对准确性和精密性程度进行测量——它尤其适合对介于预测性观察、实际观察与数学精密性之间的准确性进行测量，这种准确性表明这两类观察的特性 [（Laymon，1984）把这个观点运用在牛顿光学实验中]，因此，波义德在科学史中的方向性意义才成为可能。质言之，科学进步观，特别是人们可以不同程度地逼近真理的思想（"似真性"），是发明某些特定工具的副产品，因而可以进行与此相关的各类测量与比较。不足为奇，这些工具——包括望远镜、显微镜与扭钟——在文艺复兴晚期开始出现，大致与科学革命的时代同期。

为了对弱实在论中存在的实在论和建构论的张力有所感受，我们来看：弱实在论立场的支持者在看待科学史问题上的几种常见主张：

（c）在准确性与精密性规则被设计出来之前，在任何现代的意义上，不可能说：针对一系列给定的现象，一种理论"优于"另一种理论。

（d）说一种理论"优于"另一种理论，使这个断言有意义的唯一情形是：当这两种理论都用来测量同一系列的现象时（且一种理论比另一种理论提供出更为准确与精密的测量）。

两种主张皆平淡无奇：在弱实在论立场上，(c)反映出建构论取向，(d)反映出实在论取向。然而，对弱实在论立场的决定性考验，源于对以下问题的回答：一个具有可量度性的理论，"优于"另一个不具备测量规定性的理论，这种说法有意义吗？这里有另一种阐明这个问题的方式，它能准确辨明面临危险的状况："发明"

科学进步本身的，是否构成科学史上的一个进步时刻？对此，实在论一支（以普特南为代表）做出肯定的回答，社会建构论一支（以哈金为代表）则做出否定的回答。然而，两种回答都存在问题，因为弱科学实在论通常无法妥善处理"科学进步"的自身意义与"知识增长"之间的联系，这一点确凿无疑。

如前所述，弱科学实在论与实证主义存在相通之处，问题也就出在这里。波义德断言，由于后继理论具有更强的解释力，因此它比旧理论包含更多信息，这源于每个后继理论都比它先前的旧理论更进一步摆脱了因果性要素。根据波义德的判断，这显然是一个实在论说明，它的确是实在论唯一奏效的说明。然而，还存在另一种解释，它是对科学史方向性做出的反实在论说明，依据的是主张付诸最大功效性应用的一种工具论趋向（Elster，1983，part 2）。这个趋向可能被看作或具有相对自主性，比如出于自身考虑而追求技艺的精湛；或系于科学实践适当性之外的目标，比如当机会到来时，将科学技艺应用到对社会问题的解决中。追求技艺精湛是一个特别有趣的选择，因为在很大程度上，它把握住了"纯科学家"如何构思自身行动的方式（Polanyi，1957）。在这种情况下，比如说，用望远镜进行高度精确观察的目的，就相当于演奏乐器旨在表明声音精微差异的目的。这个对比充分表明，为科学本身而追求科学，在逻辑上独立于为真理而追求科学的目的。事实上，实在论者需要诉诸经验性论证，以确认这个观点：为科学本身而追求科学——而不是出于增进财富或权力才追求科学——是追求真理的最佳手段。此外，这个观点是否能够任何时候都行之有效，则是一个完全开放的问题。

对于科学史上集中体现出反实在论路线的时期，皆从审美与工具主义的视角做出阐释，为此人们只需转向关注古典时代晚期亚历山大城的科学发展,这里产生出:欧几里德的几何学、托勒密的天文学、盖伦的医学、第欧根尼的文法学,以及卡利马科斯的音律学——这些成就因其完美的技艺、对实用性的关注、对超离现象之外的思考的轻视而独树一帜。其实,与实在论者的期望相反,建造亚历山大图书馆的动机,不是为了将一切知识都集中起来,以促进深入的研究与综合。相反,这座图书馆曾经持续扩展的规模,成为一个至关重要的权力维度的象征,在这个维度上,法老的权力至高无上,永远无法被僭越。其实,亚历山大图书馆包罗宏富的同时,它的组织并不特别完美(Thiem,1979;Fuller & Gorman,1987)。注意,这个注重测量与技艺的伟大时代,先于科学革命1500年发生。与实在论者的期待相反,科学革命期间进行的观察,很大程度上,在准确性与精密性方面,不及亚历山大时期的科学实践。(当然,这不是否认实在论者的如下断言:17世纪对这些科学现象的解释获得了"提高",至少在它们开始逼近我们今天的科学解释的意义上。)举一个生动的实例,直到1799年拉普拉斯[①]的杰作《天体力学》(*Celestial Machanics*)出版,将牛顿的机械力学变为计算恒星与行星位置的一种便利工具,托勒密[②]的天文学巨著《至大论》(*Almagest*)对于航海的实用性才被超越(Toulmin,1972,p.378)。

最后,让我们思考:指称因果性理论作为对科学历史明显所现连续性的解释,在经验上对它进行检验,是否可行?从一个具体实例来说,为了表明以下两种情况:其一,阿基米德对于发现我们称作"黄金"的这种物质感兴趣;其二,阿基米德宁愿接受这个观

[①] 拉普拉斯(Pierre-Simon Laplace,1749—1827),法国天文学家、数学家,天体力学集大成者。
[②] 托勒密(Ptolemy,约90—168),古希腊天文学家、地理学家、占星学家和光学家,"地心说"集大成者。

点：把黄金的原子量作为对其性质的更好描述——比2500年前他提出的描述更加准确；如果对实在论抱有同情的历史学家面临这两种情况，他需要知道什么？我的惊人答案是：这位历史学家至少需要了解其他一些史家必须知道的内容，以便表明：阿基米德对于发现我们称作"黄金"的这种物质的性质不感兴趣，因此也不认同这种观点——把黄金的原子量当作对黄金性质的更好描述，诸如此类。我们可能会把第二位史家想象为库恩或斯金纳的支持者，这位科学的反实在论者，也是一位历史实在论者。换言之，第二位史家相信，阿基米德正在谈论他的目标受众认为他正在谈论的任何内容，这里面其实还包括阿基米德的受众对阿基米德的认识和理解。

但是，无论是否抱有科学实在论立场，两种立场的史家都必需了解阿基米德（或史家心中的目标受众）对他们所谈论内容的看法。这个看似极其微不足道的共同点，突显的却是如下事实：正是由于在确定阿基米德真正谈论的内容是什么方面，科学实在论者没有赋予阿基米德的观念体系任何权威，因此不能得出推论：无须知道阿基米德的观念体系如何为阿基米德选择研究对象，实在论者的工作即可展开。正如克里普克（1977）所言，阿基米德描述了他所谓"chrysos"[①]的两种迥异功能：既界定了"黄金"的意义，又确定（巩固）了"黄金"的指称。在斯金纳或库恩的后继者看来，可能倾向于将两种迥异的功能合二为一，科学实在论者则希望运用这个描述，首先能够确定阿基米德现在究竟在谈论什么（即巩固"chrysos"的指称），其次判定他所言说的内容是否为真（就是要领会阿基米德所谓"chrysos"的含义，与我们时代一流科学家所谓"黄金"的含义是否一致）。其实，我们或许会认为，"指称—确定

---

① 希腊语"金"——译注

（巩固）"的过程，表明所描述对象具备的行动性特质；因为即便一旦证明阿基米德曾经错误地界定了"chrysos"的意义（即在关于元素的错误理论的基础上），进行界定（定义）这个行动本身，始终作为关于理论演变的一种历史沿革的踪迹，它以在某种定义下前后相继的理论探索为基础。

那么显然，如果有什么不同的话，对科学实在论抱有同情的史家，必须更充分——而非更少地——了解阿基米德原初的表述语境，要比对阿基米德对手的了解更充分；因为在库恩式多世界实在论勃兴的意义上，斯金纳式史家只能得出结论：只要阿基米德论及"chrysos"，他（当然）就是正在谈论实体的黄金——这种物质或多或少具有在古希腊观念体系内定义周备的空间——由于从未注意到阿基米德掩盖了他所谓"chrysos"的一种情形，因此不会感到他正在遗漏什么重要内容。这似乎意味着一种辩护，它源于抱有科学实在论同情的史家所必备的彻底性；同时要记住：我们在此讨论的议题，不是彻底性，而是可行性。在当前实在论争论问题上，你的哲学立场应当让你相信：科学史既是可以从事的事业，也是值得从事的事业。然而，正如我们刚才所见，指称因果性理论对这个信念的支持尚不明朗，因为根据这个观点，科学史值得从事的这件事，使我们得以判定过往科学家接近真理的程度；然而，人们认为史家对这个问题做出判断的方式，则是通过对过往科学术语的指称如何被确定与巩固进行观察。当然，对于这个问题的判断方式，多数史家表明，史家是何其严格地对"观察"做出阐释。在极端经验论者看来，上述情况使"观察"内在具有了当下性（如同"意义—数据语言"案例中的情况），史家在力求表明历时性科学探索具有的连续性问题上，将会遭遇逻辑不可能性的障碍。但是，即便我们一定会把"观察"视为教科书报告——它具有权威人物命名的对象，或作为榜样典范的对象，我们仍将必须面对无法系统地为观察提供相关证据这一事实。换言之，一旦我们基于经验主义立场来看待语言，那么，没有理由可以认为：一种语言中每个术语的指称，原初就被固定于克里普克表明的那种方式；同样也不能认为：每个术语的指称由一位"教师"来传达，出于对"学生"利益的考虑，这位"教师"对于术语原初确定（命名）的事件做出重新规定与解释。

现在，最后这个目标可能打动读者之处，是对实在论者的批判进行质疑，因为我的批判从对我们用来确定事件的指称知识做出评论，逐渐深入到对这类事件的真实存在进行评论。似乎只有反实在论者，仅仅利用"换言之"，而非通过广泛的论辩，就能从认识论深入到存在论（本体论）。在此遗漏了一种预设——它使实在论议题进一步复杂化，即确定（巩固）指称是一种社会性事实，类似契约或诺言的这类实例。就是说，使普通事件成为"一种指称固定化事件"（a reference-fixing episode），其中的关键在于：它被正式指定为这类"指称固定化事件"。那么，在某种意义上，社会性事实显然是反实在论的创造物，也就是说，通过将普通社会性事实认定为符合"指称固定化事件"这个标准，社会性事实就成为一种真实的存在。因为即便理性地假定，在"暂为第一"的意义上，每个术语都有其"初始"应用的实际情况；只要该术语的初始应用已被确立为标准，据此标准对后续各种应用情形做出评价——例如对该术语的恰当（或不当）应用、拓展型应用等做出评价，不一而足，这个初始应用就是该术语的"指称固定化事件"。无疑，这个关键问题经常被"初始"的歧义性所遗漏，如同古希腊的"第一原理"（archai），这个存在歧义的"初始"（origin）之义，或是"暂时第一"，或是"终极原理"。因此，正如塞尔（Searle，1969，pp.50-53）所言，人们经常将关于初始源起的"原始事实"与"建制化事实"混为一谈。

但是，社会性事实是实在论的创造物，也因此，一个指称固定化事件是否为一个特定术语而存在，这个问题的答案独立于我们当前的历史知识。其实，说一个事实已得到"社会建构"，并非否定这个事实的客观性地位，也不是在面对人类改变这个事实的努力时，否认这个事实具有的坚持能力——这两个观点晚近以来分别由波普尔（1972）与萨特[①]（1976）提出。相反，所谓一个事实具有"社会性"，只是注意到该事实的源起，就事实本身而言，这个关注点恰恰非常重要——尤其是正在讨论的这个事实，如果通常认为它没有起源，或更准确地说，当这个事实的起源是为了享有它所具有的认识论地位时，通常认为它本来就无须起源。（与此相关的例子是：数学事实与其他断然所谓的"必然"真理或"普遍"真理。）在这种情况下，确定这些事实的社会性源起，可能是走向揭示各种长期文化认同的第一步，必须做出这种长期文化认同，才能实现把它们身上的社会性特质抹去的目的。有两类术语与我们所关注的问题关系更为密切：一类是我们不再拥有如何确定这类术语指称的证据，另一类术语的指称只是从未得以确定，如何将二者区别开来？为此，针对社会性事实的实在论态度有其必要性。正如我们在下文将要看到，二者差异的另一半，出现在对科学实在论最具破坏性的批判中。

关于我们前述所言，如果存在某种真理的话，那么，对于指称因果性理论，为什么几乎不存在批评？无疑，原因之一在于：主张因果性的理论家和历史学家，必须运用的那类确定指称的事件，是

[①] 萨特（Jean Paul Sartre，1905—1980），法国哲学家、文学家和社会活动家，"二战"后法国存在主义哲学思想代表人物，拒受1964年诺贝尔文学奖。

相对世俗的事件，就是说，这类事件的发生存在以下两种情形：或由师傅向徒弟介绍一种技术术语，或由父母教给孩子一个新词语。因为我们频繁目睹此类事件的发生，并经常参与其中，于是形成一种认识趋向，以为我们通过类比，能够很容易推断出——在过往确定指称的事件中所发生的情形。然而，只有能力过硬的某种语言的言说者，他们掌握的术语正在定形，唯有对于他们而言，确定指称才是一个清晰澄明的行动；因为通过有能力在概念空间中为术语所指称的意义进行定位，通过言说者的语言为其勾勒出相应的概念空间，言说者得以理解一个新术语的指称得到确定的方式；反过来，这也使能力过硬的言说者，能够从世界上其他事物中单独分辨出一个新术语的指称。现在，如果各种文化典型地记录了新术语指称意义获得独立的原则，就是说：如果实在论史家能够清晰地阐明两个问题：其一，当他们使用一个命名时，意味着世界上有多少内容被这个命名言中；其二，正确使用这个名称的清晰意义及其边界是什么，那么，这将极大支持实在论史家的工作。然而，典型的问题是，这类记录根本没有系统地保存下来，因此产生了奎因所谓"指称的不可测知性"（inscrutability of reference）的著名论题（Quine，1969，chs.1-2）。奎因利用美国语言学家本杰明·沃尔夫[①]对印第安土著语言——霍皮语（Hopi language）本体论含义的说明，形象地描绘出指称的不可测知性论题。例如，霍皮语中有一个本土语词"Gavagai"，指的是在人类学家看来类似"兔子"的东西，然后可以追问：人类学家如何能够分辨出"Gavagai"指称的意义，是指兔子？还是指兔子的一部分？甚至意指时常在兔子周围逡巡的猎物？毋庸讳言，这种情况带给历史学家更大的绝望感，因为他们无法自

[①] 本杰明·沃尔夫（Benjamin Lee Whorf, 1897—1941），美国人类学家、语言学家。

主地对逝去的"土著"进行实验,以证明这些阐释的可能性。

在把一种语言的抽象概念体系变成一种具体实践方面,各种个性化原则具有显著重要性,有鉴于此,可能会这样认为:关于这些原则的记录可能非常有用,不仅实在论历史学家需要它,以这种语言为母语的人同样需要它。那么,这些原则为何没有留下记录?这类问题——就是说,为什么有些东西不是有据可查的事实——当然,毋庸讳言地存在投机心理。此外,思考这个问题可能会提醒我们想起一些基本事实,特别是你无法通过上一门函授课程,变成某种文化中的一员。更准确地说,由一种文化积聚的知识被解码,不仅体现为充斥在历史学家典型阅读的那些书卷中的语句,而且体现为某人通过与这种文化中其他成员互动而逐渐习得的习惯。我指出,原著民习得那些主要习惯,是他们作为"合格言说者"的标志,这种标志在于:他们知道如何通过他们的语言,使客观对象变得富有个性。不过,是否可以这么说:至少在理论上,这些个性化的习惯如果能够诉诸文字记录,那么对于远隔时空的历史学家而言,他们无须与那些原著民亲自接触,是否也能在土著语言方面发展出过硬的能力?毕竟,土著居民为什么未能详尽阐明他们的个性化原则,主要原因可能仅仅在于:他们毫无兴趣在语词上劳神费力,因为在实践中语词没有带给他们困难。然而,我怀疑还存在更深层的原因,即:尽管在是否正确使用这个或那个术语的问题上,土著居民持续得到信息反馈,但是不能推断:存在任何严格的法则,支配着土著居民如何做出那些信息反馈。回到奎因的例子,霍皮人在使用"Gavagai"一词的正误之间做出区别,这个事实不允许人类学家得出如下结论:人类学家判断的指称是由一套语法规则决定的(在乔姆斯基深层结构的意义上,这个观点更清晰)。那么,关键原因在于,土著居民的语言行为受到地方性约束,但这并不意味着——土著居民的行为也受系统性调控。

指称因果性理论为什么至今仍未受到批判？至此，我已论证了这个问题的一个理由。它的不可验证性，源于它所赖以存在的事实基础太过日常，因而被（荒谬地）认为可以轻易接受与运用。现在我继续论证第二个理由，我们把现在理解为与过往相通的历史性连续体，对于这个问题，因果性理论可能构成它的先验性条件。就是说：如果证明根据我们当今可能谈论的事物，不可能阐明过往的言说者过去正在谈论的内容，那么，这将从实质上破坏历史的可理解性。但是，正如我们早前注意到，我们批判实在论，认为它对科学自身的可理解性来说，构成一种先验性条件，即便指称因果性理论对于我们阐明历史具有概念上的必要性，但是不能据此推论：指称因果性理论同样不存在经验上的可疑性。

其实，如果我们正确地认识到，相对而言，只有极少数语词的指称被规范地固定下来，那么很有可能在很多时候，史家无法了解——在史家自己的语言中，如何表明某些过往言说者所谈论内容的特点，除非对于过往言说者真实的表述语境，史家拥有非常详备的知识。此外，正如我在本节从第二段至最后一段的内容表明，即便语词的指称至今仍被确定为规范，但仅仅是语词的规范性应用所呈现的内容，仍无法保证这种规范能够适用于未来的系统性应用方案。因此，后期维特根斯坦（1958，1967）正确地坚决主张：即便定义完备的概念（即一个语义相关的语词系统），在应用到具体情境中时，具有"内在结构的开放性"，这意味着：相较于土著言说者实际上任由日常使用的语言传承为一种正确的语言，一个概念在某种规定条件下的正确应用，显然不具有第一优先性。既然如此，即便史学家能够交叉检验原初的历史行动者运用概念的情况，他们可能会发现：古人对概念并不具备原则规定性的知识。简言之，尽管因果性理论具有的先验性地位已得到承认，但是，值得怀疑的是：指称因果性理论需要的那类知识曾经存在且至今依然存在着。

现在，我来说明我的最后一个主张的用意。当然，我无意否定一种语言的言说者需要确定他们使用术语的指称，我也不否定言说者需要适应且遵行某些"指称习惯"，就是说，指称习惯使他们在新情况下能够相对容易地独立分辨出认知对象。我所反对的是这样的思想：一种文化具有任何权威性手段，可以确保所有指称行为皆以一种系统且连续的方式运行：语言游戏在拥有许多当地仲裁员的同时，对于一个最高法庭或一个标准局来说，语言游戏没有任何与之类似的内容。结果是，可能存在多种情况：例如在某种情况下，一组古希腊人允许以某种方式使用"chrysos"是正确的，另一组古希腊人则拒绝这个词以同样的方式使用。如果这两组古希腊人事后不能很快会同商定哪种用词方式是正确的，那么，"chrysos"就开始具有一种复杂的指称功能。长期以来，这种复杂的指称功能将导向语词意义发生微妙的变化，语言学家已经发现这种情况在语言中是普遍存在的，反过来，这种情况也构成本书研究的多数"不可通约性"问题的来源。考虑到一种语言在自我调节方面只具有极低的水平，那么，在存储、传播与检索信息方面，一种语言自身几乎不具备理想的机制。因此，我们必须严肃对待这种情形发生的可能性：一种未经过充分设计的语言，就用来承担诸如存储、传播与检索这类工作，科学实在论者要求必须做这类工作。如果还有对科学实在论的最后一击，那么，它将建立在这些基础上。

4. 库恩与多世界实在论

从表面看，我最后发出的这个论断似乎显然为假，至少在语义基础上:还有什么是一种语言而非一种存储、传播与检索知识需要依凭的手段?诚哉斯言。有人可能会说,语言被设计出来,就是用来发挥其独特的认知功能,而无须认定语言在哪些认知功能上表现出色,甚至更无须认定哪些最出色的认知功能就是这种语言最擅长发挥的功能。其实,本书第二部分的重点意在表明:语言作为一种极其特殊的手段——可以将一种连续性"借给"任何所谓当前发生的事态,这些当前事态藉此获得合法性,语言之所以缺乏自我调节功能,就是它为这种极其特殊的手段而付出的代价。正如标题"库恩与多世界实在论"所示,本节主要对新奇的实在论进行考察。

尽管我已谈及语言具有设计的特点,我却远未怀疑我们具备任何历史知识的可能性。毕竟,可能需要费事的是——搞清某种文化是否具有一些确定的概念(即这种文化是否将一套语义相关的语词运用到一系列场合中),而无须费事就能表明——这些概念是否在一种特定场合中得到了正确应用。由此可见,指称因果性理论存在的问题,其中实在论者的问题表现在两方面:即便只有相对极少的语词将其指称以一种方式固定下来,以便为土著居民或史家对语词运用的正确性做出判断提供基础,判断的依据既有显而易见的事实,还有在特殊条件下,语词的运用偶然遭遇挑战或未受挑战的情况。不足为奇,针对语词付诸实践运用的过程,史家关注的是规范缺失这一事实。的确,语词在实践运用中表现出的这个特点说明:在"与历史相关的科学"中,语言学何以至今照例仍是其中的领航学科。例如,我想了解古希腊语词"chrysos"与现代英语中的"gold"(黄金)在意义上的重契程度。作为一名历史学家,对于"gold"勾勒出的概念空间,我首先要清晰了解它的意义,就是了解"gold"所属的范畴,关于"gold"所作断言的种类,"gold"应用于不同场合的话语记录(如技术上、口语中),与"gold"具有可对比含义的术语,"gold"用作比喻的典型情况。我可能必须凭借一本字典、一部辞典、一套百科全书,以及一些典型的文章实例。接下来,我再以同样方式了解"chrysos"。最后,对我所注意到的这两个语词的契合程度进行比较。注意,上述我所能做的一切,都无须我曾亲历过正确使用"chrysos"语词的情况。

上述列出的程序,恰好就在可验证性的边界范围内,你可能想知道:为了认识一种文化,一位史家是否需要穷尽他必须知道的每件事?本土语言中的语词在特殊场合中如何运用,对于这个问题,史家难道不应该有所了解?在一个重要意义上,史家已经做到了有所了解;因为在特定场合,如果一位古希腊人运用"chrysos"被认为是正确的,那么史家知道古希腊人(或其读者)曾经可能给出过他在那种特定场合使用"chrysos"的理由,即言说者所指特定事物的属性,就是叫作"chrysos"的一切事物在定义中获得的属性。这类信息可能源于一本有些理想化的古希腊字典,但是它不能预测,甚或不能说明:为什么那种场合中的那种特定事物曾被认为是关于"chrysos"的一个实例,但是现在,这个实例的确用来向古希腊读者证明如何运用"chrysos"这件事的意义。

讨论方法论问题时,正如我们在前述例子中那样,总是禁不住认为:史家过多关注一种文化的语言学特点,因为他们只能接触到这些特点。然而,我们并非认为历史方法论只是充分利用了一种不利条件,运用这种历史方法论意在说明:语言的运用是多么不同于隐含在指称因果性理论中的意义。经过指称确定事件,把我们叫作"gold"这类东西的实例,直接附加在了语词"chrysos"上,不止于此,这个说明宁愿假定:语词"chrysos"及其相关实例,是用来确定一个概念时可互为替代的两种方式,这个概念的特殊功能在于——将古希腊的文化实践合法化。如果有读者怀疑——我正在竭力把社会化的柏拉图主义归咎于历史学家，那么，这类读者就是迄今为止我的追随者。

让我们用另一种方式来论证同一个问题，对于维特根斯坦两部著作《论数学基础》与《哲学研究》的读者来说，这个问题并不陌生。例如，关于皮亚诺公理（Peano Axioms）与所有算法定理——数学家进行研究与公理化的普遍原理，当我演算诸如"2，4，8……"这个数列时，在这方面我从来没有足够的知识，能够帮助我判定应该运用哪个算法原理。此外，当数学实在论者（或"柏拉图主义者"）声称，这个数列如何运算，这件事比较麻烦：他的判断可能恰好是正确的，但是这条信息只给正在演算这个数列的人带来很少安慰，演算者眼下的兴趣所在，就是准确找到该数列所指的那个事实。当然，在运算过程中遗漏的，是构成这个特殊运算案例语境的背景知识。因此，维特根斯坦得出著名的结论：如果某人的兴趣在于——发现什么是我们数学知识的基础，进而在基础层级的意义上，知道如何继续演算那个数列；那么，他最好留心一下——由具体运算实践发挥作用的社会功能，这样做，将使某些方式继续保证那个数列的合法性，同时确定其他方式的非法性。注意，维特根斯坦没有过多表明柏拉图主义的错误与我们真实运算实践中的规则无关，在最后的分析中，维特根斯坦表明：这种错误仅仅在不断更迭的语境基础上受到约束（Bloor，1973）。

我们与维特根斯坦的唯一不同在于：我们无意低估柏拉图主义的合法性角色。由于无论那个数列最终如何通过计算，在一个特定条件下得以完成，该数列的完备性将根据它与某种数学公式的一致性得到验证，在无限多有效的数学公式中，这种数学公式只是其中的一种，通常认为这些数学公式或寓于柏拉图式的天堂中，或寓于其他适当的客观性范畴中。与维特根斯坦说的那种哲学人类学家不同，历史学家可以研究各种具有约束性的地方性应用，只是史家的研究面临重重困难。同样，在开始确立"chrysos"的规范性用法时，不是以一种史家能够预测这种使用情况的方式，对这种用法进行定义，相反，给出定义的目的在于：一旦说出的内容是关于"chrysos"的一个实例，史家则会充分利用被中规中矩地称作"chrysos"的事物，进而据此推断出语词"chrysos"的属性。

我不厌其烦地论述这个观点的理由在于：我认为史家没有遗漏任何关于古希腊文化的实质性信息，因为史家从未见过一名古希腊人为自己使用的语词确定指称，就是说，只要史家认为：为绵延不绝地制造出古希腊文化，古希腊人言说的语句经过了比较充分的设计，这个"充分"是相较于古希腊人描述现实的情况而言，或的确是跨越时间长河，就真实发生的事件与史家进行交流来说。不必重复我的前述观点，为什么史家宁愿假定那些设计出来的语言特性，总体原因在于：史家通过了解蕴含古希腊文化的语言，进而获得蕴含在文化根基中的观念体系的可靠信息；与此恰成对照的是，通过语言信息，从中提取这种语言所在文化的确切历史（即各门科学所指的真实事件），史家具备的这种能力是极不确定的。我不认为这个结果出人意料，因为一种文化如何历经岁月，依然保持它的身份认同，其中一个关键特征，就是诉诸公开传播的手段。通过在这种文化的语言中重复使用语句，孕育在这种文化的历史中的当前事件，就同其中的过往事件有了相似之处。然而，考虑到在相当长时期内，文化可能已历经诸多变化，因此重要的是语言运用应当形式多样，即便允许语词的使用发生细微变化，仍有一种称作"指称滑移"（slippage in reference）的现象，在潜移默化中不为人知地发生着。诚然，这种细微的变化——若非不可能的话——很难让史家分辨出文化中真正发生的事情。但是进而言之，问题的关键在于：在设计文化中的语言时,在设计者心中,史家的任务并不是主要考虑的内容。

通过把库恩重新拉回我们的思想图景,上述问题得以呈现。把库恩列为"反实在论者",还是列为对许多怀有信念的"实在论者",在这二者之间,我至今仍颇费踌躇。现在,我愿意表明自己的主张:库恩被成功地理解为二者兼备,并且因此使他有些远离"历史实在论"立场。迄今为止,我一直把历史实在论归功于新一代"剑桥学派"的思想家昆廷·斯金纳,并且在本书中,我用大量篇幅与科学实在论者一竞高下。为深入了解我所认为库恩具有的复杂的形而上学立场,让我们首先开始辨析以下问题:库恩所谓的"范式"或"学科模式",与一种语言蕴含的观念体系存在怎样的关系,正如上文的讨论。现在我们先来回忆库恩声名远播的不可通约性论题(Kuhn,1970a)(incommensurability thesis),主要涉及其中的三块内容:

(e)不同范式下的科学家,身处不同的世界;

(f)来自两个不同范式的主张,不能进行比较;

(g)对于来自彼种范式的科学家的主张,此种范式下的科学家倾向于系统地误解它们。

关于这个论题,还存在常被忽视的第四部分,它事关常规科学家的客观性立场,但这不过是库恩极为传统的观点中的一些要素:

(h)科学家自身总是忘记(e)(f)(g)所表明的真理,就是说,他们相信只存在一个世界与诸多范式,因此,他们能对来自不同范式的主张进行比较,对于来自另一种范式的科学家正在言说的内容,他们也能理解。

那么,我们的问题是:对于这种复杂的事态,什么是理解它的最佳途径?

如果库恩是一位纯粹的反实在论者——例如像拉图尔和伍尔加那样的社会建构论者——他会认为范式之间边界的特性是流动的，而非固定的（Latour & Woolgar，1979），那么，这个议题需要相关各方持续进行协商。诚然，库恩断言：例如一种特定的气体标本，它是氧气，还是缺少燃素的空气，不必费事就可以对这种情况做出判断；每当此时，他颇似一位社会建构论者。库恩作为社会建构论者的程度，要看谁是与他同时且相近的科学家，是谁最终说服对方把那个气体标本视为这种或那种物质的一个实例。简言之，有赖于特定情形下的真实历史，但史家无法接触到多数这类特定情形，这就成为与不可通约性相关误解的产生之源。然而，库恩也认为真正费事的问题是，作为氧气，或作为缺少燃素的空气，它们本身是否存在？显然，事实是二者都存在。我举此例只想表明：在一个特定的观念系统或范式中，每种物质各自扮演一个特定的角色，每种物质都有被拿来使用的可能，而这种使用或正确地与那个特定系统相关联，也有可能相悖于那个特定系统。因此，一旦两位科学家都同意运用有关氧气的语言来讨论那个气体标本，那么，表达各种真理与错误的一系列机会已然敞开（对照阅读Hacking，1982）。在这个充满生机的意义上，作为观念体系的组成部分，氧气与缺少燃素的空气共同成为一种柏拉图式的存在，就是说，对于清晰阐明实在的结构，二者部分地具有永久可能性。说到库恩在实在论中的地位，我们对这个问题的理解，存在一种反讽的概括方式：我们相信所有在科学上可能的世界（即各种范式）是一种独立的实在，而真实的世界却被排除在独立实在之外，真实世界的实在性，完全仰赖那群彼此关联的科学家进行协商的结果。

当然，我们可能很少采用这种反讽的方式。借用源于法哲学家罗尔斯（1955）做出的一种区分，库恩似乎是一位规定实在论者与构成反实在论者。罗尔斯做出这个区分，源于康德思想的启发，如其所述：规定性法则由立法者拟定，且表现为多种成文法，例如："所有罪犯都必须受到惩罚。"注意，这个法则已被确定为一种普适性原则，但它并未论及——哪些情况可以算作这种普适性原则的具体案例。后一个问题关乎裁判事宜，它通过运用构成性法则，来裁判事务的运作情况。这些法则决定哪些特殊实例、应当如何依据普适性原则进行建构，建构通常在心领神会的潜规则基础上做出，而裁判者的意见提供的只是事后辩护。以罗尔斯的区分为基础，我们可以阐明这个思想：一种法则可能具有普适的可行性，对于具体实例的普遍性，法则本身未做出这种规定，而该法则可能会在那些具体实例中得到合法的应用。因此，裁判者可能怀有一种信念，相信在他的裁定中存在一种需要坚持的法则实体，针对他当前正在裁判的案例来说，他不相信一些细枝末节可以决定哪些具体的法条原则可以适用。然而，如果裁判者将其裁判力用来判定某条具体法则确实适用，那么，这条法则就明确了为裁判者的决定进行辩护的理由（判例阐释与法令阐释）。正如库恩对于支配燃素化学的语言游戏"规则"的理解：虽然那些规则不能决定燃素说是否适用于下一个实验结果，但是，如果（通过协商）证明燃素说是适用的，那么，这就为下一个实验结果提供了一种特定且明确的描述和说明。

5. 人文科学中的规定实在论与构成实在论

有了罗尔斯的区分，有了对实在论问题得以产生的不同语境的总体敏锐性，做好这两种准备之后，我们现在转向理性在人文科学中的归属问题，来阐明这个更为复杂的争论。我们将会看到，复杂性是争论各方未能对两个议题做出明确区分的结果：一个议题是，是否存在真规则，必须依据这些真规则来证明我们理性的归属（规定性议题）；另一个议题是，是否存在真规则，用来辨明某种行为是理性还是非理性的（构成性议题）。在这两个议题上的模糊不清，为这场关于理性的争论平添色彩。在下文讨论的各种观点中，一方（通常是维特根斯坦派与社会学家）认识到：一种关于理性的理论，如果没有论及这两个明显不同的议题，那么，这个理论是不完备的；另一方（通常是波普尔派与戴维森派）则认为，无须相信存在任何真实的构成性规则（甚或在这个问题上坚持任何显而易见的观点），但是你可以相信：为证明理性的属性，真实的规定性法则是存在的。此外，诸多细节表明，规则与现实性相混淆的问题，超出了通常所见关于相对主义与普遍主义、科学主义与人文主义对峙的界线。

为了将波普尔派、维特根斯坦派、戴维森派与知识社会学引向一种公开讨论，最切实的途径就是向他们提问：面对一种另类文化的信念，或者面对一个历史时期的信念，在二者之间，他们如何决定哪个是理性的？数十年前，波普尔派开启了这个争论，就是对彼德·温奇[①]那本维特根斯坦式著作《一种社会科学思想：及其与哲学的关系》展开抨击（Wilson，1970）。最近以来的争论，至今一直由戴维森派主导着，他们以牛津大学为中心，严厉批评爱丁堡学派的"知识社会学强纲领"理论（Hollis and Lukes，1982）。加入争论的所有阵营都为关于理性的"自然主义"理论据理力争——实际上这是人类学家与历史学家直面的问题，但针对这种情况，一位观察敏锐的哲学家做出判断，争论各派为理性自然主义的辩护，也为这个敏锐的哲学判断提供了解释。因为关于理性的理论，每个阵营都将

[①] 彼德·温奇（Peter Winch，1926—1997），英国哲学家、社会科学学家。

其表现为该阵营基本立场的延伸,这样看来,我们已经万事俱备,可以对哲学理论进行经验性检验了。然而,现实却没有这般幸运。因为尽管争论各派时常发出夺人耳目的论辩,但是有人不得不据此断定:争论各派始终在你来我往地相互攻击着过去。尽管如此,现在我仍要提出我的观点:对于争论各派集体哑火无效的争论,有一种曾获认同的方法,运用这种方法,我们将为这场有关"认识论自然化"的后续争论提供一个更加安全的基础。

对于一种陌生的另类信念所蕴含的理性,争论各派如何做出判断?根据对这个问题的不同答案,我们首先划出界线,以便将参加争论的四个阵营区别开来。

维特根斯坦派仅仅检验信念是否可能被表达为——在一种另类语言游戏中进行的合法活动。由于一种信念的理性与某种特殊语言游戏规则相关,完全相同的信念——例如发生在巫术灵验效力中的情况——可能在另类文化语境中是理性的,若将其置入我们的语境,则可能是非理性的。此外,维特根斯坦派认为,所有语言游戏都是平等地被创造出来,适用于它们各自所属的生活方式。据此推论,所有信念体系一旦恰如其分地实现了语境化,它们同样都是理性的(Winch,1958;Bloor,1973)。

波普尔派的检验来自另类文化语境的外来者,为了回应批评——特别是那些与自己没有共同信念体系者的批评,是否有修正自身信念的倾向。例如,批评者可能是敏锐的哲学观察家本人,他指出:外来者通过巫术力求实现的祈望——例如治愈疾患——通过运用观察家当前所在文化中的医学技艺,可能会进行得更有成效。历史地看,由于西方文化至今仍对这类批评抱有最开放的态度——它在认知上最具进步性——因此波普尔主张:相较于那些异文化的外来者,我们具有更为理性的信念(Jarvie,1970;Gellner,1970;

MacIntyre，1970）。

戴维森派检验敏锐的哲学观察家本人，是否考虑到外来者的旨趣、背景信念以及各种证据性事实。这个检验预设：所有文化无不具有一套用来检验信念的核心规则，其中包括分析推理与归纳推理这类基本方法，同样还有相应的真理理论。诚如英国理性主义哲学家霍利斯[①]（1982）所言，关于理性的普遍准则，为观察家评断来自异文化的外来者提供了一个"立足点"——无论观察家的当前信念是什么，对于我们坚持的信念来说，外来者具有自己的认知潜能：需要为外来者提供的，仅仅是我们的旨趣、背景信念以及证据性事实（Davidson，1984；Lukes，1982；MacDonald & Pettit，1981）。

社会学家检验外来者是否具有对社会要素的敏感性，这些社会要素维持着外来者信念的合理性与合法性；社会学家甚至也检验外来者是否排斥其他信念，至少在原则上，这些实际受到排斥的信念，仅仅通过拓展证据基础、挑战某些背景信念、重新定位认知旨趣等手段，可能被包装得看上去同样合理又合法。因此，非理性对人们的认知视野构成一种局限性，这种认知视野与意识形态中"伪意识"的意思密切相关。只要科学家与萨满都致力于探索（至少间接地）维持着他们各自社会规则的东西是什么，在对这个问题的解释上，二者同样是非理性的。尽管科学家与萨满对此很少详加解释，但社会学家从内心把理性构想为这样一种现实——未曾有一种体系可能将所有具备潜在合理性的信念协调起来：只能是一些信念得到证明，其他信念必须保持无法得到证明的状态（Bloor & Barnes，1982；MacIntyre，1970；Mannheim，1936；Lukacs，1971）。

[①] 马丁·霍利斯（Martin Hollis，1938—1998），英国哲学家。

还需要强调三点：首先，参加争论的每个阵营至今仍被呈现为一种"理想型"，因为其成员——例如布鲁尔与麦金太尔——偶尔会冲破阵营界线，并且采用其他阵营的策略。其次，更为重要的是，在运用一种命题式断言，还是以这种断言为真而付诸行动之间，至今仍无法做出明确的区分，我们一直在这个意义上使用"信念"一词。尽管我们立刻就想对这两种情况做出区分，但是，由于现在我们将循着这四个阵营的习惯展开论述，它们之间的区分暂时也被模糊了。最后，这四个阵营表征了"自然主义"的两种一般性意义，它们可能适用于某种关于理性的理论。一方面，维特根斯坦派与戴维森派观察家对一种信念的理性做出评价时，应在"自然"生成这种信念的语境中进行；另一方面，波普尔派与社会学家将判断置于近乎"自然科学"立场的观察基础上，就是说，基于这种立场的相关评价范畴，无须以正在研究的信念得以产生的文化作为原生地。

尽管同我们最初的观察一样，四个阵营已分裂为势均力敌的两个独立阵线，它们具有类似的辩证策略，这两个阵线均导致了一种僵局，使任何争论都无法深入进行。现在我们转向这种策略。

想想温奇针对波普尔派指责做出的颇具代表性的反击，他的维特根斯坦式理性理论，无法真正把握"什么是理性"这个判断的意义。例如，波普尔的弟子贾维[①]主张，理性就是有兴趣尽可能富有成效地追求自己的目标。这样做的结果是，如果为了追求目标而承诺一种更为成效卓著的手段，那么，理性的人就是乐于面对错误的人。因此，温奇对波普尔派的反击，可能被解读为体现出一种双重回应：

（j）某种文化中的成员可能对追求他们的目标感兴趣，但他们

---

① 贾维（Ian Jarvie, 1937—），波普尔的学生，加拿大多伦多约克大学哲学教授。

无须对尽可能追求目标的成效性感兴趣。相反，他们可能受到与追求"成效性"不相匹配的其他旨趣的限制。因此，只要这些成员上演的语言游戏看起来有一个重点，那么，他们就构造了一种理性的生活方式。

（k）即便某种文化中的成员对尽可能富有成效地追求他们的目标感兴趣，但是，不能据此推论：我们认为的对某种目标的成效改进，就是追求该目标的成员做出的评价。于是，当这些成员可能承认对批评抱以接受态度时，无法明确的是：他们是否会把波普尔派可能提出的任何观点都当作真正的批评实例来看待，因为在由这些成员上演的语言游戏中，批评实例本身必须是可表达的，且可以表述为一种合法行动。

当表明（j）的回应时，隐蔽的相对主义者与普遍主义者的真实自我随之展露。相对主义者认为（j）显然为真，因为在追求"工具理性"过程中，只有现代西方文化表现出克服与超越这种追求的旨趣。超越工具理性的旨趣若置入其他非西方文化中，会加剧一种最具误导性的种族中心主义。然而，普遍主义者认为（j）显然为假，因为追求自身目标而不蕴含对卓有成效的敏感性，在他们看来是不可能的。多数文化中潜藏着对追求卓有成效的敏感性，这个事实不会对普遍主义者构成干扰，因为他确信无须知道这个事实，他们追求的目标将会迅速实现。

在评价相对主义者和普遍主义者对（j）的反应方面，尽管已经着墨不少，我仍担心二者之间的分歧不易解决，很大程度上是因为：这两种相反的认知倾向，形成一种类似康德式的二律背反。就是说，相对主义者与普遍主义者最终争论的，是关于理性的自然主义研究的操作规则。其实，相对主义者正在引入一种精准策略，在行为证据基础上，将对认知的处置权归于每个个体。如此一来，如果某种文化中的成员无法将我们与某种倾向密切联系的所有行为——包括与行为同源的语言文字——从实质上呈现出来，那么，观察者将会得出结论：正在表达的是其他外来的认知取向——它可能迥异于行为的实质。相较之下，普遍主义者提出一种相对宽松的对待认知倾向的策略，它把观察者的理念期待与外来立场的实际行为之间存在的差异一带而过，这种做法旨在缓解外来认知取向所处环境中出现的各种情况。为证明关于理性的自然主义研究具有的不同认知倾向的合理性，不同于相对主义者，普遍主义者相信自己能够从无关紧要的社会实践特征中分辨出实质特性，并以此作为证明其认知倾向合理性的基础。那么，不足为奇，对待认知倾向的精准策略，鼓励相对主义者拓展自己的想象力，以便根据陌生情形努力阐明外来者的行为；相比之下，普遍主义者宽松的阐释策略则限制了自己的想象力，这也迫使他们主张：在相同条件下，除了把我们理解为正在做事或思考外，不能把外来者理解为正在从事或思考任何事情。

关于这些差异的本质，下文还有许多话要说，不过现在我们先对上述纵论甚远的内容做个小结。我们可能认为，在（j）的支持者中，温奇使关于理性的争论陷入僵局，因为他在对待认知倾向上缺乏可共同接受的程序，这就使论辩各方把（j）当作一个经验性假说。一方面，如果外来者为了妥善措置关于效力价值的信念，他必需切实地对效力价值抱定一种信念，那么，相对主义者——温奇通常站在他们一边——将会总是近乎全胜。然而另一方面，如果外来者为表明同样的信念，只需最低程度地表达一些非言语行为，那么，普遍主义者——与贾维联系更为紧密——将会经常被证明是胜者。

关于理性的自然主义研究，（j）的回应表明规定性的一面，（k）的回应则突出了构成性的一面。再次看到，温奇的回应为深入争论造成的僵局，无论如何我们应当从中受到启示。其实，贾维力求把他对外来者信念的批评，构造成某种外来语言游戏中的一项合法行动，温奇正在对此发起挑战。温奇的动机看似源于对贾维观点的疑虑，他怀疑贾维无法实现所谓"构造合法行动"的挑战，因为波普尔关于理性的理论完全是规范性的，对于外来信念特殊实例的观察者来说，这无法满足他们的经验性期待。为阐明这个观点，温奇（1970）自有其令人瞩目的方式：波普尔派只关注标准的理性（the rationality of criteria），外来者将运用标准的理性，对各种信念做出评价；（这些标准符合波普尔派的理念吗？）温奇及其维特根斯坦派的追随者，希望分辨出理性的标准（the criteria of rationality），贾维、外来者或其他任何人凭借理性的标准，对某些信念是否理性、其他信念是否为非理性做出判断。这些标准因所处的文化不同而变化多样，每种标准以几个范式性应用为中心，并以此类推，将范式性应用进而扩展到新情况中。因此，温奇可能主张：由于波普尔派的批判范式是两种迥异的西方文化的发展果实——苏格拉底式辩证法与培根式判决性实验——波普尔派观察者很难把一种外来实践认为是一个可批判的实例。这可能意味着：波普尔派观察者或认为多数外来文化是不可批判的，因此是非理性的；或观察者被迫放松自己的理性标准，只是含混地接受"从某种理性的失误中接受教训"的标准，并完全以此作为判断外来文化是否理性的标准。后一种可能性，预示着一种评判理性的普遍主义进路，这似乎是贾维与其他波普尔派成员采取的策略，由此可见波普尔主义趋于温和的版本，这种温和的波普尔主义认为自己对外来文化负有解释说明的责任。

然而，波普尔派在践行这个宽松的阐释策略过程中，小心地避免与温奇的挑战相遇。例如，对于在外来者自己的语言游戏中，那些含混界定的批判实践的认知状况，波普尔派从来不作考究：将其中的认知问题辨析出来,这对波普尔派具有重要意义吗?进而言之,波普尔派观察者对外来文化批判性实践所做的任何强调与突显,外来者会认为这是一种改进与提高吗?抑或认为已揭示出的变化是"非自然的"?温奇与其他维特根斯坦派成员认为,波普尔派别无出路,只能对这两个问题皆不作答。在这种情况下,批判性标准既不像波普尔派思想那样具有普遍性,外来者也不像他们乍看上去那样充满理性。为了回避这些同样令人乏味的选择——维特根斯坦派因此主张——波普尔派必须健全他们关于理性理论的构成性方面;反过来,这也迫使他们逐渐去面对——特定语言游戏中有待"批判"的情况与态度之间的差异。

20世纪80年代,相较于科学社会学家与戴维森派,维特根斯坦派、波普尔派已分别退居次要地位。诚然,我们争论中的许多术语已经发生了变化。如今,相对主义者更有可能支持社会学家的科学立场,普遍主义者则更倾向于戴维森派的人本主义视野,这两种情况可以参照维特根斯坦派人文主义与波普尔派科学主义的对垒。此外,几个反对派阵营在各自的主张上日益走向极端。相反,在多数情况下,波普尔派主张,只有否定后件律(modus tollens)可以作为一种普遍的理性标准,戴维森派为这个标准增加了另一类原则,包括自然推理、米尔斯的归纳推理准则,以及各种根本的形而上学断言。的确,通过阅读戴维森的著作,读者会认为:把我们与任何外来文化分隔开来的一切力量,源于我们储备的经验性知识,信念凭借这些储备而得以畅行。同样,社会学家超越了维特根斯坦派的相对主义:布鲁尔明确地把逻辑与数学法则融入社会规范与习俗中,其他人也表明,自然科学进程可能被记录下来,达到这个目标,并非通过观察某些内在必然性如何在历史中实现自我,仅需观察在相关的官僚体系中,谁是关键的政策制定者。尽管如此，阻碍深入争论的僵局一如既往地存在着，正如我们现在所见的情形。

为捍卫思想实验之于历史理解的价值，库恩（1981）设想了这样一种情况，即伽利略力求从经验上说服亚里士多德：他的速度概念是矛盾的，因为他未能从一个运动物体的瞬时速度中区分出它的平均速度。库恩将这个事件比作皮亚杰心理学理论中的一种儿童，通过培养出儿童对一个特定实验将如何呈现的矛盾性具有一种直觉意识，就将儿童带入了下一个认知阶段的起点。正如儿童如此成长，库恩似乎想用这种情况表明，有办法可以使某种范式从"外部"渗入研究对象的头脑。这使库恩——仅仅是这次——成为戴维森派的可爱同道，由于伽利略的成功与皮亚杰的观点皆有赖于他们，他们各自的主题共同运用了一套相当广泛的推理原则。然而，适用于库恩的推理原则，并不必然地适用于坚定的社会学家——例如布鲁尔。戴维森派认为，亚里士多德对自己有失连贯性的概念方式具有的发现和校正能力，是其理性的基础。布鲁尔对这个观点的回应，可能包含以下两个论点：

（m）亚里士多德可能恰好明白了伽利略实验的关键所在，批判他的观点认为，单凭自相矛盾性就足以成为修正一个概念的基础，但亚里士多德的立场没有因此而发生摇摆。诚然，逻辑一致性是亚里士多德本人称许的美德，但是，他把这个美德奉为先于所有其他美德的至上遵循，这一点还远远没有清晰的理由。的确，实际情况是：与亚里士多德同时代的哲学家极其丰富，却无一人曾指出这个问题——伽利略能如此轻易地证明亚里士多德的错误，这就表明古希腊人几乎不同于我们现在对他们的认识，即他们不具有我们认为的那种观念体系的内在一致性。

（n）即便亚里士多德把清除概念中存在的自相矛盾视为自己的

首要关注，无法明确的是：他对这些矛盾的辨析，运用的是与我们（或伽利略）相同的方式；甚至更无法明确的是：他将运用我们认为恰当的方式校正这些矛盾。亚里士多德如何对待他的概念中存在的矛盾，很大程度上有赖于他对观念异常秉持的总体态度，特别有赖于他对这个问题的感受——哪类观念异常将对他的事业最具潜在的破坏力？因为那些观念异常将是官方"清除"的目标，而非仅仅是视而不见的微小异象。于是，社会学家被迫面对反讽的结论：社会旨趣已经对亚里士多德的行为构成约束，有鉴于此，戴维森派提出强有力的观念约束力，它对亚里士多德所能产生的影响微乎其微。

无疑，敏锐的读者会发现（m）与（j）（n）与（k）之间的类似关系，但是，我把讨论限定在第一对类似关系上。戴维森派与社会学家之间的差异，终究体现在阐释亚里士多德的正确策略上，仅仅凭借关于亚里士多德的某些事实，这个议题无法得到解决。然而，（m）与（j）之间存在一个至关重要的不可类比的关系，那就是：在（m）中，科学家（社会学家）是实在论者，人文主义者（戴维森派）则是普遍主义者。例如，在（j）中，普遍主义者宽松的阐释策略，使他们从距自己最近的文化语境中，抽象出不变的理性原则；相较之下，在（m）中，戴维森派更感兴趣的是，运用自身对于如何操控理性的感受，作为阐明亚里士多德如何运用理性的主观性模型，而非对此设定特殊原则，从客观上把特殊原则制定者与亚里士多德统一到一种理性话语中。换言之，普遍主义者从事研究的理想结果，已不再是一种清晰的方法——例如批判性标准，运用批判性标准，可以对外来文化的理性做出评判；相反，一种隐含晦涩的方法——例如社会性理解（Verstehen）[①]，成为普遍主义者从事研究的理想结果，运用这种方法旨在阐明外来文化如何驾驭理性。

　　同理，在（j）中，相对主义者设计出精确严格的阐释策略，旨在公正对待来自外部不同层次的社会经历。但是，一旦维特根斯坦派在（m）中倒向社会学家，相对主义者的策略重点也随之发生改变，因为相对主义者现在已完全转为局外人（outsider）视野。相对主义立场的这个转变开始言之成理，需要在这样的条件下才能实现：对于我们文化中的众生如何进行自我操控，我们具备了宽容大量偏离正统现象存在的能力。其实，作为"内部知情者"（insider），我们界定的自身文化特性之一就是：我们的同伴为了解自身行动的重点何在，他们进行一系列的认识活动，在对这个问题的认识方面，我们知道什么是最重要的本质，什么是无关紧要的枝节问题。在这个问题上，社会性理解的方法论，尝试探索从实质上把每个人都视作其自身文化内部的知情者。然而，注重客观性的相对主义者，不相信自己也能运用这类社会性阐释的自由，作为社会性阐释的结果，他也不相信：只是根据他辨别自身文化与外来文化存在的系统性价值差异的能力，就可以对自己所追求事业的合理性做出判断。的确，这就是20世纪的人类学家努力对他们的科学可信度做出的证明（Rosenthal，1984，part 3）。

[①] 19世纪末，德国学术界逐渐开始将"verstehen"（字面意思为认识或理解）这个词与一种社会学观点联系起来，认为社会现象必须基于社会行动者的立场来理解。实证主义者反对这种社会学观点，他们强调社会科学与自然科学之间存在的方法统一性，强调一种外部、实验与量化的知识。——译注

6. 实在论问题的终极解决方案

本章至此，其实它一直围绕着一个假设在进行，即没有一个实在论问题能够通过我们最好的形而上学得到最终解决。尽管如此，我不禁还要假设：关于实在论问题，有一个我们至今仍在思考的最普遍的观点。如果存在这种观点的话，它可以最准确地表达为一种翻译问题。毕竟，对于任何实在论者与反实在论者之间的争论焦点，我们有一种看待它们的方式，根据的就是这个标准：尽管人类知识发生了根本性改变，其中是否还有一些持久不变的东西保存下来？在两种文化殊异的语言之间进行翻译，需要满足如下条件：存在一些能够被完整转达的"内容"吗？如果文化临时遭到强令与管制，而且在空间上大致形成共有一种文化的扩张性（就像"伟大的欧洲史"那样），那么，翻译问题就变为一种持久的知识记忆（knowledge retention），它以科学进步观为基础，反过来又得到科学实在论者的认同。此外，语言翻译中存在"内容传达"（conveying content）问题的根本意义在于，这种内容传达对于表明内容特点的两种实在论方式漠然置之，无论对于柏拉图观念王国中的命题，还是对于经验世界中的观察陈述。

在科学理论的选择中，翻译扮演着关键角色，如同自实证主义早期以来，在分析哲学传统中对翻译的理解。从理论上看，在科学家能够对哪个科学理论做出更好的决定之前，哲学家必须通过"还原"或"分析"，揭示每个科学理论的"认知内容"。从传统上看实证主义者怀疑：关于科学理论存在大量事实上的争论，但这仅仅是关于理论的某种语言表达在意识形态含义上的差异，它根本未能触及理论内容的差异。对于我们的目标而言，略作分析是正常的，因为我们想要检验是否可能从一个理论中提取出真"内容"，然后将这些真内容增补到知识宝库中。如果确实如此的话,那么在某种"根本性"意义上,实在论已经得到了证实。

从开始起,我们应铭记在心的是:实在论问题,如何在哲学家那里,成为对科学理论的竭力分析,而在科学家那里,成为在两种经过分析的理论间进行选择,这两种做法存在观念上的差异。特别是,即便哲学家对两种竞争性理论给出实在论的分析,科学家在进行决策的过程中,可能还是一位反实在论者。很大程度上,对每种理论的"最佳"阐释,对于在两种理论间的"最优"决策来说,只是一个必要条件。此外,这个问题还存在深层的复杂性。过去几代分析哲学家,经常引用奎因的不完全证据决定论论题[①]与库恩的不可通约性论题,作为如下问题的理由:没有关键性事实可以判定两个理论中的哪一个更好地表征了实在,因此,科学家不具备作为实在论者的基础。的确,这两个论题至今仍在论证中经常密不可分,之于科学理论的反实在论分析,它们仿佛是彼此兼容的产物。然而,正如我们接下来的主张:他们的分析策略既不是反实在论的,彼此也互不兼容,尽管他们以设想方式支持的一般性反实在论结论,经事实证明是正确的。

让我们回到前文那个标准案例,即18世纪末的两种竞争性化学理论,一方是基于燃素的化学,另一方是基于氧气的化学:这两种理论为何如此难决高下?其实,不完全证据决定论论题与不可通约性论题给出了这个问题的答案,通过用这种方式对两种理论进行分析,随之消除了围绕这两种理论所断言的竞争性。在奎因论题中,哲学家将理论还原为根本的证据性事实,进而认为他们同样很好地解释了现象,并且发出同样的预言(即一旦他们的辩护者被迫

---

① 也称迪昂 – 奎因论题——译注

做出预言时，完全根据他们的观察结果就会进行判断）。在库恩论题中，哲学家分析这两种理论时，以即将应用于实践的目标为根据，进而认为在范式林立的基础上，这些目标彼此之间不相呼应（例如，基于氧气的化学，缺少可以回答燃素说具备的一切特性的实物）。在这两种情况下，显然已消除了这两派化学之间的竞争性，但是，两种消除策略却恰恰相反：根据奎因策略，两种竞争性理论最终成为两种可相互替代、且大致阐述相同内容的方式；而根据库恩策略，两种竞争性理论最终成为两种范畴的表征——它们各有独属于自己的内容。

从实在论问题的立场看，这是一个有趣的结论，单独来看，特别是无论奎因还是库恩的消除策略都基于反实在论立场：奎因还原为一种经验实在论，库恩则还原为一种多世界实在论。然而，这两种策略无一令科学家满意，因为通过消除这两种化学理论间的竞争性要素，同时也消除了每个人在这两个竞争性理论间必择其一的需要，毕竟，那是想要对这两种竞争性理论进行分析的初始理由。然而，合起来看，奎因策略与库恩策略的极化倾向表明，有能力在这两种化学理论间做出取舍与决断之前，科学家必须采取一种元策略，以便可以有选择地运用各种分析策略。例如，如果化学家显然是一位"现代派"，他可能希望运用一种奎因式方法分析"燃素说"，即以燃素说相关断言的证据事实为根据；或者他也可能希望运用一种库恩式方法分析"氧气说"，即以氧气说的意向所指称的对象为根据。在更普遍的意义上，有些化学家将这两种理论中的某些论断视为直截了当且颇富意义的表达（库恩式），另外一些化学家简单地把这些论断当作一些行为，只要确定的数据按照规定方式呈现出来，这些行为就随之产生。（奎因式）。

不足为奇，与这两种对待理论论断的方式相呼应的，是关于翻译的两种具有互补性的核心进路，它由从事实践的翻译者做出界定，即形式进路（库恩式）与动态进路（奎因式），二者具有平等的地位（Nida，1964）。更重要的是，从事实践的翻译者相信，没有一种"最佳方式"可以用来在这种翻译的互补性之间进行协商，除非以某种方式采取折中方案，这种方案对想把翻译置于首位的观点最为适用。关于折中两种实在论理论分析的"元策略"的本质，我还有同样的话要说，反实在论看似成为实在论问题的终极解决方案，我们将在第五章与第六章讨论这个问题。

第四章　在科学与历史前沿承担举证责任

本章考察科学认识论与历史认识论的交会点，它也是允许史家将某些知识陈述归属于一个科学共同体的证据基础。这番考察的一个关键预设是：我们的认识史实现理性化的核心问题，不是关注信念的变化，而是关注正统性的变化。对于共同体中每位成员自己应当相信的内容，需要追问的，实质上是一个笛卡尔式问题。它要追问的，确实是另一件事，即一个共同体成员应当把什么视作其共同体的主导信念。第二个问题考虑的是共同体成员的信念相应承担的举证责任。此外，尚不明确的是，对第一个问题的答案，是否限制了以任何重要方式对第二个问题的回答。即便绝大多数共同体成员都坚持某种信念，那也无法预知：他们是否愿意不必穷尽激烈的争论，而将这种信念置于公开讨论中。基于各种长期以来通行的方法论或意识形态立场，共同体成员可能有一种兴趣，就是使他们广为坚持的某些信念免受普遍的社会潮流的影响（即在他们的语言游戏中，普遍的社会潮流不具有赋权、委任或提供担保的作用）。可以想想这个生动的实例：就我们所知，大多数科学家仍然信仰上帝，然而，在这个上帝信念可能被用来检验一种科学断言之前，它必须承受至关重要的——也许是不可逾越的——举证责任。

另一个生动的实例可能是：科学家（以及相应的人文主义者）对于彼此运用哪种研究路线的"真理由"所怀有的信念。无疑，科学社会学家正确把握了这些理由"负载利益"(interest-laden)的本质。但是,考虑到科学共同体对于长期保持我们的知识事业所怀有的至高无上的旨趣,同时这种高尚旨趣也树起许多可能的障碍,阻止社会学家的发现,使其无法获得普遍信任。这些障碍毫无任何可以被取代的余地,显然"负载利益"的行为有着更正统的解释。的确,如果当代美国政治理论家乔恩·埃尔斯特[①](1979,ch.2)是正确的,正统派观点为什么不必与多数派观点保持一致,它的关键理由在于:通过从多数派观点中区分出正统派观点,就为某个共同体提供了间接手段,它可以用来改变不受这个共同体欢迎但传播甚广的信念,就是说,通过把这些信念搞成很难表达的形式(因为它们必须承受如此重要的举证责任),就可以有效地挫伤该共同体成员坚持这些信念的意志(Fuller,1985a,ch.2)。这样一来,经过充分训练的科学家逐渐认识到:在理论推理(利益无涉)与实践推理(负载利益),存在针锋相对的差异。因此,我们看到,尽管对于个人信念问题的答案,可能无法解决正统性问题;但是,对于正统性问题的答案,却可能用来解决(至少间接地)个人信念问题。

然而,由于我无意讨论那个有趣的、表明认识变化的规范性议题,以上两段所述内容至今仍是一个棘手问题。在此,我的任务只是初步揭示:认识论史家如何进行确认正统性,或设定真理与信念的事业,这项事业需要承受变化多端的举证责任。在科学哲学争论的背景下权衡这项事业,我旨在突显这项事业所涉诸方都存在不完备性。

在本书开始,我们讨论了费耶阿本德对实证主义的攻击,并从

[①] 埃尔斯特(Jon Elster,1940—),挪威社会和政治理论家,在挪威、法国、美国多所大学任教。

中得出结论：他的实在论观点缺少实证主义的关键特长——即缺少一种论述完备的"可证实性"理论或证明理论。在不可通约性情况下，可证实性问题变得尤为突出，在此，我将不可通约性定义为：两种理论具有不同的可证实性条件，但具有相同的真理条件（以便不陷入任何与科学实在论者不必要的争论中）。根据我们的解释，当两种理论不能承担同样的举证责任时，它们则具有了不同的可证实性条件。我们主张：我们对可证实性条件的解释，以举证责任具有的社会历史可变性为基础，我们对科学史的解释，相较于其他版本的解释，更加容易理解。此外，对科学史做出深入浅出的解释，已成为任何公认的科学理论必须满足的一个基本条件。因此，我们采用最低限度的黑格尔主义（Minimal Hegelianism）策略，认为一个充分理由的呈现，就是揭示它在历史上所发生的情况。在本章中，语言被认为是"发生"（一种呈现）的某种情况，我们因此得以利用语言学家格莱斯[①]的数量准则（Quantity Maxim）与昆廷·斯金纳的历史方法论，形成一种判断举证责任的原则，即：历史人物说得越多（为其论断而辩护），则必须要求其说得更多，因为对于自己做出的论断，他们承担了更为重大的举证责任。因此，相对于库恩在范式的默会知识与详尽的方法论规则之间做出的区别，我们则运用最低限度的黑格尔主义策略对这种区别进行阐释。最后，我们利用实证主义法律理论中的资源，来证实库恩的以下断言："范式不能还原为规则"。

[①] 格莱斯（Herbert Paul Grice，1913—1988），美国语言哲学家，日常语言学派代表。

1. 费耶阿本德与"竞争却不可通约"的理论问题

1951年,费耶阿本德(1981,ch.2)在他的博士论文《关于经验的实在论阐释探索》中,首次表明一种形而上学策略,这将在十年时间内,标志着他成为哲学最强有力的宿敌,这是逻辑实证主义至今仍在经历的敌对态度。费耶阿本德关心两种范式:实证论与实在论。我们将首先表明这两种范式,部分按照费耶阿本德的论点,部分拓展到实证论/实在论争论的最新进展上,以便将二者结合起来进行分析。

根据实证论支持者——罗素[①]与卡尔纳普[②]——的观点,观察陈述的意义,源于一一对应的原子式感知(atomic sensations),或这种原子式感知的结合。费耶阿本德将其称为稳定性论题(Stability Thesis),大概根据实证论的信条,在最根本的观察意义上,只是因为语词具有了与世界的某种稳定的依存关系——称其为"对应性",意义之于语词才成为可能。正如费耶阿本德后来的论文表明,他把稳定性论题当作这个实证论主张的来源,即认为科学理论可能发生改变,而无须理论术语的意义发生改变。这就是著名的意义不变性论题(Meaning-Invariance Thesis),它使在科学理论间进行比较成为可能,进而对理论的相对优点做出判断。此外,根据实证论观点,构成一种理论的一套陈述,不过是一种用来从观察陈述中得出推论的经济性手段。

实证论的最后一个观点,可以从两种方式来理解(不是费耶

[①] 罗素(Bertrand Russell,1872—1970),英国哲学家和数学家,现代分析哲学创始人之一。
[②] 卡尔纳普(Rudolf Carnap,1891—1970),德裔美籍科学哲学家,逻辑实证主义代表人物。

阿本德区分的那两种方式)。一方面,它可能意味着:理论既未增加关于世界的经验性内容断言,也未增进观察陈述的意义。根据实证论关于"认知意义的标准","也未"跟在"既未"之后,即一个陈述的意义完全根据它的经验性内容进行了定义。另一方面,在科学理论角色中呈现的实证论姿态,可能意味着一个理论的经验性内容,超出了其观察陈述的经验性内容,如果将理论陈述理解为对术语意指的利用,例如这个术语意指中观层次的对象,这些对象由无穷多原子式感知构成。然而在这种情况下,严格地说,理论陈述不具有决定性,因为对于哪怕是一种这类对象的呈现,我们从来无法确定它的全部证据。初次读到实证论,它是一种范·弗拉森意义上的"反实在论"(van Fraassen,1980),其中充满科学实践;再次读到实证论,它是一种达米特意义上的"反实在论"(Dummett,1976),其中充满日常语言实践。然而,两种读法共同认为:看似在理论陈述中运用了暗含的因果性机制,但仍有理由认为:那不过是颇具启发性的虚构之词。

根据费耶阿本德本人采取的实在论立场,当某人产生了某种独特的感知,而那种感知又无法为特定陈述赋予意义时,可能促使这个人表明一种观察陈述。在实证论对感知的运用中,关于表述的因果性源起与语义源起之间的区别被混为一谈,并将此当做这种用法的形而上学起点;其实,对个体行为来说,这相当于将第一人称与第三人称立场混为一谈。行为科学家能够将一个主体在语言上的反应速度与该主体受到一种物理刺激的程度关联起来,这位主体则立即把他对这个刺激的感知确认为一个有意义的观察对象。与"感知"的含义相反,"速度"无法等同于"逼近度"(immediacy),因为反应速度源于这位主体条件反射的历史;相比之下,辨识确认的逼近度源于观察陈述,而观察陈述又源于一种综合理论,这种综合理论把感知定义为对某些高阶实体或高级过程进行证明。费耶阿本德表明，实证论混淆之举的产生，源于一个主体可能已充分适应了在某种理论语言内做出反应，因此无法把感知视作其他实体的证据。然而，这种认识的非构想性（inconceivability），不应与所谓观察陈述一贯的非谬误性（infallibility）相混淆，原因同样在于：观察陈述的意义，源于为实体做出定位的某个理论，如果这些实体最终证明是不存在的，那么，相应的观察陈述可能就会遭到证伪。

　　费耶阿本德这一论点的初始目标，其实指向玻尔[①]。玻尔认为，对物理学家而言，"在心理上不可能接受"的是：通过量子力学对世界的理解，与通过经典力学对世界的理解，二者同样清晰。就是说，经典力学是物理学中的"普通语言"。玻尔的有趣在于，他相信感知的意义是由一个主体的全部理论语言所赋予的，他也相信：只有一种这样的语言与我们所能感知的全部客体——即经典力学的中观世界，具有独一无二的同构性。因此，费耶阿本德将玻尔视为其"稳定性论题"的一个潜在支持者。相较之下，对于由某种理论定位的实体，实在论者认为它是某个认知主体的语言行为得以产生的假设性起因，这样就可能形成一种认识，认为行为科学家和认知主体为同一"现象"提供了不同的竞争性理论（反过来，这个"现象"在理论语言中将被描述为：最终证明为真）。上述情况表明，实在论的指称理论，毋宁等同于最新的物理学理论，或至少是对语言行为的起因做出的最适恰说明，而不考虑大多数真实的语言使用者是否知道他们的观察陈述的真实所在是什么（即这种观察陈述的最佳理论是什么）。再做同样的对比，对于同样由感知触发的观察

---

① 尼斯·玻尔（Niels Bohr, 1885—1962），丹麦物理学家，量子力学哥本哈根学派创始人，1922年诺贝尔物理学奖得主。

陈述，实证论的指称理论毋宁把许多个体用不同语言表达的观察陈述聚集起来，因此，在语言使用者中达成主体间协议的可能性，成为做出判断的判决性依据。

对于通常藉"科学"之名所从事活动（例如寻求隐藏的因果性机制）的经验范式，尽管费耶阿本德已表明，实在论做出的说明比实证论的说明更具优势，但是他还认识到：他自己对意义的说明——就是使特定理论的意义变得相对化——如果没有引发逻辑不连贯的话，则模糊了以下意义，基于这种意义可能会认为，两种理论为"同一种现象"提供了竞争性解释。因为甚至早在1951年，对于如何在竞争性理论间做出抉择，费耶阿本德已经放弃了凭借判决性实验做决定的可能。不过，实在论作为可替代实证论的真正有说服力的理由，在于实在论能够阐明竞争却不可通约性理论所蕴含的观念。正如我们将要看到的，这个问题对于实证论并不陌生。

实证论最声名不佳的特点之一，已清晰地表现为：在科学史上，它没有能力为理论选择提供充分的理由；它更无法说明：理论议题为什么应当比经验议题表现得更富有意义。根据范·弗拉森支持的那种反实在论，由于理论语言只是以不同的符号形式来表述同样的经验性内容，因此根本不存在可供选择的对象。那么，在最好的情况下，事实证明，这场最著名的科学争论原来不过是关于启发性的各种论说：是牛顿主义者，还是亚里士多德主义者，只需根据他的科学研究的组织方式，就可以做出判断。在最坏的情况下，科学理论争论变成任性使用语言的一场操练，或更善意地说，就是一场"意识形态冲突"：无论牛顿主义者，还是亚里士多德主义者，只要确定他是哪个利益群体的成员，就可以做出判断。根据达米特支持的那种反实在论，可能存在一种真实的选择，但是对于如何做选择从不存在充分的保证，因为不可能获得全部证据，关于某种理论术语所推定的目标是否真实存在,可以保持合法的怀疑。当然,这是许多表象中的一种,表象之下涌动着一种归纳推理问题。正如美国哲学家纳尔逊·古德曼①提出"绿蓝悖论"(grue paradox,也称"新归纳之谜")(Godman,1955)所揭示的,科学家倾向于对两种科学术语中的一种进行理论化,此举是否能够对现象做出很好的解释,将取决于哪个术语碰巧能够更好地与科学家语言中的其他术语相融合。反讽的是,在费耶阿本德的全部学术生涯中,他运用这些实证论机制,既对成熟理论的表层基础做出说明,也对新理论隐于深处的真正根基做出说明。诚然,他很容易被认为已证实了下述观点:

(命题 P1)如果理论选择能够由实证论机制做出解释,

(命题 P2)且理论选择(比如说,与数据采集相反)是最重要的科学特征,

(结论 C)那么,科学不能与它理性的自我形象相匹配。

然而,说了这么多,仍无法迫使我们认同(P1)。

两种理论为了互为对手(竞争性理论),必须彼此具有可通约性,劳丹通过否认这种观点,力求成功解决"竞争却不可通约"问题(Laudan,1977)。劳丹确定的总体策略,就是支持这种研究传统,而且他已解决了不少自我设定的问题。然而,这个策略比它乍看起来更加无用,因为它并不明白:这个决定是如何做出的。假定在每种不同的研究传统内,决策者能够将问题个性化,那么,他必须对这些问题进行衡量与打分,这无异于一种功利主义的算计。但是很难想象,这种衡量机制不会假设出具有更高可通约性的研究传

---

① 纳尔逊·古德曼(Nelson Goodman,1906—1998),美国逻辑学家、科学哲学家和美学家。

统，它比劳丹可能认同的研究传统间的可通约程度更高。其实，边沁本人的功利主义算计，受到如下思想的驱动：性质不同的事物可以还原为纯粹快乐与痛苦的等级，无论对于决策者，还是对于与决策相关的那些人，这个苦乐等级皆一视同仁地给出相同的结果。因此，我们可以得出结论：至少劳丹切断竞争性与可通约性联系的努力将无法奏效。注意，我们已经假设——正如多数科学哲学家已经做出的假设：对于两种理论间任何可能的竞争性来说，不可通约性是一个障碍，劳丹的策略就是设法回避这个障碍。但是，不可通约性或许构成理解两种理论互为竞争性意义的一部分。然而，不可通约性存在几种不同的意义。我们首先来看一个激进的不可通约性的意义，这个意义经常受到我们的关注，但是对于本书当前的目标而言，这个意义极其激进。

实证论传统有一个特性，它可以把一切看似重大问题的分歧——诸如真、善、美这些高阶观念的分歧——追溯到争论各方的相互误解上来。我们把这种现象称作"巴别论题"[①]。巴别论题在观点上表现为：具有同等经验能力的两种理论，只是符号上不同的两个变体，正如奎因—戴维森论题的立场——认为最理想的翻译，就是最充分利用了被译语言中已表明为真的陈述（Follesdal，1975）。这个观点认为，在证据相同的条件下，又具有相同的背景知识，一切理性个体将会得出相同的推理结果。因此，如果两个争论者在前提上具有共识，二者却得到相异的结论，那么，这个分歧可能归因于某种误解，可能一方错误地假定：另一方具有相同的背景知识，或另一方的结论只是正在被错误地进行着说明（转译）。巴别论题应用到科学中，它意味着：为什么看起来必须在不同的科学理论间做

[①] Babel Thesis，也称"多元语言论题"——译注

出选择？这个问题唯一的认识原因在于，两个理论的支持者无法充分认识到：他们各自正在提出什么论断，而且（或者）他们为了什么而提出这个论断；因此，在极强的意义上，竞争性意味着不可通约性。那么，我们唯一真实的认识责任，就是去影响一个可以使共识最大化的解释（翻译），在这种情形下，对立双方的支持者针对相同的目标领域发表观点，并且确定对立双方的支持者在相同目标领域中的哪些不同方面做出了论断。

注意，巴别论题并不否认存在适当的社会性理由，它对于做出理论选择必不可少：或许资源是有限的，而且某种理论语言（特别是其隐喻）表明了其他理论语言所无法表明的适用性，即便这些理论语言在实践内容上没有不同。这还远未触及巴别论题的深层含义。原因在于，如果理论选择的最大需求是"社会性的"而非"认识性的"（以一位传统哲学家可能论述这二者差异的方式），那么，巴别论题还有未尽的内容——费耶阿本德与福柯都阐发了这个内容，即认为：公认的科学理论是一些实体，它"统领"着我们的认同，"约束"着我们的主张，我们对世界的认识混合了对这些科学理论的认识性输入与社会性输入。然而，在此对巴别论题深层含义的探索无论多么富有激情，读者必须转向后面几章。限于当下目标，巴别论题未能对"竞争却不可通约"问题提供恰当的说明，因为通过阅读科学史，那里预知并且提出了太多基础性问题。

2. 错失联系：举证责任

与巴别论题的未尽说明相反，我们对"竞争却不可通约"问题的解释，表明以下思想：两种理论之所以不可通约，原因在于它们未能承受相同的举证责任。诚然，两种理论承受同等举证责任的思想，背负着极具规范性的力量，如同判决性实验案例中的情况，据说凭借相同的结果，最终证实了一个理论、证伪了另一个理论。这条举证进路适合实证论者，他们通常把理论设想为一种封闭的逻辑结构，因此，他们始终无法阐明这个直觉：证据支持的只是理论的一部分，只是不同理论的规格不等的一部分（Glymour, 1980）。然而，为了让举证责任更具"真实"气质，波普尔的追随者改进了判决性实验思想，使这类实验的结果不必同等地支持每个理论：某理论的一个高阶原理可能被证伪，与此同时，另一理论可能只有一个低阶定理得到了证实。拉卡托斯（1970）引入"否定式启发"（negative heuristic）思想，旨在确定：究竟是一个理论的哪些方面，可能通过逐条证据得到检验。杜佩尔特（Doppelt, 1982）甚至尝试对库恩的不可通约性概念做出部分说明，他的根据是：假如通过具体的逐条证据的检验，对于两种理论相对重要性的理解，二者仍存在广泛分歧。

尽管如此，所谓证据无法平等地支持两个理论，并非表明：两个理论无法承受同等的举证责任。为辨明两个理论无法承受同等举证责任的必要条件，可以想象这样的情况：一个理论预言某事件将要发生为 O，另一个理论预言该事件不会发生为 –O。如果二者具有不同的举证责任，那么，只能充分表明 O 为真的那类证据，不能同样充分表明 –O 为假。一种典型的情况是，一个理论的支持者只须声称"O"是 O 的证据，因为 O 的真理性得到了非常完备的保护，它只需给出证据断言，就能获得认同；然而，一个相反理论的支持者，必须经受大量争论与实验的检验，才能说服科学共同体 –O 确实为真：仅仅给出"-O"的证据断言，得到的不过是将信将疑的目光。

至今仍在强调这类证据扮演的角色，因为在关于"判断性实验的可能性"讨论中,以及在讨论证据一般应当如何支持理论时,"证据"通常被当作描述某种经验性考察结果的陈述。直到近年哈金推出他的实验研究著作(Hacking, 1983),此前,用于生产这类证据的程序很少受到关注。其实,甚至颇为可疑的是:作为理性的理论选择原则,拉普拉斯和劳丹赋予经验完备性和理论承诺相当重要的地位,但是这二者的重要性日渐衰退,如果对这种情形做出清晰的分辨,其实只需考量两个最根本的问题:其一,两个理论拥有的纯粹证据数量(即已经证实的论断数量);其二,两个理论要求具备的证据质量(即用来检验论断的那类程序)。据此,拉卡托斯关于"一切理论生来接受反驳"的权威断言,可以替换为:一切理论生来就是原告,这个问题的解决方案,可以从说明科学理论发生的改变入手。

无疑,通常在科学哲学中出现的证据意义的贫困,可以追溯到实证论变动不居的影响,特别是在对一个观察陈述、一个证据集的"可证实条件"进行说明的问题上,实证论所扮演的历史性角色。简言之,实证论至今依然坚持以下策略:一个观察陈述的真理条件,由塔尔斯基约定(Tarski Convention)做出定义;因此,当且仅当O成立时,"O"为真。反之,O的可证实性条件被定义为:将O还原为可确保断言"O"的一套原子式感知(更多内容参见Hacking, 1975a, ch.12)。注意,可证实性条件未被定义为产生O的一种程序,它只被定义为O的表象,可以根据这个表象做出断言"O"。以上对可证实性条件的说明,稍微超出了稳定性论题范畴。的确,通过对真理条件进行简单的现象分析,我们明确了可证实性,实证论者不对以上所说的两种条件进行区分,纯粹因为他们彼此孤立地认识这两种条件。在我们看来,这一点至关重要,因为如果说两个理论承受不同的举证责任,我们想做出如下区分,实证

论者则很难表明这样的认识:

(a) 假定有两个理论,其中一个必是 O,另一个必是 –O,如果 O 为真,那么事实上,–O 为假。

(b) 假定有相同的两个理论,如果 E 是能够证实 O 的一种证据,那么,E 不必然是能证实 –O 的一种证据。

(a) 声称两个理论对于它们各自的观察陈述具有真理条件,(b) 则声称两个陈述不必然具有共同的可证实条件,因为一个理论可能承担举证责任,并且因此要求更精细的程序,以便为自己的断言建立超越另一理论的真理性,两种理论的断言(至少在当时)皆假定为真。实证论者毋宁否定(b),因为那种证据必须能够证实 O 与 –O 是相同的,就是说,对于所发生任何情况的观察皆属实(即为真)。还要注意,(a) 和 (b) 有助于从表面对费耶阿本德的实在论做出解释,因为 (a) 能够从 (b) 中独立出来,则保全了实在论的底线条件:一个陈述的真理价值获得了与用来确定其价值无关的手段。进而言之,(b) 只说明两个理论承受不平等的举证责任,我们用它注解了不可通约性概念。最后,(a) 表明在两个理论之间,至少允许存在部分的可通约性,这使我们不再依赖巴别论题。

只要清楚地看到,如果根据实证论意义上的可证实性,没有理论能够被证实,而证实的可能性向举证责任概念开启,并且它以两种方式中的一种清晰地表达出来。一方面,根据一个已知断言截至目前已被确认或证实的程度,可以清晰表明举证责任概念。例如,如果某个理论的观察结果比另一理论得到更高程度的确认,那么,确认度更高的理论就被假设为真,举证责任则落在确认度较低的理论身上,以此证实自己为真。另一方面,根据已解决问题或已解释现象的数量,也可以清晰表明理论的可证实程度,这类举证责任则落在已解决或解释问题较少的理论身上。然而,如果聚焦我们前述所谓的"证据数量",实证论者在从对可证实性做出定义(适当改良的),转向为阅读科学史确定程序,已然面临显著的困难。如果将可证实性定义为证实程度,对于历史上做出的各种特定论断来说,它们的证实程度该如何定义?至少在更有趣的案例中,它们的证实程度甚至无法公开表明它们自身表层结构的统计状况。

但是,对实证论的这个批评是公平的吗?回答这个问题,要看我们是否能对可证实性做出说明——尤其关于两个理论承受怎样的举证责任这一概念性问题的说明——从这些问题中可以获得阅读科学史的"教益"。如同英国逻辑实证主义哲学家艾耶尔[①]在其著作《语言、真理与逻辑》后续几版中做出的详尽阐述(Ayer,1952,ch.8),可证实性研究发展至今,它对满足某些逻辑需求的关注,远远超过了对满足历史需求的关注。因此,如果一个关于可证实性的完备定义,最终证明显然缺失对如何理解历史来龙去脉的说明,我们对此不应感到诧异。情况或许理应如此,特别是如果某人秉承波普尔式思想路线,把立足于科学立场的科学哲学仅仅当作一般意义上人类活动的伦理标准(Popper,1981)。在这种情况下,由于科学哲学是一个几近完全规范性的学科,它不必强制就可以发展出一些概念,能够轻而易举地对科学史上的现象做出解释;与通常的人类活动一样,只是在偶然发生的"革命"事件期间,可能恰恰是科学能够成为典范。

如果科学哲学不打算变得与单纯的描述性历史难以分辨,那么,唯一不同于波普尔的策略似乎表明:科学史与生俱来内秉规范主导性。这种策略力求证实那句黑格尔箴言:"真实是合理的,且

[①] 艾耶尔(A.J.Ayer,1910—1989),英国逻辑实证主义主要代表,英国爵士、皇家科学院院士。

合理是真实的。"更切题地说：通过人们做的哲学解释，从历史中阐发出的理性越多，人们就会逐渐接近发现对规范（或规范集）主导性的认同。因此，从理论上说，越是伟大的历史知识，越能引发更好的规范性判断。我们介绍这些全球关注的问题，旨在表明：只要我们对把可证实性的一个面相——举证责任——定义为一种哲学观念感兴趣，这种哲学观意味着一种阅读科学史的方法（而非作为一种哲学观，科学史必须基于它才能做出判断），那么，在通向历史的规范形态或历史"理性"的道路上，我们就含蓄地认同了一种黑格尔式进路——而非波普尔式进路。无论如何，这个动向颇具争议（但它与第一章所述"过分乐观完美的认识论"动向遥相呼应）。我无意表明对黑格尔的认同应超过对波普尔的认同，我想表明的是：黑格尔至少也是值得认同的。有趣的是，鉴于我们的时代普遍具有的普世精神，所以阐明我的观点日渐变得很有必要，阐明方式就是表明以下观点：黑格尔不像波普尔那样打扮成一位19世纪的观众。换言之，我们必须强调的问题是：波普尔派主张多数历史不符合历史规则，黑格尔派主张一切历史皆符合历史规则，这两派之间存在一种真正的差异吗？

我们首先质疑二者之间不存在差异的判断，原因之一在于：黑格尔式意义的历史，即"世界是具有历史意义的"（world-historic），将大多数以其他方式确定的历史现象排除在外——对历史理性的规范说明成为黑格尔式历史的主要方式。针对历史理性在黑格尔式意义与波普尔式意义之间这种似是而非的相似性问题，在当代科学哲学家中，伊恩·哈金最强有力地认识到这个问题的迫切性，且不断做出有力的论述（Hacking，1981b）。起初，哈金承认，在黑格尔与追随波普尔派的拉普拉斯式立场之间存在差异。一方面，拉卡托斯坚持认为，一位行动者或一个行为的理性判断，实质上具有追溯效力（retrospective），这意味着历史理性只有在以下意义上才能成立：一位现代人可能断言，如果他与某位历史当事人身处相同的境遇，且具有一套相同的信念和利益，那么，那位历史当事人过去的行动，他现在同样能够做出。另一方面，黑格尔相信，在某种客观意义上，历史本身是由充分的理性所支配的。然而，哈金对上述两种观点不以为然，他认为：拉普拉斯被迫承认理性具有追溯效力，原因在于他的理性范式——实证论者的假设推理式方法论，构成一种相异于操控绝大多数科学活动运作的推理方式。因此，拉卡托斯发现很难辨明历史上的种种理性实例，并且不得不诉诸对于过往事件的"理性重构"。

尽管如此，对于这些历史编纂学策略，哈金持认同态度，因为这些策略很容易支持他珍爱的那个自家论题，即任何试图表明历史理性的努力，都将表现为非此即彼的两种情形：要么大量遗漏过去真实发生的事情（以便保持那种说明的理性）；要么许多判断中出现这样的结果，即各种历史当事人没有以一种最理想的理性方式来行动（仅仅因为我们无法轻易"阐明"他们的行为）。哈金相信，黑格尔采用前一种方式，拉卡托斯则采用后一种方式。诚然，哈金的论辩基于一种福柯式前提，即任何对于历史理性的说明都构成一种"理性化"（在弗洛伊德意义上），因而也是一种对历史的证伪。但是，无论福柯式前提被阐释得多么可信且有力，哈金的论辩仍然提出一个值得回应的挑战。

让我们先回到那个黑格尔式论断，历史上发生的事情都具有充分的理由，因此，哲学家与其为历史强加规则，不如去发现历史中蕴含的规则。如果我们把历史当事人表述的话语，视作一种特定情境下的行为（如同言语行为理论家或马克思主义者那样），而不是一种来自外部世界的话语符号（如同实证论者及大多数其他理论流派那样），那么，这个黑格尔式论断就可能转译为格莱斯关于会话关联语义提出的数量准则（Grice，1975）。因为这个论断必须看似一个绝妙之法，能在话语及其关联性语义间建立更明晰的联系。

格莱斯旨在清晰表明，为保证语言交流是一项基于理性的活动，"言说者"（从最普遍意义上理解，包括一切语言使用者）必须预设的条件。一位言说者使用启发方式，为接下来理解他的对话者的表述提供了背景，格莱斯以辨明这种启发方式作为自己的研究策略。数量准则是格莱斯的四种主要启发方式——或称作"四准则"之一：说出的每件事是需要被说出的。在对话实践中，每位言说者将这个准则做了别样的理解：言说者所说的每件事，对于言说者之间相互理解的发生而言，是必不可少的。一个人的言说，既不能太多，也不能太少。上述认识可以应用到对历史记载的理解中，一旦争论的重点看上去正在被一位历史当事人不断强调，训练有素的史家就会推断：这个人物没有想当然地以为：他的目标受众能够理解史家现在认为是显而易见的内容。因此注意：数量准则被假定适用于作者及其目标受众之间，而不必然适用于作者与史家之间。因此也可以推论：有些关键问题，作者从来不必对它们做出清晰阐明，因为作者及其目标受众想当然地认为这些问题不言自明，即便史家也未阐明这些关键问题，他们仍不殚风险，严重地误解作者。

为了从这个推理进路中提炼真知，我们还需回到巴别论题。但是，为了利用格莱斯对科学史的说明，需要对我们的论域做出界定。我们的理论模型，是经过昆廷·斯金纳创造性利用（Skinner，1969，1970）的奥斯汀的言语—行为理论（Austin，1962），相关内容已在第三章做过介绍。现在特别需要从读者的角度定义"理解"的概念：读者应得到言说者的充分告知，读者可以据此自行判定言说者断言之真伪；就是说，我们承认关于意义的可证实性说明。在这种情况下，我们可以说——一个断言决定性的开端，就是在这个断言做出一种决定前，一位言说者必须预先把这个断言告知其受众的程度：言说者的告知必须多么清晰？接下来是对断言的初始可确定性做出一个假设性排序：或预计为真，或预计为假；直到相反的判断向把全部举证责任集于言说者一身的那些人表明（A），才能反转对断言（E）预设的真理价值。

问题：一位作者／言说者必须做到什么，才能保证他的目标受众能够对他所做断言的真理价值，做出自己的判定？

（A）不过是断言式特定主张（assertion of the claim），才足以立即直接地被接受或拒斥。的确，如果由于未言明的原因，在接受或拒斥特定主张时，受众表现得犹豫不决，那么，受众的胜任力将在被检验中遭到怀疑。可以将这种做法视作所谓分析型真理（analytic truths）与综合型真理论（synthetic truisms）的言语行为版本。（A）类主张可能是"不证自明的"，以至于当言说者对他的受众讲话时，这些主张皆处于未说出的状态；因此，它们可能逃脱史学家的检验，并且扭曲史学家的理解。

（B）与一种断言式特定主张相伴的，必须有清晰的书面解释或口头论证，因为可能从已被受众接受的那些主张中，推理得出这个特定主张，它是一个无法经常得出（或可能是曾经得出）的推理结果。

（C）与一种断言式特定主张相伴的，必须有一种"松散的"证据陈述，就是与这种主张密切相关的一些思考（例如，条件性证据，同类可判定的主张），这些思考本身不能表明特定主张的真理价值，但尽管如此，它们提供了充足的信息，所以受众——以他现在已经当作可判定的那些主张为参照——将同样有能力对这个特定主张做出自己的判断。

（D）与一种断言式特定主张相伴的，必须有一种"严格的"证据陈述，它是表明特定主张真理价值的一种程序，这种程序要运用一些"技艺"（广义来说，包括本能的感知与内心的算计，还包括一些更明显的情形），这些技艺已被人们接受，并把它们当作可靠的表征性实在（如果具有经验性的话），并且/或者当作在运行过程中得以保存的信息（如果具有逻辑—数学性的话）。

（E）与一种断言式特定主张相伴的，不仅必须有一种"严格的"证据陈述，如（D）的情形；而且必须有一种解释，说明为什么受众——没有经过规定的程序——可能认为特定主张具有与已表明的那种证据陈述相反的真理价值。

人们可能认为，我们最低限度的黑格尔主义有一种方法论指归，那就是：科学史是一部举证责任转移的故事，它从一种断言转向了许多可能的否定性断言中的一种，而且，当某个断言 O 的初始可确定性（the threshold decidability）为（A），且断言 –O 的初始可确定性为（E）时，不可通约性问题应运而生。大体而言，当断言 O 与断言 –O 的多种初始值比较接近时，它们之间的不可通约性随之减弱；只有这两个断言都把（C）当作它们的初始值，并因此承担平等的举证责任时，这两种断言才具有可通约性。进而言之，这些初始值可能具有毗连性，就像（A）的情形之于断言 O、（B）之于 –O 一样，出现下述情形，毗连性将会发生：如果支持的 –O 的某人表明，受众把他们已接受的断言 O 当作一种自然的结果，他们其实在逻辑上并不遵循那些断言。同理，只要当普通语言哲学家声称"发现了"一个语言应用错误时，他就会发现自己陷入了我们所说的这种处境。不存在必定永远表明为假的断言，然而，断言必须承担举证责任，这个举证责任具有压倒一切的重要性[（E）为一种极端情况]，因此没人愿意承担为它进行辩护的挑战。而且根据数量准则,这个主张现在陷入暗中遭受拒斥但表面选择遗忘的境地[即(A)]。因此,不足为奇,针对一种初始值为(E)的断言,当某人成功承担起它的举证责任时,一场"革命"发生了,而且这将是一场"范式转换",堪称将大量论断特有的举证责任做了一次反转。

3. 作为默会知识的举证责任:规则主导

尽管我们刚才慷慨借用了库恩的术语,但是,在库恩(Kuhn, 1970a)对科学变革的解说中,仍有待阐明关于科学理论交际与更替的一些关键问题。首先,一种"范式"可能被确定为,是基于初始可确定性(A)的断言,然而,它并未构成由科学共同体成员做出的所有断言,因为其中许多断言具有基于初始可确定性(C)的属性。同时,在科学理论出现"反常"的情况下,用来说明反常情况的两种互不兼容的理论,可能也具有基于初始可确定性(C)的属性,因此,不可能在它们之间做出非此即彼的决断。注意,在我们的意义上,即便这两种断言势均力敌——因为它们承担平等的举证责任,它们可能也表现出另一种意义:库恩所谓的"不可通约性",即通常表述为奎因关于事实证明的"非充分决定性论题"(Quine, 1960)。根据我们的解释,库恩关于科学革命的论题表明:一旦有足够多的论断以及相关的否定性论断,以(C)作为它们可确定性的始基,那么,基于(A)的断言将被基于(E)的断言成功地否定。对于我们的目标来说,库恩这个论题的历史性效力,对于阅读科学史并无太多兴趣,而对这个论点进行检验,科学史却是必不可少的。这个考量并非无足轻重。因为如果相信库恩本人对这个论题批评做出的回答(Kuhn, 1977b),那么,可以看到:哲学家已经对该论题产生的大量误读,确实源于对科学史如何运作的一种深层误解。诚然,库恩从未令人满意地去钻研这些深层问题,并且有可能认为他的评论只是一种自我满足。然而,怀着宽容之心读下去,这个论题似乎以《科学革命的结构》第五章为中心,库恩在此坚持把"范式优先性"置于阅读科学史的方法论准则之上。现在,我们对库恩的这个论题做出阐释,它将变成我们提出的最低限度黑格尔主义问题的延伸。

在第五章中,库恩将"范式"与"默会知识"(tacit knowledge)最紧密地联系起来,二者联系起来的关键特性,交由一个科学共同体的一系列论断来捕捉与把握,这些论断的初始可确定性为(A)。因为在科学家看来,这类知识是"不证自明"或是"自然而然"的,正如格莱斯的"数量准则"表明的那样:在这种认识之下,可能将无法清晰地阐明问题,并由此证明它的解说在史家看来是难以捉摸的。很大程度上,这个观点已广受认可。但是,库恩似乎对默会知识做出了更强的论断,其中也掺杂着史家的难处:默会知识从未得到清晰的阐明,就是说,甚至对科学新手也同样如此。据说,一旦教科书中的实例被误用到一种新情况中,那么,科学新手只能通过教师对这种情况的负面反馈来习得职业技能。库恩的极端谨慎,不是说让科学新手学会一套确定的信念体系;相反,科学新手学会一种大致周全(rough-and-ready)的言说方式,用来谈论他正在从事的工作,这构成在以下二者之间寻找相似性的诉求,一方是科学新手的行动,另一方是教科书典范再次开示的那些行动。库恩甚至似乎表明,一个科学共同体的成员,只有"获准通过"成为可胜任的任务执行者——无论在实验室,还是在会议上,才能对他们正在从事的工作坚持同样的信念,舍此别无他途。因此,库恩得出结论:应该可能的是,通过检验历史记录,可以对一个科学共同体奉行的范式做出判定；没有理由认为：由科学共同体某位成员针对一种集体认同（比如针对方法论）做出的任何断言，将会对范式有所把握。其实，只有在范式不证自明的特性日渐受到质疑的情况下，才倾向于做出这种断言。

库恩的断言可能最初会被这样理解，即它再次确认：在历史理性问题上，黑格尔路线胜过波普尔路线。如果科学共同体某位成员表述的方法论规则，能够抓住该共同体所奉行范式的精微本质，那么，对绝大多数历史记载的阐发将是多余的。科学哲学家可能只是将他们喜爱的科学家关于科学实践不得不说出的内容，当作是那种实践的一种充分恰当的纲要，而不研究科学共同体实际如何开展他们的工作。哈金表明，哲学家的所作所为确实如此。然而，哲学家既然如此作为，却没有通过他们言外之意的力量（用来表达方法论规则的行为），仔细分辨出他们对方法论规则的有意应用（一种最优化科学行为理论）。如果不是历史记载与这种方法论断言产生明显的矛盾，哲学家仍倾向于把这种方法论断言当作意向性的——而非当作与科学实践其他方面旗鼓相当的行动，但是作为特许的对科学实践的表征，它允许哲学家可以安全地忽略科学实践在其他方面的内容（回想我们在第二章对表征的"先验主义"进路的批评），这样一来，库恩的关键问题就变成：关于集体认同的断言，有其言外之意的力量，它真正意味着：在关于这种集体认同的问题上，科学共同体正在进入一个观点分歧时期——根据波普尔式历史理性进路，则极易错失这个问题。比较而言，这个问题将证明黑格尔式进路的有效性，因为它将表明：方法论不只是对科学实践的概括性重述，它具有自身独特的功能——就是说，有充足的理由可以将这种方法论透彻地表达出来。

在这个问题上，具有启发意义的是，将库恩的讨论与本文开头提出的有关费耶阿本德的议题当作一个整体来看。在本书开头我们指出，如果认为实在论可以真正替代实证论，那么，对于在科学史中发生的情况——而实证论无力为理论选择提供充足的理由，实在论则必须有能力克服实证论的这一缺陷。至此，我们已经看到费耶阿本德未能满足这个挑战。然而，我们对库恩的解读，可能为实在论者提供帮助。首先，当某人把更多关注转向语言的实际表现，而非语言的表征本质时，库恩可能会主张：一切理论争论，实际就是关于某些特定概念如何应用，以及（或）它们是否能够付诸使用这类问题的方法论争论。其次，作为一位发现"历史中的理性"（reason in history）的最低限度的黑格尔主义者（Hegel，1964），库恩预设：在一个科学共同体的历史中，存在一种深层的范式化结构，这种深层结构无法通过表层的方法论规则表达而简单地推断出来。进而言之，正如实证论者坚持认为理论是启发式的虚构物，我们已经看到，波普尔主义者也对关于历史理性的解说做出同样的断言——当然，这遭到库恩含蓄的否定。的确，库恩对波普尔式进路的历史理性的批评（仍是含蓄的），等同于最初费耶阿本德对关于经验的实证论观念的反对。实证论者与波普尔主义者的不同在于：对于一个观察陈述的独特表达（它可能由某个第三方——如行为科学家来决定），存在产生这种表达的环境条件，以及赋予该观察陈述的意义（它可能由观察者自身的理论体系所决定），实证论者将这二者混为一谈；对于产生了方法论规则这种表达方式的历史境遇（即对集体认同存在的分歧），以及这种表达方式将使其受众依附于那些方法论规则的阐释（科学如何运作，以及科学应当如何运作，即属于这种情形），波普尔主义者将这二者混为一谈。不过，说了这么多，我们仍未表明——默会知识与组织缜密的方法论之间的差异所在。

基于上文我们将数量准则应用于对初始可确定性的分析,得出的结论是:方法论规则不只是阐明特定时期特定科学共同体显而易见的内容。如果方法论规则如此显而易见,它们则无须进行阐述;它们只需在实践中呈现即可。相反,只有对科学实践的规则产生充分的怀疑时,关于方法论规则的论断才被赋予特权。从这些思考中可以得出结论:方法论不过是意识形态而已。换言之,科学家开始谈论他们的实践,对于他们实际正在从事的工作主题而言,这些谈论不过是一种延迟人们关注主题的手段,这远比一套齐整纯净的规则所能表明的要复杂得多。进而言之,在实践中,即便方法论规则构成了对某种最佳科学的最完备描述,但是,这些规则不可能得到强化,因为科学家需要在多样的场所中践行他们的事业。那么,如果一种方法论规则,或是倡行对某种特定观念的一种正确应用,或是称许某种特定理论得到了一种正确的拓展,那么,怎么可能只有这样一种方法论规则操控着科学研究的判断呢?然而,通过将方法论规则表达出来,科学家旨在说服其同道,去阅读他们学科的历史,通过对此前同类实践做出评价,假定(考虑到这种方法可能被严格地实施)这种方式对后续科学实践也会独具启示意义。其实,方法论表达的言语效力(即实践中的影响与渗透),旨在使科学家成为波普尔式的历史理性主义者。这就不足为奇,波普尔赞成科学史上的"危机"事件,确切的原因在于:只有那时科学家得到特许可以做出那种判断——它经常由科学哲学家做出——波普尔认为,这种判断最适合把科学理性揭示出来。

无论上述结论多么令人信服,对于相信存在一种意识形态终结、知识真正开启的临界点的人而言,这个结论仍无法令其满意。即便库恩在事实上可能是正确的,认为对于支配科学家实践的原则,科学家给出的说明仍是不充分的,因为他们通过宣称坚持这些原则，其实竭力效忠于其他目标，这个事实本身不能排除如下可能性：某天，一位反思型科学家对于支配其实践的原则，详细阐明了一种充分的解释。认为默会知识必须永远是默会的，或认为默会知识在详细阐发中产生了扭曲，库恩对此没有给出理由。然而，库恩确实看上去是愿意做出这个强论断的。有一种方式可以善意地理解这个强论断，即认为：范式的默会知识在类别上不同于科学家阐明的那种方法论规则。就是说，这二者并未在相同意义上"支配"着科学活动，因此，不能将一方化约为另一方。这个略为隐蔽的策略，可能通过对我们心存的两种规范进行讨论而得到阐明。

如果我们只看库恩强论断的表面价值，他对科学新手如何习得科学工作行规的说明，很大程度上是通过负面反馈（也是科学同行之间如何检验彼此的工作），那么，只有在英国著名法哲学家赫伯特·哈特[①]（Hart，1948；Baker，1977）称作"无效性条件"（defeasibility conditions）的意义上，概念在新数据中的应用，以及理论在新领域中的延伸，才是可定义的。哈特的重要实例是这样一种情况：法官必须裁决——是否有一种合约真正存在于控辩双方之间。如同英美普通法系规定的那样，举证责任在意欲否定既定事态的一方，即该方意欲主张：双方当初达成的合约应判定为无效，如同它从未存在过一样。哈特指出，法官对关键事实的裁定，不是审查正在争论的事情是否符合有关合约的一种定义完备的概念（即这个概念为了付诸应用，具有特殊的必要性与充分性条件），而是审查控方是否符合某套或多或少充分定义的控诉条件，如同以下两种情况：或是合约条款出现了错误表述，或控辩的某方违背了基本规

[①] 赫伯特·哈特（Herbert Hart，1907—1992），英国著名法哲学家，牛津大学法理学教授，新分析法学派创始人。

则。法律实践中的这种做法，可上溯到作为事实的法律传统本身，就是说，在案例中没有一条规则呈现出来，需要从事实上对类似"合约"这样的条款做出一种法律界定。哈特进而做出更伟大的判断：受维特根斯坦启示的关于无效性的主张，特别是一切精神性概念，在本质上都是无效的。因此，关于意向性活动，不存在可清晰界定的特性；相反，一些特定的意向被预设为人类所有，如果相反的情况尚未在人类行为中表现出来的话。

从我们的目标来看，哈特的无效性条件十分有趣，因为它们提供了一种具有可替代性的另类方式，用来思考"把一个概念付诸应用"的意义何在。根据这个观点，相较于正确地付诸应用，各种形式的误用可能具有更多共性，这是因为特定无效性条件否定了前件，而后件与前件仅有的共同事实是：它们作为某种特定观念的应用，截止目前尚未被驳倒。因此，一个科学范式何以可能成为教育中的约束条件，而在充满创新的科学工作中，它又拥有充分的自由，对于这个问题的理解，无效性条件可能至关重要。对于正在付诸应用的一个范式性概念，科学史家如果正在寻找其无效性条件，接下来将会理想地发现两种明显相似的情况，在这种情况下：某种概念付诸了应用，但是在一种情况下，该概念的应用被认为毫无问题；而在另一种情况下，该概念的应用被认为是"有问题的"；无论哪种情况，都应认为是科学家出了错，或认为是科学家做出一种极端之举，这对于其他概念后续如何应用构成挑战。将第一种情况——而非第二种情况——避而不谈，进而对这种差异高谈阔论，这就相当于对默会知识进行了编码化，而这种编码化的确切性质尚待进一步研究。但是，如果负面反馈确实对于科学实践至关重要，那么，从法哲学家，特别是凯尔森①那里，可能获得某些洞见，他们尝试把法律体系定义为一种用来确认违法者的模式。实际上，凯尔森把法律体系简化为一种判决程序，通过识别不合法性而做出裁决，这种法哲学进路一直饱受诟病（Moore，1978）；然而，对于型塑支配一种科学范式的各种规范而言，这可能恰恰是正确的起点。

相较于正面案例，负面案例的特性更易表明，根据这个假设，我们的观点已经表明：史家通过无效性条件，将默会知识进行编码。然而，科学家本人倾向于表明方法论规则，它采取启发式绝对律令的形式，并以一种其他条件不变句"的形式从旁支援。因此，从事科学的人被教育得以某种方式来践行概念或拓展理论，以确保获得适恰的背景条件。在一个科学法则的原型中，插入这种其他条件不变句，这意味着：为公允或理想化地检验这个科学法则，所预设的背景条件数量繁多且形式多样，因此这个法则最好只是根据在公允检验中可预期的结果做出断言——无论在实验语境之外，这种情况的发生是多么不可能，而不是在较少理想化的条件下，确定检验该科学法则的可预期的结果（Suppes，1962）。换言之，这种其他条件不变句一旦体现出来，它就做出如下预设：相较于许多负面实例，正面实例的特性更易于把握，因此，这正是反转隐藏在确定无效条件背后的策略。

当科学法则陈述转变为方法论规则陈述时，只有在科学史上选定的时期之内，理想化的检验才能变成最具理性的科学，而在方法上与最具理性的科学相悖的其他科学，它们数量巨大，且以不同形式被迫纳入最具理性的科学之下。当然，根据这个解释，科学方

---

① 凯尔森（Hans Kelsen，1881—1973），奥地利著名法学家，奥地利宪法和宪法法院的缔造者。

法论规则的多数内容,将由这些方法论家收集而成且作为范例的事件所决定。现在各种方法论陈述彼此之间要相互担待,无论这种情况有多么相似,这种相似性过去可能都源于被收集到一起的相同案例。哈特(Hart,1961)也注意到法律领域存在的这种类型的推理;因为法官做出裁决,即便以一个受到挑战的假设是否支持无效性论断为基础,法官为其裁决给出的理由,将通过一种规则的形式表述出来,这种规则从案例实体中选择,并被确定为必须遵循的典范。科学方法论规则的情形与此类似,裁判者更感兴趣的是,他做出的判断被当作后来者决策的先例,而非作为过去如何做出决策的可信记录,即便只需通过诉诸历史,他的判断就能产生预期的影响,科学方法论的裁判者也不愿接受这种做法。因此,哈特支持审判的自由裁量权原则,在审理判决过程中,法官除了遵循逻辑的连贯一致性之外,不能在施行强制力之下,以特殊方式搜集证据。

尽管上述关于方法论的论断,看似属于更狭义的"自决权",就科学活动的范例而言,相较于审判活动中的自决权,科学活动中的自决判断更易于达成,然而二者却具有相同的后果。因为默会知识对胜任科学的能力门槛做出了富有实效的界定(据此无效性条件具备了切实的意义),相比之下,对于胜任科学的能力,方法论规则只是做出了理想化的界定(这种规则的苍白解释力,通过预设其他条件不变句作为补偿),默会知识破坏了方法论规则。可见,关于方法论规则的各种争论,需诉诸默会知识的本质才能说明问题,这种争论既具有不可避免的必然性,又具有无法消解的永久性。

第五章　对不可通约性的说明与辩护

汉森的逝去，费耶阿本德对知识分子体面的远离，以及库恩对批判意见轻而易举地退让，这些情况均已证实：关于不可通约性论题进行的任何严肃思考，必定要合成一体。注意，我已从对这个问题的剖析中，小心地略去"对不可通约性的批评"，由于无论是不带感情、批判性的解读，还是解读者自身具有些许的不可通约性，对不可通约性的批评至今仍未看清：争论的重点基于一个如此具有显著错误的立场。我将表明两种争论说法的不可通约性——生态性的（ecological）与文本性的（textual），二者均以库恩著作《科学革命的结构》作为"灵感"之源。循着库恩所做批评的常规，"库恩"的名字，被我用作一种"严格的唤起者"（rigid evocator），这个称呼与严格的指定者（rigid designator）完全相反，因为仅仅提及"库恩"，一向都会唤起十足强烈的感情，以致蒙蔽了值得留意的问题——也就是去发现库恩言说的真正意义何在。本章的目标，既不提供批倒不可通约性的论点，甚至也无意对不可通约性在生态性与文本性之间的关系做出说明；相反，我的目标是为思考不可通约性论题，得出一套有教益的引导。如同库恩的批评已经表明的那样，不可通约性论题只是关于科学史的一个（错误的）经验性假说吗？或者说，对于阅读科学史而言，最好应该把不可通约性论题当作一种方法论指针吗？

1. 生态型不可通约性

恰如其分的是，不可通约性论题的承诺与问题，归结起来就是著名的"鸭兔错觉"，即描绘的一幅图像，看上去既像鸭，又像兔，这有赖于所绘图像的背景。一方面，汉森（1958）、费耶阿本德（1975）和库恩（1970）追随维特根斯坦（1958），强调这一事实：鸭与兔各不相同（即不可通约）的形象不能从画面上同时读出，因此，这迫使观察者从一幅图像转向另一幅图像时，必须进行"格式塔转换"。至于这些格式塔转换，可能被认为是小规模的范式转换，它们同样也真正改变了看待世界的方式。另一方面，这些批评强调如下事实：两种不可通约的图像，只是阅读同一文本的两种不同方式——对各自路线的描绘，这种路线描绘可以表述为某种语言，对于鸭的观察者与兔的观察者来说，这种语言是完全中立的，它们可以分别向对方说明：所读图像的什么特性包含在自己的这次读图实践中。可以推断，格式塔心理学家本人也同意采用这种鸭兔错觉的立场。

然而，这些批评（Shaper, 1981; Kordig, 1971; Field, 1973; Kitcher, 1978）一向更加关注"意义"与/或"指称"如何被解读为以科学话语形式表达的术语，这远超过对鸭兔形象如何被解读为格式塔图形的关注。很大程度上，这种意义/指称策略始终如一，没有发生过改变。其实，这个策略还有其他版本，以迎合科学实在论者与工具论者的旨趣。实在论者主张，对不可通约的双方话语进行重新描述，这样一来，不仅能够判定双方真正在谈论什么，而且能够判定双方谈论的内容是否为真。对于不可通约的双方所表达话语的指称，我们把指向这个指称的活动，称作符号上向策略（semiotic *ascent* strategy）。这个策略操纵着我们对历史的判断，认为理论越新，它所表征的实在就越准确，因此，相对于此前其他人一直进行的无益争论，新理论把我们带进更有利的新层次。因此，不可通约的双方被表现出来的，是在当前某个科学家共同体看来的实际存在，也就是一直正在"真实"谈论的某些实体可观察到的特性。

与实在论者形成对比的是，工具论者主张，对不可通约的两种理论进行翻译、判断与评价，需向下寻求"更基层的"中立性基础。工具论者旨在通过一种观察语言形式，对两种不可通约的理论话语进行重新描述，以此满足这两种理论各自的追随者。如同鸭兔实例的原型那样，工具论者想要判定的是，在特定环境（或"生活世界"）中可感受的暗示，它们与不可通约的双方具有共性，其中又是哪种暗示激起如此迥异的理论反应。因此，对于不可通约的双方所暗示的可感受的话语，揭示它们另一种潜存的隐性指称，我们把指向这个指称的活动，称作符号下向策略（semiotic *descent strategy*）。在这种情形中做出的判断与评价，并非如实在论者那样，很大程度上是对真理断言的判定；相反，这种判断的特点是：对于可感受性刺激，在不可通约的双方中，哪一方的反应更接近我们对此刺激的反应方式——即哪一方的反应如其所是那样，与我们观察世界的方式更为接近。

至于实在论者与工具论者的旨趣，在于激发特定理论的呈现，但与此不同，科学史家更有可能做出符号的下向判断，而科学哲学家的规范性冲动，使他们更易做出符号的上向判断。但还有可能，一个人若不首先进行符号的下向研究，则不可能做出上向的研究。换言之，无论普里斯特利当年可能想到了什么，在他做出绝对不是燃素这个判断之前，必须知道的是：在他的烧瓶底部，是什么物质吸引了他的眼球。

上述两个批判性策略只表明在旨趣方向上的大体差异，尽管如此，它们在几个重要方面仍具有相似性。二者都包含一种思想实验，在这种思想实验中，在不可通约的理论双方之间，史家或哲学家扮演了仲裁者的角色。如果我们转换角度，让史家或哲学家本人成为不可通约的理论双方中的一方，那么，这个事情就变得更接近奎因（1960，ch.2）在《语词与对象》（*Word and Object*）中提出的"彻底翻译事件"（radical translation episode）。于是，史家或哲学家将扮演一位人类学家的角色，去竭力重构某个（科学家）族群的特定语言，而这位人类学家对这个族群所知甚少（除了对该族群如何确定其逻辑联系有所了解以外）；然而，与人类学家所知甚少构成密切配合的，是一位本土言说者，当人类学家把自己所见的事物指给他时，这位本土言说者将给出这个事物的名称（命名）；一旦人类学家运用该族群语言出现了命名错误，这位本土言说者还及时进行校正。关于这种彻底翻译事件的启发性价值，我们在后面还要详加解说，但是现在只需注意：在奎因的彻底翻译事件论题上，实在论者与工具论者如何演绎出差异细微的种种变化？

例如，实在论者对一位燃素论化学家话语的解释，旨在从根本上表明：在对如今我们所知的氧与氮的分析中，这位燃素论化学家的错误出在哪里。的确，实在论者能够凭己之力辨明自己做的解释（翻译）成功了，然后运用这位化学家自己的术语，说服这位化学家停止对燃素论的探讨。这个成功的判据可能看上去略显矛盾，因为它规定：一旦本土言说者认为做出解释的语言（译出的语言）存在缺点，那么这个解释就会受到影响。然而，我们必须记住，对实在论者而言，翻译只是对译出语言中的相关主张进行评价的一种手段而已。此外，如果我们假定（无论是否合理，像哲学家的习惯性做法那样），当接受新的替代性方案妥帖的根据呈现在某些人面前时，这些人因此而放弃了自己的原有信念，这是他们具有理性的标志。这样就阐明了实在论者所持判据的意义。其实，库恩（1981）已运用伽利略的实验，揭示了亚里士多德的"速度"概念自相矛盾的本质（它与"平均速度""瞬时速度"的含义相矛盾），这也多少阐明了上述观点。但是，当然与我们所说的实在论者不同，伽利略仍未完全设计出一种替代性语言，可以使概念含义矛盾这类困惑不再发生。因为，与其说伽利略是一位激进彻底的翻译者，他俨然更是一位亚里士多德物理学的本土言说者。

相较于实在论者，工具论者看似更契合"彻底翻译事件"的含义。然而，这并不使我们对这个问题的分析难度有所稍减，原因出在奎因所谓"指称的不可确知性"问题上（1969, chs.1–2）。简言之，每当土著指向一只兔子时，即便人类学家从不出错地表述为"Gavagai"，由此仍不能推断出："Gavagai"的意思是"rabbit"，因为前者的意思可能反而是"兔子之类"（rabbit-part）或"类似兔子的时空片段"（rabbitlike spacetime slice），这有赖于操控土著语言的默会不宣的本体论。但是，若非人类学家有办法对可能存在的其他指称进行检验，奥卡姆剃刀（Ockham Razor）可能会使人类学家预设：土著语言与人类学家的语言具备同样的本体论。回到工具论者，对他而言，很难说指称的不可确知性是否为一个真问题，原因在于：18世纪实验室中上演的可感受到的刺激性事件，燃素论化学家如何破译它们，工具论者则针对燃素论化学家如何破译，力求阐明其意义。一方面，我们难拒诱惑地再次拿出奥卡姆剃刀，并且表明：工具论者如果没有理由做出另类之想，他应当简单地预设——燃素论化学家与他一样，皈依于相同的默会不宣的本体论。然而，另一方面，如果格式塔心理学家是正确的，认为我们的感受由潜在的情境化暗示所激发，那么，面对一幅模糊的图像，观察者感应到这幅图像的特征看似鸭，而非看似兔，此时，我们必须严肃对待这种可能性：一位科学家，置身于一种 18 世纪的环境中，他的烧瓶安置在洛可可风格的建筑中，他感受世界的方式，迥异于置身 20 世纪环境中的科学家，这个与 18 世纪完全相同的烧瓶，在包豪斯风格的建筑中被情境化了。（在许多以观察世界为主题的 20 世纪研究计划中，法兰克福学派批判理论家本雅明①的著作《拱廊街计划》，在严肃对待这种可能性方面独树一帜。参见 McCole，1985）

这里要表明的是：假设一种个体环境中的人造物，将对这个人的感受起决定作用，那么，我们可能会保持库恩当初对不可通约性世界观抱有的生机勃勃的意义。然而，对于正在设法理解燃素论化学家的工具论者而言，不应以此观点作为对他们的一种绝望式忠告。相反，只需教导工具论者去关注——当"燃素"这个术语首先出现且付诸应用时，化学家本应关注的那类事情。但是，工具论者的任务到此并未结束，因为思想实验规定：工具论者通过与燃素论化学家进行交流，以确保他能以 18 世纪的方式看待其研究对象。尽管可能会错误地以为（如同当奎因表现出更浓的行为主义特点时的习惯性做法），这种交流不过是对燃素论化学家已表述内容做出解释（翻译）的确认。因为符号下向策略的总体要点，就是针对一种语言进行协商，而这种语言必须满足的条件是：不可通约的双方都能运用这种语言描述他们的所见所闻。换言之，工具论者与燃素论化学家联手虚构出一种观察语言，这种语言从与研究对象的原生环境不同、后来通常由该对象的研究者所感知的人为情境出发，比如说，它对 18 世纪的那种烧瓶造成了严重扭曲。正如分别看作鸭

---

① 本雅明（Walter Benjamin，1892—1940），德国思想家、哲学家和马克思主义文学批评家。

或兔的观察者,他们虚构了一种描绘式的图形语言,用来交流同一个刺激如何激发出他们各自不同的感知。

对实在论者与工具论者来说,通过彻底翻译式思想实验进行研究,这种做法的重点已不只是表明:在消除不可通约性问题上,他们都具备貌似合理的策略;更重要的是为了表明:在不可通约的双方中,只有至少一方放弃其世界观的情况下,那些策略才可能取得成功。只有工具论者与燃素论化学家通过一种人工语言进行交流,且这种语言能够使他们走出各自的世界观,这样,燃素论化学家的话语才能得到工具论者的成功解释(翻译)。我认为,这个结论会受到不可通约性辩护者的欢迎,因为它恰好表明:翻译工作确实有多难,且多么具有重构性——在介于两种语言的句法规则之间,所表明的一系列确定的彼此对应的内容,翻译思想不易揭示出它们。我们终将回到在此表明的两种翻译意义上,不过,关于这些被武断地认为具有不可通约性的世界观,我们还需要先说几句。

自美国科学哲学家弗雷德·萨佩为《科学理论的结构》写的导论发表以来(Fred Suppe,1977),逐渐形成一种普遍性设想,即认为不可通约性论题与一种通向科学活动的世界观密不可分。我们迄今一直运用"世界观"(worldview)最字面的意思,指称人们观察或了解世界的方式。然而,世界观(德文为 *Weltanschauung*)还有一种略为宽泛的含义,它与19世纪和20世纪初的德国历史编纂学派密切相关,特别是威廉·狄尔泰[①]的追随者。在这个意义上,秉持某种世界观的成员,被认为坚持——可能是不自觉地——一套核心信念与态度,通过他们所处文化的各种表达性媒介,如艺术、哲

[①] 威廉·狄尔泰(Wilhelm Dilthey,1833—1911),德国哲学家、历史学家、心理学家和社会学家,普鲁士皇家科学院院士。

学、文学与科学，可以察觉这些成员的核心信念与态度。那么，史学家的任务就是对这些连续的文化载体的不同表达方式进行辨识与确认。实质上，在特定文化中，没有人能够超越其所在文化的核心信念和思想，因为这些核心信念看似不证自明，常见的情况也是：相较于核心信念应有的重要性，它得到清晰阐明的机会却少之又少。由于这个预设的不可确知性，史学家必须"深入"阅读研究对象所在文化的文本，以便重现这些文本作者的思想历程。这种方法通常称作阐释学（hermeneutics），它常被认定是窥得"默会知识"堂奥的手段，"默会知识"的特征已经由库恩等人描绘出来，一位科学家由此得以被他的同行认定是同道之一。

然而，在一个科学共同体内部，默会知识其实可能仍未得到详尽阐明；与此同时，它也并不遵循如下常规：默会知识构成共同体成员一致秉持的某套不自觉的信念。如同我们在第四章所见，库恩对范式的典型讨论，是基于教育学情境，在默会知识意义上进行的是：科学新手通常通过来自教师的负面反馈，习得将教科书中的情形合格地应用到新情况中的本领。没有人曾真正告诉过科学新手——一项称职的业绩究竟由什么构成；相反，对科学新手的最终证明，务必要通过科学共同体的批判性审查。在这种情况下，默会知识极少会被详加传授——如果曾有过传授的话，因为对于在实践中已经表明的内容，在教育中则无须亲口讲授。

默会知识的另一个重要面相，是科学家习得这种本领，即用恰当的方式表达他们正在从事的工作；但是，不能由此推论，认为在此过程中科学家接受了一套共同的信念；相反，我们应当说：某种方式的言说更易于某些信念——而非其他信念——的清晰表达。与阐释学家可能的说法相反，例如关于亚里士多德在认识惯性问题上可能存在的各种思想，库恩的默会知识概念对此丝毫未能预知，尽管他做出了烦琐的语言表述，并且这些表述构成默会知识的应有内容，然而，它却最不可能表述出思想认识的多种可能性。其实，这里可能存在一个有利条件：在接下来可能发生在一个科学共同体成员间的真正分歧中，通过该科学共同体的语言，可以摧毁其秉持的理论思想。但是，这种自身的摧毁无法确保：任何已表明的分歧将反映出深层的认知差异。实际上，多数所谓被确认的信念差异，可能恰恰是争论双方错误地理解了对方就敏感暗示做出的反应。一旦格式塔心理学家走出实验室，实际上仅仅需要培训每个观察者，让他们认识到相同图形的不同特性是其意义所在，此时将会看到：鸭观察者与兔观察者将用他们彼此非我莫属的独特感受，表明某种更深层次的逻辑不兼容性。不足为奇，应当看到，玻尔在光的波粒二相性理论中提出的"互补性"原理，与这种认识方式异曲同工，如同我们在第四章所见，正是在思考互补性原理及其他玻尔式原理的过程中，费耶阿本德首先得出了不可通约性论题。

总而言之，围绕不可通约性世界观的可能性问题产生的多数怀疑，可以溯及极端主观主义，它与探索这个主题的传统阐释学进路密切相关。此外，恰恰是哲学家最有可能认同不可通约性论题——即主张"观察渗透理论"的哲人——也最有可能认为：感受层面的不可通约性，意味着某些更深层次认知中存在的不可通约性。的确，汉森是理论渗透性的最初支持者（Hanson, 1958），在他看来，一种科学理论就是对特定科学家信念结构进行的语言编码，仅此而已。据此，回到鸭兔错觉，看鸭与看兔之间的差异，将被汉森这样的哲学家归结为两位观察者个体存在的一种信念差异，在心理学上则倾向于一个看鸭，另一个看兔。同时，的确真实的情况是：一个人的信念、无意识，或识别所见之物的色彩，诸如此类，这些情况都无须由史学家做出的一种假说，这些史学家欲以原本健康的方式严肃地对待不可通约性论题。

在这个关键问题上值得付诸实践的,是针对生态型不可通约性议题,设想一种视域开阔而非极端狭隘的范例,这个观点来自希兰在著作《空间感知与科学哲学》(Heelan,1983)中的思想。希兰出身量子物理学家,后来他研究科学哲学的进路,显然是一位阐释论现象学家,然而,他自觉未沾染通常与阐释论立场密切相关的极端主观主义。希兰[①]认为,从15世纪起,某些人工物被引入欧洲人的生活世界,它们逐渐重构了人们的空间感受,并且致使17世纪新出现的科学世界观成为一种自然的结果。希兰尤其坚持以为,在对空间感知的问题上,在公元1500年之前,欧洲人惯于使其具有一种双曲几何学的色彩;然而此后,欧洲人日渐运用欧几里德几何学来感知空间。希兰的观点有一个最重要特点,就是尽管它反对极端主观主义,但他的观点意味着一种极端相对主义。诚然,如我们将在下文所见,相较于传统意义上阐释学家支持的相对主义,希兰甚至更胜一筹。然而,为了透彻了解希兰的极端相对主义立场何以成为可能,我们必须首先概要性地回顾狄尔泰未完成的生命哲学研究(Makkreel,1975)。

狄尔泰的阐释学研究纲领,可以看作由两部分组成。更著名的那部分包括一章"历史理性批判",它与康德的《历史理性批判》类似,系统地构画出"便于理解的分类目录"——此时,他只能做到与不同历史时期联系起来。这样,置身于不同历史时期,狄尔泰直面地看到:人们用不同的方式构建因果性秩序,看待附着在物质上的属性时,人们存在不同的观点,诸如此类,不一而足。不太著

---

① 希兰(Patrick Heelan,1926—2015),美国科学哲学家,是科学诠释学实在论的代表人物。

名的那部分着重研究了一种方法，史学家因而可以运用这种方法，对不同历史时期做出阐释，也就是充分利用这样的事实：尽管人类运用许多形式进行表达，这些表达都是对反复出现的一组生存问题的反映，人们必须在其身处的物质环境中求得生存，一系列生存问题缘此而生。这样一来，深思熟虑的理解（Verstehen）过程，它使史家有能力跨越种种不可通约的世界观，而这种理解基于人类的生物学统一性。在科学发生转折的20世纪初，这种生物主义传播甚广，具体表现例如：马赫对知识增长问题的解释（Munevar，1981，ch.6）。进化论揭示的动物智能概念，为生物主义的传播提供了支持，这种观念认为：在对有机体的自主适应性做出判断时，必须考虑：有机体的神经系统从它所置身的环境中可能撷取什么，并由此可能构造出怎样的"世界"。对于这个学说，狄尔泰的偏离只表现在他的如下推论中：人类各不相同的独特性，源于人类各不相同的世界观，即人类通过其生物性天赋构建起各自的世界观；反之，相较于其他任何有机体的历史，这也使人类历史成为充满更多妙趣的一种历险探索。在20世纪，狄尔泰的生物主义因其在科学上的困境而遭到清除，它化身为生命哲学（Lebensphilosophie）的形式重新面世（Schnaedelbach，1984，ch.5）。

需要注意的是，在狄尔泰看来，世界观的多样性发生在一个相当高的认知层次上，这相当于康德范畴中的文化等价物。然而，在康德所谓"敏感性"层面上，即对空间与时间的纯粹感知，狄尔泰是精神统一性的信徒，因为精神统一性与人类不变的生物遗传性最密不可分。希兰与狄尔泰的不同在于，希兰甚至把在精神层面对文化进行认知这个高深问题也相对化了。狄尔泰将会发现，很难把握希兰的极端相对主义，如果人类的精神统一性无法探及像空间感知那样的深度，我们如何对其他文化做出哪怕是一点儿的说明？的确，我们如何将精神统一性视为各种各样的人类文化而做出阐释？这是一个会令狄尔泰烦恼的问题，因为同人多数哲学家一样，他们一直都在奋力探索"精神统一性与文化多样性"这个相反相成的议题。狄尔泰认为：心理上的普遍一致性，无法涵盖研究对象所处环境条件的特殊性。为了不太抽象地阐明这一点，我们来看心理一致性的两种可能的表现形式：

（a）无论人类身处的环境如何不同，确凿无疑的是：一切人类所感知到的空间，都具有一种欧几里德几何学结构。

（b）如果将一切人类都置于某种环境（应是特定环境）之下，那么，确凿无疑的是：他们将会把对空间的感知，当作是一种具有欧几里德几何学结构。

狄尔泰想到的心理一致性，可能仅仅具有（a）的形式。相较之下，希兰相信，例如：在（a）意义上，用来感知深度与方向的基本能力是普遍一致的；在（b）意义上，由我们对深度与方向的感知力所呈现的几何学结构是普遍一致的。就是说，人类所能感知到的那种几何学，对环境的种种变化十分敏感。因此，如果（a）与（b）之间的区别是确实有效的，且（b）类对一致性的思考也达到希兰的思想深度，那么，似乎可见：人类认知对于文化相对主义有一种与生俱来的倾向！这个结论尽管存在自相矛盾之处，但是，在心理学文献中，它有一个与众不同的独特谱系，纵然这个谱系稍显边缘（Segall, Campbell & Herskovitz, 1966; Gibson, 1979）。

最后这一点非常重要，因为它表明在希兰的阐释中缺少主观主义。包括狄尔泰在内的阐释学家，经常讨论世界观方面的种种变化，这些变化仿佛是可取代幻想的世界结构——这种世界结构先天匮乏环境内涵——的另类方式。因此，把这种主观主义者的思考作为一种"选择"，看似非常合适。然而，从来没有人认为该领域的选择拓展了本学科的空间感知力，因为学科空间感知力的拓展将包括——可能通过一种意志行为——决定对一个人最根本的经验进行重组的那类经验，这部分经验对于任何系统的、有意识的操控具有最低程度的敏感性。现在希兰愿意对双曲空间感知与欧几里德式空间感知之间的差异进行讨论，其中涉及如何衡量这种差异的"文化选择"。我坚持认为，这是一种不幸的表述转向。正如在后面的考察中我们将要看到的，希兰最需要坚持的就是：一个人通过对暗示了其感知的人造物的构成进行改变，这个人可能会间接地为他的空间感知选择一种几何学。即便这种选择方式认为，这个人既知道哪些人造物的构成暗示了哪些几何学，且有能力协调与他邻近的其他人的活动，以保持必要的基本格局。毋庸讳言，我们在社会工程方面的才智，尚未达到如此类似上帝的程度！

当各种几何学被强加到我们的原始经验上，它可见的清晰度和度量标准，与它可见的歧义性相差无几，通过思考这样可能引发什么情况，可以勾勒出双曲空间感知与欧几里德式空间感知之间的差异。每种几何学都提供了一种"全等法则"（rule of congruence），因此，通过将各种不同的区间与一个标准单位的区间进行比较，这些区间则被赋予了量度。欧几里德的全等法则被"严格的统治者"操控在手，当它越界易位发生了空间转换，全等法则的物理学维度却没有任何改变，由此产生了与测量任务无关的观察者立场与定位。相较之下，对双曲线式全等法则的界定，完全以观察者视觉可见的估计为依据，而观察者只同与他最直接切近且至关重要的观察对象有关。观察这种差异的一种方式，是根据心理物理学中常见的一种对比性差异：一边是物理刺激方（与欧几里德式空间感知相对应），另一边是感受反应方，或仅为显著可见的差异（与双曲空间感知相对应）。观察这种差异的另一种方式，则根据第一人称（双曲空间感知）与第三人称（欧几里德式空间感知）之间的差异。

在这两种几何学的引导下，致使观察者为与自己邻近的观察对象粗略地指定了同一个衡量标准。双曲空间感知的观察者，倾向于将遥远的对象估计得与自己更为接近且更易于理解，这比他的对家——欧几里德式观察者——更胜一筹，这也导致了多种类型的"扭曲"，这种扭曲可以在凡高①与塞尚②的画作中看到。希兰坚持认为，这些绘画中看上去被扭曲的图像，只是以欧几里德式空间感知作为文化规范的缘故。然而，一旦欧几里德式空间感知的情境暗示与情境线索被弃之不顾，如同光学错觉中的情况，观察者则倾向于做出一种更符合双曲规则的感知判断。的确，长久以来，非欧洲文化的各族群做出的都是双曲空间感知判断，即便当情境暗示与情境线索近在眼前呈现时，情况依然如故。与从古典时期与中世纪艺术中得出的证据事实一起，这些思想向希兰昭示：即便在欧几里德双曲空间感知中，双曲空间感知也是一种普遍现象，直到被建构的人造物允许观察者去校正感知方面的种种"扭曲"，这些扭曲源于观察者被置于空间中的特定一点上。这些人造物的一个共同特点——它反应在后文艺复兴时期的建筑、街道与绘画设计中——是一系列被制造成一致空间化的物理标志物（例如各种柱式与灯杆），这些标志物向观察者暗示：根据欧几里德式图形透视原则，阐释他之所见，因此这也有效地将一种笛卡尔式坐标体系（Cartesian coordinate system）（一种"网格"体系）强加到他的感知视野中。

希兰的思想，可以在新科学认识论奠基人、法国哲学家巴什拉于1934年出版的著作《新科学精神》中找到先例。这本著作旨

---

① 凡高（Van Gogh, 1853—1890），荷兰后印象派画家，表现主义的先驱。
② 塞尚（Cezanne, 1839—1906），法国著名画家，后期印象派主将，现代艺术的先驱，19世纪末已被推崇为"新艺术之父"。

在根据一种"认识论断裂",对科学世界观的出现(从伽利略到道尔顿)做出说明,就是当一种新的感知手段被引入生活世界时,由此产生了对关于世界的某种自然态度的临时怀疑;随着新感知手段与生活世界合而为一,这种断裂逐渐结束(特别是关于为什么新感知手段能够奏效,一旦有一种理论能给出这个问题的答案),而收获的纯粹结果,则是对一个人感知视野的重构。关于这个过程,巴什拉的最佳例证就是望远镜,他说:一旦望远镜在欧洲人的生活世界中变得"自然化"了,认为望远镜提供了一种认识世界的方式,它就如同一个人不借助任何外在手段对世界产生的感知一样直接。简言之,用巴什拉的话说,望远镜变成一种现象性技艺(phenomenotechnique)。希兰颇具启发性的表述是可解读的技术(readable technology):正如一个人直接解读出语词的意义,而未流连于这些语词在页面上的物质性呈现,就是说(巴什拉与希兰都说),一个人直接看到了月亮,而无须对如下事实进行反思:这个重要的证据是借助望远镜得来的图像。

因此,巴什拉可以被相对容易地理解为,他克服了几百年来亚里士多德对间接感知的反对,因此巴什拉认为:与望远镜的出现相伴而生的光学理论,类似于对机械论做出的弗洛伊德式辩护。特别是,为允许作为仪器的望远镜毫无问题地付诸应用,这种光学理论压制了望远镜人工性的最初直觉。那么不足为奇,正如几位法国哲学家康居翰[①](1978)、阿尔都塞[②](1970,part 2)与福柯(1975)的实践,一直以来,认为巴什拉科学哲学的主要贡献在对生态的不

---

① 康居翰(George Canguilhem,1904—1995),法国当代思想开创者之一,哲学家、生物史学家、科学史和科学哲学家。
② 阿尔都塞(Louis Althusser,1918—1990),法国哲学家,结构主义马克思主义奠基人,法国共产党党员。

可通约性进行精神分析研究方面,这其中的认识论断裂,实际扮演了长期以来由这种西方集体无意识维持的精神创伤。

一旦我们思考希兰与巴什拉的差异究竟何在,那么,希兰的困境就产生了。与巴什拉不同,希兰更多关注认识论断裂双方的世界观,超过对认识论断裂本身的关注。在此意义上,希兰融合了狄尔泰与早期曼海姆(1971)的思想,并将其表现为一种类型拓扑结构的世界观(weltanschauungen)。像这些"历史主义者"一样,希兰从未给读者留下一种感觉——巴什拉可能将其称作"历史变化的辩证法"。例如,在希兰的解说中,望远镜扮演了一种相对轻微的角色,即便在把欧几里德式空间感知移入科学探索方面,他所阐释的是有关科学仪器的工具性议题。如同柯瓦雷[①]在《从封闭世界到无限宇宙》(1964,ch.3)中表明的,开普勒有能力为伽利略的望远镜提供多数的光学理论,而对于空间的感知,开普勒根据的是希兰很大程度上认为的双曲空间。与此同时,希兰易于承认,至今尚未写出从双曲空间感知向欧几里德式空间感知转变的历史,无法明确的是,这种历史是否将会完全证实他的立场。特别是,希兰极易受到这种谬误推理的影响,即力求从历史的偶然性中得出随意的选择,这种情况在现象学家中也很普遍。据此,希兰想利用欧几里德式空间感知具有清晰的历史起源这一事实,以便表明:在欧几里德式空间感知之后的任何历史结点上,我们的空间感知能够做出改变。

一旦希兰表明,一种可替代欧几里德式空间感知的另类方式存在,而且实际上这种另类感知方式支配着文艺复兴之前的欧洲,希兰由此得出结论:我们作为欧几里德式的空间感知者,现在处于这

[①] 柯瓦雷(Alexandre Koyre,1892—1964),科学思想史家,生于俄罗斯,先后在法国、美国从事研究。

样一种立场上,即承认:另类空间感知的几何学,远不只是简单的格式塔心理实验。的确,希兰相信(出于不能在这里讨论的原因):通过部分地回归双曲空间感知,可能会止息随着科学世界观出现而产生的"去人文化"(dehumanization)趋势。尽管希兰的观点十分有趣,但是同任何寻常之见一样,这些观点缺乏说服力。因为事实上,我们决定将哪种几何学付诸应用,完全基于目的考虑,而非出于构建证据和其他规范性方面的运筹。这里希兰存在的问题是,在对几何学结构——一种"可能的世界"——进行定义时,他遵循了现象学的习惯做法,这个定义不是作为一种语言学构造,而是作为一个反省的目标,就是说,这是一个在某种特定条件下有意识存在的目标。在这点上,容易坠入陷阱得出的结论是:这些有意为之的目标,本身可能就是故意实施操控的目标。

然而,一个事物可能以单一的笛卡尔式意识而存在,它也可能以"集体意识"而存在,事物的这两种存在条件截然不同。一个共同体的空间感知结构,不是个体小心谨慎地践行现象学实验的产物。而且如果一个共同体甚至可能被认为"拥有"一种空间感知,这有可能是每位个体的行动在空间中正在受到操控的结果。那么,看似不可能的是,相关个体可能受到同样方式的驱动,他们的空间感知因而发生改变,这不仅由于这些个体可能具有丰富多样的旨趣,更重要的是,因为接受一种欧几里德式世界观所宣称的好处,是唯独针对已经愿意彻底改变自身结构偏好的那些个体的真正利益。由此可见,双曲世界观与欧几里德式世界观之间存在的不可通约性。(希兰表明,如何可能将"地方性"价值溯及一种双曲世界观,而将"全球性"价值溯及一种欧几里德式世界观。)

对空间感知的几何学转变做出一种更具说服力的解释,有必要援引一些间接的因果性要素,即所谓"看不见的手"。出于各种政治与经济方面的理由，从欧洲君主们委任的营造工程中，最终结出现代透视学与光学理论的果实。随着科学作为一种制度体系的兴起，反过来，这些科学理论开始强制性地成为欧洲的文化范式。没有理由认为，君主、理论家与教师具有彼此契合的旨趣，尽管他们各自的行为是必要的，而且对于欧几里德式感知视野的出现，他们的行为共同发挥了足够重要的作用。进而言之，一种新的空间感知几何学，可能恰好是这类事态之一，即它仅仅可能作为许多个体的各种活动中无意结出的成果而发生（Elster，1984；Fuller，1985a）。事实上，用"看不见的手"还可以解释这个问题：长久以来，作为个体的哲学家与科学家——其中以康德最为著名，发现他们的思想方式不可能超离欧几里德式框架之外，这是为什么？

最后，让我们将生态型不可通约性论题的可行性视作一种科学史研究纲领。不再是根据不同的背景信念，对相同刺激下的不同反应做出解释，这位史学家可能做出了更简单的假设：两位个体很大程度上具有相同的精神心理成分，但是，二者的生存环境颇为不同，由此激发的感受性暗示也不相同：一位看到鸭，另一位则看到兔。有鉴于此，这位史学家可能将自己对世界观的研究，限定在极具客观性定义的三个领域：

（c）规范性语言：无论科学家偶尔持有什么信念，他们必须清晰表明这种语言；

（d）人工物构造的格局：它们构成科学共同体的感受性环境；

（e）境遇条件：在这种条件下，无论新手，还是专家，经检验判定：他们做出了不合格的语言表现或感受表现（以及他们可能对该判定做出的任何评论）；一个错误的论点，一个非法的推论，为不合格的语言表现实例；而实验仪器的误用，以及未能注意到某种实验装置具有的"至关重要的"特性，为不合格的感受性表现实例。

这种对世界观的客观性建构，产生了一个重要后果，它使不可通约性的支持者与反对派至少暂时可以得到和解。反对不可通约性的一派，如戴维森（1984），被认为是把理性原则的效力归结为诸如"宽容"与"人性"这类特征，他们认为：如果其他条件不变，人类在相同条件下，对于如何处理语言与感受方面的暗示、进而付诸行动的问题，基本采用相同的方式，所有人类在这方面具有高度相似性。不可通约性的支持者，也毫不犹豫接受了这些原则，正如只要"相同条件"被认为意味着上述关于历史探索的三个领域，那么，不同时期的科学家，只有通过不同的感受与语言线索，才能各具特色地区别开来。因此，正如理论负载性无法对戴维森的理性追随者构成干扰一样，它也不应扰乱库恩的不可通约性追随者。

只要我们已经在健康的意义上清楚认识上述表明的"被认为"，不可通约性就无须暗指某些深层思想结构——即用来防止一种世界观倒向另一种世界观的深层思想结构。相反，我们把库恩的不可通约性论题理解为，它唤起一种科学史与科学哲学关注点的转移，也就是从主要对"信念"与"意义"的精神性关注——它从基础上支持了实证论者关于"理论"的讨论 [如同波普尔（Jarvie，1984）曾经认识到的]——转向对构成科学共同体规范性边界的感受与语言暗示，进行更具客观性的考察。在本节的最后，我要强调：在对库恩与费耶阿本德思想的一系列比较中，对库恩的批评倾向于充满更多有关信念、意义与理论的讨论，这远远超出当年库恩本人的倾向。库恩不愿运用实证论者的词汇，库恩的批评者似乎把这视为库恩的一种姿态，或表明默会知识不可言说的性质，或在面对哲学议题时，表明一位历史学家的人性所在；此时，库恩其实正在对践行那些非常议题的合法性发起挑战。

2. 文本型不可通约性

乍看起来，第二种类型的不可通约性似乎难以理解，以至于理性的人不愿认为自己支持它，对它进行驳斥更无从谈起。然而，同怀疑论者的挑战一样，与难以理解的文本型不可通约性相匹配的，唯有文本型不可通约性所具有的无可辩驳性。实质上，这是第四章讨论的声名不佳的巴别论题。这个问题的产生，源于一个微不足道的概念。因为在证明我们是否理解了他人的言说时，不存在一种可共同接受的方法，加上对于任何可持续的人类努力来说，交流是必不可少的，因此我们被迫假定：我们已经理解了我们的对话者，直到一个误解进入我们关注的视野。这个认识策略看似理性，对于多年以来成功的人类互动，它已提供了支持。然而，这个策略基于如下假设：在言说的某一点上，任何误解都将会被察觉，进而被检定成为一个误解，即作为一方未能理解另一方的结果而存在。但是，我们可以想象，长期持续的误解，是由于双方正在运用相同之处颇多的语言，想要表达的却是具有系统性差异的事物。如果不对照检查这种方式，话语持续的时间越长，误解就会累积得越多，直到某种"危机"出现，就会引发交流的崩溃。然而，此时的话语危机，未被诊断为是基于种种误解的综合作用的结果，而被诊断为源于某些深层的概念问题，似乎没有一位当下的对话者，有能力对话语危机问题做出令人满意的解释。知道了话语危机的语言学起源，我们就会不必惊奇地发现：这些深层的概念问题，看上去或是没有能力把一个概念应用到一种异常情况中，或是形成了一个悖论，即这个问题的解决必须有一种内涵更为精密的词汇。最后，这个话语共同体化零为整地形成学派、范式与学科——这契合《圣经》中的巴别塔故事。注意，由于这个整体构想会被认定为真，因此，过去的历史记录中可能没有任何异样之物。

我们已经通过思想实验的方式呈现了巴别论题，但是，我意在表明：对于奥克肖特①与罗蒂（1979）所谓的"人类对话"（conversation of mankind），巴别论题能够为其提供最佳解释。这个看似永无止息的争论，贯穿过去2500年间的西方世界，形成关于真、善、美的本质以及同类问题的持久探讨。在建议用不可通约性来理解美的本质时，苏格兰社会理论家沃特·加利②把"美"（Beauty）当作"一个实质上可争议的概念"（Gallie，1957）。作为同类概念，"真理"是更为清晰显明的一个例子，它至今引领哲学家不仅为一系列广为不同、看似无关的理论（对等性、一致性、冗余性与实用性——用来称呼那些领先的争论者）进行着争论与辩驳，而且也是关于真理争论本身的一个重大议题，即这些理论的目标是否应当为：提供一种真理定义或真理标准（Haack，1978，ch.7）。由于巴别论题完全彻底的根本性意义，它从未远离过实证论者的心灵，实证论者非常愿意把许多较高层级的概念争论（特别是与相应的经验实践密切相关的科学理论），归因于语言运用的差异，而非在信念上的真正差异。但是，或许关于巴别论题名声最恶的记录，可能出现在几位解构主义者的著作中——德里达、哈罗德·布鲁姆③、保罗·德曼④，他们服膺马克思主义与弗洛伊德式的主张，把举证责任转移到这种人身上——他们相信甚至懂得自己的语言是如何运用的（Fuller，1983a）。最后，在一份关于西方的"后现代知识状况"的报告中，

---

① 奥克肖特（Michael Oakeshott，1901—1990），英国哲学家，20世纪保守主义政治哲学的重要代表。
② 沃特·加利（W.B. Gallie，1912—1998），苏格兰社会理论家，提出"实质性竞争概念"。
③ 哈罗德·布鲁姆（Harold Bloom，1930— ），美国当代文学理论家、耶鲁学派批评家。
④ 保罗·德曼（Paul De Man，1919—1983），比利时文学理论家、解构主义文学批评家。

利奥塔[①]认为:"后现代"姿态的一个关键所在,是实现了以下两种认识:第一,巴别论题是知识生产的一个必然结果,这种认识在当代社会被如此地去中心化;第二,这种激进的不可通约性,具有意想不到的好处,它可以在比从前更快的水平上促进创新(Lyotard,1984)。

尽管巴别论题的谱系有其强健性,我们不应失之洞察的事实是:关于知识生产的本质问题,仍是一个非常小众的观点。其实,分析派语言哲学家——如奎因与戴维森——有一个重要主张,认为如果翻译从根本上注定是可能的话,巴别论题必定为假。显然,为阐明这个强论断,这些哲学家必须具备讨论知识传播的方式,这些方式足以系统地防止巴别论题不被表述为另一种智识上的替代物。在对奎因的彻底翻译事件进行考察时,我们将牢记这个思想,特别是这个思想具有四个特性,它间接地使巴别论题渐失可信性:首先,翻译的思想是如何建构的;其次,语言学规则思想是如何建构的;第三,作为语言应用范式的言说角色;第四,构建一种翻译,其中隐含着多种特定目标。

首先,彻底翻译事件所暗示的翻译理论,非常不同于翻译者在实际操作中蕴含的翻译理论。其实,这个隐含的翻译理论,反映出在逻辑实证主义如日中天之时,奎因作为一名形式逻辑学家是训练有素的。为看清我们在这里表明的差异,现在来看影响翻译的两种一般性策略:

(T1)翻译者把一种外来文本翻译成语句,这些语句在意义上最接近母语言说者通常情愿使用的语句,即使这意味着要丢失这种

[①] 利奥塔(Jean Francois Lyotard,1924—1998),法国哲学家、后现代思想理论家,后结构主义哲学的代表。

外来文本中的某些多义性或精微差异。

（T2）翻译者把一种外来文本翻译成语句，这些语句在意义上最接近下面这类语句：尽管它们在语法上可能出现在言说者的母语中，但它们要求把常规用法悬置起来，这类语句也许包括引入了新的逻辑规则和区分标准，新内容抓住了这种外来文本中的多种微妙语义。

那么，简言之，（T1）翻译过程的实现，是通过翻译者调整这种外来语言，让它适应翻译者自己的语言；（T2）翻译过程的实现，是通过翻译者调整自己的语言，让它适应这种外来语言。奎因的翻译事件可以视作（T1）中的一种情况，在这种情况下，人类学家对土著语言进行翻译，他们专业地择定测试条件，通过让土著语言对这些测试条件做出简单的反应，反映出在人类学家语言系统中的语义差异。

当（T1）被当作对翻译做出的一种一般性说明时，它意味着：如果一种外来文本无法译成某位翻译者的母语，那么，一套噪杂之音或文字的留痕则无法构成一种有意义的表述。这个立场的原型，就是维特根斯坦（1961）的《逻辑哲学论》(Tractatus)。维特根斯坦主张，可译性的界限不能被认为是：或对于异文本中的一个命题内容，用翻译者自己的语言，能够对它做出充分彻底的翻译，或是翻译者被迫保持沉默。（T1）的历史源头是罗素与卡尔纳普，对于运用自然语言将语句的命题内容分离出来，进而用一种规范的语言对这些内容进行再加工，他们将这个过程命名为"翻译"。即便这项翻译事业——逻辑实证主义傲视群雄——在30年前已被抛弃，奎因（同样还有戴维森）仍继续坚持翻译者的优先权，并将其作为阐明土著话语不可协商的基础。奎因极其细致微妙地处理这个问题，他主张一切语言都是关于物理实在的含蓄理论，而且仅仅根据人类学家语言的相对丰富性，就做出人类学家的语言不同于土著语言的判断。这个动向使土著——身处其他事物中——具有许多与人类学家使用语言时相同的旨趣（就是与表征实在密切相关的旨趣）。因此，人类学家必须迫使土著对专门设计出的情境做出反应，可以将这个事实阐释为：它表明与人类学家的语言相比，土著的语言远远不能满足表达他们自身目标的需要。

进而言之，人类学家在处理语言差异的一系列指令时，将其中心照不宣的默会评价隐藏起来，这使人类学家不必担忧可能会误读土著的言说。最常用的这类语言差异有两种，它们可能是：认知式 VS. 情感式（cognitive vs. emotive）、命题式 VS. 行绩式（propositional vs. performative）。人类学家无法对照他自身语言中的语义范畴，容易地对土著表述中的任何方面都进行检查核实，这就成为各种二元论中另一半的候选对象。然而，一旦土著所说的大部分内容被事实证明原来是出于情感所发与行绩所系，于是这类语言差异开始令人怀疑有点种族优越论的味道（Sperber，1982）。的确，宽容原则本身，有可能被解读为种族优越论的隐晦表达，因为宽容原则引导人类学家把土著阐释为：或说了一些人类学家已知的内容（且人类学家可能会对这些内容做出更好的表达），或因为土著缺少某些人类学家所具备的背景知识，因此他们说出的内容是错误的。换言之，宽容性不允许这种可能性发生：人类学家与土著可能共同拥有一种合法的、基于认知的意见分歧。

相比之下，（T2）作为实践型翻译者的含蓄型翻译理论，它为翻译者提供了机会，使他面对自身文化时，可以采取一种批判性立场。只要翻译者直接面对土著流利的表述，这种机会就会出现，只是把这种表述译成翻译者自身的语言困难巨大，正如通过翻译者必须建构的新词数量所能看到的那样。此外，这些新词的尴尬之处显而易见，考虑到翻译独具一格的异类特质，这些新词迥异于它的原初表述法本应看上去具有的本地性。在具备哲学心灵的读者看来，最生动的实例是海德格尔（1962）在《存在与时间》中的做法，他力求运用德文，重新梳理曾经由古希腊哲人提炼出的形而上学的差异；当然，相较于海德格尔的"信实"型翻译，有些人致力于翻译出一种更具公众可及性的话语，对于后者来说，古希腊哲人是值得关注的。在这种情况下，我们看到：不同于（T1）中的翻译者，（T2）中的翻译者正是在翻译行为中，认识到可译性的局限所在；因为翻译者越是关注从所译原文中提炼出的语义差异（如海德格尔所为），就会越强调本地语言的"他者性"（otherness），因此，本地语言就没有能力在其原生语境之外发挥作用。坦率地说，如果一种翻译太过追求"接近"原文，它最终会击败翻译的总体目的，这种做法旨在翻译出这种外来的熟悉。尤金·奈达①，或许是实践型翻译家中的一流理论家（奎因与库恩受到其影响），他已注意到翻译中存在的这对矛盾（Nida，1964），并根据互补"等效性"原则概括了它的特点，翻译者必须在这对矛盾之间保持平衡。我们从奈达擅长的领域——圣经翻译学中撷取一例，来阐明这个问题。

《圣经》翻译者典型地被两种冲突目标所困扰。作为早期西方文化最重要的历史文献，《圣经》应当以这样的方式被译出，即在语义上忠于原初的希伯来语、阿拉姆语与希腊语。奈达将这种等效性称作形式的（formal），并且将这种等效性与圣经诠释学（biblical exegesis）联系起来。然而，对于现存的几种主要信仰来说，《圣经》文本也是必须参照的准则式文本，因此一部好的《圣经》译本，也应以某种方式译出原初语言中的"精神"，使今天的译本信息与两

---

① 尤金·奈达（Eugene Nida，1914—2011），美国语言学家、翻译家、翻译理论家。

千年前的原初信息贴切契合。奈达将这种等效性（海德格尔进路中缺少这种等效性）称作能动的（dymanic），并且将这种等效性与圣经阐释学联系起来。进而言之，能动等效性对于原初语言的"信实"程度，不亚于形式等效性。其实，为实现能动等效性目标，翻译者将要把握住如下事实：当一个文本被最初表述出来时，原著文本针对其目标受众履行一种特定的社会功能，正如这些受众在后续行为上产生的反应所表明的那样。为了从我们自身的文化中引出一种类似的反应，这样的翻译可能必须极度偏离被译文本原初表述之义，正如百老汇电影《西区故事》同莎士比亚原著《罗密欧与朱丽叶》一样，具有同样的广泛吸引受众的能力。埃米尔·瑞欧[①]的例子更趋极致，他把《荷马史诗》翻译成以几种英语对话写成，满足大众口味的小说。的确，奎因本人似乎已充分理解了翻译的能动等效性意义，因为奎因关于充分翻译（adequate translation）的一个标准是：它要能够引发恰如其分的行为反应，无论原著者是否愿意接受翻译者运用的规则——翻译者认为这些规则在形式上等效于他自己的规则。

那么显然，将一个翻译目标最大化，就是将另一个翻译目标最小化，因为形式等效性倾向于强调翻译者语言与原著语言之间的差异，而能动等效性倾向于强调二者之间的相似性。翻译者凭借其特定目标，以多样的方式应对这个张力，但应强调的是：在各种具体的翻译中，包含在原初著作中的某些信息丢失了。通过重返原始文本与设定新的翻译目标，可能经常会重新找回一些丢失的信息，出于经济原因的考量，重拾丢失信息的努力屈指可数，为此而做出系统的努力更是亘古未有。这就意味着在很大程度上，数个世纪以来

---

① 埃米尔·维克多·瑞欧（Emile Victor Rieu，1887—1972），英国古典学家。

我们的文化所累积与传播的知识,一直能够被翻译者持续变化的目标捕捉到;反之,这些知识又成为巴别论题中存在的一切真理的基础。

事实上,根据奈达的分析,我们能将巴别论题构建为一种(T2)中的翻译者必须进行协商的折中方案。一方面,这位翻译者如果相信:过去两千年来,围绕真理本质问题争论不休的哲学家,已被他们自己的语言所迷惑;那么,为了对这些哲学家的语言行为做出解释,这位翻译者必须怀疑如下假定:哲学家明白其自身话语的意义,对于这件事,翻译者从未根据自己的条件产生过怀疑。另一方面,如果翻译者认为哲学家酷似翻译者自己,并且因此对于深层语义错误不抱怀疑,那么,巴别论题就不可能是正确的。因而,我们可以用下面的方式,概括(T1)与(T2)两种翻译进路的差异:鉴于奎因、戴维森,以及其他"宽容的"(T1)中的翻译者,将会主张后一种可选择的方式,即能动等效性进路,是唯一可行的翻译进路;(T2)中的翻译者则坚持认为:一种可选择的翻译进路,必须总是与另一种翻译进路进行折中的结果。

在第二种翻译进路中,彻底翻译事件暗中与巴别论题抵牾,以下问题可以得其神髓:无论语言规则看上去是一种可生成的语法,它由计算程序化的语言学家在办公室中设计出来;抑或是一种语言手册,它由人类学家在田野实地中建构出来;问题在于:如何概括出语言规则的特点?无论在哪种背景下,语言规则通常都被认为是——从句法上与语义上达到正确表述的正面指令。然而,在奎因的彻底语言事件中,对于由某些这样或那样的语言规则支配的土著话语,人类学家拥有的唯一证据,就是土著对于人类学家做出的不正确表述给出的负面反馈。奎因完全了解这一事实,并且把它当作翻译的"非充分决定性论题"(indeterminacy of translation)。实际上,这个论题主张:对人类学家而言,来自土著的大量负面反馈,不足以判定他打破了什么正面语言规则。因此可以这样理解,奎因的论题将"非充分决定性"置于一种认识鸿沟之间,鸿沟的一端是土著对语言规则的正面理解,另一端是人类学家对语言规则的间接与负面理解。

但是,假设语言规则本身固有间接性,或如维特根斯坦喜欢说的,语言具有"开放的内在结构"(open-textured),人类学家为推断出土著的语法,似乎从未得到过充足的证据,这只是因为语言规则本身不过是负面指令,它界定了某种表达方式在某种语境下所不能表达的意义。但是,从另一方面看,这也为其他可能的意义留下了开放空间。在这种情况下,非充分决定性不只因为人类学家不是一位土著言说者,相反,它是融入那种语言结构本身的一种特性,这种特性对于该语言使用者的约束,相较于通常做出的假设,存在更多有问题的界定。那么,我们将不足为奇地看到:土著本人不能清晰表明支配其自身话语的规则,或者至少不能清晰表明:与他对已知的"正确用法"做出判断说明相一致的语言规则。其实,当语言学家检测一种语法在心理上的有效性时,会连续遭遇这种矛盾(Greene,1972)。但是,语言规则作为负面指令的思想,不仅能阐明这些矛盾,而且也能揭示术语在实际应用中的出处,一直以来,这些术语的意义与指称在微而不察中发生着改变,它们作为语源学的证据,始终构成不可通约性论题的一块基石。

第三,在奎因的彻底翻译事件中,由于土著就在人类学家面前,错误的翻译一旦出现,立刻就能得到土著的纠正,这是言说作为一种语言媒介的特性之一。这个特性将言说从书写中区分出来,但是,言说的交流性不包括言说者能经常参与到自己的文本之中。然而,在与创作科学史或记录科学史相关的人们中间,几乎不存在真实的面对面接触。诚然,一个思想学派或科学共同体成员间多数的面对面接触,被局限在——比如说——一套学术建制内。实际上,这个长期存在、很大程度上基于言说的互动机制,在什么能说与什么能做方面,确保了强规范性边界的形成。但是,这个边界通常不能延伸到其他套路的学术建制中,这套学术建制中成员工作的接触交流,几乎只能通过期刊、著作之类的书写媒介来实现。在这种情况下,一个共同体成员通常在他们自己的研究方面,尽其所能与另一个共同体的同类工作合作,以此作为他们对另一个共同体的行动本质已经了然于胸的证据。对于奎因所谓人类学家想要的那类翻译而言,这几乎算不上是一个万全之策。然而,在理解他人的作品与运用他人的作品之间未能做出清晰区分,这可以对如下现象做出部分的解释:有些学科经常采用令人莫名其妙且怪异的历史阐释路线。只要一个研究者共同体没有做出这个区分,那么,不可通约性就可能保持生存活力。对于这个关键问题还可以说很多,不过,我们在此要强调的是:马克斯·韦伯(其后更晚为利奥塔)提出,在一个文明社会中,知识实现了"理性化",并且对认知劳动做出了复杂的区分,不可通约性可能与韦伯的知识理性化思想存在密切联系。换言之,由于科学共同体的边界变得被限定在狭窄的学科问题上,科学家必须转向书写媒介,从开阔广博的主题中为自己寻找信息,这可能产生的净影响是:未经校正的错误理解会激增。关于这类问题提出了许多社会学假说,并且用来检验这类问题与官僚体制相关联的问题,不过只是时至近年,这些社会学假说开始富有成效地应用到对科学共同体网络中知识传播问题的解释上(Collins,1975,ch.9;Whitley,1986)。我们将在第九章对这个问题做更详细的考察。

彻底翻译事件的第四个也是最后一个特性,是对不可通约性论题提出质疑,它聚焦于翻译目标本身,尤其关注在翻译方面的所有努力,是否至少拥有一个共同目标。然而,如同我们在奎因事件的第一个目标中表明,无法明晰的是:究竟是彻底翻译事件,还是不可通约性论题,哪一个更加远离真实。奎因以为,在有些直觉感受中,对他者话语的理解过程,可能成为他者话语本身所具有权力的终结过程,即他者话语成为语义学的研究事业。这个假设可以说明,奎因的读者未被告知以下问题的原因,即人类学家为什么乐意首先将土著的部落语言翻译出来,除了保存土著的话语内容之外(对土著话语本身的理解,必须以保存土著话语的指称,而非保存其意义为依据),还有其他原因。然而,对于他者话语能够实现一种充分完备的理解,通常是翻译者实现自身认知目标的一种方式。以翻译者自身认知目标的性质,以及为如何实现这些目标而设定的约束为依据,各式各样的翻译可能通过这些检验,进而成为一种充分完备的理解。这个认识,类似于范·弗拉森在其著作《科学的形象》(van Fraassen,1980,ch.5)中对说明本质做出的判断:正如不存在叫作"科学的"、被赋予特权的说明,这是对一个说明的所有要求的最好回答;也不存在叫作"语义的"、被赋予特权的翻译,这是对一种翻译的所有要求的最好回答(参照 Le Pore,1986,part 6)。

译作话语的作者,或作为作者代言人的学友和弟子之类,将会对其译言中的错误理解做出批判,而他们是否做出批判的可能性,对于各种翻译要求而言,构成一种独特的主导性约束。一方面,如果我们不希望一位对手或其代理人之一,对于我们如何翻译他的主张做出反应,那么,我们将把这些主张的特点概括为:它们只是尽可能忠实地为我们喜好争论的目的效力。例如,格兰治(Granger,1985)与萨克斯泰德(Sacksteder,1986)认为,这个特点当然已成为亚里士多德①式关键话语中的一例。对于库恩之类的作者，他们把与此相同的做法应用于实践，制造出含混的话语，实际造成任何阐释看上去都是合理的效果。另一方面，我们必须更多关注诸如亚里士多德、牛顿②这样的人物。不过，现在先不谈"霍布斯式阐释学家"理解的自然状态，让我们暂时转向古罗马演说家西塞罗③，他名副其实地开创了分析哲学家——至少是——普遍认同的唯一翻译理论，认为被译语言的意义应当保存在译出语言中（Bassnett-McGuire，1980）。我们将发现：西塞罗本人的动机，非常不同于这些动机在现代人眼中的印象。

西塞罗未曾将保存原作意义的翻译观向前推进，是为了抑制读者唯独对文本的使用价值感兴趣的倾向。相反，他坚持认为：一个保存了原作意义的翻译，为保存与传播古希腊人世代累积的智慧，提供了最有效的手段。那么在更普遍的意义上，西塞罗认为：最大限度地理解他者话语，对于最充分利用他者话语来说，是必不可少的。今天没人愿意再把这个主张视为特别合理，尤其是一旦我们衡量一下实现充分理解所需花费的时间，有些人对这种认识自己的研究可能付出的代价，就会流露出反对之意。但是当然，西塞罗的观点认为——甚至在科学革命时期仍保持着强劲之势，智识进步在于表明：一个人的当前研究——无论是思辨型还是经验型，如何描绘出一些知识的终极本源；通常而言，某些古希腊、希伯来或早期基督教文本的意义，在古典时代的重重迷雾中始终晦涩难明。把我们

---

① 亚里士多德（Aristotle，公元前384—公元前322），古希腊哲学集大成者，古典时代百科全书式科学家。
② 牛顿（Isaac Newton，1642—1727），英国近代物理学家，爵士、皇家学会会长，近代科学和机械论自然哲学集大成的创立者。
③ 西塞罗（Marcus Tullius Cicero，公元前106—公元前43），罗马共和国晚期的哲学家、政治家、雄辩家和作家。

今天所谓的"科学"从 18 和 19 世纪出现的"人文学"中分离出来，这里有一个关键性契机，即科学失去了西塞罗式的敏感性，这致使当前的我们——诉诸我们正在使用的他人的观点（即对他人文本的释义），却没有能力明白任何问题，甚至我们不能完全明白：当他人首次阐明其观点时，他曾经的本意是什么。

进而言之，如果你认为，对于保存原作意义的翻译观而言，甚至在他人文本原初付诸应用的实践语境之外，也可能制造出某些"意义"。那么，回望 17 世纪晚期以来翻译理论的历史，应当会让你重新思考上面的观点。例如，英国"桂冠诗人"约翰·德莱顿①受到后世关注，不仅因为他的诗作与批评，还有他对古罗马诗人维吉尔②作品的翻译。德莱顿的翻译开启了美国分析哲学家纳尔逊·古德曼（1949）批判相似性思想（及其语言学版本——同义词）的先声。古德曼通过把翻译者的工作同描绘自然风景的室外画家的工作进行类比，来表达他对相似性的批判：翻译者与风景画家都是通过不同于原物的媒介在工作，关于原物应当如何被表征，二者皆未从原物那里得到任何暗示。德莱顿的类比表明，两种自然语言之间的差异，如同一个"生动的"三维自然与其在画布上的二维表征之间存在的差异一样巨大。反讽的是，有一种观点认为，每种表述都有一种可通过任何语言被翻译出来的意义，德莱顿本应顺势而上对此观点做出有力一击，因为在塑造一种"清晰"、非拉丁散文风格的英国语言方面，他本人是第一位重要的清晰英语的捍卫者，也是应用语言的典范。或许对这个反讽的最佳解释，就是德莱顿对翻译抱有的一种强（T2）意义上的理解。

---

① 约翰·德莱顿（John Dryden，1631—1700），英国"桂冠诗人"。
② 维吉尔（Vergil，公元前 70—公元前 19），古罗马诗人。

关于翻译的意义保存论题有一个共同的文学建构，它尚未受到分析哲学家的关注。这种文学建构认为，翻译就是保存原作体裁的翻译，它要求翻译者捕捉的不仅是原作的"内容"，对于原作文法如何向它的初始受众指明他们应有的行为反馈，翻译者还需捕捉这类工作的某些意义。举几个简单的例子：原本的诗作应与该诗的译作相似，历史应与历史的译作相似，科学应与科学的译作相似。由于我们如今远离了一种具有普遍性的文体理论，这种理论能够将历史话语、科学话语，以及其他所谓的认知话语，从彼此交错的应用中区分开来，但无法明确的是：在真实的翻译实践中必须做出哪些确切的改变。然而，埃瑞克·赫希① 提出的阐释效力（Validity in Interpretation）理论（Hirsch，1967），在正确方向上迈出了第一步，它回到一种19世纪晚期模式的系统的人文科学（Geisteswissenschaften）。17世纪的科学话语在形而上学与神学方面是规矩更加严格的领域，柯瓦雷缜密精致的文体风格（Koyre，1969），为在科学历史编纂学中留下一些经典作品树起典范。

有观点认为，翻译者不仅应当表明使初始受众能够明白原作文本的文法特点，而且还应表明当前受众无从知晓——至少是感觉隔膜——的原作文本的文法特点，这个观点领会了文体策略弱化的这一现实问题。在构建阐释学的事业中，施莱尔马赫② 主张，鼓励读者去探寻一种先前话语的只可意会的征象（及其根本性意义），它的唯一方式就是通过翻译，而含混晦涩的翻译，迫使读者甚至对原作者最基本的思路都生出疑问（Hirsch，1967，ch.5）。这里表明的准则是：艰深难明的表述（源于作者或译者）可以引发深刻的思考

---

① 埃瑞克·赫希（Eric Donald Hirsch，1928—2015），美国文论家和文学批评家。
② 施莱尔马赫（Friedrich Schleiermacher，1768—1834），德国语文学家和哲学家。

（源于读者），这可能与分析哲学家的本能存在矛盾。尽管如此，我们不应失去对以下事实的洞察：施莱尔马赫对翻译含混性的忠告，不仅在德国得到遵循，而且它在英国维多利亚时代同样发挥着作用，它成为翻译完备性要求的重要标准，指引翻译家和其他远古文化的传播者（包括英国维多利亚时代的文史大家，如卡莱尔[①]、勃朗宁[②]、佩特[③]、爱德华·菲茨杰拉德[④]，去翻译那些"远古的"内容，这些译作在文体上属于一种夸张的古代英语散文。

可见，阐释学策略反转了奎因的宽容原则，因为它不再竭力缩减被译语言中原来是错误或怪异的语句数量，施莱尔马赫提出，将这类语句的数量最大化。无疑，奎因对此可能的反应，就是指出阐释学策略事实上取消了对翻译完备性最具关键性的检验，即它把理性还给了作者。然而，施莱尔马赫对此可能的回应是：人类的"理性"不在于人类重复发生的——也许甚至是普遍的——行为模式，而在于人类对有意义的、很大程度上无法重复的——也许甚至是特殊的——情形做出解读的能力。进而言之，这个回应发挥的作用，可能不只是施莱尔马赫运用他的敏感性，对浪漫主义强调的个性做出的批判；更重要的是，在理性自身的历史上，施莱尔马赫的观点反映出另一种可供选择的重要传统，这个传统以亚里士多德关于法官自主性裁量权的讨论为起点，它把理性的范式定位为实践的，而非理论的（Brown, 1978）。

这样一来，问题的关键在于：即便像奎因与戴维森这样的哲

[①] 托马斯·卡莱尔（Thomas Carlyle, 1795—1881），苏格兰哲学家、历史学家和散文作家，英国维多利亚时代最重要的社会评论员。
[②] 罗伯特·勃朗宁（Robert Browning, 1812—1889），英国诗人和剧作家。
[③] 沃尔特·佩特（Walter Pater, 1839—1894），英国文艺批评家和作家。
[④] 爱德华·菲茨杰拉德（Edward Fitzgerald, 1809—1883），英国诗人和翻译家。

学家是正确的,即把一种翻译理论当作一种隐蔽的理性理论,就是至多只赋予"理性"一种功能化——而非实质性——的定义。换言之,应当认为:分析哲学家没有提出任何特别的翻译理论或理性理论,他们只是为两种理论之间提供了一种逻辑上必需的联系,而不考虑这两种理论的具体内容。在这种情况下,不可通约性再次呈现出貌似合理的表象,这只是因为:迄今以来,那种翻译要保存原作意义的观念,已经使自身屈从于意义的变化;一直以来,通过彼此不愿承认对方是理性的那些人之手,那种理性观念使自身被树立为典范。

但是,假设我们允许奎因认为,最优翻译策略就是将宽容原则当作一种规定性理想,那么,是否可以这样推论:翻译中的错误理解将会趋近于最小化吗?不可通约性将会被消除吗?把概念体系构造为一种自足的不可通约性话语,在反对这个思路的问题上,戴维森似乎预设了一种出于直觉的肯定性答案(Davidson,1984,ch.13)。然而,在奎因式关注(Quinean concerns)的人造场景之外,尽可能减少翻译语言中证明是错误或怪异语句数量的努力,极易被视作这样一种策略——为了将作者的信念拢入翻译者的信念体系,并且尽力消弥一切遗留的真实差异。换言之,宽容原则可能是被设计出来用于推行一种形式的辉格史,在这种辉格史中,历史人物拥有了机会,或对我们当前的信念做出尚未成熟的表达,或被简单地认定他们生来就是非理性的。

这些另类翻译策略不同寻常的气质,已经搬来福柯,由他设计一种科学历史编纂学。这种历史编纂学摒弃了宽容原则,假设不可通约性是进行历史探究的一种规定性理想(Hacking,1979)。大体而言,根据福柯的策略,明显怪异的过往话语一直被用来表明:它们是与我们自身话语的一种真正决裂。我们从根本上操控着如何对过往做出阐释，福柯的做法旨在从方法论上限制我们的这种操控权。对于在奎因-戴维森类型的翻译讨论中常被模糊的区别，福柯做法的益处，就是将这些区别如实地保存下来。循着英国语言哲学家吉尔伯特·赖尔[①]做出的区分（Ryle，1949，p.130），我们的目标指向"翻译"作为一个任务动词与作为一个完成动词之间的差异。"完成"意指一系列语法上的对应物，它们构成奎因所谓人类学家的翻译指南；与此相对，"任务"意指为实现一个翻译目标而必须进行的活动，同样还包括昭示这个翻译已经实现的特定标准。

正如我们所见，翻译作为一项任务，是一个极其艰难的议题，关于这个议题存在许多不可通约性可以讨论。因为公允地看，我们第二版的不可通约性论题并未表明——翻译可能永远无法实现，而是认为我们不应假设——任何旨在翻译的策略事实上可能成功。既然如此，不可通约性与其是关于科学历史的经验性假说，毋宁作为科学历史编纂学的一种方法论指引。

[①] 吉尔伯特·赖尔（Gilbert Ryle，1900—1972）英国哲学家，日常语言哲学牛津学派的创始人之一。

第六章　沉默的不可测知性与人文科学中的知识问题

本章主旨意在对一个认识论问题——或是一个基本认识论问题——做出辨明与分析（哎，但不是解决这个问题），对于竭力探求人类的系统性认识，并且希望以自己的表述作为事实证据的任何人来说，这个问题困扰着他们。这个认识论问题关心沉默的标准态（criteriological status of silence）。比较明晰的是：沉默是熟人的一种标志，还是生人的一种标志？更加明晰的是：如果人文主义者熟知的一种"概念"（即一种信念、欲望，或运用这种概念的其他意向性状态），从一种文化的"特定记载"中遗失了，人文主义者或认为：这种文化认为这种概念太过为人所熟知，以致这种概念无须再受到过多关注；抑或认为：这种文化只是缺少了这种概念；人文主义者应得出这样的论断吗？随着即将展开对这个认识论问题的探讨——怀着对奎因应有的尊敬，我们可能把这个问题称作沉默的不可测知性（inscrutability of silence）——我们将会更加清晰地看到：关于不可通约性论题还需做出最终的裁断。的确，我们将会看到：戴维森关于外来话语可译性的先验性论断，远非对不可通约性论题进行驳斥，它确实与这个论题颇相契合。

在开始探讨之前，应当说明：为什么我们计划互换地使用"翻译"（translation）与"阐释"（interpretation）这两个词。简言之，原因在于：二者中的哪一个是更本原的那个词，至今尚无定论。然而，分析哲学家倾向于将翻译指南的建构，视作对特定外来言说者进行阐释的一种预设条件；人文科学的实践家则倾向于将阐释视作：很大程度上是对外来文化的一种前语言学理解，而这种理解通常从未发展到清晰翻译的阶段。如果在这两个词的用法上存在一种清晰的差异，恰是"阐释"相较于"翻译"在面对异议时更具开放性，正如"理论"相较于"观察"总被视为更具竞争性。其实，在此还可以更深入地理解这个类比，因为正如"观察"易于给人一种原子式的宏大感觉，"翻译"则易于让人有一种相对微小、定义完备的话语单元的感觉，诸如语词或语句给人的不同感觉。同理，理论与阐释趋近于更具整全性的实体，它们分别与对象系统、完整的文本系统相对应。

1. 不可测知性与分析型语言哲学

在开始讨论沉默问题之初，让我们先看一个来自费耶阿本德的例子（1975，ch.17）。《荷马史诗》论及人体的各个部分，却未涉及作为一个整体的人体，这是否意味着：古希腊人不曾具有作为整体的身体观？抑或像我们通常认为的那样：古希腊人意向中的这个观念，只能通过他们的话语来含蓄地理解？这类问题是人文科学认识论的基本问题。这是因为：它迫使我们去验证一个准则，没有这个准则，对于人类的系统性认识将是不可能的。就是说：对于两位言说者 A 与 B 而言，如果 A 说的某件事被 B 理解为 p，如果不是 B 有理由做相反之想，那么，A 可能被认为是：A 的所想就是通过 p 通常做出的全部预设。当然，"通常"需要具体化，但是，正如我们举出的例子，如果荷马看似说到人的肢体与器官，那么显然，"通常"对于古典学家而言，就是把荷马理解为：他至少预设了一个人的整体，那些肢体与器官构成这个整体的部分。此外，因为很难想象：在对荷马的阐释中，曾经做出的预设被证明是错置的，面对这种情形，古典学家首先想要找到证据，诸如异常的表述——那将表明出现了一种可选择的另类阐释。所有这些预设，似乎都是健全的人文主义实践——就是说，直到我们尝试对它进行验证之前，这些预设皆安然无恙。

在许多语言学家中，正如格莱斯已经指出的那样（1957，1975），只要A被理解为正在对B说话，那么在对B的检验中，对A预设的某种"隐含的理解"，同时也被赋予了B。关键要明白为什么情况如此？因为古典学家可能完全知晓——荷马现在不是在专门对他说话，然而古典学家固执地以为：把身体视为一个整体的观念是有道理的，并且主张这个观念是一切人类共有的一种"原始直觉"。然而，单是这些，还无法说明这个观念从未得到详细阐释的原因，因为原始直觉是经常探讨的问题，有时甚至还进行正式研究。其实，关于身体的整体性观念，是我们所说的感知心理学研究的一个主题，即"本体感受"（proprioception）。相比之下，荷马如何具备却从未提及作为整体的身体观，一种格莱斯式说明可能对这个问题做出解释。明智地看，荷马说话时，向他所面对的受众提及这种身体观可能是多此一举；因此，可以认为，荷马遵守了关于会话含义（conversational implicature）的奎因准则，即言者所说的话，应达到不多不少于目标受众恰好理解其所说内容的程度。而且事实上，如果荷马正在面对我们说话，那种格莱斯式说明将是正确的，显然事实并非如此。其实，正如英国诗人马修·阿诺德[①]曾经的

[①] 马修·阿诺德（Matthew Arnold，1822—1888），英国诗人和评论家，托马斯·阿诺德之子。

著名观点，认为相较于我们对荷马本人的了解，我们对荷马的目标受众所知甚少（Newmark，1981，ch.1）。即便古典学家了解荷马的目标受众的身份，由于荷马本人不可能将古典学家认为是他的目标受众之一，因此，古典学家从事《荷马史诗》文本研究的角色，终究是他作为观看荷马及其受众之间交流的一名观众的认识角色，在荷马及其受众的交流中，没有一种表述是针对古典学家而发出的。简言之，古典学家的角色被还原为一位窃听者。

因此，古典学家通过援引格莱斯关于交流标准的哲学说明，不能证明他所采取的沉默态度，是由于受众熟知其言说内容的标志。这样说的意思，不是认为古典学家因此必须得出结论：荷马未曾拥有一种身体的整体观。相反，古典学家的认识立场不允许他在两种阐释之间做出决定。相对于荷马例子的极端性，同类问题在一切下述情况中都能重获阐释：在作者的意见中，未把人文主义阐释者当作其目标受众的一部分。

在强调沉默的不可测知性之外，对于近来困扰语言哲学家与科学哲学家的阐释问题，上述实例发挥了一种"鸭—兔"格式塔转换功能：沉默的不可测知性是否勾勒出翻译的不确定性或不可通约性论题？如伊恩·哈金在几个场合所表明的（Hacking，1975a，chs.11-12；1982），针对在阐释期间可能出错的情况，这两个论题提供了相反的判断。一方面，对于一种外来话语，人文科学家可能得出几种互不兼容却同样充分的阐释；另一方面，他可能面对的甚至不是对这种外来话语做出某种充分的阐释。同时，有趣的是，大多数哲学家已经发现，前一个论题，不确定性更具说服力；多数人文科学中的实践家（特别是文学批评家与人类学家），似乎已被拉向后一个论题，不可通约性。那么，从表面上看，在阐释的本质问题上，这两种立场诉诸迥异的直觉。然而，我们现在将主张：正如在著名的格式塔实验中观察到的"鸭"与"兔"面相,在阐释沉默的不可测知性问题时,不确定性与不可通约性本身恰是两种互补的方式。

针对这两个相反的论题,在验证它们的过程中形成了各种主张,我们首先来看这些主张之间的差异。通过阅读戴维森有关阐释的文章(1984;Rorty,1972),清晰可见的是:翻译的不确定性论题,是基于每种语言都可以翻译成我们自己的语言这一观点,所做的先验性论证的一个结果——无论这个结果出于有意还是无意。戴维森实现其论证的过程,是要求我们设想一种情况,在这种情况下,我们能够通过辨识某些符号集,将其确定为一种语言,至少无须对这些符号做出含蓄的阐释。由于戴维森相信这种情况具有非设想性,所以他的结论是:对于我们把这些符号承认为一种语言来说,可译性是一个必要条件。然而,在这个观点之外,戴维森不太关心我们将哪种阐释赋予这些语言符号。考虑到戴维森的可译性观点,这个态度也可以说得通,因为他没有为阐释者提供超过一种的更多机会。特别是,他把可译性定义为阐释者的能力,即一种表明外来话语中多数语句为真、其余语句为可理解的错误的能力。因此,即便当外来言说者听到他最陌生的人的言说,人文科学家仍必须熟练地把外来言说者阐释为:或从他经常运用的熟悉概念中,形成了他的假信念;或从基于个人心理特点运用的熟悉概念中,形成了他的真信念。

但是,即便戴维森有兴趣解决这个不确定性问题,他所信赖的先验性论证对此却于事无补。简言之,原因在于:先验性论证典型地建立在如下假设基础上:X必须成立,而无须论证一个人如何确认X类诸种实例为真(甚或可以将这个条件取而代之)。例如,康德的一个先验论主张认为:如果每个事件都没有一个起因,那么,我们关于物理世界的经验将是不可想象的。听到康德这个先验性论断之后，一位休谟主义者为什么毫无印象？当然，答案是：这个论断即便是确实有效的，它也不能帮助我们对特定事件的特定原因做出决定，这就是休谟问题（Humean's problem）。那么，我们看到：关于一般情形的——即起因本身——一种实证主义先验论主张，与关于真实情形中起因的怀疑主义经验论主张，二者非常契合。不足为奇，现在我们将发现，不可通约性论题典型地呈现为一种怀疑主义经验论主张的结果，这个主张关于以下特定情形：从本土文化与科学文化的历史记载中，得出的错误翻译或受阻翻译。

为勾勒出不可通约论者作为"休谟式阐释论者"（Humean Hermeneutician）的角色，我们先来思考：英国著名社会科学哲学家彼得·温奇是如何权衡他的以下两种观点的：一种观点认为，本土文化只有从其内部才能得到理解（即把外来语言完全翻译为译者自身的语言是不可能的）；另一种观点（与戴维森一致）认为，阐释与理性都包含跨文化原则：

> 当然，我从未否认，中非土著部落赞德人（Zande）的巫术实践，包含对我们所理解的"理性标准"的诉求。这类诉求还包含我们认定的"对一种矛盾的识别"行为。尽管如此，我的主张是：在如何确认这种矛盾的问题上，我们应存谨慎之心，因为如果我们用"科学的"预设概念来认识这种矛盾，这种矛盾可能就不再是它将所是的模样（Winch，1970，p.254）。

这里的关键词是"识别"与"确认"。在进行推论的过程中，赞德人与人类学家可能赞成完全相同的演绎推理规则，做出的却是迥异的判断，这里的问题是：根据那些推理规则，所做出的这些特定的自然语言论断是否有效？未能认清这个问题，源于未能恰当理解沉默的不可测知性。例如，对于一位赞德人表述的论点（假设这个论点或与事实相矛盾，对这个论点的"论证"，是一种合法的赞德人的言说行为），人类学家可能确认它是无效的，仅仅因为他未能提供那些隐而未发的前提，这位言说者的目标受众将会轻而易举地提供这些前提。还有一个更缺少研究但更有趣的例子，就是人类学家——颇令赞德受众惊愕，认为一位赞德言说者的某个表述是有效的，仅仅因为：人类学家已对这个表述加入许多自己的理解，它远比言说者实际表述所能确认的内容还要多。在这两种情况下，无论出于悭吝还是宽容，人类学家已经表明：他未能掌握赞德人的语言（其独特的文法与语义，及其通用的理性原则，例如推理逻辑，语言通过这些规则的综合作用得以传达真理）如何被它的言说者转化为及时且有效的话语碎片。简言之，在赞德人的语用学问题上，人类学家已然失败。

回到科学史问题上，我们发现库恩正在阐述这位不可通约论者的论点。在下面的段落中，库恩主张：即便我们承认实证论者与波普尔主义者的观点，认为伟大科学家运用相同的标准对科学理论做出评价；而且即便我们允许他们认为，科学自身的本质紧扣这些标准的普遍性，这仍然无法得出推论，认为历史学家将有充足的信息，对由特定科学家做出的特定评价进行回溯。此外，也不能排除这种可能性，即来自两种不同范式的科学家，可能以迥异的方式应用相同的标准：

> 当科学家必须在两个竞争性理论之间做出选择时，完全认同一系列相同选择标准的两个人，仍然可能得出不同的结论。也许他们以不同的方式阐释简单性，或者对于一致性标准必须

> 满足的范围有着不同程度的确认。也许他们在这些重大问题上意见一致,但是,当把一些标准整合起来且同时发力,面对必须符合这些标准或其他标准的相对重要的问题时,他们则意见不一。就这类认识分歧而言,没有一套已经提出的理论选择标准具备任何实际的使用价值。(Kuhn,1977a,p.324)

库恩的最后一句话向我们透露,休谟式阐释论家对一种康德式阐释进路表示不满。此外,被库恩引用来阐明康德式阐释进路具有不完备性的那些要素,在某位特定科学家的文本中,很难精确体察到它们的"在场",因为这类要素允许这位科学家只向他的目标受众发出最经济的、非说不可的声音。

我们来看下面的例子。一位科学家面对他的科学共同体成员说话时,无须清晰表明使其理论简明至极的那种"简单性"意义,也无须清晰表明:他的理论是最好的,因为它满足了"重要"标准,对于这个理论未能满足的"不重要的"标准,恰好成为其充分的补偿。对库恩来说,这种沉默被证明是合理的,原因在于:这个科学共同体成员,根据一致认为由被奉为"典范"的理论所体现的长处,把接受一个发表在他们论坛(例如一种期刊)上的新理论,作为判断该理论成效的通行证。在这种情况下,全部科学家必须做的,就是充分详尽地阐明其理论,以便为他的读者提供证据,用来判断科学家的理论确实表明一个共同认可的理论典范的长处所在。因此,举一个极简单的例子,如果一个典范理论的某个长处在于,它的论证在推理上是有效的,那么,科学家必须向其受众表明:他自己的论证同样在推理上是有效的。然而,如果这个旨趣不致令读者生厌,那么,科学家在文本中呈现的论证可能就是省略式三段论,而且当然几乎不可能伴有这句元语言学话语:"这堪称一种演绎式有效论证"。然而，历史学家不在科学家的目标受众之列，这些包含细节的知识，对于史学家深入其中了解科学共同体的话语至关重要。最终，库恩一直强调对基础教科书进行研究的历史价值，正如对这些教科书的设计，旨在将科学新手引入科学共同体心领神会但秘而不宣的行规世界。

已经表明不确定论者的康德式策略与不可通约论者的休谟式策略之间的差异，我们再来发现普特南就应当不足为奇了。普特南是戴维森的信徒之一，他努力用先验的方式驳斥不可通约性论题，在对戴维森的可译性立场深表认同的基础上，普特南提出下面这个问题：

> 一旦退一步承认我们可以找到一种翻译方法，它在17世纪的文本中"行之有效"，至少在由我们的爱好确定的语境中，在这种翻译将付诸应用的语境中行之有效；那么，在上述语境中说这种翻译未能"真正"把握住原文的含义或指称，这有什么意义呢？(Putnman，1982，p.116)

普特南继续主张：支持上述翻译方案的人，如果不能回答这个问题，不可通约性论题将被证明是空洞的。然而，普特南的问题几乎不像它看上去那样难以克服，在提出另一个问题的过程中，可能会找到它的答案。这另一个问题是：对于过往科学的辉格式阐释与理性重构，为什么被历史地认为是可疑的？

首先注意，这里所谓的阐释与重构有其自己的用法，它们通常出现在入门性质的科学文本中，出现在实证论的规范性建议，以及波普尔式的科学哲学家那里。将一个文本——如牛顿的著作《自然哲学的数学原理》——规定为某个研究共同体的规范，并且由此可适用于（作为一种典范）各式各样的研究情境，那么，这个文本必定被使用得远离了它原初的表述语境。随着后续科学家把自己想象为牛顿的目标受众，这种情况发生了，后续科学家因此可以将各种预设赋予牛顿，这样做，使牛顿的文本具有了普遍适用性。在这些预设中，结果甚至可能出现反事实条件的情况（counterfactual conditionals），就是使牛顿对他之后的研究了如指掌，牛顿甚至会对他原来的某些表述做出改变。的确，这种反事实情况的构建，是拉卡托斯关于理性重构方法的重要标志（Lakatos，1981）。同时在辉格式历史中，这种方法可能是一种非常有效的教育工具。因为即便我们可能心知肚明——《自然哲学的数学原理》不是基于当前我们的心中爱好写成，但是，如果不考虑到这类反事实的议题是被今人强加到牛顿身上的，我们仍然很难理解这个问题。

然而，自然科学中堪称完美无瑕的实践，对于人文科学家而言，是派不上用场的。当然，原因在于：自然科学家系统地用他们自己心照不宣的预设，取代了三百年前牛顿面向其受众发表科学见解时那些有效的默会型预设。只要加入人文科学家的思考，那么，这种系统性逾越与取代所涵盖的两种情况就难分高下：一种情况是，对《自然哲学的数学原理》文本的改变；另一种情况是，科学家系统地用自己当下的观点取代17世纪牛顿的观点。换言之，正如关于《自然哲学的数学原理》在当下所表达的内容有点令人困扰，通过阅读牛顿的原著，可以通过极其直接的方式发现这个问题。另一个令人困扰的问题是：在牛顿的原著中未说什么——尽管对牛顿原初表述时的交流语境进行了辨析，但仍是以极间接的方式发现这个问题。尽管"未说"内容不及"已说"内容那样显而易见，《自然哲学的数学原理》如何写就？为何而写？何时完成？它所针对的受众是谁？这一系列问题仍然是真实的，而且它们仍然昭示着意义。

这样一来，不可通约论者通过表明以下观点，应当可以回答普特南最初提出的问题：只有我们假设——阐释者必须"拯救"的唯一"现象"，就是在文本书页上写下的真实语句时，一切阐释似乎都是由同样的方式创造出来的，一切文本似乎同样地顺从于阐释者的旨趣。在这种情况下，如果阐释者愿意，他可以随时填补书页中的沉默（或称作"留白空间"）。然而，如果阐释者把这些语句当作与目标受众进行交流的最经济的手段，那么，他将必须思考这些留白的确切本质；因为如果这些留白信息对于作者及其受众是显而易见的，那么，对于阐释者来说，事实证明，这些留白信息可能是非常异己的另类，因为阐释者心中并不为原始文本着想。事实上，如果这位阐释者如普特南看上去的那样，对沉默的标准状态漠然置之，并且因此认为，相较于自然科学家对《自然哲学的数学原理》做出的辉格式解读，人文科学家的阐释在理论上不够充分；那么，对于形式微妙的不可通约性——这源于对一种文本的系统性误解，这位阐释者就会表示怀疑。

让我们对以上论述做个小结，同时向前迈进一小步。我们最初主张，对于阐释沉默的不可测知性来说，不确定性论题与不可通约性论题，是恰为互补的两种方式。随后我们看到，戴维森认为，对于任何既定文本来说，一旦表明至少有一种阐释是可能的，那么阐释问题就已得到解决。这是戴维森由先验性论证表明的主张。然而，我们也看到：不可通约论者认为——与休谟相共鸣：我们除了提供一种先验性论证，否则无法向前迈进一步，当阐释呈现出这种状况时，这构成阐释问题得以产生的唯一条件。实质上，不可通约论者强调的是戴维森未能表明的情况——任何既定文本都确切地有一种阐释。接下来，我们在温奇与库恩的例子中看到，不可通约性是一个有待解决、非常微妙的问题——如果不是不可能的话。无论如何，这个问题的解决，要求人文科学家对于他要阐释的目标文本，能够从经验上确定其交流语境。正如刚才在普特南对不可通约性的驳斥中所见，戴维森及其追随者未能解决不确定性论题，他们为什么未能从自身的这个失败中清晰地提出不可通约性论题，一个关键原因在于：他们把一个文本的特定语句当作唯一的阐释目标，因而忽视了允许那些语句发挥功能的各种沉默因素，这些沉默因素的功能，就是在初次表述思想时，确保表达的经济性。简言之，戴维森主义者用常识但谬误的方式，把未被说出的内容（the unsaid）等同于未被规定的内容（the unspecified）。

不过，这些错误是如何发生的？如我们在第五章中所见，这些错误的明显来源，就是最初在分析哲学中，通过奎因的彻底翻译事件（1960，ch.2），对阐释问题进行定位的方式。因为奎因规定：人类学家必须从土著的留痕中翻译他们的话语，这个翻译事件未被表现为一种特别的交流事件（即便土著面对种种分析性假说，在回答"是"或"否"时，他们不得不至少将人类学家认为是自己的目标受众）。奎因把彻底翻译的任务直接视为一种关联之举，一端是土著的表述，另一端是在人类学家看来的证据事实，它们从暗中推动着土著的表述。此后，美国莱斯大学科学哲学家理查德·格兰迪[①]很大程度上运用与奎因相同的思路体系（Grandy，1973），作为一种普通阐释理论的基础。他用到的重要实例（如把装在马提尼酒杯中的水，误以为是马提尼酒）包括：一位土著言说者，用沉默却观察敏锐的方式，尽力对另一位土著言说者的表述做出阐释，这件事看似未能充分地以当时能得到的事实证据为基础。有趣的是，格兰迪

[①] 理查德·格兰迪（Richard Grandy，1941—），美国莱斯大学科学哲学家。

从未说明：第一位土著言说者为什么不能恰好问一问他的对方："你说的内容是什么意思？"

不过，因为出于交流的目的，阐释被人为地进行了改造，关于这个问题，可能还是戴维森本人提供了最佳实例：

> 如果你看到一艘双桅帆船正从身旁驶过，你的同伴说："看那艘漂亮的快艇！"此时，你可能正在面对一个阐释问题。一种很自然的可能是：你的朋友误将一艘双桅帆船当作一艘快艇，因此形成一个错误概念。但是，如果他的视力良好且视线有利，那么，甚至更有可能的情况是：他没有同你一样地使用"快艇"这个词，因此，对于疾驶而过的快艇的摇摆幅度的定位，他就压根儿没错。我们一直在做与此同类的即兴阐释，为了将一种理性的信念理论保存下来，我们决定支持对语词进行重新阐释。（Davidson，1984，p.196）

最后一句话显得有点言不由衷，因为不是通过权衡体现个人心理特点的语词运用来反对错误信念；相反，对"你"来说，甚至更加可行的，是询问你的同伴——把双桅帆船叫作快艇是什么意思。然而，正如戴维森设定的场景，当你的同伴做出独特的断言之后，你其实并未对他说话，尽管如果你不在现场听他说话，他可能就不会做出那个断言。换言之，尽管你是你的同伴的目标受众，并且他也因此将你视为他的一切言说的一位潜在应答者，然而，他却不是你心中的目标受众（"你"似乎正在对读者说话）。

上述对话场景如何使你的同伴做出的断言出现几种可能的阐释，这一点显而易见；不易明白的是对阐释的本质问题做出论断，即为什么应当以这种场景作为基础。或许奎因、戴维森与格兰迪认为,因为相较于交流,阐释是一个更原始的概念,在任何对阐释本质的说明中,不能对交流做出预设。这可能是一个有趣的回应,它只是因为不可通约性论题否定了阐释的可能性,如果不是一个表述的交流语境可以被恢复的话。因此,费耶阿本德、库恩与温奇,自然会对奎因的彻底翻译事件做出反应,他们认为,作为一种翻译事件,翻译不再是易于识别、浅尝辄止的模样。在此将会看到:不确定论者与不可通约论者,已来到一个真正的关键分歧点上。

2. 不可测知性:人文科学历史上永存却被忽视的主题

如果沉默的不可测知性确实是人文科学中根本的认识论问题,那么,为何它却有着备受忽视的经历?对于这个问题,我提出以下三个理由。

首先,哲学家在传统上认为负面属性——如不可言说性、非存在、缺失、虚无——是探究的终点,而非起点。因此,对于沉默的标准定位,似乎应该是它难以接近且毫无希望。这种情态的来源之一,可能是哲学家做出的一种类比推理,就是从负面陈述的不确定性意义,推导出不做陈述的不确定性意义。例如,仅仅说"这张桌子不是红色的",这句话的意思未将其他特定的颜色包含在内;同理,可能认为根本不置一词,就意味着不存在其他特定的行动或思想。然而,这个类比至少在一个方面具有误导性,最近,英国苏塞克斯大学哲学教授伯纳德·哈里森[①]阐明了这个问题(1979,ch.7),他的思路源于维特根斯坦的著作《哲学研究》。那种类比表明,相较于负面陈述的意义,正面陈述的意义更具有决定性。然而,正如

---

① 伯纳德·哈里森(Bernard Harrison),英国苏塞克斯大学哲学教授。

哈里森的观察，"这张桌子是红色的"，这句话的意义只能根据如下假设来决定：我们已经把一系列可替代现有表述的其他表述，正确地强加在这句话的表述者身上，而这位表述者却无意表达这些内容。言说者说"这张桌子是红色的"，它是否意指某种模棱两可的桌子类物体，或是带有红色的物体（而且这里的模糊性可能具有实际功能，而不只是一种结构性角色，如同一个酷似桌子的物体，几乎不具备任何桌子的真实功能），直到我们思考上述问题时，似乎才能确认——我们有能力成功实现对事物属性的安排。在这种情况下，言说者心中想要表达的，还是这个陈述吗？

没有理由认为，这种问题无法得到答案。事实上，在逻辑实证主义如日中天的时代，卡尔纳普和阿兰·奈斯[①]明确表示（Carnap, 1956, supp.D），已经为这个目的草拟了标准问卷调查表。那么，我们所有人都正在表明：做出陈述的意义，不过是对不做陈述的意义进行确定，因为对一个表述做出的任何阐释，都预设要对该表述者无意言说的内容做出说明。但是，由于这种说明倾向于表达阐释者的本人所想，在这种情况下——使沉默成为熟人的标志——详细阐发未言明的内容，这种做法的价值看上去微不足道。

沉默的不可测知性至今仍然备受忽视的第二个理由，可以溯及人文科学的特定探究目标实质存在的模糊性。尽管人文知识竭力使自己远离自然科学对自然科学历史的榨取式利用，实际上，人文知识的探索却很少出于自身目的而进行，相反，它被当作增进"实践智慧"（亚里士多德称作 *phronesis*）宝库的一种手段。在20世纪的转折点上，人文主义在德国与美国大学体系中声威卓著，诸如有关

[①] 阿兰·奈斯（Arne Naess, 1912—2009），挪威生态哲学家，创立"深层生态学"理论体系。

民族主义意识形态合法化的规范性问题研究,也被纳入实践智慧的范畴(Hofstadter & Metzger,1955,ch.8)。根据这种最普遍的意识形态,人文科学开始了规范性研究,大体方式就是:对我们过往经历中的好事,进行确认与保存;同时,对我们过往经历中的劣迹,进行美化或删除。

上述人文主义倾向,可以以劳丹对知识社会学的回应为例(1977,ch.7)。劳丹旨在根据同属一种类型的因果性原则,对所有信念都做出说明——真信念与假信念、理性信念与非理性信念。劳丹的"非理性假定"是一个典型的人文主义举动,它表明:相较于只对那些被理性地坚持的信念做出一种系统性说明,对所有信念做出一种系统性说明并不重要。此外,劳丹典型的人文主义举动还表现在,他认为,他的规范性事业可以通过对科学史做出精确的说明而日益增强。最终,劳丹将拉卡托斯和其他波普尔主义者引入对"被重构的"科学史进行利用的事业中。然而,如果一个"精确说明"包括要辨明一位科学家的目标受众,那么,无法明晰的问题是——这段如此重要的历史如何对实践智慧有所贡献,特别是基于科学表述再语境化的实用功效,阐明我们的早期话语。

当然,由于哲学家出于自身目的,并不要求一个完全彻底的历史解释,他可能认为,一位科学家的目标受众无足轻重。至今犹存但保留史实无多的那种历史解释,精确地遵循着哲学家对资料数据的"选择性约束"原则,在这种历史解释中,同时发生着对历史事实的选择与替换。换言之,科学家的目标受众不仅被排除在外,而且另一种受众在哲学家的预设中各就其位,就是说,这些受众分享着哲学家在理性与阐释方面的种种直觉。在一种显而易见的意义上,增加新受众则有损哲学家要求的那种历史准确性,不过,劳丹作为一例,他并不认为他笔下的历史准确性严重受损,且被称作不准确的历史。但是，这个信念的作用，仅仅是为了把标准的沉默状态搞得暧昧难明。由于劳丹以为，他笔下的历史解释的准确性，只能通过这种解释与科学家表述的契合度来检验，他无法将以下两种沉默的差异区别开来：一种沉默的产生，源于正确地将预设强加于科学家身上；另一种沉默的产生，源于对科学家的系统地误解误读，正如前面有关普特南的讨论中所表明的情况。

第三个——也是最后一个理由，是关于沉默的标准状态，这个问题至今仍未得到应有的关注，我们来看哲学对待作为一种探究方式的人文科学的态度。具体来说，分析哲学家至今仍然很少认为——人文科学具有任何独特的认识论问题。对此，我们可以立即想到亨普尔[①]关于科学说明的演绎律则模型（Hempel，1965，ch.9），首先呈现为一种历史说明——而非物理说明——的模型。亨普尔主要的认识论问题，是标准的实证论者关于一般性假说证实问题的困惑。此外，亨普尔关于"历史性"说明的实例，几乎完全来源于社会科学，因此显然："历史"在他那里仅仅意味着关于过去的陈述——相较于在人文科学探究过程中提出的假说，这个范畴或多或少具有更广的涵盖性。不足为奇，实证论者至今仍把狄尔泰独特的人本主义方法的备选理论，即源于用心认知的理解（*Verstehen*），或视为催生社会科学假说的一种启示，或视为一种文学手段，它引导读者逐渐接受历史学家的观点（Nagel，1968，chs.13–14）。

一直以来，还有一种更加微妙的分析哲学倾向，它把人文主义探究还原为一种形式的共识或日常性互动。例如，亨普尔的批判已经为普通语言分析指明，如何在历史话语中使用"原因"，他强调"原因"具有的两个特质——事件独特性（Scriven，1958）及其

---

① 亨普尔（Carl Hempel，1905—1997），德裔美籍科学哲学家，美国艺术与科学院院士。

可评价性（Dray，1957）。假设这个分析与人文科学相关，因为正如英国日常语言学派哲学家斯特劳森①（1959，p.11）所说，日常语言对"大量没有历史的人类思想内核"进行了编码。可以推断，这意味着用日常语言清晰表明的概念，在我们的历史事件之间，可以充当一种通用语。狄尔泰本人也同样表明，对是否理解进行检验，需要在一个基础上展开，即承认：始终存在一系列有限度的人生问题与解决方案——我们出生在一个人与物丛集的世界——任何人在任何时间都必须面对这个问题。尽管人们对这个原则具有本能的诉求，但是他们似乎仍然以那个可疑的主张为基础，即承认：有些人假定对方（或其他人）至少与我们有着部分相同的观点——这也是学科融合视野下的阐释学思想。诚然，相信这个原则可能会增进历史对实践智慧的贡献，但是，正如我们已经看到的，增进历史对实践智慧的贡献，迥异于增强历史准确性本身，这恰恰是如此不可思议的沉默问题产生的根源。

把握人文科学独特的认识论问题的最佳途径，或许就是对社会科学出现之前人文学科的方法论关切做一番考察。就历史而言，我们可以将韦伯和迪尔凯姆的关切，与他们各自在大学时代的导师德国历史学家蒙森②和法国历史学家古朗士③进行比较。我们希望看到：两位导师（1875年前后）著作中呈现的哪些议题，在两位学生（1900年前后）的著作中，是消失了，还是发生了变异？这个论题与标准状态的沉默直接相关的部分，就是客观性问题。时

---

① 斯特劳森（Peter Frederick Strawson，1919—2006），英国哲学家、爵士，日常语言哲学牛津学派重要代表。
② 蒙森（Theodor Mommsen，1817—1903），德国古典学者、历史学家、法学家和政治家。1902年获诺贝尔文学奖。
③ 古朗士（Fustel de Coulanges，1830—1889），法国历史学家。

至 1900 年前后，欧洲已经亲历了一次康德主义复兴，它将客观性确定为本体性（the noumenal）：过去可能像它真实发生的那样被我们了解吗？探索者自身的观念与价值，会必然损及他对过去的认识吗？如果后者是正确的，能否设计出什么方法，将不可避免的曲解辨识出来并且予以清除？社会科学中的客观性问题，很大程度上仍以这样的方式存在着。然而，在 1875 年，有观点认为，以前关于某个时期的历史说明中存在种种偏见，客观性是对这类偏见的一个重要补偿。这个观点通过持续不断的评论与批判，恰好抓住了人文主义者的进步理念。在较早时期，史家对前辈同行的改进提高，通过如下方式来实现——将前辈史家未加留意的事实揭示出来，并由此给出带有揭示者自身偏见的说明。时至 19 世纪末，这种档案记录式进路似乎已真正耗尽可供利用的历史事实，然而，许多遗漏与含混仍然存在于历史记录中。这些沉默与含糊其词应当如何解释？对此，蒙森与古朗士概括出两条相反的进路，前者将历史视作传统（tradition），后者将历史视作古物（antiquity）。二者的影响不仅被现代社会学的创立者感受到，而且（更直接地）也被关于历史方法的两部经典工具书的两位作者感受到：蒙森的学生伯恩海姆[①]著《历史方法论教程》，古朗士的学生朗格诺瓦[②]与瑟诺博斯[③]合著《史学原论》（1897）。在这之后，应当牢记：蒙森与古朗士以一门学科的实践家自居，这门学科自诩为"科学"，是因为它具备"严格的方法论"。

过去的史家对古罗马智慧进行了神化，认为它给现代模式的政治与共和政体奠定了基础，蒙森与古朗士对此倾向都持批判态

[①] 恩斯特·伯恩海姆（Ernst Bernheim，1850—1942），德国历史学家。
[②] 朗格诺瓦（Charles Langlois，1863—1929），法国历史学家，法国国家档案馆馆长。
[③] 瑟诺博斯（Charles Seignobos，1854—1942），法国历史学家。

度。蒙森竭力为这些历史说明褪去神化色彩,他表示:如果古罗马人与我们自己做出相似的判断,那只有一个原因,就是:他们与我们所面对的,同样是相似的问题及其解决方案(Cassirer,1950,ch.15)。因此,可以将源于用心认知的理解,运用到对沉默的阐释中。然而,古朗士注意到,古罗马人一旦被视作我们传统的一部分,那么,他们的文化就失去其自身的整体性,反而变成我们自身文化的未完成版,其中充满"制度的原型""功能等价的概念"与"不成熟的表达"。因此,要尽力使古罗马人看上去更为普通,即更具普遍性,为此蒙森成功地做到一件事:他让你很难明白——古罗马人如何亲历体验他们的文化,使这种文化成为一个稳定且融合的整体;蒙森说明的却是——预期可以成为某种未来社会体系的古罗马文化(Cassirer,1950,ch.18)。不足为奇,这种毫无理由的目的化的发生,出于历史学家对历史记录中存在鸿沟的填补。例如,如果后来含义中的一个实践似乎发生于偶然之间,那么,在关于这个实践被指定的创始人的表述中,将充满对未来的先知先觉。与蒙森不同,古朗士通过将古罗马人"陌生化"(defamiliarize)而逐渐褪去对他们的神化,他颇具启发性地将这种方法称作"恺撒式怀疑法"。因此,若是回到前面的例子,古朗士将会主张:我们极易强加于"创始人"身上的意图,如果没有找到明确的历史记载,那么应当认为:我们没有那种意图。此外,这类证据性事实的缺失,应当引发我们对证据的阐释提出质疑,我们确实首先将这种质疑导入对无正当理由归因进行重新审视的道路上。

采取沉默的姿态,这不是富于想象地增补历史记录的机会,而是伪造永久性阐释的一种实例;对于近来由福柯(1970)和哈金(1975b)书写的解构主义科学史而言,古朗士的策略显然是这种思想的鼻祖。例如,福柯的方法有两个特点——在他的著作《事物的秩序》^①中表现得尤为明显，这是他作为古朗士思想后继者的标志。

首先，在历史研究中，仅仅关注那些对我们还有实用价值的人物，极易导致系统性误解的发生。为控制系统性误解的产生，福柯的典型做法是转向关注各种个性鲜明的人，这些人在他们自身所处的时代非常著名，例如德国比较语言学家弗朗兹·博普与法国生物学家居维叶^②，此后他们逐渐流于沉寂。这些人物经常看似非常老派，然而，当时受到他们推崇的当代人，无疑与他们具有更多共性——远超过与我们的共性。为了将这个强有力的思想落到实处，一个系统的方法是：针对某人对某个历史时期的研究，应当与相同历史时期这位作者受到的欢迎（引用）程度相匹配，这一点应当与这位作者在当今时代得到的评价区分开来。

福柯方法的第二个显著特点，表现为他与库恩范式思想的殊途。范式转换的必备条件是什么？库恩认为，在于旧范式无力解决常见的反常现象。福柯对于一个认识型（*episteme*，大致相当于"范式"）为什么以及如何取代另一个认识型，没有做出说明，这一点让他饱受诟病。福柯在这里的沉默，可能反映出他关注的问题所在，是对以下两类科学家必须做出区分：一类科学家心存要解决问题的意向，无意中得到的结果，促进了一种范式转换；另一类科学家把解决问题当作手段，他想通过这个手段，对一种范式转换产生实际效果。尽管库恩谈及"革命的不可见性"（1970a，ch.11），但是他的解释听起来太过煞费苦心（即目的驱动），福柯宁愿把库恩的这种做法归结为——一种历史学家后见之明的人造物，它是另一种类型无正当理由的目的论。

---

① 1966，汉译本名为《词与物》——译者注
② 居维叶（Georges Cuvier，1769—1832），法国动物学家、地质学家，比较解剖学和古生物学奠基人。

在古朗士所处的时代,人们认为他把过往搞得太过遥远,致使历史失去了实际效用,他因此而受到批判。(应当不足为奇的是,古朗士的研究围绕古希腊帕甘岛的宗教异端、中世纪早期法兰西政治结构等主题展开,蒙森则是德国基本法研究的奠基人。)但是,正如我们已经表明,古朗士的复古式进路似乎对标准状态的沉默更加敏感,相较之下,蒙森的进路更易于将历史的实际性与真理性混为一谈。进而言之,福柯的解构主义历史表明,福柯式策略终究可能并非那么无用,由于它发挥着一种方法论提醒者的功能,它提醒我们:许多已经"约定俗成"的实践与观念所具有的谱系,可能比我们存心想要的相关历史短得多。

3. 在思想实验中唤起不可测知性

既然已经看到,我们在本章的目的,是对人文科学存在的认识论问题,进行明确的辨析与语境化的理解——而非解决这个问题;那么,我们唯一合适的做法,就是以怀疑的笔调结尾。具体而言,以下我们将提出一组三个思想实验,旨在粉碎那些极其根深蒂固的直觉,它们使人文主义者的工作看上去比实际情况更为简单。不足为奇,这些直觉的产生,源于未能正确理解沉默的不可测知性。第一个思想实验力求表明,即便曾经是最认真的作者,他的意思必定被其后来的读者所改变;第二个思想实验,人文主义者说明自己已经对一个文本做出了正确阐释,针对这些正确阐释所秉持的标准提出质疑;第三个思想实验,人文主义者——在最理想条件下——为获得其话语表述的交流语境,会运用一些技艺,针对这些技艺提出质疑。

第一个思想实验的起点,始于想象出一种散漫的实践,在这种实践中，技术术语通过清晰的定义而获得了稳定的意义。作为罗蒂成功揭穿这种散漫实践真相的证据（1979），最容易想到的这类实践，就是分析型语言哲学与认识论。当然，运用清晰的定义，旨在把读者的注意力集中到恰恰是作者所想术语的意义上，而非关注读者在此前可能想到的意义。然而，最常见的是，分析哲学家清晰定义了一个术语，即便没有作者的定义，读者也应正确理解这个术语的意义，因为作者既想到一般的哲学用法，又想到某些规范的哲学用法。在这种情况下，根据格莱斯的对话含义规则，作者计划如何把格莱斯的数量准则运用到自己的文本中，在这个问题上，似乎在迫使读者做出判定：作者是否暂时将数量准则悬置起来，以便使情况符合作者对文本体裁强加的规定（因为这些规定包括清晰的定义，这迫使作者能够逐条说出显而易见的规定）？另一种可能是，作者是否继续遵守数量准则，以便使读者看似熟悉的术语意义，真正包含某种需要进一步详加考察的微妙变化。简言之，读者必须判定：分析哲学家是否想让他那独特的文体实践超越于通常散漫的实践之上。显然，更加清晰的定义于事无补，因为不存在一套特别的定义，能够为所有读者消除作者针对数量准则的模棱两可的立场。

如果刚刚过去的两代人的分析哲学史有任何暗示的话，似乎是读者已经规范地选择了这种解释，它把继续遵守数量准则的责任转置于作者身上。至少，这个结论可以对以下事实做出说明：分析哲学的术语集几乎完全由普通语词构成，这些普通语词作为期刊评论延长的遗痕，它们的意义变得更加多样与精细。与这个观察相伴产生了两个结果：首先，在努力接受这种风格——通过厘清概念来实现哲学进步——的过程中，分析哲学家无意中已生成一种新的"原真性行话"（jargon of authenticity），它借用了阿多诺在描述一种哲学风格（如海德格尔哲学）时的用法（Adorno，1973），这种哲学声称让读者更接近一种超语言的真理，但是，它仅仅成功地把读者置入另一种密不透风且封闭的话语世界中。第二种值得注意的结果是：新的"原真性行话"源于读者成功地使分析哲学家的特殊意图（它确实通过先进的概念澄清方式）服从于交流行为的一般意向结构（它遵守数量准则）。

此外，对这种新行话无知的一代人，同时也在反讽地应用着这类新行话，他们经常将这类新行话阐释为一种所谓实在意义的描述，以便使读者与他们所描述的内容陌生化。陌生化问题最先由俄国文艺理论家什克洛夫斯基[①]在"作为手法的艺术"（1917）一文中提出（Lemon & Reis，1965，ch.1），后来成为俄国形式主义文艺学批评的标志。这个理论强调的事实是：文本具有其自身的经济性，因此必须将所有超出文本的成分排除在外。例如，当包含在即刻一瞥中的信息被转变为散漫的散文时，这种文本经济性的效果尤其令人震撼。注意到即刻一瞥中蕴含的那些细节，可能会使读者产生一种夸张的反应：或是一种荒诞的感觉（如同俄国作家果戈里[②]对物质现实的长篇大论描述），或是一种喋喋不休的感觉（如同法国作家普鲁斯特[③]对心理活动的长篇大论描述）。但是，这两种情况下的读者反应，无论如何都没有减轻作者的实在论主张。相反，读者的反应不过是通过文本媒介折射出的、这些文学作者内心所想的实在论的产物——它与下面这种方式如出一辙，即读者将分析文本复杂化的倾向，是由哲学作者提高、经过数量准则过滤的明晰性意义的产物，读者预设作者在写作中遵守着这些规则。

我们来看为第二个思想实验设定的场景。回想伽利略在著作

[①] 什克洛夫斯基（Viktor Shklovsky，1893—1984），俄国文艺理论家和小说家。
[②] 果戈里（Gogol，1809—1852），俄国批判主义作家、现实主义文学奠基人。
[③] 普鲁斯特（Marcel Proust，1871—1922），法国小说家，意识流文学的先驱和大师。

《关于托勒密和哥白尼两大世界体系的对话》(1632)中取得的重要成就，它表明：亚里士多德将匀速概念与加速度概念混为一谈。但是，如果伽利略突然出现在亚里士多德面前，他能否使亚里士多德相信：他的速度概念建立在如此混乱的基础之上？尽管对亚里士多德来说，可能要花点时间才能理解由伽利略呈现在面前的这些背景知识，但是我们的直觉强烈地表明：如果伽利略聪明地知晓自己是如何设计自由落体实验的，那么亚里士多德应当也能逐渐看清伽利略实践中存在的错误。事实上，我们可能循着库恩文章"思想实验的一种功能"的思路（1981），把亚里士多德新发现的洞见比作一位皮亚杰式的儿童——他刚刚在别人的介绍下"接触到"量的守恒概念。

但是，假如亚里士多德无法理解伽利略的表达方式，那该怎么办？毕竟，亚里士多德可能认为，伽利略轻易把运动物体置入一种真空状态，它扭曲了物体"天然的"运动方式。此外，我们的直觉也没有判定这个障碍无法克服。伽利略能够表明，他的方法能够为亚里士多德的问题提供更好的（更加精细与准确）解决方案。但是，如果亚里士多德继续拒不接受伽利略的论断，而是主张：他的兴趣在于对运动本身做出一般性——主要是定性的——说明，不只是对局部运动做出定量说明，那么，亚里士多德做出的区分将给出他反对伽利略论断的答案。换言之，伽利略的表述，本应使亚里士多德对自身理论做出更清晰的说明：具体而言，就是对他正在努力做的事情与他没有正在努力做的事情——做出区分。在这个问题上，如果伽利略计划迫使亚里士多德对他表述的观点做出判断，亚里士多德可能承认：伽利略证实了他的观点，提出了他的信念与证据，以及他感兴趣要解决的问题。此外，亚里士多德还将承认：伽利略未能成功地证伪他的任何一个初始信念，与此同时，他使亚里士多德确信——伽利略自己的事业,需要做出更加认真细致的清晰阐述。

乍看起来,这个思想实验似乎证实了关于阐释的戴维森式推理。在伽利略看来,最初本应看似是亚里士多德对概念的怪诞应用——如果不是混乱的话,一旦迫使亚里士多德根据伽利略的标准来界定他所研究的问题,那么,所谓的"怪诞应用"问题就得到了解决。正如戴维森的所为,亚里士多德也有自己的选择:或根据伽利略的表述,来修正自己的信念;或承认一个不同于伽利略所表述的目标,这个目标可以与伽利略的论断并峙,即两个理论是和而不同的存在。但是,通过更细致的考察可见,这个思想实验具有反事实本质(counterfactual nature)的唯一作用,就是把真实的历史阐发得更加神秘晦涩,进而对戴维森式阐释进路产生怀疑。

如果直觉告诉我们,亚里士多德感到被迫根据伽利略的观点在概念上做出让步,那么,当亚里士多德在公元前4世纪的雅典从事自然哲学研究时,他(或他的目标受众,因为在从事自然哲学研究这件事上,还包括他的对手)为什么不能直接领会速度概念?如果发觉这个问题不够郑重,那就是忽略了以下两方面的差异:一方面,认定或否认一个真理;另一方面,不能以正确的方式论证进而表明一个真理。自奎因以来的分析哲学家认为,翻译面临的主要障碍,就是翻译者似乎总是否认真理而坚持虚伪不实。在思想实验中,亚里士多德被阐释为原本就否认伽利略与我们所主张的概念界定。然而,这种"阐释"纯粹是一个思想实验的人为产物,它把一种阐释行为变成了一种交流行为。历史事实却是:亚里士多德没有否认几种速度间存在的区别;相反,他未能正确地论证进而表明这种区别。甚至不能把亚里士多德理解为他否认了这种区别,因为他的目标受众无一人乐于接受速度间存在区别的观点,更别指望让他们为这个观点辩护了。对于亚里士多德《物理学》的当代阐释者而言，同样可能严重误导的是，认为亚里士多德对这种区别的"含蓄否定"，那将表明公元前4世纪的雅典人一致认为，加速度与匀速运动的区别是假的——再重申一遍：那时，这种思想不可能已经进入雅典人的头脑。

因此，只要人文科学家把标准式沉默变成一种问题，从而拒绝把失败的断言或等同于含蓄的断言或等同于含蓄的否定，那么，不可通约性论题便开始变得更加貌似可信。事实上，不可通约性提出的哲学问题可能会被实用地定义为：这项工作是对两种极其两极分化——尽管并非互不相容——的直觉进行调和。只是戴维森式的阐释者首先认识到这个问题：

（a）如果伽利略来到亚里士多德面前，那么，亚里士多德有理由最低限度地承认：他的速度概念需要做出某些厘清工作，甚至也存在这种可能：亚里士多德的工作已经在关于运动本质的错误信念下展开了。

（b）如果不是伽利略，或像伽利略一样的其他人，来到亚里士多德面前，那么，亚里士多德可能没有理由以伽利略想让他做的方式为依据，去厘清他的概念，或去修正他的信念。

对人文科学而言，这个思想实验在方法论上的道义是明确的。更为容易的是，我们可以把一个外来的作者——例如亚里士多德——"戴维森化"，通过想象出一些步骤，我们用来劝说这位外来作者——他已犯了一个概念上的错误，但更有可能的是——我们对这位外来作者的文本做出错误的阐释。公允地说，我们已经为这个文本原始表述的交流语境创造出一种神秘性。如果这些错误在理论上极易做出校正，那么，为什么它们在事实上如此难以做出改正？认为亚里士多德追求的旨趣与我们不同，这样认识是不够的，在某种意义上，甚至还要认识到：那些旨趣"阻碍"他最初就能洞察自己研究方法中存在的错误。如何准确衡量对运动进行的定量探索，以及对定量探索的阻碍？定量探索是伽利略和我们现在欢迎的做法。尽管这两种探索当然不同，但是二者无论在逻辑上，还是在实践中，都不是互不兼容的。换言之，人文主义者不能简单援引公元前4世纪雅典人的认知旨趣，认为他们忽视了关于某些关键概念做出的理由充分的解释，而在我们看来，这些关键概念明白易晓，而且极易向理性的人表明这些概念（可以回想不可通约论者支持直觉 [a]，同样支持直觉 [b]）。相反，人文主义者必须表明，雅典人的旨趣如何从概念上排除了我们的主张。但是，至于概念上的清理工作，这类证据注定是间接的，因为我们已经假设：我们对速度做出的区分，从未与雅典人的内心产生共鸣，更谈不上遭到拒斥了。用"间接"这个词，我们意在表明，这些证据符合雅典人的话语特点，使用这些话语的言说者认为：他们除了接受这些话语，几乎别无选择，这与在所谓"分析型真理"中所见的情况如出一辙。也许这样一来，伽利略对运动的说明完全数学化的理想，在概念上已超出对亚里士多德进行裁判的畛域，因为它违反了公元前4世纪的雅典有关运动、数学或其他相关概念的确切定义。这当然可以说明——伽利略的这个理想为什么从未吸引或拒斥古希腊的雅典人。

尽管如此，上述内容中没有一点表明，伽利略没有能力使亚里士多德认同他的观点。然而，我们所做的就是开启一种可能性，让亚里士多德把伽利略的观点看作更是一种语义操控的产物，同样也是一种实验展示的产物——伽利略恰恰是以这种态度对待亚里士多德！换言之，亚里士多德可能不难领会伽利略的观点，但是他很难接受把这种观点当作超出一场伽利略式语言游戏胜利的全部世界。在这种情况下，亚里士多德可能无法明白，伽利略何以可能真诚地相信：他对速度的区分已在他的游戏规则之外具有了若干重要意义。

现在进入第三个思想实验，这里设定的场景是：我们来思考被几位语言学家（Lyons，1977，pp.305-311；Halliday，1982，pp.31-35）称作标记性（markedness）的这个词的词义特性，以两个反义词：好与坏为例。A对B在昨晚观看的戏剧感觉是好还是坏没有想法，当被问及"那个戏剧的效果怎样？"时，A最有可能选择哪个词？我们的直觉强烈地表明：A会选择好。在这种情况下，好是反对意见未标明的要素（unmarked member），通常在疑问语境中运用的词汇，它们如果不具备在特定场合中的独特意义，那将会使这些词汇出现不当用法。A更有可能向B询问："那个戏剧有多糟？"这种情况发生的可能是：A已读过关于这部戏剧的一篇负面评论，它出自受B尊敬的一位批评家之手。对于语言标记性，我们具有强烈的直觉，这个直觉的来源是将语言学家区分开来的依据，它超出对问题的定位，拓展到如何陈述事实与如何做出判断。也许未标明的暗示性词汇，只是相较于它的反方——标记性词汇，更广泛地分布在话语中；或许标记性反映出一种铸入语言的更深层认知偏好，例如英语言说者推断：这个行为是好的，这个人是高个子，诸如此类，直至做出相反的表述。

如果支持做出相反的表述，即一种极具推测性的假说，那么可以想象：某人始终如一地在规范语境中使用有明确标记的词汇，这类人具有充分的可理解性，这是因为他不会破坏英语的句法规则与语义规则。此外，还会令我们震惊的是，他对事物有一种非常奇怪的看法，这种看法总是做出诸如坏的、不足的之类的推断。不过，如果没有在一种常规的基础上直接面对这类人，或许我们也不会去校正其反常的表述，而是相反地诉诸一种"得体准则"（Tact

Maxim），这个准则假定：作为一个合格的言说者，这类人有好的（即便是神秘的）理由，像他所做的那样去进行表述（Leech，1983，pp.104–130）。

现在来看上面这个论题的一个变体。这次我们不再标明词汇相反的要素，而是标明命题相反的要素，我们来看这个办法如何运作。一位外来的人类学家决定要研究现代英语文化，为此他做了非常全面的准备，显然他已是一位流利的英语言说者。随后他与不同专业的人员共处一堂，其中以哲学家与工程师这两种专业最为特殊。在同这两个专业的人员进行对话的过程中，人类学家分别问二者同一个问题：你认为那些椅子存在吗？不足为奇，哲学家与工程师的答案都是肯定的。然而，他们对这个问题表现出的反应却迥异，尽管这个差异不可能传至人类学家的耳畔，这主要由于哲学家与工程师都遵守得体准则。哲学家以非常自然的态度看待这个问题，因为作为绝大多数哲学家的一种规则，他们将对命题的每个否定判断都视作不必言明的态度。换言之，怀疑态度被认为是正确的，正是建构主义哲学家承担着反驳人类学家的举证责任。从语用学立场看，提出一个问题——例如人类学家提出的那个问题，就是赋予受众对这个命题进行怀疑的权力。因此，哲学家可能恰好受到愚弄，认为人类学家是自己队伍中的一员。然而，工程师没有轻易地被愚弄。正如大多数常识性社会习俗一样，通常没有理由许可受众去怀疑内含"中型干货"——例如椅子——的命题。在那个关于椅子的问题中，工程师把"椅子存在"这个断言当作不必言明的前提，从而将举证责任转移到希望否定这个断言的那些人身上。因此，在工程师看来，人类学家的问题——当然是可理解的与可回答的——却显得缺乏根据。这件事向工程师表明的，是在他与哲学家和人类学家中间存在一个陌生人。

现在，如果人类学家回到他自己的群体，并且向同道们报告他的亲历记：哲学家与工程师都相信椅子的存在，显然，这位人类学家忽略了一个非常重要——但很难捕捉——的差异，就是哲学家与工程师在如何坚持这个相同信念上存在的差异。同样，正如现在应当期待的那样，这位人类学家的失败，正是由于一种沉默的阴谋（a conspiracy of silence），在此我们面临双重的不可测知性。首先，人类学家不知道哲学家如何标记他们的命题，因为人类学家不具备对专业言说者做出判断的语用直觉。但是其次，更有趣的是，这位人类学家实质上成功地"深入土著之中"的努力，最终证明成为他尽力探索那两种语言标记系统的主要障碍。由于这位人类学家看上去是一名极其合格的英语言说者，工程师应用得体准则，并且认为他有某些理由可以提出自己独特的问题。然而，如果工程师在自己的权限范围内不要那么仁慈，那么，人类学家得出的观点可能会更好一些。

最后，我们来看这个思想实验更为现实的一个面貌。可以肯定的是，同样的英语言说者对一种上帝信仰的认同，今天与300年前的情况并无不同。尽管如此，我们还是想说：1988年的言说者与1688年的言说者，不会用相同的方式来主张他们的信仰。例如，同样提问："你信仰上帝吗？"1688年的言说者听到之后，会认为这个问题很奇怪，因为它向通常不允许怀疑的领域提出了疑问；1988年的言说者听到之后，会认为这个问题提出得很理性，因为"上帝存在"明确地是一个通常允许人们怀疑的命题。注意，这里的差异不能被轻易地解释为——它是"信仰程度"历时300年的一次转向，根据这个信仰程度，人们决定自己对上帝的信仰。相反，这种标记的差异首要体现为一种程度的转变，这位言说者将注定是一位理性的他者，他不赞同自己的信仰，但他可能仍然一如既往虔诚地坚持这种信仰。

若无其他情况，这里的关键是要提醒我们：必须谨慎对待从不同文化与不同时代搜集来的文本，它们似乎证实了与上述实例相同的信念。因为在文本表层的相似性之外，人文主义者必须判定：那些文本的作者对于各自受众中持异议者的宽容程度。一条线索是，阐释者要发现——作者在验证其自身信念时的清晰程度。在教学语境之外，一种得到更清晰证明的信念是：作者不能必然地期待其受众应当本人承担——进而认为受众本人必须承担——举证责任（参见第四章）。在这种情况下，一旦人文主义者对清晰度做出明确的规定，以此作为检验信念的标准（诚然，这项工作极为不易，因为人们对清晰性的感受与他们对表述经济性的感受相关），那么，人文主义者就开始对原作者的目标受众进行重构，这些目标受众的身份认同建立起新的交流语境，这个交流语境最终允许人文主义者判定：原作者文本中的沉默，应当被视为熟人的标志，还是外来者的标志？

4. 附言：戴维森主义的一种诊断

在这一章，唐纳德·戴维森的名字，被我以不同形式付诸运用，或作为形容词"戴维森式的"（*Davidsonian*），或作为动词"戴维森化"（*Davidsonize*）。现在，我们运用它的名词形式，表达"戴维森主义"（*Davidsonism*）的意思，对于沉默的不可测知性而言，这个词正在被遗忘。在本章第一部分，我们讨论了戴维森的翻译进路，他旨在把一种外来话语表达的信念，尽可能翻译成与我们自己的语言最为接近的内容。的确，戴维森认为，如果我们不能以自己尽可能熟悉的方式对一种外来信念做出翻译，那就无法清晰地表明——

我们已经真正完成了一次翻译。鉴于这个主张在当代分析（而且越来越大陆化）哲学中的重要性，很值得研究一下戴维森对这个观点的论证细节：

> 为什么我们的语言——任何语言——必须在很大程度上体现或依赖于事物是多么正确、多么广受认同这类观点？首先要思考：能够彼此理解对方语言的那些人，为什么必须拥有一种共同的对世界的看法，无论这种看法正确与否？其中的原因在于：当我们的阅读方法把他者的表述置入我们所认为的普遍错误之中时，我们破坏了自己对他者表述中可领悟性（intelligibility）的解读。我们能够正确地将不同语言之间的差异解释清楚，但是，只有在双方具备共同信念的背景下，这种情况才会成为可能。双方共有的信念，通常无须做出评说，因为在长期关注者看来，这些评说显然是沉闷与陈腐的。然而，如果没有一种广泛的共识作为基础，那么，争论各方也就没有地方展开论争。当然，我们既不同意也不否认——其他人不具备更多的相互性；不过，这一点或许显而易见。（Davidson，1984，pp.199-200）

这段话的谦逊态姿，不应使我们远离由它的每句话构筑起来的必然性链条。诸如"必须""只有"等语词的出现，以及"如果没有……那么也就没有……"这类句式的表达，都是戴维森孜孜以求的先验性论证的标志。这种论证的基本结构如下：

（P1）如果 X 为假，那么，Y 不可能为真；

（P2）但是，Y 显然为真；

（C）因此，X 必须为真。

现在，为了说明戴维森以上所言，我们可以把 X 与 Y 替换为以下两个命题：

（X）我们与我们所翻译对象的信念，绝大多数是相通的。

（Y）我们的翻译在多数时候（即通常情况下）是正确的。

于是，我们得到戴维森那样的论证。

一般而言，只有 Y 的真理性比 X 的真理性建立在更加完备的基础上时，一个先验性论证才可能是成功的，也许甚至达到强行命令——普遍一致地认同 Y——真理性的程度。然而，戴维森 Y 命题的真理性，似乎没有比他的 X 命题的真理性强多少，尤其鉴于我已在本章指出的他的问题。如果把这个问题推向极端，把未言明的内容阐释为或暗示熟人，或暗示外来者，对此做出决断的困难体现为如下事实：由于各种现实的盘算，对于一个文本是完全正确的理解，还是系统性的曲解，可能恰恰是不易辨明的。戴维森似乎正是利用了如下事实，即绝大多数易于察觉的阐释错误，在本质上极具局部性。但是，没有理由认为：通常而言，对于阐释错误的发生频率及其严重性来说，可以把易于察觉性当作一个可信的预兆；这就是戴维森必须加强立论的重要观点。的确，利用已发出警示的规范性，"修正主义者"对历史做出的阐释，在学术上获得了信誉，这件事表明：一直以来，我们持续犯着数量可观的大规模误解的错误。

我们所犯的多数错误，事关 Y 命题。至于 X 命题，它的情形甚至更具争议性，因为关于戴维森断言的可理解性，存在一个基本问题。通过可以算作"信念"的那些内容，能够多么确切地辨明：我们与外来者具备的共识，超出了我们的反对意见？然而，对于这个质疑，戴维森可能会反驳：我们正在任由一种"技术性观点"，遮蔽在这里发挥作用的常识性直觉。毕竟，即便在把外来者所说的话语阐释清晰的问题上，我们面临着最大的困难，但是，我们仍然已经阐明了这个事实：外来者已将其自身愿意被他人理解的内容表述出来，这意味着外来者至少在理论上，把我们当作他的话语的阐释者。有关阐释语境的纯粹事实，仅仅做出如下预设：我们与外来者拥有相当广泛的共同信念，例如在空间与时间中对各式各样人们的协调，人与普通物理对象之间的区别等问题上，不一而足。在提出这些论点之后，戴维森的主张似乎极具说服力。但是，人们能多么确切地将那些共同信念的特性表达出来？更重要的是，对于已表明的共同信念的特性，外来者与我们满意吗？正如我提出的第一个"技术性"问题，后面这两个问题要求戴维森主义者考虑一种将信念个体化的方式，通过这种方式，使外来者与我们一致认同：那些信念可以由他们各自的语言表达出来。正如我们将要看到的，这是一项易说难做的工作。

我们提出的任何元语言，假定它表达的是外来者与我们共有的相同信念，如果外来者不认同元语言中提出的翻译方案，那么，这将引发元语言中存在的问题。以下实例来自人类学家对土著居民做的各种色彩感知实验，这些实验形象地表明：元语言中存在的问题是何其容易产生（Cole and Scribner，1974，chs.3-4；Rosch，1973；Anderson，1980，ch.12）。关于语言相对性问题的萨丕尔-沃尔夫假说（Sapir-Whorf Hypothesis of Linguistic Relativity），将它应用于实践有一种普遍的做法，即认为：如果一种语言没有语词，那么，这种文化就没有属于自己的概念。色彩感知是检测这个问题的最佳例证，因为这个实验包含一个思想过程，这个思想过程既与巨细弥遗定义完备的事实证据存在密切联系，而且在大多数语言中，它与定义完备的一整套语词体系也存在密切联系。在这个实验中，人类学家向土著居民展示了一组色系丰富的各种色彩，这些色彩表征了许多微妙的深层差异，相较于他们任何一方的语言表达，色彩区分则更易于表达微妙的深层差异。实验表明，这些土著居民在履行各种辨识任务方面几乎不存在问题，有些实验任务要求土著居民将所看到的颜色记住，并将这个颜色记忆保持为不同的时间长度。基于此，人类学家得出结论：至少在颜色感知问题上，萨丕尔－沃尔夫假说已被证伪。现在来看：这个阐释的错误出在哪里？

上述这类实验，典型地忽视了土著居民运用规则来辨识颜色这个明显事实，仅仅因为人类学家为了实验目的而要求他们这样做。"仅仅"一词在这里非常重要，原因在于：正如前述亚里士多德/伽利略思想实验已经表明的那样，有趣的问题不是——土著居民是否学过如何辨识那些未能通过语言得到正常表达的色彩（答案显然是肯定的），相反，关键问题在于：如果没有人类学家的干预，土著居民是否可能辨识出那些色彩。毕竟，语言相对论者本应不难说明色彩感知实验的结果，就是说，土著居民有能力分辨出多种多样的色彩，因为他们被迫运用实验规定的语言向人类学家说话。其实，这类实验为何被认为驳倒了萨丕尔－沃尔夫假说，其根本原因在于：语言相对论者被描绘为——不仅相信语言决定思想，而且相信每个人的思想可能仅仅由一种语言决定。那么，根据这个阐释，人们眼中的土著居民，即便在色彩感知实验期间，仍将继续根据他们的第一语言（即母语）进行思考。然而，语言相对论者通常坚持一种更加看似合理的观点，认为正如人类学家曾经的色彩感知实验表明的那样，存在一种缺省语言（default language），土著居民根据这种缺省语言自然而然地进行思考——如果土著居民不是受到人类学家摆布、被迫反其道而行的话（De Mey, 1982, ch.11）。对这个观点的验证将包括：在色彩实验完成之后，面对其他事物时，观察土著居民在其自然语言中，是否继续运用实验中要求的语言规则。认知领域的多种证据表明，通常而言，主体不会运用在此种情境下习得的过多技能，去对另一种——迥异的情境进行说明，特别是如果主体发现——最初的学习情境是人为造设或被迫所为的话，就像色彩感知实验案例可能表明的那样（Newell & Simon，1972）。

因此，我们看到：语言相对论的真正问题，并非人们是否有能力去感知无法由其母语正常表达出来的事物，关键在于——他们是否心怀这样做的需要。此外，如果人们不愿意改变自己认识事物的方式，完全在这些人原生的思考模式之内工作的人类学家或哲学家，有可能迫使这些人按实验模式运作吗？或者说，是否总有必要根据实验规则要求的方式，来约束土著居民的反应模式？这些问题含蓄地对戴维森主义的基本信条构成挑战，就是说：一个人的信念、欲望，以及其他意向性状态，构成一种观念框架，这是一种由演绎与归纳构成的推理法则所集成的体系。这个信条通常被称作整体论（holism），整体论认为：土著居民运用实验规则，对其他无法表达出来的色彩进行辨识的能力，或根植于已在其观念系统中呈现的知识——它从未得到过清晰的阐明，或植根于新近被整合进入其观念系统的知识——这是土著居民与人类学家接触的结果。在这两种情况下，整体论者期待：土著居民如何习得或用记忆存储这种知识——如果不是存在这个问题，他应当有能力在包罗万象的各种情形中，再次运用这种知识（Hallpike，1979）。

我们的问题揭示出与整体论相反的观点，它有时被称作分子论（molecularism）（Dummett 1976，ch.17）或模块论（modularism）（Fodor 1983），我们的观点否认每个人拥有这样一套综合而成的整体观念系统。更确切地说，模块论者相信：知识天然地被区分为，或"标示为"（Knorr-Cetina，1982）特定的活动或情境。例如，亚里士多德可能承认：伽利略的地面力学理论在他的实验受控条件下能够有效运行；然而，亚里士多德将会否认：伽利略的力学原理能够普遍适用于对各种物理现象的解释。同理，在一位土著居民的母语中，不会有一个词与英文中的"蓝色"相对应，但是，这个人可能在一项实验期间，轻易学会如何运用与蓝色相关的规则，不过在实验结束后，这个人继续把"蓝色"当作一个技术性术语——它的实用性不会比实验室更广。

模块论者观点最有趣的一个特征，是它终结了首先由美国实验心理学家唐纳德·坎贝尔[①]提出的一个著名的判断问题（1964）。在视觉幻象实验基础上，心理学家与人类学家选取来自多种不同文化背景的成员进行了实验，坎贝尔由此得出结论，认为如果不是必须完成认真细致的后续研究，其实在感知反应中，对根本上具有跨文化性质的差异做出判断，是不存在理论原则规定的方式的：这些差异，可能源于感知上存在的真正差异（也许由于语言相对论），也可能仅仅因为实验者错误地向被实验者传达了实验要点。（坎贝尔的贡献是，他认识到在趋同型跨文化应答情境中，也有可能产生这个问题，进一步讨论参见 Segall，1979，ch.3）在模块论者看来，坎贝尔选择的这个观点被消解了，因为关于不可明确表达的另类内容，无法得到有效的交流，这种交流失败被认为是导致根本性观念差异的首要原因。坎贝尔能够看清这里出现的判断问题，可能因为他相信：弥补交流失败，可能极易通过实验者向被实验者更清晰地说明实验要点来实现。在这种情况下，被实验者将做出符合实验要求的恰当行动，而且这将导致在研究数据上更加（或"真正地"）趋于同一。但是，再次出现的情况是，这里假设实验者只是让被实验者去做一些事情，在正常情况下，被实验者将自然而然地做这

---

① 唐纳德·坎贝尔（Donald Campbell，1916—1996），美国社会心理学家。

些事情，而不是像我们认为的那样——实验者为了这个实验目的，劝说（或通过某些其他方式约束）被实验者以某种特定的方式来行动。

我们所说的模块论观点，可能在社会现象学家舒茨[①]的理论中找到其先驱（1962，99.207-259）。舒茨认为，生活世界由各自独立的个体形成的"关联性范畴"组成。"关联性范畴"概念，源于美国实验主义哲学先驱詹姆士[②]，他认为我们生活在"多重实在"的世界中。其实，当库恩引入不可通约性论题的动机受到质疑时，库恩亲自指出这个事实（1970b，p.207）：相较于现实中在两种不同的语言之间进行翻译，一位能说双语的人，可以更从容便捷地从一种语言转向另一种语言，这是极其庞大的知识体——就是全部语言——能够得以区分的清晰实例。库恩的这段话颇具启发性，因为评论者（甚至这个观点的支持者）至今都极其平常地愿意从库恩的这个观点中汲取营养，他认为，区分知识体的各个单元，同奎因-戴维森的观点一样包罗宏富（全部各种语言），而后者认为——我们知识的每个部分都整合为一个整体。

基于以上论述，我们的结论是：我们如何评价戴维森的先验性论证？在戴维森的论证中，它的前提几乎是无可辩驳的命题，而且如我们已经证明的那样，这种论断恰恰有可能是伪命题。不过，这种论断又极有可能借助论点本身的名堂来表明自身：这种论断的确表达了某种预设的观点，认为阐释者提出的各种策略很有可能导向成功的阐释。当然，事实是：这类预设经常被制造出来，而且轻率地从不进行自我审视，这类预设并不意味着——它们能真正导向成

---

① 舒茨（Alfred Schutz，1899—1959），生于奥地利，美国哲学家和社会现象学家。
② 威廉·詹姆士（William James，1842—1910），美国哲学家和心理学家，是实用主义理论三大倡导者之一。

功的阐释。更有可能的是，根据这类预设来行事，很难察觉出乎其理想模式之外的结果。准确地说，这是因为没有期望这类预设具备此种功能。这类情况可能潜藏在戴维森有关阐释的预设之后；因此，它也隐蔽在沉默的不可测知性之后。

附录一　如何对待话语中的微言大义
——概念体系的输入与输出

> 给我一个支点，我将撬动地球。
>
> ——阿基米德

诚然，需要一个地方作为支点。在这个附录中，针对阿基米德的期望，我打算引入一种地方逻辑，用来理解观念变革（conceptual change）。地方逻辑（place logics）的传统——从亚里士多德逻辑学的《论题篇》，发展到"新修辞学"创立者、比利时哲学家佩雷尔曼[①]所说的"场景"（loci），它出自文艺复兴时期修辞学家拉米斯[②]的构思，集中体现为"发明的方法"——一直以来受到这种思想的引导，即认为：只要某种论点援引了言说者（大致而言）及其受众共同认可的规范，那么相较于其他论点，这种论点将更具说服力（Perelman & Olbrechts-Tyteca，1969，chs.21-25；Ong，1963）。因为通过运用这些论点，非常有助于言说者认识到：他或许有能力打破受众对他正在传播的矛盾观点甚或新奇观点的拒斥。例如，为激励国民投入战争，政治家最常用的场景（locus）就是"这种特殊形

[①] 佩雷尔曼（Chaim Perelman，1912—1984），比利时语言学家。
[②] 彼得·拉米斯（Peter Ramus，1515—1572），16世纪的法国学者、修辞学家、教育改革家。

势"。言说者与受众都知道,如果接受这个标签,也就指出了一种与此相应的行动路线。与此同时,主张和平主义或妥协策略的言说者,则诉诸"各种临时的紧张关系"场景,并且努力把外国的敌对行为,解释为现实中误说与误解的产物。

这个实例强调,场景在对话式论证(dialectical arguments)中扮演的角色,类似于各种自然类范畴在证明式论证(demonstrative arguments)中扮演的角色。根据亚里士多德的用法,由前提经过"证明"得出的结论,完全由前提所决定,并且因此是毋庸置疑的。可以推断,这个论证中的术语,被诉诸明确的单一意义,用来指称纳入决定性范畴之内的对象。相形之下,通过对话式论证得出的结论,由它的前提得到的是证据不足的说明,由此导致争论继起。同理,对这类论证中所指事态的辨识与确认,也缺乏充分的证据。因此,如上述实例表明的那样,"鹰派"能够以一种方式阐释事态,"鸽派"则诉诸另一种方式做出阐释。

鉴于地方逻辑与观念变革具有相关性,我们只需反思库恩的这一论断(1970a,ch.7):一个科学范式中呈现出"危机"的关键性征兆,这个范式并且由此历经持续的改变。这里的关键问题在于:科学家很少关心增加了什么数据,他们更加关注——对当前获得的数据做出阐释所依赖的原则进行质疑。正如我们在第五章所见,库恩偏好的隐喻就是"鸭兔"错觉的格式塔图式,构成数据的这个图式本身,可能被阐释为或是一鸭,或是一兔。可以将一种范式转换比作一种格式塔转换,观察者借此而固执于一种阐释,并且使现实中真正图式的歧义性倾向于这种阐释。

由于地方逻辑颇具适当性,所以一种适用于观念变革的地方逻辑,迄今仍在漫长的等待中,而且——如果波普尔的文章"规范性科学及其危险"(1970)真的使人们相信库恩本人在很大程度上确实应当受到责难。导致地方逻辑被旁置等待的一个障碍，是波普尔始终抨击的"框架迷思"（The Myth of Framework）。波普尔认为，一个人通常被囿于自己的世界观框架之内，只有通过一种根本的意识转向（根据定义，在一种世界观框架内部，发生这种转向是不可思议的），才可能对任何重要的观念变革产生影响。诚然，库恩说到"转向"，把它当作新范式取代旧范式的一种手段，由此传达出这种改变具有一种非理性形象，正如福柯论及知识之间的"割裂"时所做的那样（用福柯自己的话说，这种知识间的割裂甚至无法得到解释）（Foucault，1975）。然而，我认为，这个迷思的一个特点在很大程度上是正确的，就是说：人们不会自觉地引发一场观念变革，然而，（在历史与教科书中）已经表明，观念变革是不断发生的一件事，通常是一系列短期活动长期累积的结果。爱因斯坦[①]超越了洛伦兹[②]对麦克尔逊－莫雷实验（1881）做出的解释，大多数科学家对爱因斯坦的理论抱以信服的态度，但是，这些科学家没有认识到——他们见证了一种物理学新范式的诞生。事实上，甚至爱因斯坦1905年发表狭义相对论之后的那一代科学家，如杰出的物理学史家惠特克[③]，仍把他自己所处的时代称作"庞加莱与洛伦兹时代"（Whittaker，1929）。

然而，与早在库恩之前的神学家一样，某种特定转向事件具有的广泛却难以预期的结果，被库恩用来暗示：在理论上，这种转向大业必须超出（至少是）掌控旧理论的知识共同体的权力之外。一

[①] 爱因斯坦（Albert Einstein，1879—1955），出生于德国，20世纪最伟大的物理学家，获1921年诺贝尔物理学奖，创立相对论。
[②] 洛伦兹（Hendrik Antoon Lorentz，1853—1928），荷兰物理学家、数学家，电子论的创立者。1902年诺贝尔物理学奖得主之一。
[③] 惠特克（Edmund Whittaker，1873—1956），英国数学家和科学史家。

直以来,科学史的叙事趋向太频繁地遵循这种圣经故事模式,在这种模式中,产生重要结果的事件本身——例如扫罗(Saul)改宗基督教,被描绘为始终运用并沐浴在一种重要的观念框架之下的人,如同扫罗的行动那样——被从他骑着的马上撞下来。进而言之,叙事要求似乎规定:转向事件所引发结果具有的不可预知性本质,被预设为转向事件本身具有高度不确实性,或具有非同凡响的性质。因此,扫罗不只是从他骑的马上被撞下来——这个事实具有某种可能性——他反而幸会了一位上帝派来的使者。同理,迄今以来,科学史把过多的解释责任,交由伟大科学家的个人启示来承担,正在等待科学史答案的那些公众,很快原样认同了伟大科学家的洞见。尽管库恩与福柯已经成功抛弃了对观念变革的这种幼稚的神学式解说,但他们尚未充分认识到:无论在科学还是宗教中,观念变革终究是通过一种极微妙的劝说方式进行的操练,因此,它应当服从于由地方逻辑提供的修辞分析。这样一来,就不能再得出结论——认为重大观念变革会超自然地发生,我宁愿表明:在对少量看似无害的推理进行认可与赋权的行动中,重大观念变革在微而难察中潜在地发生了。

马可·德梅[①]做了大量艰巨的准备工作(1982,ch.10),它们对于理解潜在的观念变革的动力机制必不可少。例如,德梅表明:哈维[②]对血液循环机理的发现,是对依据盖仑[③]学说的心脏图式进行格式塔转换的结果。在哈维的认知过程中存在两种驱动模式,通过揭示这两种驱动模式之间的程度差异,即认知过程由观念或数据驱动

---

① 马可·德梅(Marc De Mey),比利时根特大学科学哲学家。
② 威廉·哈维(William Harvey,1537—1619),英国生理学家、医生,提出血液循环理论。
③ 盖仑(Claudius Galen,129—约210),古罗马医师、自然科学家和哲学家,古代医学和生物学知识体系创立者。

的程度,以及自上而下或自下而上驱动认知过程的程度,德梅阐明了潜在观念变革发生的动力机制。最初的格式塔心理学家,同一直以来胜任工作的科学史家一样,通常总是破坏这两种维度,以便针对科学家认识世界的经验,能够生产出两种看似彼此对立的观点:经验论者认为,数据驱动的认知过程相当于自下而上的过程,因此将科学家呈现为一种被动的容器,科学家的理论随着其经验的改变而改变;理性论者认为,观念驱动的认知过程相当于自上而下的过程,因此将科学家呈现为一种观念体系的设计者,他们把经验模式化,以满足他们设定的认知目标。而另一方面,实证论者以经验论者的观点为例,说明库恩显然是理性论观点的一个实例。然而,德梅强调,经验论者的观点拒斥动机不明的观念改变,理性论者则开放地面对同样是动机不明的观念改变。在无须做出任何一般性说明的情况下,这似乎使根本性观念变革与科学革命联系起来,主要原因在于:上述观点都不允许对这种现象做出清晰的解释。

德梅自己的策略是:将观念—数据驱动的认知过程,视作关乎科学发现的方向;将自上而下—自下而上的认知过程,视作关乎科学事业追求的方向(Laudan,1977,ch.3)。因此,当科学家正在研究的目标模型(它可能不过是一种拓展性类比,参见 Hesse,1963;Harre,1970)促使其对该目标做出重新阐释时,科学发现受到的是观念驱动;当研究目标(通常是一种反常性观察)促使科学家以某种方式改变其理论模型时,科学发现受到的是数据驱动。在这两种情况下,科学发现的过程影响到这个模型/目标的整体,还是只有其中一部分受到影响,关于这个问题无法给出任何暗示。例如,哈维通过对围绕心脏的血液整体运动进行研究而得出的科学发现,这个事实并不必然意味着:它是观念驱动的结果。正如艺术史家贡布里希①指出，如果一个人的视野足够开阔，他有可能将某个观察对象的整体视作一种单一的数据，同时对于这个观察对象的各组成部分，在感知上无差别地对待它们。那么现在，无论人们把观察对象置入一个更具广泛性的整体，抑或将观察对象解析为构成它的各个部分，这都是一项重要的认知探索事业，前者为自下而上的认知过程，后者为自上而下的认知过程。因此，完全可以令人信服地认为，哈维的科学贡献正是数据驱动与自上而下认知过程相结合的产物，在标准的经验论与理性论认知过程的混合体看来，这种认知过程的可能性属于它的排除对象之一。

鉴于以上概括的理性论者和经验论者的观点，我们能够明白：根本性观念变革的发生，被认为是通过一种动机不明——进而"超自然"的方式，这是如何成为可能的。关于超自然理论具有的说服力，从来源上看，它是一种亚里士多德观点的残余，类似于一些原因引发相应的结果，这意味着：重大变革的发生，必须诉诸一种重大方式。对于神学家制造的学校教育话语，这可能还不是一个惊人的判断，更加令人惊异的，是科学史家制造的话语。然而，一个至关重要的案例是：文艺复兴盛期所谓科学革命的起源（相关理论参见 Bullough，1970）。进入 20 世纪之际，迪昂（1954）揭示出，现代物理学的关键概念——如"加速度"与"惯性"，在 14 世纪评论者关于亚里士多德的论述中已经出现——就是说，早在伽利略被冠以殊荣——创造了针对亚里士多德物理学的"重大突破"——之前近三个世纪，加速度与惯性概念已付诸应用。距我们更近的是，中世纪史家克隆比②表明，中世纪也有密尔的归纳证明准则，甚至还用

---

① 贡布里希（Ernst Gombrich，1909—2001），生长于奥地利，英国艺术史家和美学家，爵士。
② 克隆比（Alistair Combie，1915—1996），澳大利亚/英国的中世纪史专家。

这些准则指导一些简单的实验操作，由此补充了迪昂的论点。

尽管如此，流行观点继续坚持认为，在西方世界观中，伽利略的研究构成了一次重大转向，这个转向本应只能发生在这种情况下，即自觉切断对中世纪关键概念的认同，正如伽利略面对教皇质询时的戏剧性表现。换言之，对于日后的学校教育来说，有关伽利略的介绍，本应坚持——原因必须与它所造成的结果相适应：如果伽利略的研究产生了重大结果，那么，伽利略研究的原因必须至少具有重大意义；因此，伽利略必须突破过去的历史。在反击这种推理路线的过程中，克隆比主张：一旦意大利数学家塔尔塔利亚①在1543年将阿基米德的著作翻译成意大利文，那么，造成伽利略与他的中世纪先驱不同的，只是伽利略——不像他的中世纪先驱那样，已经接触到高度成熟的古希腊实验与数学科学实例。已经表明，阿基米德的著作最早在1269年被翻译成拉丁文，但是，这些译作通常仅限在意大利——而非牛津或巴黎——才能读到，因为那里是伽利略的中世纪先驱当年工作的地方（Grant，1977，ch.2）。如果缺少这些实例，中世纪的科学方法就只能保持在泛泛而谈的一般层次，停留在这个层次无法导向那种复杂的思想实验，而为了看清中世纪物理学关键概念的革命性含义，必须进行复杂的思想实验。

那么，克隆比观点的引入，旨在表明：中世纪心灵与现代心灵的差异，与其视为关乎"气质"或"心理"问题，不如视为观念环境中具有微妙差别的那类暗示：如果中世纪的人们已读过阿基米德的著作，那么，科学革命的发生本应比现在的说法早出三个世纪。这里说到"微妙的暗示"，又使我们回到库恩原创的鸭兔格式塔图

---

① 塔尔塔利亚（NiccolòTartaglia，约1499—1557），意大利数学家，首先研究出解决立方方程的一般方法。

式——根本性观念变革的模型。如果库恩是正确的,那么,鸭-兔格式塔图式概念描述之间存在的不可通约性,需要在这两种视野之间发生一种根本性转向;不过,库恩未能论及:通过对作为图像基础的概念含义稍加变更,心理学家有能力操控观察主体看到哪一个图式。通过在基本原理中呈现概念变化的地方逻辑,我们现在力求把握的,正是那些微妙暗示(线索)的运作是如何成为可能的。

与"场景"(loci)不同,关于观念变革的一种地方逻辑,将对起支撑作用的各种观念支点(fulcra)进行研究,在来自正反两方面辩证性支撑的基础上,一个预期的阿基米德可能将设定他的杠杆,以便推动他的受众走出一种观念空间,从而进入另一种观念空间。与"场景"一样,主要在与各种论点相关的文本中,对不同的观念支点做出界定。如果我们打算严肃对待这种思想,即观念变革在很大程度上是微而难察的,那么,就必须强调上述观点。正如确信型科学家无法认识到爱因斯坦理论阐释的根本含义,爱因斯坦本人同样不可能认识到这一点。大量观念变革的发生,不是由于作者想要为他的文本赋予生机,而是因为一系列读者排斥作者的此类做法。当然,全部故事并非仅以单一文本为依据,因为出于各种原因,许多具备"潜在革命性的"文本从未变得充满说服力,这部分故事属于知识社会学的内容。然而,如果出现一位指定读者的话,地方逻辑应当能够确认文本中呈现的观念支点,它们将对条件已定的观念变革产生重要影响。同更为传统的地方逻辑一样,我们的地方逻辑将具有实践含义,因为与观念支点相关的知识有助于使论断更具争论性。在此,我们仅从各种广为不同的观念支点中选取两种进行介绍:(i)一种观念变革如何发生,言说者对此问题所做解释的支点;(ii)差异应当被揭示出来,还是应进行模糊处理这个问题的支点。

最基本的支点强调言说者针对影响观念转变的暗示所阐发的意

义，因此不足为奇，这些支点还包含：对三种形而上学基本要素间存在的某种关系进行定位：

（a）经验——言说者及其受众将经验视为关于世界的一种自然的态度；

（b）理论——它是一种概念（观念）体系，这种对概念的清晰阐述，构成关于世界的那种自然态度的基础；

（c）世界——经验与理论以某种终极意义所"关心"的内容。

通过这三种基本要素，可以得出两种关系，正如以下论题所作的概括：

（M1）经验是关于我们当前所接受的世界的理论。

（M2）理论是组织起来的、构成我们所接受的世界的经验。

注意在每个论题中，作为核心要素的这三个名词在用法上略有差异：（M1）意味着："理论"是人类运用的一种对世界的表征，人类作为观察者，在认知方面站在置身世界之外的立场上。（M2）意味着："理论"是人类成员在世界之内运动所需凭借的方法，正如对一种语言游戏设定的规则。在哲学史上，（M1）始终与各种努力保持这种表面实在性差异的探索息息相关，（M2）则与模糊这种差异的反实在论者的努力——如理念论、实用主义、现象学——密切相关。在各自对待身心问题的态度上，（M1）与（M2）极易形成鲜明对比，许多关于身心问题的当代讨论以下述问题为中心展开，即神经科学中的发现是否能够为——改变我们如何认知自己精神生活的方式——提供充分的基础性证据。循着二者的差异，我们能够得出（M1）与（M2）论题赖以成立的支点。

一位坚持（M1）论题的形而上学家主张，我们寻常的精神性观念，如"信念""意向""欲望"和"痛苦"，无法提供一种进入我们精神生活的独特方式；相反，它们构成一种预示精神行为的理论（例如根据口头报告进行衡量），这种理论必须通过反对神经科学可能提供的一切竞争性证据而得到检验。如果经证实，神经科学理论是一种更好的预测性理论，那么，我们应放弃自己寻常的精神观念，并且得出结论，比如认为：我们过去认为的"疼痛"，更准确地表征了一种独特的神经元应激方式。相较之下，一位坚持（M2）论题的形而上学家主张，很大程度上，并非通过寻常理论与科学理论的竞争，对同样的"麻烦事"做出解释；相反，它们是在和而不同的层面，对实际体验做出的描述。不同层面之间的差异由不同方式表明，通过这些方式可以逐渐认识到：他正在经历一种痛苦（通过自我认知），与此相对的是，他如何逐渐认识到——他正在经历某种神经方面的检验（通过脑电图扫描仪）。因此，在不可能由"判决性实验"表明关于心灵的寻常解释还是科学解释是正确的情况下，可能还存在多样的社会学原因（必须搞清哪种解释属于认知权威），可以对各种论点做出判断。例如，一种观点认为：相较于诉诸内省法，脑电图是认识心灵更为"妥当"的方式，因此在实践中应当以脑电图取代内省法。不过，这些原因显然是诉诸了认识世界的应然问题（世界应当如何），而非实然问题（世界实际如何）。

当我们探求（M1）与（M2）论题在心照不宣中运用的观念支点时，首先须注意：持（M1）立场的形而上学家，通过从"疼痛是存在的"这个断言转向另一个断言——这人身体上出了些问题，它叫作"疼痛"，从而区分出一种观念上的变化。后一个断言中单独提到的那个词"疼痛"，意味着像这样的疼痛并不真实存在，尽管"疼痛"这个词可能是一种有用的间接格方式，用来指称真实存在的疼痛，即一种激活的特定神经元。间接格指称也发生在隐喻式表述中，在此，隐喻之于某方面的实在具有一种试探性，它有待诉诸文字做出进一步描述。因此，我们现在可以把（M1）隐喻的关键支点表述如下：

（F1）当一种表述从仅仅被提及转向实际使用时，观念的变化发生了。

从主张（F2）的形而上学家的立场看，他们注意到做出某种推断的权力如何得以拓展势力或影响力渐失，进而由此区分出观念上发生的一种变化。当一个断言变得无法断定时，或因为未赋予它可做出判定的条件，或因为赋予它的条件无法做出判定。福柯的许多研究就是处理这类问题——社会建制如何使这两种可能性之间的差异变得模糊起来，大体而言，它们分别是：无根据断言与非理性断言。因此，确实是应该将内省法淘汰出局的时候了。因为人们把更多兴趣专一地集中在对行为的预测上，诚然，神经科学在这方面更具可靠性。但是，与（M1）不同，（M2）不会因此而承认内省法的虚伪性与神经科学的真理性，相反，（M2）毋宁正在承认：有这样一种世界，内省法在其中为一种目的服务（因此在可具体化的情况下，内省法可以派上用场），这种世界可能已经消失。这样一来，在"无法得到确保"的意义上，内省法是无法断定的，但这并非必须在"非理性"的意义上，尽管从社会学视角看，这两种意义基点的转变可能只是一小步。因此，我们可以将（M2）关键支点的特性概括如下：

（F2）当确保一种表述的条件发生改变时，概念的变化发生了。

关键支点也可以定义为：一种是敏锐性策略（acuteness strategy），另一种是迟钝性策略（obtuseness strategy）。敏锐性策略关注差异，迟钝性策略则消弥差异。自从苏格拉底开始通过区分差异界定他运用的术语以来，哲学家至今仍坚持认为，思想的清晰性可以通过术语分析来实现。在这个精神指导下，美国哲学家、普特南的弟子哈特利·菲尔德[①]基于"指称精炼化"（denotational refinement）思想（Field，1973），提出一种科学进步理论，它力求对不同范式间所用术语的根本差异做出解释，而无须被迫接受库恩理论中的相对主义。例如，在狭义相对论表明一个物体的质量受到其速度影响之后，爱因斯坦之后的物理学家发现，如果不进一步厘清"质量"这个术语在各种情况下的用法的话，则无法再用"质量"一词评价牛顿的论断，以便符合自己对物质概念更为精细的理解（即通过界定物体的速度）。在究明每种论断是如何被厘清的基础上（初始表述语境有时是充分的，有时则不够充分），各种论断的真伪则可以得到证实。因此，对进步的衡量，是以一个现代人可能得出——而他的前人无法得出——的差异数量为依据。那么，一般的敏锐性策略应当清晰可见：

　　（敏锐性策略）对任何一组被认为具有相同实质的对象而言（即在相同观念之下），经常存在某些属性，仅为这个集合中的某些成员具备。基于此，可以认为：对象具备这种属性，或对象缺乏这种属性，相较于对象彼此具有"表面的"相似性来说，二者之间的差异更为重要，无论这种表面的相似性最初被说得多么具有"实质性"。

　　尽管敏锐性策略特别受到教师的褒奖，但是在聚讼争论中，迟钝性策略成为更具说服力的关键支点。重大观念变革必须颠覆先前的"预设"，这可以被定义为：那些命题的真理性必须假定旨在支持或否定某些其他命题（Van Fraassen，1968）。在更具修辞性的风

[①] 哈特利·菲尔德（Hartry Field, 1946— ），美国科学哲学家，美国艺术与科学学院院士。

格中，预设是一种心照不宣的协定，它使公开的分歧成为可能。因此，颠覆一种预设的可靠手段，就是否定争论或差异的意义，这个意义被断然认为是这些争论或差异的基础。奎因的论文"经验论的两个教条"（1953，ch.2），通常被认为是20世纪哲学期刊中最具影响力的论文，这篇论文运用了一种纯粹的迟钝性策略。具体而言，奎因无法看清从关于世界的真理中严格区分出语言真理的关键所在，因为一个语言共同体具备的经验性知识，其当前状态承担这样的功能：哪些术语可以得到介绍进而付诸应用，以及在共同体的知识库中，这些术语可能发生改变的可疑度有多高。因此，在这两类"真理"之间，奎因唯一能够看到的差异就是"语言真理"，这构成该共同体的核心逻辑概念，它不承认这些概念能遭到轻易的经验性反驳。然而，语言的真理差异本身只是一种程度差异，因为奎因能够正视这种条件——例如，量子力学的适用性足以普遍深入人心，使演绎推理的逻辑规则发生改变。因此，迟钝性策略可能会被这样界定：

> （迟钝性策略）对于人们所说存在于两组对象之间的任何"差异"而言，认为这个差异是真实的首要理由，可能就是某种与之相应的言语上的区别。由此可以主张：这个差异不比支持差异存在于言语区别上的人更深刻，后者至今仍然混淆着卡尔纳普所谓的形式言说方式与实体言说方式（1934）（formal and material modes of speech），卡尔纳普认为：言说方式可能存在一种形式区别，但是，这种形式上的区别不会产生言说的实体性差异。

如果迟钝性策略取得成功的话，这种策略会令遵行它的人感到惊异——我们的前辈曾为如此乏味迟钝的区别倾注过多少心力啊。这表明一种常见的现象,过去确实把这类区别搞得极其牢不可破,以致一旦认同了这种区别,人们就无须再对它进行论证。但是,久历过往,多少代人已经逐渐忘记初心:为什么最初要提炼出这类区别,并且用这类区别取代了适用于他们自己局部认知任务的那些理由。在这种情况下,通过把深层预设具备的默会特性,视作它们可能无法得到辩护的一种标志——如果它们显然遭到挑战的话,那么,一种迟钝性诉求可能会反讽地行之有效。

然而,这种反讽现象的扭曲在于,这类深层预设可能被证明是站不住脚的,仅仅因为差异性(进而成为不可通约性)的发展超出了它的确切意义。因此,在休谟与康德语言真理性("分析的")与世界真理性("综合的")之间做出区分的初始动机,可能是18世纪假设把认知功能严格分割为"理性"和"感觉"两截的先声,这当然不能成为截至奎因写作"经验论的两个教条"时继续坚持这种区分的主要理由。其实,在语言哲学整体涉及领域的基础中,横亘着许多极不相容的理由。这仅仅表明,认同关于这种区分的一种陈述,其中的真问题必须得到充分论辩,而不是以实际提供特定辩护的方式就能得到认同。不过,一致同意在不同对象的差异间做出区分,不是一件唾手可得之事,所以,奎因曾经拒绝区分差异并且因此大获全胜。

第三部分
知识的社会组织问题

第七章　科学划界：它的终结问题一直被过度夸大

劳丹近来表示，来自非科学中的科学划界是一个伪问题，应当用更朴素的研究取而代之，这类研究需要判定——特定的信念是否（以及为什么）得到认识论上的保障，或它们是否（以及为什么）富有启发性？作为回应，印第安纳大学社会学教授托马斯·基恩[①]拒斥这种基于哲学自我约束的操练，他认为，科学共同体自身采取措施，使自己与其他人——为获得认知权威以及与之相伴的政治、经济利益而竞争的其他人——区别开来。作为一种结果，科学共同体的多种修辞策略——基恩称其为"划界工作"——现在已发展为适合社会学研究的对象。在本章中，我将要提出的主张是：劳丹错误地认为，从非科学中为科学划界是不存在任何风险的，我却认为：基恩至今尚未完全理解划界问题的重要性。我的批评将揭示一种基本的混乱，在能够完全明白从非科学中为科学划界的意义之前，必须清除这种混乱：就是说，通过历史上不断变化的社会实践所扮演的科学角色，无法从中区分出至今被称作"科学"的一切事物一直扮演的相对连续的社会角色。此外，我认为：这种混乱本身，是一种社会实践保持其科学地位的关键方式之一。

[①] 托马斯·基恩（Thomas Gieryn，1950— ），美国印第安纳大学社会学教授。

1. 划界问题：劳丹与基恩的论述

在解决科学划界问题上，劳丹所做无效努力的历史，可能被重构为反驳其全部努力的两个一般性论点。首先，对于从非科学中为科学划界提出标准的哲学家，劳丹竭力质疑他们的动机。亚里士多德、卡尔纳普与波普尔探索的，不只是得到一种程序，用它可以判定哪些信念与实践能够确保我们的赞同；更能说明问题的是，每位哲学家在设计他的程序时，对于将特定信念与实践排除在外独具只眼，他在命令这些信念和实践具有更多认知权威——超出它们的本来所有时，就会敏锐地发现它们。因此，亚里士多德的标准将希波克拉底的医学排除在外，卡尔纳普的标准将柏格森的形而上学排除在外，波普尔的标准将马克思主义与弗洛伊德主义排除在外。其实，由这些哲学家提出的标准，不过是将不中己意的情况排除在外，正如劳丹表明，因为他们也想让显然的非科学情形通过检验而变为科学。然而，这种逻辑缺陷当时并不关心那些划界者，因为没人曾经声称——这些明确的非科学学科具有一种科学地位。因此，鉴于这种标准的临时性特点，劳丹的结论并非声称认识到一般定义的科学特性，相反，这个结论更忠于哲学家，专门抨击那些认知权威的伪装者，直指他们独有的观念和经验缺陷的基础。同时，劳丹也把格伦鲍姆[①]极力宣扬的心理分析式批判（Grunbaum，1984），当作这类行为的一种榜样。

劳丹的第二个论点反对划界问题的合法性，他提出的标准保持了对科学史的敏感性，由此呈现出劳丹进行多种哲学探索的结果。

[①] 阿道夫·格伦鲍姆（Adolf Grunbaum，1923—），美国匹兹堡大学安德鲁·梅隆讲席科学哲学教授。

所有这类哲学探索面对的一个重大问题是：历史上，某些学科如何看似已经取得或失去（且有时是后来重新取得的）在科学中的地位。作为典型案例（这里将只是预设它的历史有效性），劳丹对比了天文学的科学地位和中世纪天文学的非科学地位，二者的角色最终在 17 世纪被反转过来。诚然，先于科学划界标准，这类对比多少会给人留下一些深刻印象，然而，问题的关键也显而易见：即便有一套标准，能够成功拣选出当前的各种科学，并且将非科学排除在外，它仍然很难在整个科学史上保持这个记录。其中的原因，是由于科学自身性质与时俱进发生的变化，还只是由于天文学与占星术这类实践发生的变化，劳丹对这个关键性问题抱以沉默。尽管如此，当哲学家不断尝试将当代思考与历史思考一并融入他们的划界标准时，这种做法的结果始终类似波普尔的证伪主义标准——它更多瞄准使一切学科长期服从的可靠的知识断言，而不重视——对于我们满意的当前学科的知识论断做出新的辨析。因此，鉴于这些科学划界标准表现出的无用性，劳丹又把划界标准称作"无牙奇迹"（toothless wonders）。

从我们的目标来看，劳丹以开放的立场面对一个核心缺陷。这个缺陷未能认识到：相较于政治上的权宜之计，或甚是历史性认识，针对一个问题的划界标准所需考虑的要深刻得多——其实，正是在这个问题上，劳丹将会明白对一种划界标准的取代：即如何判定哪些信念在认识论上得到了确认。因为在任何特定时刻，为博得我们认同而竞争的断言，在数量上要多于可能得到检验的断言，因此我们需要一种方式——能够预先把这些断言区分为"貌似可信"与"貌似不可信"之类，以便让有限的检验资源仅仅围绕貌似可信的断言展开工作，这些检验资源具有最优先的可能性（无论以怎样的方式衡量）——它可以最终博得我们的认可。通过受检验断言使用的语言（擅长使用行话）、检验者的凭据及其他资料，极易从中发现貌似可信的种种标志，这些标志从实践中产生，在社会中发挥着科学的功能。简言之，划界标准为认知经济学的实现提供了一种制度化手段，反过来，在认识上赋予特许保障方面，这种手段——即便作为谬误——成为一个必要条件（关于划界标准总体策略的更多内容，参见 Simon，1981，ch.6）。然而，划界标准的这种功能必定会消失在与劳丹同类的那些人手里，他们以为科学的社会角色不过是科学的历史扮演者角色（historical players）之总和。在这种情况下，科学的历史角色的多样性，模糊了它们在审查划界标准问题上的共同利益。不过，为了更为深入地认识这个问题，我们现在必须转向基恩。

在最近几篇文章中，基恩（1983a，1983b）已对维多利亚时代英格兰科学共同体的活动——特别是皇家学会物理学教授丁达尔[①]的活动，进行了溯源与考证，认为这些科学活动通过在神学、哲学与技术方面的竞争来表明自身。丁达尔在物理与化学交界处从事的研究，恰巧不只出于对历史的兴趣，因为至少从直觉上尝试对科学做出界定时，我们至今仍有赖于丁达尔效应。例如，他把"实验物理学家"作为科学家的标准，在丁达尔时代，法拉第[②]集中体现了科学家的美德。关于作为认知权威的科学，我们现在有三种熟知的论点，丁达尔可能首次将它们整合为一体：(ⅰ)科学知识对于技术进步是必不可少的；(ⅱ)通过诉诸传统权威，科学是与情感无涉（unemotional）、不偏不倚（unbiased）、无须劝信（unpersuaded）的

[①] 约翰·丁达尔（John Tyndall，1820—1893），英国皇家学会物理学教授，首先发现并研究了丁达尔效应。
[②] 法拉第（Michael Faraday，1791—1867），英国物理学家和化学家，1831年首次发现电磁感应现象，被誉为"电学之父"和"交流电之父"。

学问；(iii)科学对知识的探索是出于其自身目的。

对于所谓"培根式归纳功效"（Baconian Virtues）产生的有益的社会影响，基恩有着清晰的感受——对一门学科而言，这种功效成为通行的划界标准，且赢得"科学"的称号：它所获得的权威，可以用来发布具有真理性与可靠性的知识，可以全面操控教育与学历文凭，可以通向金钱与人才资源的配置，并且通向源于拥有知识所具备的那种政治势力——这种政治势力不可或缺，然而又是玄奥莫测的。循着功能主义的"社会—逻辑"，正如基恩似乎要做的，那么，科学的角色仅被定义为——保持上述这些结果。在此情况下，由颁行划界标准而获得的社会利益，可能阅历时日而相对持久地传承下来；与此同时，作为划界标准颁行，它采取的方式变化多端，不拘一格，正如那些准科学家群体及其各自的公开受众，同样是变化多样的。因此，渴望成为科学家角色的人持续与"通行的各种惯例"（the rites of passage）进行协商，这些惯例将间接地偏爱并支持在特定时期占据认知舞台中心位置的某些行动者。不过，在真实协商开始之前，无人确切知晓神学家、哲学家、工程师，以及（或者）实验物理学家，是否将有机会扮演科学家的角色。

这样，我已呈现了"精练"版的基恩理论，其中争论之一——关于科学的角色以及可能成为的科学角色扮演者之间的差异，已得到清晰阐述。然而，面对上述这番构想以及更模糊的某种构想，基恩本人在这二者之间表现得游移不定，我们将这两种构想概括如下，分别为（A）与（B）：

> （A）丁达尔成功确保了实验物理学扮演科学角色独一无二的特权，过去，与这种特权一直竞逐的，还有哲学、神学、技术之类的意识形态。

（B）丁达尔通过削弱以前由哲学、神学与技术所掌控的权威，成功地确保了科学作为认知权威的地位。

（A）与（B）的重要差异在于，在（B）中，科学的角色始终被归结为当前实验物理学角色的扮演者。对于如何书写科学史——尤其对于书写者如何确定主题而言，这个差异具有重要影响。但是，在确定这些影响之前，基于近年分析型语言哲学的思考——它预示了这个重要差异，我认为还应略表微言。可以通过两种方式确认"科学"指称的对象，它们分别对应着（A）与（B）：

（a）以满足"科学"定义的社会实践（即具备培根式归纳功效的各种实践）为依据，而不考虑一位独特的个体是否愿意把那些实践称作"科学"；

（b）以一位独特的个体认为满足了"科学"定义的社会实践作为依据。

在（a）中，"科学"指称所有学科——它们扮演着满足培根式归纳功效的社会角色；而在（b）中，"科学"仅仅指称这类学科——某位特定的史学家或历史的代言人认为该学科扮演了具有培根式归纳功效的社会角色。通过（a）与（b）的差异，我们能够详尽阐明那个极其真实的可能性——例如，丁达尔用"科学"指称基于（b）意义的实验物理学时，他可能是正确的；然而，用"科学"指称基于（a）意义的实验物理学时，他可能是错误的（因为在牛顿之前，"科学"本不应主要用来指称实验物理学）。简言之，丁达尔的（a）式用法，标志着他是一位称职的维多利亚时代言说者；但是，他的（b）式用法，同样标志着他具备一种指向历史的表达偏好。这一区别构成指称理论"实在论"进路的核心,其代表人物以美国语言哲学家唐奈兰[①]、逻辑学家克里普克、数学哲学家普特南为前三甲(Schwartz, 1977)。循着克里普克创制的新词(1977),我们将表明:(a)包含语义指称(semantic reference),而(b)则包含言说者指称(speaker's reference)。

2. 两种科学史:角色与扮演者

对于基恩的理论存在上述两种理解,现在我们来看这两种理解之于科学历史编纂学的含义。一方面,依据一切科学史迄今以来实际上已经做的,现在可能循着此路继续前行,就是说,根据当前的科学扮演者以及这些日后的研究对象,来辨识进而确定科学史的目标,这是(B)式"科学"语词背后的语义策略。在这种情况下,从前科学角色的扮演者——例如神学家,只有当他们的活动可能表现为——对当时科学角色扮演者的优势地位做出过贡献时,他们才能够进入科学史。因此,这种策略不仅包含辉格史,它对神学(同样包括哲学与技术)的负面形象只是略作一瞥;这种策略还循着迪昂开辟的科学史道路——重新恢复中世纪盛期的科学形象,因为这类历史十分典型,仅仅强调学术话语的特点——它们产生于诸如惯性这类现代物理概念的原型中。于是,通过阅读克隆比关于"中世纪与现代早期科学"不朽的纪念性叙事(1967),可能很容易得出结论:过去牛津与巴黎的神学家,相较于对上帝存在的关注,他们更加关心表明归纳推理的存在。

根据历史当时的角色扮演者来确定科学角色的这类历史编纂

[①] 唐奈兰(Keith Donnellan, 1931—2015),美国著名语言哲学家。

学，惯于运用一种探奇的叙事结构；历史当事人制造的断言和实践包含种种期望，史学家探及这些期望的时间越是久远，这些历史上科学扮演者的踪迹就越是难以捉摸，史学家将越有可能被迫得出结论：现代科学的种种根源，应当进入各种"非科学"中去发现——例如神学、天文学、炼金术、工艺技术、哲学、政治学。那么在这些"非科学"学科中，史学家惯于提出的问题是："这些先人如何在科学上竭尽所能，走得那么远，而在其他许多方面，他们却又远远落在了后面？"即便计划针对这些非科学做出同情的批评，这个问题的答案仍间接强调了牛顿这类人物的英雄式努力，他们将自己最初身居"认知权威"位置上得到的洞见整合起来，"最终"纳入一种真"科学"中。

我对这种历史编纂学的解释，可能似乎在讽刺其中包含的辉格因素，尽管如此，无法否定的是：即便谨慎的史学家倾向于把这些非科学实践者描绘为——他们构成了相对自成一体的传统，但是，被指定是"科学家"的那些个人，看上去未受这些制度化区分的约束，只要知识增长的事业不断向前推进，他们则以"开放"（如波普尔所言）的姿态，面对来自任何传统的思想与技艺（Horton，1970）。其实，关于各种制度体系的研究在科学史上仅有的一席之地，具有类似（B）式判断的特点，由此可以说明：在对科学角色进行定位的问题上，为什么对历史上科学角色扮演者的认识总是徘徊不前。因此，针对科学自诩的至高无上认知权威，有几段历史轶事对它做出了制度化拒斥，选取其中一段来回忆，就是阅读基恩"划界工作论题"的一种方式。

然而，通过（A）式判断阅读基恩的划界理论，是另一种更有趣的历史编纂学。在此，科学角色与科学对手扮演者的角色做出了明确区分，其中隐含的特定历史，是这种角色，而非这种角色的扮演者。迄今为止,还没人写出这段历史,这段历史可以有效地将围绕权力的争夺战,追溯到以"科学"为名进行的权力争夺中,当时与"科学"同源的其他名称还有 *episteme*、*scientia*、*Wissenschaft*。这种科学史将具有一种持久的关注点,就是基恩认定的,通过循规蹈矩扮演科学角色发挥出的社会效益。这种社会效益也主要具有两种不同的历史形态,它们共同追随着科学划界标准事业的足迹:

(c)与科学互为对手的各种学科,在为赢得科学头衔进行竞逐的过程中,必须谋划部署的策略;

(d)已获成功的各门学科,为保持它们的科学头衔,必须谋划部署的策略。

尽管我们稍后讨论这些历史编纂学之间的变化与差异,但是现在,我们将对科学事业持久的关注点进行更细致的考察。

有一种方式,通过回忆先前对"科学"指称对象的分析,可以对科学历史编纂学的"持久关注点"做出详细解释。这种解释观察到,当历史人物(包括科学家以及服务于科学家的历史学家)运用"科学"或与其同源的某种名称,构想出各种门类的学科之时,他们大体上也为这些学科赋予了相同的属性,即它们具备培根式归纳法的优良特性。在克里普克看来,"科学"的言说者指称已经发生了改变,与此同时,"科学"的语义指称却仍然原封未动地保持着。此外,还应注意的是,言说者指称中存在的多样性通常不易被察觉,因为"科学"及其同源词直接依附于科学的角色,而且与科学角色的扮演者只是间接相关。例如,若是当言说者说到"科学"时,我们无法辨明言说者的心中所想是什么,则很容易得出这样的结论:13 世纪经院哲学家描述的科学(*scientia*),具有 19 世纪普鲁士特性的科学（Wissenschaft），以及20世纪逻辑实证主义者所说的"科学"（science），当论及这些不同的科学时，在我们心中唤起的大致是同一个学科。当然，事实上，尽管不同的科学之间存在一定数量相互重合的内容，但是，每位言说者宁愿将一门独特的学科认定为具有范式意义的科学角色，这些学科分别为神学、语言学与机械力学。不过，毫无争议的是，任何扮演科学角色的学科，都被赋予了从培根式归纳中获益的社会认知特权。

或许现在看来，我已做出夸张的表述，认为科学角色存在一段连续的历史。例如，在某种程度上，实证论者可能认为：预言与操控是他们所谓"科学"的内在本质，与此恰成对照的是，中世纪经院哲学家与普鲁士语言学家通常必须凭借政治，才能将他们称作"科学"的"法则"强制实施。反抗这种强制性做法，存在两种可能的反应。首先，作为科学角色扮演者，在诸如神学、语言学之类人文学科的全盛时期，它们都精于修辞术（rhetoric），类似于今天自然科学具备的预言—操控特性。其实，对于几个世纪以来一切修辞遭遇的多种哲学批判与贬损来说，它们无一否定——用来表明信念与行动时，修辞技艺派不上用场；相反，只要受众不知晓修辞技艺如此受到背后权力的操控，那么，修辞技艺就颇为行之有效。当然，其中的原因在于：修辞术的攻效主要取决于如下事实——在对谬误论断进行认同与支持的问题上，逻辑技能不娴熟的人们抱以怀疑的态度。从17世纪开始，将修辞功效的欺骗性本质，与更为清晰——因此在哲学上也更可以接受——的实验功效进行对比，日益变成一种寻常之举。不足为奇，随着实验性自然哲学在可信性方面赢得地位，修辞术因而迅速衰落（Ong, 1963）。但是，即便我们把自己限定在以实验为基础的科学范围内，还是有第二个理由可以表明——为什么不应夸大科学具备预言与操控这一独特性，就是说：因为一门学科表明它可以完全操控一系列现象的能力，有赖于它在社会交往方面拥有的受到保护的空间，例如在实验室中，科学的实践者可以自由地将"其余条件不变"的句式付诸实践，这个句式可以将对既定"法则"示范内容构成干扰的因素排除在外（Rip，1982；Apel，1984）。

聚焦科学角色的历史，它的一个惊人结果是，一些主角——而非像牛顿那样的科学家——构成这部历史的显著特色。例如，有两个人物在新科学史中占有举足轻重的地位，而在旧科学史中他们却无足轻重。一位是大阿尔伯图斯①，他为中世纪神学家设定了先例，使他们能够将有关自然历史的话语融入对《圣经》的注释中（Weisheipl，1978）；另一位是狄德罗②，他最先充分认识到：将牛顿机械论哲学当作"各门科学的女王"，将从根基上彻底摧毁在亚里士多德体系内实现知识统一的可能性（Prigogine & Stengers，1984）。大阿尔伯图斯与狄德罗的职业，有助于表明科学与非科学之间变动不居的边界：大阿尔伯图斯的职业，标志着科学边界的扩张，因此，他通过14世纪牛津与巴黎的牧师表现出的机械论哲学，为"科学"权益铺就了制度性基础；另一方面，狄德罗的职业，标志着科学所能涵盖领域的缩减，一旦牛顿的机械力学获得了压倒一切的权力，成为科学角色的唯一代表，那么，狄德罗正式承认亚里士多德式经验主义从根本上具有偶然性——进入19世纪，讨论"生命"与"心灵"问题的亚里士多德的传人，极易被贴上"生机论者"的标签——就会随即被剥夺其科学地位的继承权。

当然，上述情况无一意在表明：即便这两位重要人物的相对

---

① 大阿尔伯图斯（Albertus Magnus，约1200—1280），德国哲学家，历时20年编纂的《物理学》巨著，是那个时代全部欧洲知识的代表作。
② 狄德罗（Denis Diderot，1713—1784），法国启蒙思想家、哲学家和作家。

意义在此发生了改变，作为科学革命鼎盛时期的 17 世纪，将完全失去它之于科学的兴趣。我们认为，作为科学角色的科学扮演者是不断变化的，基于这个立场，伽桑狄①与惠更斯②构成一对有趣的比较研究对象。伽桑狄几乎完全在经院哲学争论议题的体系内，为机械论与原子论世界观进行辩护，对卢克莱修③及古代其他伊壁鸠鲁④学派学者的文本做出清晰解说，同时最大程度避免援引任何一项具体实验。另一方面，尽管惠更斯对笛卡尔主义抱有同情，但是他在对光学与钟摆运动的研究中，尽量远离形而上学争论，唯独引用来自实验的数据与阐释。典型的旧科学史，只是粗枝大叶地把伽桑狄与惠更斯当作科学革命主角的伙伴，而未能说明他们极其独特的命运：伽桑狄如今变成一位"无足轻重的哲学家"，惠更斯则最终成为一名"重要的科学家"。情况似乎是，如果历史的运行存在一种"狡黠的理由"，那么，17 世纪的自然哲学家，或被变为"科学家"，或被变为"哲学家"，这取决于在实验方法的认知价值方面，这些自然哲学家采取怎样的立场。因此，他们中的反对实验者——如霍布斯与笛卡尔，斥责伽利略未能唯独从最基本的第一原理中推导出自由落体定律，成为如今的"哲学家"；与此相对，他们中的实验主义者——如波义尔与牛顿，则成为今天的"科学家"（Shapin & Schaffer, 1985）。

---

① 伽桑狄（Pierre Gassendi, 1592—1655），法国科学家、数学家和哲学家。
② 惠更斯（Christiaan Huygens, 1629—1695），荷兰天文学家、数学家。
③ 卢克莱修（公元前约 99 年—公元前约 55 年），罗马共和国末期的诗人和哲学家。
④ 伊壁鸠鲁（公元前 341 年—公元前 270 年），古希腊哲学家、无神论者，创立伊壁鸠鲁学派。

3. 科学及其同源性角色

  对一种角色的界定，需要以该角色与其他角色在功能上的相互依赖关系为依据，因此，一部科学角色的历史，必须考虑到科学相对于其他角色的关系。理论上，人们希望为历时悠久的整个人类社会构画出其中全部的角色关系。然而，从短期来看，存在一种小的角色群，它们与科学角色保持着密切关系，甚至足以使最坚定秉持"内在主义"的科学史家满意。为充分理解这些学科角色（可以回想一下，与它们的扮演者不断变化一样，这些学科也相对持续地发生着变化），也许我们可以从一个预设开始，假定在多数时候，有一门学科具有作为科学的"典范性"地位。其实，在多数时候，科学角色的扮演者不可能是唯一的，而是通常将科学角色的其他扮演者视作这个科学典范的模仿者。例如，托马斯·赫胥黎[①]（自称"达尔文的猎犬"）是比丁达尔名气更大的跨界合作者，基于他从事研究的学科——生理学，它在方法论上与实验物理学具有相似性，他论证了生理学的科学地位。这类做法由其他学科为其树立科学典范，我们将其称作还原论者（reductionist），通常只有当物理学作为科学典范时，这个名称（而非必须）才付诸使用。因此，这个名称区别于作为科学典范的学科本身（或其成功的模仿者之一）的做法，典范学科力求使其他学科唯典范形象的马首是瞻（强调与典范学科的一致性），正如近年涉足人类学领域的动物行为学家和社会生物学家，要求他们与人类学典范保持一致性（Rosenberg，1980）。以上这些做法可以被称为清除论者（eliminationist），其终极目的旨

[①] 托马斯·赫胥黎（Thomas Hennry Huxley，1825—1895），英国博物学家和教育家，曾任英国皇家学会会长（1871—1885）。

在针对具有较低科学性的学科，清除对这类学科的需求（详细讨论参见 McCauley，1986）。

此外，还存在一些学科，未能成功模仿科学典范；它们被笼罩在伪科学（pseudoscience）角色之下，构成我们如今熟悉的连篇累牍的故事，诸如创世论、意念力（psychokinesis）、超感官知觉（extrasensory perception）、飞碟学（UFO-logy）、占星术，不一而足。这些学科声称，严格遵守当前最具标志意义的科学角色担当者倡导的方法，只有通过解码科学秘辛的科普作家——诸如马丁·加德纳①或（当微妙之处有序呈现时）斯蒂芬·古尔德②，才能揭开这类所谓伪科学的面纱。那么，存在一些学科，它们不宣称自己具有科学角色的身份，但是事实上，它们给自身做出清晰定位——作为当前科学扮演者的反对派。这就是反科学（antiscience）的角色，当前反科学的扮演者常常是过去科学角色或其传人的扮演者——前面提及所谓"被剥夺了科学地位继承权的"（disinherited）学科。于是我们发现，神学家、人文主义者、生机论者经常以联手之力，在诸如活体解剖、核能等议题上，反抗自然科学及其盟友构成的社会认知权威。作为在科学史上历史地看来貌似倒退的落后观点，反科学论家经常被认为具有"浪漫主义"色彩（Nowotny，1979）。此外，一些伪科学可能被颇为灵光地转换为反科学。一个典型实例是，一项重要的民粹主义运动和创世论科学，以反对达尔文进化论为目标，它们是向灾变论生物学与地质学倒退的一种返祖现象，然而早在 1830 年，灾变论作为认知权威已发展到巅峰。

离开具有神秘色彩的科学（cryptoscience），历史上科学角色特

---

① 马丁·加德纳（Martin Gardner，1914—2010），美国数学家和著名数学科普作家。
② 斯蒂芬·古尔德（Stephen Gould，1941—2002），美国古生物学家、进化生物学家和科普作家，美国国家科学院院士。

性的塑造则是不完整的。就是说，这门学科的做法——由实践者自己做出的说明——是不科学的，但是，在外行看来，此举无论如何都遵循了一种当前的科学模型。具有神秘色彩的科学，是所有学科在某种情况下都会扮演的一种角色，针对来自外部的攻击，它们旨在捍卫自身的学科边界，进而强化它们作为深奥知识探索者的神秘性。神秘方术的历史颇具启发性。在中世纪，当神学家扮演科学家角色时，许多巫师术士（magicians）通过宣称自己不会涉足神秘方术，从而极力维护自身学科的存在，只有神学家可以在这个议题上与权威对话。然而，这无法阻止托马斯·阿奎那[①]对方术实践进行考察、深究并得出结论，认为：神秘术士的确具备有违神意的预言知识，他们为了跻身自然领域，因此必须设法对神圣知识的来源产生影响（Hansen，1978）。即便如今，在自然科学问题上，神秘方术仍扮演着伪科学的角色，尽管如此，它还保持着作为"具有神秘色彩的科学"的地位。神秘术士通过对作为典范的科学角色发生的转变进行反思，而且他们必须一贯与这些科学典范保持距离，如今，论及专门的博物学问题时，神秘术士惯于强调自身技艺的不可言说性。但是，接下来的科学批评注意到，这些技艺正是神秘术士暗中凭借心理学基本原理，对他们的受众感知进行操控的结果——具有神秘色彩的科学面纱再次被揭开。

具有神秘色彩的科学呈现的另一种情况，隐藏在针对自然科学意识形态做出尖锐的负面批判之后。例如，普赖斯[②]将它称作"科学学"（1964），或布鲁尔根据反身性（reflexivity）原则，从根本上

[①] 托马斯·阿奎那（Thomas Aquinas，约 1225—1274），意大利人，中世纪经院哲学集大成者。
[②] 普赖斯（Derek Price，1922—1983），美国科学家和科学计量学奠基人，情报科学创始人之一。

强化着他的"强纲领知识社会学"（Bloor，1976）。这两种理论的思想基础在于，二者一致认为：科学家极其自我的行为，属于同一种类似法律的规则，他们发现，自然对象的行为也体现了这些法律规则。迄今为止，波普尔（1957）与哈耶克[①]（1973）仍是这种思想最强有力的反对者，他们把自然科学在认知方面取得的成功，追溯到他们认为的（武断地）一种自成体系近乎完美的自由事业。例如在经济领域，这些新古典主义者主张：对这种自发性系统进行调节，将破坏该系统自身具备的再生活力，如果使这种自发系统形成一种习惯，那么创造性就会源此而生。的确，波普尔与哈耶克极其详尽地记录了由政策制定者制造的灾难性后果，他们通常是某种类型的社会主义者，认为自己对于科学发展有一套科学的理解。

然而，围绕自由放任的科学资本主义所做的这段辩护，在20世纪70年代遇到新挑战。哈贝马斯执掌德国马普学会科技时代生存环境研究所（位于慕尼黑郊外施塔恩贝格）期间，一组与哈贝马斯联系密切的科学史家和科学哲学家，把批判的矛头指向具有神秘色彩的科学，这个矛头同样指向了自由放任的科学资本主义。这组批评家自命为"终结论者"（Finalizationists），他们指出，社会无约束旨在模糊这一事实——"约束缺失"本身是社会强制性约束的一种产物，尽管它把社会约束的力量源头小心地隐藏在公众视野之外，每当此时，就会做出——科学是最行之有效的手段这类论断（Schaefer，1984）。例如，《皇家学会宪章》将一条重要的约定授权给第一个现代自治科学团体——英国皇家学会的诸位奠基者，约定指出：各位科学奠基者通过拒绝把自己的实验研究拓展到"宗

[①] 哈耶克（Friedrich Von Hayek，1899—1992），生长于奥地利，英国经济学家，新自由主义代表人物，1974年获诺贝尔经济学奖。

教、道德与政治"领域，将逐步缩减培根关于"新大西岛"设想的影响，这样做的结果，可能极易颠覆当下的科学含义。终结论者认为，这类严密的政治监管——而非对自然和感性做出任何形而上学的区分，常常驱动着一种广受认同的观点，认为包括科学家在内的人类，不是自然科学探究的合适对象。

有趣的是，在各种有关社会科学意识形态中，也可能发现具有神秘色彩的科学。尤其像默顿的实证主义追随者巴伯[①]（1952）这样的社会学家，他希望从根本上削弱知识社会学可能履行的判决性功能，只把这种功能视作一种可以辨明社会利益的结果，这些利益的获得，源于接受对社会科学知识做出的断言。应当注意的是，在自然科学与社会科学案例中，具有神秘色彩的科学体现为——它们禁止任何形式对科学方法的反身性应用，很大程度上，此举旨在避免应用反身性可能会破坏上述讨论的科学合法性。正如我们已经表明的那样，自然科学界理论家也有自身特有的担忧：如果把一位科学家当作另一种通常发生的自然现象来研究，那么，这个观点的判决性含义将会对科学探究的自由精神构成破坏，这不仅涉及科学家自始至终如何看待自己，而且涉及政策制定者可能会如何对待科学家。相较之下，社会科学界的理论家并不担心，一切各不相同的社会可能会由同一套规则来决定，他们关心的是，每个社会是否听命于它自身的规则——尤其是把已获认同的知识断言与接受这些知识断言所能获得的社会利益关联起来的那类规则——这就导致社会科学断言的普遍有效性可能会遭到颠覆。那么，简言之，反身性似乎威胁到自然科学家一切所作所为的动机，并且威胁到社会科学家一切所作所为的跨文化效力。

---

① 伯纳德·巴伯（Bernard Barber，1918—2006），美国科学社会学家。

然而，很大程度上，两类理论家表现出的忧惧，纯系无稽之谈。一方面，量子力学、统计热力学和演化生物学的证据表明，普遍决定论是错误的。而且即便它是正确的，只要探究者与被探究对象之间存在互动效应，出于这个原因，我们对支配自然科学家行为的法则的理解，就不可能像理解经典力学定律那样精确（Von Wright，1971）。那么至少看来，仅凭对决定论做法的无知，就会经常给我们留下自由的错觉，而无须被迫得出结论，认为人类——甚至自然科学家是完全不可预测的（Dennett，1984）。另一方面，自然科学知识断言和社会科学知识断言无疑具有特定的社会起源，不过，我们并不认为这些社会起源削弱了自然科学断言的效力。既然如此，社会科学断言的效力为什么格外容易受到攻击呢？此外，我们甚至可能认同这样一种可能，它通常只能由社会学家以一种激进的相对主义方式提出，就是说：在不同社会之间，必须从根本上具备某种文化统一性，即接受一种给定的知识断言，且认为它是确实有效的，生成这种知识断言的原生社会，尤其能够充分呈现这种文化统一性。由于在这个极端案例中，我们可能还想知道：在某种文化背后，是否存在什么东西，它超出了一种历史偶然，但它绝非这种可疑断言的其他什么源头。

正如前面的论述表明，对于具有神秘色彩的科学而言，它的深层认识论结构预示着某种特定的相对主义。就是说，在对知识断言做出判定时，它尊重不同文化与不同学科具有一种地方局域的自主性，并且承认：特定观念和方法应用到超出它们原初的学科语境和文化语境之外，这种应用存在"天然的"局限性。其实，针对具有神秘色彩的科学与相对主义的联系，柯林斯[①]做出了最清晰的阐释（1985）。他反对伍尔加和更激进的社会建构论者，认为科学社会学如果将自身定位为众多科学门类中的一种，它将失去本学科的核心关切。很大程度上，由于柯林斯本人在研究中的新发现，他逐渐转向这种立场，即认为相较于实验的可复制性，自然科学中的"经验普遍性"更具有文本修辞意义。同理，如果科学社会学也是一门科学，那么，它的普遍性本来也应具有同样的修辞意义。不过当然，对这个预言的确认，可能仅仅用来破坏柯林斯的初始论题。因此可以推断，柯林斯的理论可能是具有神秘色彩的科学，这只是针对他所由来的源学科而言，而非针对将他的社会学方法应用其中的其他学科（Mulkay，1984）。

4. 一种混淆角色与扮演者的历史编纂学策略

至于前面论述的角色与扮演者这两种历史变量，无法明确的是：基恩是否有意使他的成果成为对（c）或（d）进行研究的一种贡献。因为做出这个判断，有赖于基恩对丁达尔修辞的成功认识：在科学角色问题上，实验物理学享有独一无二的权力（至少相对于技术、哲学、神学而言），丁达尔的修辞成功，究竟标志着这个权力的起源（c），还是仅仅标志着这个权力的延续（d）。无论如何，相较于（d）迄今为止受到的关注，它有待我们进行更加细致的研究。通过一种关于（d）的研究，我们将会得出结论，这个结论把我们已论及的问题——科学角色与角色扮演者相混淆——考虑进来；通过一种精细

[①] 哈里·柯林斯（Harry Collins，1943—），英国科学社会学家，巴斯学派领袖，2012年当选为英国科学院院士。

微妙却至关重要的方式，一门学科保持它具有凌驾于其他学科之上、统摄性的科学角色地位，因为催生这种方式的，是在"管理过往科学"的过程中，对科学角色与科学角色扮演者的混淆。通过最后这个表述，我正在指出一个无法回避的判断问题，即：对于所观察的对象，什么内容应当被记录下来；进而言之，对于所记录的内容，哪些应当被保留下来。如果某人仅仅力求将每件事都记录且保存下来，那么结果就是——他将永远没有时间记存下任何事情。因为相较于单个的人，一套科学建制具有更重大的意义且持续时间更长，因此科学建制更为严峻地面对这个判断问题；不过，一套科学建制也有管理其自身历史的策略，这些有备而来的策略旨在延展这套科学建制的生命。如果这套建制是一门学科，而且其旨趣在于保持它作为科学角色的地位，那么它将投身于马克思主义者所谓的——一项将自身历史进行物化（reinfication）的事业。

正如马克思最先观察到的那样，古典政治经济学最具欺骗性（且关键问题是，它因而具有"意识形态性"）的特征在于，它自称是一门关于人性的科学。古典政治经济学家支持这个主张，将资本主义描述为——一种逐渐走向具有自我意识能力的人类的先天自我。例如，李嘉图[①]有关"工资铁律"的理论，被古典政治经济学家未经反思地紧握在手——它把一名劳动者的"天然工资"定位在维持其最低限度基本生存的水平上（即这份工资刚好足够维持这位劳动者的生存权益，这使他次日能够重返工作）——并且至今一直用这个理论来解释在经营资源方面取得成功的一切早期资本主义经济学。然而，在"科学管理"的名义下，李嘉图的工资铁律还具备授权甚至促进这种论点的功效，即认为：当前普遍流行的对工作环境

---

① 大卫·李嘉图（David Ricardo，1772—1823），英国古典政治经济学主要代表。

的厌恶之情，是人类社会恒久不变的定则。尽管如此，古典政治经济学在19世纪的欧洲产生了巨大影响，其主要原因在于：它能够把一切以前的经济学描述为，或具有潜在的资本主义性质（至于过去的经济从业者，他们从根本上受到自我利益的驱动），或仅仅是失败无果的行为。

此外，由于古典政治经济学家已经卓有成效地把经济史发明成一个探究领域，对于所有用来分析的证据和工具，他们享有凌驾其上的预设性权威；因此，为了同他们的历史编纂学一竞高下，马克思不得不历经艰苦努力，写出未完成的三卷本《资本论》(1867)。这样一来，在明显地对资本主义实践做出解释（和不易察觉的暗中辩护）之外，这些古典政治经济学家还尽力表明：至于亚里士多德、中世纪人物，以及其他说"经济学"是正确的早期思想家，他们有望成为像自己这样政治经济学家；否则，早期思想家不过是充满错误或无关紧要的一帮人。马克思把这类对过往历史的经营管理称作"物化"，因为政治经济学家已将历史阐释为"与事物类似的"(thing-like)静态之物，他们移除了使19世纪经济学状况从根本上区别于早期经济学状况的一切要素，借此，他们当下就可以声称什么所谓的"连续性"。

认识马克思对古典政治经济学所作批判的一种方式，类似于最终把科学角色与科学角色的扮演者区别开来，二者的混淆曾使那些古典政治经济学家横下断言——自诩为两千年来经济学理论与实践的科学巅峰。在马克思的政治经济学传统中，关于这二者混淆或物化的研究，迄今发展为两个方向——尽管它们还远未超出马克思最初的批判范畴。

一方面，卢卡奇①的追随者，一直强调物化中存在的辉格成分，对早期经济学家或经济从业者行为意义的判定，为什么唯独以他们对当代理论家与实践者产生的影响作为根据（Lukacs，1971，pp.83-222）。实际上，卢卡奇注意到这个过程始于当下情境，如同资产阶级消费者对生产者的评价，惯于仅以他们所生产商品的合意性为标准——而无论生产者具备怎样的工业性质或文化性质。这样做导致的一种后果是，消费者除了把商品视作为自己服务的物品之外，很难有其他所想。同理，历史学家如果不设定——只有以史家所处的时代为据，才能充分领会史家的研究目标；那么，他可能无法对一个历史人物做出清晰的说明。例如，资本主义经济学的封闭性历史，经常援引亚里士多德在《政治学》中有关家政学②的讨论，作为经济学的学科起源。对于亚里士多德几近独有的对家庭财产管理的关注，史学家则不予重视，他们关注古希腊人在技术上受到限制的领域——认为古希腊人如果具备我们这样的生产、运输与交流手段，他们也会集中发展市场经济。

另一方面，阿多诺③的追随者，已经对系统地消除不同历史情境之间的差异性进行了研究（Adorno，1979），如果这些差异被充分记录下来的话，它们将会消除长期连续性的错觉，而这个错觉支撑着古典政治经济学家，欲将人类生存的持久稳固特性篡成其理论断言。阿多诺将他的批判性姿态恰当地称作"非同一性思考"（nonidentity thinking），它与黑格尔的"同一性思考"（identity

---

① 卢卡奇（Georg Lukacs，1885—1971），匈牙利哲学家和文学批评家，当代影响最大、争议最多的马克思主义评论家和哲学家之一。
② oikonomia，旧译经济学——译者注
③ 阿多诺（Theodor Adorno，1903—1969），德国哲学家、社会学家和音乐理论家，法兰克福学派第一代主要代表人物，社会批判理论的奠基者。

thinking）构成一对矛盾。阿多诺认为，历史特有的"狡诈性"在于，它从行动的非本质特性中择出其本质特性，以便使这些实质性内容可以供给未来行动者自己使用（或许以违背初始行动者计划的方式），并且可以谴责那些非实质性内容，以便将它们忘却。因此，回到我们的例子，为了把亚里士多德变成资本主义经济学的一位不知情的立法者，历史学家——或出于有计划，或出于不知情——忽视了亚里士多德本人述及的两种情况：一是市场的原始性，二是古希腊人以形而上学的偏好对待自我维持的（如家政事务）无限增长与不稳定性（如某种市场那样）。那么，阿多诺作为主张非同一性的思想家，他的任务就是通过详细阐释那些被忽视的差异，克服由此导致的物化倾向。

本章的论述可以概括为：提出一个哲学问题，运用一种历史方法，并且达成一项社会学解决方案。这是一个我们熟悉的哲学问题，即科学恒定不变的特性是什么：是否存在一些普遍适用的方式，可以把科学从非科学中区分出来？最近，类似劳丹这样的科学哲学家绝望地发现了这个问题的一种答案。不过，若以严肃的态度对待劳丹的实证主义主张，那么，"科学哲学"的权威将受到质疑，因为在从信念到信念——而非从学科到学科——的基础上，对认识的功过做出判断，这项工作无异于是向传统认识论的一次倒退。然而，劳丹已经遗忘，"科学"首先是属于从我们的一些认知追求中拣选出的由来已久的制度性特质。历史地看，我们在本章中发现的科学的制度性特质是恒定不变的，即所谓"培根式归纳功效"，是由一门被认定为"科学"的学科所享有的社会利益。一门学科如何成功地变成且保持类似"科学"这样的学科地位——科学哲学中常见的是方法论议题——的确是因时而变的一件事，由此可以部分地证实劳丹的绝望。尽管如此，甚至在这些变化中仍然存在一种恒定性，因为当前科学角色的扮演者，通过使自身所在学科的形象与科学形象相融合，来"物化"他们的学科历史，就是将马克思主义者对古典政治经济学的批判，拓展到未来有可能自诩为特定科学角色的任何学科中。

5. 科学的新划界标准

用最自然的方式结束本章，就是表明：前述关于科学划界标准的思考是如何形成的。心存这个目标，我们来看下面的问题：

为了一种人为设定的社会秩序，有些学科发挥着"科学"的功能，这些学科典型地具备以下特质：

（1）它们表现出客观性具有的两重性。

（1a）科学家是一类非反思性主体。就是说，通常情况下，科学家不把他的科学方法应用到自己身上（在超出量子水平之上进行观察的物理学家，不测量他们眼球运动的质量与速度；心理学家不监测他们对待自己的种种情态；历史学家不把自己当作历史的当事人），这就导致客观性的意义"与人相分离"。

（1b）客观上，科学家的数据本身与科学家相分离。就是说，科学家必须承认：预言偶尔会妨碍这个意思的表达，即科学家不只是随心所欲地想象出一些数据。（1a）确保科学探究领域是界限清晰与可控的，它不会导致来自科学家本人的无休止的干扰；有鉴于此，（1b）确保这个科学探究领域至今尚未耗尽其效。

（2）科学家不凭借强制性来行使权力。就是说，科学家的权力源于他的理论说服了其他人，并且使这些人相信：科学家掌握了操控他们的方式，而他们本人对这种方式却一无所知。

（2a）这一点适用于科学家的外部关系，如同科学家使政治家与下属学科的成员相信他的能力。

（2b）这一点还适用于科学家的内部关系，如同科学家使其实验对象相信——他有能力正确地解说清楚实验对象的行为。

（3）科学操控着对科学过往历史的记录，这种记录倾向于具体事情的完美性。

（3a）卢卡奇的物化（L-Reification），适用于科学的外部关系史。辉格派史学家仅凭早期探究者的主观性对特定主流科学造成的影响，就对他们的行为做出判定，卢卡奇的物化赋能辉格史学家，使他们把那种主观性进行客观化。

（3b）阿多诺的物化（A-Reification），适用于科学的内部关系史。在不同时代的各种情形之间，存在着各不相同的语境差异，阿多诺的物化使关注实验室生活的历史学家为了实现适当的普遍化，而忽视了这些差异。

第八章　学科边界：该领域的一幅观念地图

1. 学科的边界性、自主性、纯洁性

基于我们的目标，划定一门学科的"边界"，是以这门学科对知识断言做出判定的程序为依据。这个程序由一种论证格式（*argumentation format*）构成，它限定了（i）语词用法，（ii）允许从其他学科借用的内容，以及（iii）适当地证明/发现语境（例如，有些断言可能基于"单一理由"，有些基于无旁证的孤立感知，有些基于技术性支持的感知）。一个被充分界定的学科是独立自主的：它控制着自身的学术门类、研究纲领、历史谱系，不一而足。诗人托马斯·艾略特[①]创造出"自我目的"（autotelic）这个新词（1948），表达了一种极其强烈的自主性之意；就是说，此时一门学科不仅掌控着其自身事务，而且认为这些事务本身就是值得追求的事业。

尽管艾略特尤其感兴趣的是把艺术与艺术批评区分开来（唯艺术具有其自身的目的），但他的观念仍然平等地应用到人文学与科学中。例如，根据一门学科如何理解这个观点——一门学科的实践

[①] 托马斯·艾略特（T.S.Eliot, 1888—1968），生于美国，英国诗人、文学批评家和剧作家，诗歌现代派运动领袖，1948年获诺贝尔文学奖。

是"基于该学科本身的目的",还是基于"该学科本身蕴含的某种目的",我们可能对不同程度的学科纯洁性做出区分:

(a)自足型(Holier Than Thou):学科对于其自身实践的内在依据(例如一门学科对于某种"自然类"事物,或已做出清晰界定的其他事物,享有排他性的独家权力),可以充分满足学科实践的持续进行。它无须来自学科外部的依据,例如由学科实践所承诺的社会利益。

(b)神圣型(Holy of Holies):学科实践的特有性质是自证自明的,它无须凭借源于内在或外在形式的辩护来证实自己。

以下是从自然科学中选取的几个实例:

(a1)从事实验科学的一个最充分的理由在于,设计这门科学就是为了求得真理;因此,比如说,无须依据实验科学在技术方面的副产品,进一步证明实验科学存在的理由。

(b1)科学确实从事的——实验与计算的经验——是对其自身正当性的证明。英国科学哲学家迈克尔·波兰尼①将这类科学家描述为:他们以审美的态度对待自己的工作,因此,他们并不关心是否最终得到正确的结果(Polanyi,1957)。

下面是从文艺批评中选取的几个类似实例:

(a2)仅凭一个理由就足以从事批评,那就是:构想出一套用来辨识艺术佳作的批评理论,而不顾及这种批评对于正在发生变化的艺术或趣味,是否已经产生了实际的影响。

(b2)批评确实要从事的——它亲历了创造性地误读文本,构建自负式曲喻与双关式讽喻,唯有饱学之士才能解码其中的奥

---

① 迈克尔·波兰尼(Michael Polanyi,1891—1976),匈牙利人,英国物理化学家、哲学和社会科学家。

义——是对其自身正当性的证明。这种态度与更"顽皮"的德里达的追随者密切相关（Derrida，1976）。

如今，英国诗人兼文学评论家马修·阿诺德堪称具有这样的洞见——无须完全具备学科自身目的，同样可以保持学科的界限（Arnold，1972）。阿诺德认为，为了恰如其分地理解艺术，批评（评论）是必不可少的。在19世纪与更早些时候，通常认为，艺术是一种高度精练的感官愉悦形式的来源。因此，阿诺德主张，必须教育公众如何"不偏不倚地"认识艺术，或者说如何基于艺术本身来认识艺术。因而，批评作为一种认识手段，通过它，艺术及其他对象才更可能以各自本体为目的而得到人们的认识，这使批评享有独特的地位。然而，正如匈牙利科学院19世纪文学研究所主任戴维哈兹指出的那样，基于公共使命的批评在很大程度上已经失败，然而，批评的功能性障碍，与它作为一门学术性学科的出现同步，作为学科的评论同样追求以其自身为目的（Davidhazi，1986）。这种情况表明，时至20世纪初，显然阿诺德意义上的批评已经流于失败，但是，它以自身为目的的研究主张，已积累起数量可观的文学评论实例，这些文学评论以此证实自身理论的连贯性。批评的功能性障碍使一门学科更加以自我为中心，这种情形的另一个实例恰好体现在自然史中，作为向人传达的神圣启示的记录，自然史首先获得了认识上的合法性。然而，经过17世纪的科学革命，人们不再相信自然史具有这种交流功能，不过，当时已有大量的知识发展到值得凭借其本身进行探索的程度（Foucault，1970，ch.2）。

上述解说意味着一幅有趣的学科结构图景，它与库恩（1970a）做出的更为正统的描述相异趣。在库恩看来，一旦将大规模从前互不相关的现象聚合在一套统一原则之下，各不相同的研究领域即随之成为不同的学科（或"范式"），通过和而不同的多种方法，这些学科可以得到检验。此外，一种范式一旦形成，从事这门研究应有的方向就是清晰确实的，牛顿把地球力学与天体力学综合在一套力学法则之下，就是一个典型例证。相形之下，前面关于文学批评史的解说暗示我们，学科的形成，不是为学科自身标明一个清晰的领域，而是使学科接下来无法掌控除它本身之外其他方面的知识。我们可以想象，相继而至的工具论式的文学批评走向失败——例如《向纯粹性倒退》（*The Retreat to Purity*）——正以下面这套逻辑在展开（每个阶段可能对应于文学批评史上的一种真实立场，参见Hirsch，1976，ch.7–8）：

（c）一旦伟大的文艺作品被创作出来（且因此防止不良趣味作品的出现），文学批评即旨在为接纳这些伟大作品而准备受众。

（d）如果上述举措无效（由于不良趣味作品的产生），文学批评的目标则指向扭转不良趣味作品，将其导入良性轨道。

（e）如果上述举措无效（因其未能产生实际影响），文学批评仅有的目标就是明确分辨出文艺作品趣味的优与劣。

（f）如果上述举措无效（由于不同的批评对于何为"好趣味"无法达成共识），文学批评的目标指向将分辨作品趣味优劣的历史记录下来，并且表明这些不断尝试的举措如何忽视了这个问题，即洞察"好趣味"实质上具有的竞争性本质。（在这个问题上，评论家把更多时间花费在他们之间的你来我往上，而非围绕艺术家展开讨论。）

（g）如果上述举措无效（由于评论家对于他们争论的问题是什么无法达成共识），文学批评呈现出一种诗意的性质，其主要原因在于：评论家从他所从事的批评中得到的经验就是如此。

2. 探测学科边界的三个技巧

首先，检查学科对"表面类似的"知识断言所做的判断（Jones, 1983, p.132）。例如，哲学家（特别是认识论家）看上去在为某些断言而争论，这些断言，同样也是语言学家、心理学家、社会学家，有时甚至是物理学家正在争论的问题。不过，哲学的论证结构与其他学科的论证结构迥异，未能注意到这个事实，如今已经导致出现"哲学过时说"之类不成熟的议论。为了纪念一个新近发生的著名情形（Rorty, 1979），我们把忽视哲学与其他学科具有迥异的论证结构这个事实，称作罗蒂谬误（The Rorty Fallacy）。为补救这个谬误，可以通过运用一门学科的论证格式，推论出这门学科在接受一种既定命题时应有的情态（Fuller, 1982）。在这些状况下，另一种区分不同学科的方式，是判定由其他条件不变句暗示的背景知识，并且预设这个判定是在对断言的公平检验中做出的。例如，社会科学中的许多学科看似对相同的主张进行检验，然而，把它们的结果汇集起来有很大困难，这主要是因为：它们的其他条件不变句包含着关于人的迥异观念，这些观念只是简单地做出预设，却从未直接付诸任何"判决性实验"的真正检验。的确，正如我们随后将要看到的：正是从竞争性理论走出仅仅一小步，却足以大体涵盖不同学科普遍存在的共性问题域；不过，对其他条件不变句做出不可通约的预设，将会彻底拆散这些学科。

其次，检查一个学科的论证格式包含的元科学暗示。当一个学科做出的论断与另一学科做出的同类论断产生冲突时，哪个学科屈从于另一学科的认知权威？这个问题的答案，揭示了这两个冲突学科间存在的认知权力平衡格局，应当期待这个认知权力的平衡能够因时而变，正如通过从中世纪到19世纪自然神学与自然哲学直面交锋的案例看到的那样。当一门学科的认知源不足以解决该学科自身产生的多种问题之一时,可以调用"恰好在这门学科边界之外"的哪门其他学科作为后援?当一门学科中相关断言的有效性受到挑战时,其他学科中同类断言的有效性是否也受到极大威胁?不仅应当期待这些问题的答案可以因时而变,而且应当期待这些答案也可能是不对称的。

例如,古典政治经济学的模型推理机(model reasoner)最初源于理性利己主义心理学,那时的当下是 18 世纪;不过,在心理学刚刚屈从于这个模型时(20 世纪初),各种经济行为也没有立即就范。一旦关于行为中无意识非理性因素的重要意义被人们充分领悟,就完全破坏了这个模型在心理学中的基础,经济学家至今仍基于实践抨击这个模型,他们特别以经济学家无力预测真实经济行为作为依据(Simon,1976)。在承认这个批判的同时,新古典经济学家仍然认为,甚至在现实情况下,这个模型的唯一问题应当是源于各种"干涉"的结果。如今一直努力让人们注意(或是批评)以下事实:经济学曾经从一种特别的心理学模型中受益,当时确保这个模型的,是它不会受到这个模型失去保障后所造成影响的危害。于是,查尔斯·威拉德主张,对待跨学科借用,如同对待经济学中另一种借用情形,就是说,它会"引发相应的义务"。因此,在心理学造成上述错误影响,或深受上述错误影响折磨之后,作为前车之鉴,经济学本应立即停止继续使用这个模型(Willard,1983,p.269)。

最后,检查综合两门或更多门学科研究所运用的策略。通常,构建一种元语言,是为了将两门学科的主张还原至某种"共同基底"之上,此举主要基于进行综合者心中的目标受众来考虑。如果这位综合者完全依赖各门学科原来的辞章术语,那么,他通常会从隐喻方面拓展语词的用法,因为语词用法得到拓展的程度越高,依据学科内在标准，这些拓展难免会造成过多歧义。因此，综合本身若不能产出一个新学科，它就不可能对原来两门学科的日常工作产生影响。然而，还有一门具备"内在综合性"的学科——教育学，新近的英国教育学理论家逐渐认识到，关于知识问题，学科边界可能是一种"成熟的"解决方案。与此同时，这种教育理念预设：可以将所有学科中独具特色的方法传授给儿童（Degenhardt，1982）。尽管如此，进行综合与还原更具典型性的命运，是在整合认知心理学与神经生理学过程中交错多变的种种尝试，这两门学科以人工智能作为媒介，最终融入"认知科学"，认知科学被颇有争议地认为是哲学的一门分支学科（Haugeland，1981；Churchland，1984）。

认知科学的实例也表明，由一道界线分割开来的两门学科，无须被限定在彼此独立、非此即彼、相互排斥的研究与探索领域内（Darden & Maull，1977）；相反，二者可以对相同的一般性议题做出跨学科的分类（cross-classify）。我们沿用认知心理学家杰瑞·福多的说法（Fodor，1981，ch.5），将这种现象称作正交性（orthogonality）。例如，认知心理学与神经生理学都是正交性学科：关于一种特定类型精神状态的多种报告，并不总是与关于同类脑状态的多种报告相对应；但是，关于一种精神状态的每份报告，却与一份关于某类脑状态的报告相对应。因此，尽管事实是——这两门学科都研究人类器官的思维过程，但是，当与精神状态类型相关的法则，被翻译成用神经生理学家话语表达的法则后，二者看上去则不再相同。两门学科为什么不能仅仅止步于"营建"各自的事业，这是一个关键所在。

有趣的是，在这种不可通约性领域——如燃素论化学与氧化论化学——背后，是相同的条件支持着它们。在这种情况下，尽管不是所有关于燃素论的报告，对应着氧化论化学中关于同样物质的多种报告，但是，每份关于燃素论的报告，却对应着一份氧化论化学中关于某种物质的报告（Kitcher，1978）。其实，正交性不过就是不可通约性，但它不包含这个意思——两门学科中只有一门能够长期存在下去。但是，即便在此，可以将差异概括为一种历史视野：现在看上去只是正交性的两门学科，后来可能表明二者过去一直是不可通约的。那么，应当不足为奇地对待这类现象，最近有一拨元心理学家（metapsychologists）、清除性唯物主义者（eliminative materialists）已经提前清空了历史，他们主张唯有熟悉认知心理学的理论话语（指信仰、欲望及其他意向性实在），才能使认知心理学免除被更具科学前途的神经生理学取代的命运（Churchland，1979）。如果这些主张总体上是正确的，那么，可以将学科边界视作一种错误界限，这些界限将未来种种科学革命禁锢起来（McCauley，1986）。

3. 学科边界对于知识增长是必要的吗？

为了检验你对这个问题的直觉力，这里有一个思想实验。假设你拥有我们当前使用的知识语料，要求你针对认知劳动，设计一种最高效的分工法，这种认知劳动分工也会生产出新语料。相较于在真实历史进程中划定的学科边界，你设计的这个思想实验有什么不同？这项设计开始之时，把它当作一个资本主义管理问题。这样的话，你就想清除累赘冗余的任务，以便使每个知识部门在一个互不关连的独立范围内运作；同时，这套知识组织体系的较高层级，对各个知识部门的研究起着协调作用。此外，你还希望有一个完美的交流过程，较高层级部门向较低层级部门发出任务指令，而且较低层级部门的工作对于较高层级部门的工作具有校正作用。你若发现这个系统性策略颇具吸引力的话,那么,你可能认为学科边界在原则上是可有可无的,因为正如我们已经看到的,不同学科经常对相同议题做出超越学科界限的分类,而且学科边界阻碍了一切有益于学科双方的综合。英国当代社会学家理查德·惠特利的著作《科学的智力组织和社会组织》,就是基于这个思想实验提出的一整套学科理论。

然而,对于系统性路径而言,历史是一个不利因素。典型的系统性分层——社会群体被依次分解为多细胞组织、细胞、分子、原子、基本粒子——忽略了许多重要的知识对象始终是正交性的产物,其中包括那个新出现的实体"人"(反方观点见 Oppenheim & Putnam, 1958)。实际上,人类学不只是灵长类动物学的一部分,更是从语言学与技术方面对一切生物演化现象的重组。通过以下情形,可以看到这种重组的证据:人与猿具有的基因相似性,看似对我们的智力做出了最佳说明;人与狼具有的生态学相似性,必定可以用来说明我们的社交性(Graham, 1981, chs.6-7)。因此,传统上,人类学家认为这两种特性并行成长为人类的认知结构与社会结构,它们看上去与一种生物演化学观点无涉。社会生物学家的取向,使人类学家的传统观点更普遍地根据进化树各不相同的分枝——从蚂蚁到猿——对物种做出分类,以便为各种人类现象确立具有全方位涵盖性的模型(Rosenberg, 1980)。

此外,在这个问题上,不必制止分类学家的做法。分类学家可能只是主张,这些正交性"产物"确实是这样一种问题——其产生恰恰源于交流与协同的失灵;因此,人类学家仅仅是在无视社会生物学的意义上,继续践行着他们的职业交易。我们将引入回应这个问题的一个极端版本对有边界的贝克莱主义,它是在18世纪激进经验主义者贝克莱主教之后提出的。这种观点认为:边界的产生,完全由于一个学科的活动未受到其他学科或公众的监控,这种情况颇具代表性,它为发展出一种封闭的"知情者"话语留出了空间。然而,一旦"外来者"进入这套话语——例如社会学家侵入一间生物学实验室——原来的各种边界便化解为知情者对自身工作的说明,这些说明运用的是外来者极其熟悉的措辞(Latour,1981)。

诚然,由于学科积极主动地树立起边界,以便拓展、保护并且垄断其认知权威(Gieryn,1983b),可能出于这种构画设计的原因,致使分类学家各自为营的理想无法实现。而且即便不是出于构画设计,相较过去,现在可能出现更多这类失败——即分类学家的理想无法实现,因为普通研究者的专业能力在不断下降,所以他们必须依赖其他专家日益增长的毋庸置疑的权威(Friedson,1984)。不过,这种分类学家通常可能赞同清除性唯物主义者的观点,认为长期来看,这些社会政治方面的障碍是可以克服的。的确,通过践行一种还原主义(reductionism)策略,分类学家可能助长了这个毛病(Neurath,1983)。有鉴于此,这就呼唤建构一种跨学科的世界语(Esperanto)。不过,这种世界语将建立在怎样的基础之上?在威权式与民主式解决方案之间,逻辑实证主义者被撕裂了:物理主义(physicalism)作为前一种方案,将使较低层级学科依据由一门主管学科(executive discipline)——物理学——为其指定的认知权威,对它们的学科主张进行重置;现象学(phenomenalism)作为后一种方案,将迫使所有学科依据一种中立的认知交流媒介(例如运用"感觉材料"),对它们的学科主张进行重置,逻辑实证主义者可能将以一种证据理论的方式提供方案。

4. 学科冲突之际：伯纳德原则

上述解决方案观察到的结果，哪种可能更接近知识增长的深层结构？有理由认为二者皆无法做到（Feyerabend，1981a，ch.4），这可能意味着：对于知识增长而言，学科边界终究不可或缺。有一种策略可以认识到这种可能性，它叫作百科全书式策略（*encyclopedic*），之所以如此称呼，因为它就是超越学科界限的知识分类的确切体现。1751年，狄德罗与达朗贝尔[①]在开创"百科全书派"之时，上述许多关切已萦绕在他们心中（Darnton，1984，ch.5）。具体来说，百科全书派认为，通过允许一门学科使另一门学科的研究变得问题化，学科领域的正交性促进着知识增长，进而确保每个人能够保持最高水平的批判标准，而在神学作为"科学女王"的时代，这种情况是无法实现的。其实，狄德罗非常反对分类学家的那种理想，以致对于牛顿开创的数学化的物理学是要努力取代神学在认知专制中的地位，他持怀疑态度（Prigogine & Stengers，1984，ch.3）。

一旦一门学科的探索领域已经受到"关注"（Cambrosio & Keating，1983），那么，这门学科的实践者必须界定并且保持研究对象在该领域处于"标准"状态，此中包括实验技艺与文本技艺，凭借这些技艺，以便在毋庸置疑的规定性论断背景下，把研究中存在问题的论断置于最突出的地位。为表明物质运动定律，需要一种真空状态，这或许是最著名的标准状态。这类活动已被哲学家视作"对其他条件不变句的充实"，并且认定这种做法就是为

[①] 达朗贝尔（Jean Rond d'Alembert，1717—1783），法国启蒙思想家、数学家、物理学家和天文学家，数学分析的主要奠基人。

了保护这类论断——即一门学科已经对这类论断提出质疑（问题化），因为通过超出原学科边界之外的思考，这类论断极易被证伪（Lakatos，1970）。然而，哲学家至今仍然普遍忽略这一事实——为了充实这个"其他条件不变"的线性句式，可能需要对研究对象与研究过程进行模糊化处理，这种做法——从相反的方向看——可能会成为其他学科的关注点。本体论层面的弄虚作假（ontological gerrymandering）（Woolgar & Pawluch，1984），这个术语精细地捕捉到上述现象。

我们来看克劳德·伯纳德[①]把实验医学与其他生物学区分开来（即划界）这件事。伯纳德根据有机体的内在环境（milieu interieur），对有机体的标准状态做出界定，即有机体的血液流动与淋巴流动是彼此平衡的。例如，哺乳动物的外部环境（milieu exterieur）温度升高，可以导致其血管舒张，这使一些热量通过它的身体散发出来，哺乳动物因而能够恢复到正常体温。疾病只是有机体进行这种自我平衡的调节失灵所致，这就如同一位物理学家，在新的外部环境中看到有机体发挥功能时做出的判断（Canguilhem，1978，pp.29-45）。看来，伯纳德早已围绕他的学科非常严格地划出边界——或许太过严格。19世纪法国对微观生物学与进化生物学的缓慢接受，可能应部分地归罪于伯纳德实验生理学的学科自主性（Mendelsohn，1964）。首先，伯纳德对疾病的定义，以病人立场与有机体失调为基点，而不再基于病原体的立场。其次，实验医学没有从概念上为有机体失调留下位置，这个缺陷照理说不可能从医学上得到校正，例如一种有机体没有能力去主动适应一种全新的外部环境。因

[①] 克劳德·伯纳德（Claude Bernard，1813—1878），法国生理学家，现代实验生理学奠基人，法兰西科学院院士。

此，微生物与自然选择的观念分别遭到拒绝。这样看来，合适的做法应该是：只有在甘于冒险将其他可能的学科排除在外的情况下，才可能为一门学科划出边界，我们把这个理论称作伯纳德原则（the Bernard Principle）。

伯纳德原则假定出多种形式，尤其不遗余力地强调作为基础学科的各门人文科学的地位，并对它们做出恰如其分的说明。我们来看以下七种容易被忽略的案例：

（1）笛卡尔在其著作《第一哲学沉思集》的开篇宣布，为了认识事物的本质，人们必须完全退出日常生活。这个宣言一出，笛卡尔提前关闭了一种知识社会学的可能性。其实，所有在笛卡尔之前的哲学家，早已提出一套严加限定的制度设计，例如学校体制的建立。

（2）古典政治经济学——探寻一种统一的价值理论，它追随牛顿式策略，将研究对象具有的不同类型的价值，还原为它们共有的最小公约数，也就是它们的商品价值。这样做导致的一个后果是：这门学科在理论上无法区分出人的劳动力价值与作为人的劳动力产物的价值，这意味着政治经济学早已把"人"从人文科学中抽离出去。此外，正如马克思所见，资本主义制度下的劳动异化，威胁到所有这类"人"与人文科学相分离的警示——劳动力价值的两种区分是必须辨明的，这些警示都被清除，或被隐藏起来。

（3）英格兰古典自由主义思想家约翰·密尔的著作《逻辑学体系》，意在为"道德科学"奠定基础（R. Brown, 1984, ch.8）。特别是这本书在1849年被翻译成德文，并且被冯特[①]——他将实验心

[①] 威廉·冯特（Wilhelm Wundt，1832—1920），德国心理学家和哲学家，德国第一个心理学实验室的创立者，构造主义心理学代表人物，实验心理学和认知心理学创始人。

理学创立为一门学科——读到之后，声名鹊起，影响深远。密尔的这部著作，同样无意对历史学科以及此后所有人文学科提出质疑。历史学，作为兰克①和尼布尔②的实践，他们主张历史是对过往特殊性的研究。然而，密尔的经验主义认识论不允许这种历史研究成为可能：要么认识过往历史的一般性（通过心理学家的归纳法），要么认识当今历史的特殊性（通过一般途径的直接亲历与熟知）。狄尔泰③尝试用这个德文单词——verstehen（相互理解与领悟）来沟通密尔经验主义认识论非此即彼的两截式主张。但须注意，假如在19世纪晚期的德国方法论学家没有认为密尔激进的经验主义存在问题，那么，Geisteswissenschaften（德文，道德科学的意思）在当时看来可能就不存在问题（Fuller，1983b）。

（4）为在心理学与物理学之间划出一条清晰边界，冯特培育的实验心理学研究，仅报道研究对象的"感受"，不报道从研究对象"推论出来"的物理客体，后者属于一般性经验说明的内容；因此，在想象力实验中，测试者会说看到一个"红圆光亮的存在物"，而不说看到一个"苹果"。这种狭隘之见，也用来防止心理学涉足对更高级心理过程的研究。冯特的此番做法，基于如下判断：心理学对更高级心理过程的研究，无法确保能得出可信的结果。尽管如此，符兹堡学派（Wuerzburg School）仍在这个实验禁区进行探索，它同时受到批判——即认同"刺激错误"（stimulus error），而且（只是）进行哲学式的内省（Boring，1950，ch.18）。为了能够给出恰如其分的心理诊断报告，在培育学科主题方面，冯特遭遇到如此

---

① 兰克（Leopold Von Ranke，1795—1886），德国历史学家，现代历史学研究奠基人。
② 尼布尔（Reinhold Niebuhr，1892—1971），美国思想家。
③ 威廉·狄尔泰（Wilhelm Dilthey，1833—1911），德国哲学家。

奇怪的困境。1913年，格式塔心理学创始人之一柯勒①在评论冯特遭遇的困境时指出（Koehler，1971，ch.1）：冯特对维护心理学的科学自主性太过关心，这使他无法看到他所遭遇的一切困难的关键所在，就是说：在原始感受与认知意义之间做出区分，是经验主义哲学的一个迷思，这个迷思存在于心理学领域，完全由于冯特自身技艺的"人为性"所致。此后不久，柯勒与韦特墨②领衔发起了格式塔心理学运动。

（5）尽管行为主义者做出的说明，将实验者所不可及的任何心理过程都排斥在外，并且行为主义以此而著称；但是，一直以来相对未留意这个问题：行为主义实验的典型设计，是为了将心理活动传统出现的"外向征兆"减少到最低程度。例如，爱德华·桑戴克③通过实验，认为动物智力是一种程度不同的学习功能，通过学习，旨在逐渐减少动物为走出"问题箱"（"迷宫"）所耗费的时间，这是为操作性条件反射理论设计的"斯金纳箱"实验的原型。桑戴克假设，一旦将动物放入问题箱中，它就会明白实验者期望它做什么。因此，实验动物未能立即找到答案的任何行为，都被认为是该动物出了错。然而，在桑戴克的时代，创造性与思考力被认为是主动性心理（active mind）的两股主要动力源，二者的外在标志分别是自发性与犹豫性。正如詹姆士指出的那样，这二者都与从感官向运动反馈发出神经信号的能力密切相关（Boring，1950，ch.21）。简言之，真正的聪明动物的行为方式，不能由他者来设定，因为

---

① 沃尔夫冈·柯勒（Wolfgang Koehler，1887—1967），德裔美国心理学家，格式塔心理学派创始人之一。
② 韦特墨（Max Wertheimer，1880—1943），生于布拉格，后任教美国纽约社会研究新学院，心理学家。
③ 爱德华·桑戴克（Edward Thorndike，1874—1949），美国心理学家、行为主义代表人物之一，教育心理学奠基人。

桑戴克提出的"自主反应规律"确实证明了这一点。主动性心理的假设有赖于这种观点，即认为动物经常身处这样一种环境中——可能运用不同的方式，对这种环境做出纯概念性解读。事实上，这个观点专门适用于非人类的动物，且人们从未期望这些动物已经明白实验者对它们的居心。因此，应当认为一只动物在"迷宫"中最初的摸索，是为界定被测问题进行的不断尝试，而非屡次失败而无法提供一种解决方案。有趣的是，柯勒也支持这些对行为主义的批评，他从中得出结论：心理学不能继续扮演"心理的科学"这个角色了，除非它放弃工具性条件反射这个卓有成效的目标（Koehler，1971，chs.10-11）。

然而，行为主义在美国历时四十年，保持了它作为学术型心理学范式的地位。准确地说，这是因为行为主义学派创始人华生①，起初就能使他的同道相信：如果心理学的研究结果不受被证明为正确的内省论或神经生理学理论的影响，那么，心理学科可以呈现累积性增长的态势。的确，华生主张，如果没有其他内容的干扰，内省论者曾经表明的心理内容范围，如今已经证实：一门学科的研究主题，可能在语言上会受到无数种情况的制约（Fuller，1986）。由此开启了心理学中的"黑箱"思维时代。

（6）弗洛伊德在宣布心智健全应当是神经官能症的极限状态时，他公开承认的目标是：使一切心理学现象——不只是病理学现象——成为精神分析学家的公平游戏。更有趣的是，由于一切心智健全人士实质上都是神经过敏者，所以在冯特的受控式内省理论指导下做出的自我报告，不能被假定为是毋庸置疑的；相反，必须首先通过这个报告内容反映出的潜意识，解码那些被压制的信息。这

---

① 约翰·华生（John B. Watson，1878—1958），美国心理学家，行为主义心理学创始人。

条推理路线证实了弗洛伊德否定"实验心理学是伪科学"的独到见解。尽管后来同样的指责齐向精神分析法开火,在进入20世纪的转折点上,对于精神分析法的批判还是促成了内省心理学范式的衰落。然而,弗洛伊德出于自己的目的,又重新设计出几种内省式技法,这类技法很大程度上通过荣格①发挥其影响,荣格则是冯特式精神病理学家克雷佩林②的学生。例如,荣格提出自由联想法(free association),克雷佩林运用此法作为一种诊断工具,通过统计相同语词在一个主题情境反应过程中出现的频率,来确定患者的心病所在。精神分析补充了自由联想法,它通过分析重复出现的语词的意义而得出推论,以此反击了冯特的狭隘之见(Maher & Maher, 1979, pp.566-573)。

(7)在19世纪后期的俄国生理学界,谢切诺夫③、巴甫洛夫④、贝希特洛夫⑤发起将人的研究"自然化"的运动。当时,一支重要的俄罗斯文学批评流派——名为"俄国形式主义"(1914—1930),对这种自然主义思潮反应敏锐,进而探索在一种方法论基础上建立"文学科学"。这种方法论旨在打破传统上对语言反射起决定作用的规律,而且认为,一旦这些反射受到某种势力的操控,则立刻止熄这些反射。这种"陌生化"做法的典型代表,是当时处境艰难的象征主义诗学,句法上的歧义性迫使象征主义诗学重新思考其自身常规

---

① 荣格(Carl Jung, 1875—1961),瑞士心理学家,创立人格分析心理学理论与荣格心理学学院。
② 克雷佩林(Emil Kraepelin, 1856—1926),德国精神病学家,跨文化精神病学先驱。
③ 谢切诺夫(Sechenov, 1829—1905),俄国生理学和心理学自然科学流派的奠基人,圣彼得堡科学院名誉院士。
④ 巴甫洛夫(Pavlov, 1849—1936),俄国生理学家和心理学家,高级神经活动生理学奠基人。1904年诺贝尔生理学奖得主,1907年当选俄罗斯科学院院士。
⑤ 贝希特洛夫(Bechterev, 1857—1927),俄国生理学家,研究人的特异功能和精神暗示。

的阅读习惯。形式主义者在哲学上受到马赫的影响（因此受到列宁①基于唯物主义与经验批判主义的严厉批驳），这导致他们认为"文学科学家"（literary scientist）就是一种技师，并且在很多方面与"反射论者"的自我认知如出一辙。当然，二者的差异在于：文学科学家拓展自身的技艺，是为了系统地从根本上摧毁反射理论造成的实际影响（Lemon & Reis，1965）。如此昭然的"新实证主义审美趣味"，使几种现代艺术趋向实现了合法化，其中以超现实主义的颠覆性视野最为著名。俄国十月革命爆发后，形式主义者纷纷移居布拉格，最终落脚在巴黎。俄罗斯语言学家雅各布森②作为其中一员，开始在语言学与文学评论领域掀起结构主义运动（Merquior，1986）。

5. 学科的矛盾意向：波普尔与福柯的观点

默顿引入"社会学的矛盾意向"（sociological ambivalence）概念，旨在概括如下事实：社会角色经常为多样化的功能服务，但是这些表现无法联合起来最大化地发挥作用。此外，社会通常不会为了取得必要的折中方案，而提供任何现成的规则，这就把特定角色占有者置于一种张力之下。例如，科学家被假想为：既能加速知识的流动，又不会疾促地发表研究成果。但是，如果离开同样的"疾促"，科学家如何能做到"加速"？默顿日渐认为，所有科学家都经历过与此同类的矛盾意向，与此同时，通过对社会学矛盾意向概念进行更深入细致的分析，可能揭示出每个学科在解决它所面临的学科矛盾意向时，都有一套独具特色的方式；反之，当其他学科、更

---

① 列宁（Lenin，1870—1924），俄国革命家、思想家和政治家，世界上第一个社会主义国家的缔造者。

② 罗曼·雅各布森（Roman Jakobson，1896—1982），俄罗斯语言学家、诗歌评论家。

多是公众评价这门学科时，这套解决矛盾意向的方式又成为评价该学科认知地位的基础。学科话语能够表现出多种多样的语言功能，通过思考这个问题，可能会阐明学科矛盾意向论题。我们的分析模型在波普尔模型（1972，pp.119-121）的基础上做了改进，它规定了四种功能，每种功能与学科话语的一种特性相联系：

（j）作为符号标志的特性，即效用性（efficiency）。一门学科旨在将它所表达的每个单位话语中的最新信息传达出去。

（k）作为表达的特性，即概括力（surveyability）（Wright，1980）。一门学科旨在使其每一步推理都能在学科话语中得到清晰明确的表达。

（l）作为描述的特性，即准确性（accuracy）。一门学科旨在使学科话语中表明的全部真理能够最大程度发挥作用。

（m）作为批评的特性，即精确性（precision）。一门学科旨在最大程度清除学科话语中的全部错误。

我们把源于（j）与（k）的矛盾意向称作福柯式（Foucauldian），循着社会科学领域这位最著名的当代研究者的足迹，学科矛盾意向作为一种手段，它运用知识来操控自然与文化（Smart，1983）。福柯式矛盾意向几乎未引起分析型科学哲学家的兴趣，只有图尔敏[①]（1972）和拉卡托斯阵营的艾尔卡纳[②]（1982）是例外。相较之下，源于（l）与（m）的矛盾意向，其实至今仍是分析哲学家唯一关注的问题，我们称其为波普尔式（Popperian）。这派哲学家对于波普尔式矛盾意向采取一种特别坚定的立场——即不惜冒着失准的风险，最大程度强调假说的精确性——以此作为把科学与其他学科区

[①] 斯蒂芬·图尔敏（Stephen Toulmin，1922—2009），科学哲学家。
[②] 耶胡达·艾尔卡纳（Yehuda Elkana，1934—2012），生于南斯拉夫，科学史和科学哲学家。

分开来的划界标尺（Popper，1972，p.193）。正如我们接下来所见，无论福柯式路径，还是波普尔式路径，对于提供一种能够解析学科矛盾历史的框架，二者皆必不可少。不过，我们首先探索的是：各种矛盾意向中存在的那些特定思考。

福柯式矛盾意向。格莱斯提出的会话含义规则，特别是数量原则，强行在效用性与概况性之间做出折中之选（Leech，1983，pp.84-89）。对于任何一门既定学科来说，最有效的学科话语所传达的只能是与目标受众相关的新信息。然而，这个动向使学科话语仅仅成为知情者可及的内容，这也会使知识的概括力变得最小化。还有，这门学科不可能首先把这种封闭性当作一种损失，原因在于：如果这些话语也体现出某种程度的准确性与精确性，那么实际上，知情者将会全面具备某领域的知识；对于外来者而言，这类知识的来源是秘而不宣的，他们因此无法探查该学科的推理过程。这是专家知识的独家秘籍，它与知识的专业化密不可分（Collins，1975，ch.9）。进而言之，如果知情者是某方面的专家，并且他会影响到外来者的行为，那么，这已满足了关于制度化权力的正式定义（Crozier，1964）。

然而，仅仅指望权力，不足以消除此类学科矛盾意向。对于一门学科吸纳新手而言，某种程度的学科知识概括力是必要的。实际上，知识概括力的另一种教育功能，同样与成熟的研究者相关。因为如果研究者把推理的每一步都搞得清晰明确，那么研究中的错误、误解与不一致就会是局部问题，而且对这些局部问题的解决，会依照它们发生之初的本来面貌进行。但是，这有赖于完备的概括力，这个要求是不切实际的，因为同一学科的成员通常在各自独立的共同体中工作，他们之间的联系只能通过晦涩的印刷媒介来实现（Collins，1974）。如果被长期放任，不完备的概括力可能会导致在这些共同体、正在生成中的"学派"、甚或库恩式的不可通约性之间产生深度误解，通常在深度误解之后，一些新学科的形成经常接踵而至（Mulkay，Gilbert & Woolgar，1975，p.198）。因此，知识的效用最大化策略，赋予一门学科拓展到学科之外的力量；知识的概括力最小化策略，预示着一门学科内部的不稳定性。

波普尔式矛盾意向。波普尔的证伪理论存在一些悖论，这就把特定矛盾意向注入进他的名声之中。证伪理论意味着，一门学科的成员一旦认识到：长期来看，清除错误是累积真理最为高效的手段——相较于在短期内简单力求真理知识的增长，此举的确更加有效；那么，这门学科则是科学的。进而言之，真理的短期追求与长期追求是互不相容的，短期追求以准确性为导向，长期追求则以精确性为旨归。准确性要求一门学科发表的观点应尽最大可能以当前知识为基础，精确性则要求它表明的观点最不可能（风险最大）主张：这些观点最终证明为真。

我们来分析一个恰好刚被证伪的断言。学科如何纠正错误？为提高这个断言为真的可能性，最便捷的方式是有针对性地清除被证伪的案例——即临时补充一种点对点的假说，或迅速对原初观点做出重新诠释。在这两种情况下，这门学科已经调整了它的话语，它更多描述本学科过往亲历的世界，而很少提及未来前景。如今，有些人（Skorupski，1976，pp.205-223）已经把这种对准确性的固执追求，视作心灵被理性奴役（subrational mind）的标志，另一些人（Bloor，1979）也已指出，即便是数学家，也都不再受准确性—理性的魅惑。相较之下，波普尔本应运用一种同样易于被证伪的新断言，取代他所在的科学哲学学科中原有的错误，而且如果新断言得到证实，那么，它将会告知该学科——让这个新断言更加易受攻击，进而针对一些可能受到攻击的情形设置进一步的约束条件，新断言随后将被视作确证的事实（corroborations）。因此，为追求准确性，鼓励的是在一门学科内部得到共识（也许甚至是停滞）；为追求精确性，促进的则是分歧，正如学科成员在对各自的真理内容进行界定与限制的过程中，彼此要从根本上质疑批判（即破坏）对方的主张。不过与波普尔相反，相较于对终极真理的承诺，对精确性的固执追求毋宁是一种冒险之举。如果一些相当无争论的真理现在没有按这种方式被搜集起来的话，那么精确性所能确保的，就是观点的快速流动与反转，这种做法可能会导致这门学科走向衰亡（Mulkay，Gilbert & Woolgar，1975，p.195）。

在关于学科矛盾意向的这一论断中，是否能够辨明一种历史取向呢？如果我们概观一下西方知识体系的全貌（例如由前苏格拉底时代至今），在各门学科中，始终赋予历史取向以很高的认知地位，历史话语不惜以降低概括力与准确性为代价，以达到最大程度发挥其效用性与精确性的指归。此外，历史取向始终被赋予很高的认知地位，凭借的不仅是不着痛处的哲学话语施与的喝彩，而且还包括经济资源与政治资源的助力。关于历史取向的认知地位问题，社会学家至今熟知的事实是：认知劳动的分工越是日益细密，与之相关的学科分合进退就会越频繁，技术对定义完备的成熟学科的控制就愈加严密，无法被消化的信息就会与日俱增。

当然，即便以最具辉格气质的眼光来看，概观西方学科化知识体系的认知发展史，它所呈现的，不过是整个人类认知进程中的几次减速与倒退。无论减速，还是倒退，其中有一种认知似乎在知识的社会结构中永远占有一席之地——即民间智慧（folk wisdom）——无论其内容如何，它们解决学科矛盾意向的方式，恰好与最大化追求概括力与准确性的潮流相反。因此，如果一门学科的话语以民间智慧的方向为旨归，那么，这门学科（或它的不确定的实践者）同样致力于实现"大众化"。

一种更加有趣且不落俗套的学科矛盾意向解决方案，是最大程度拓展学科话语的概括力与精确性。它体现了波普尔和绝大多数分析哲学家极力关注的作为"猜测与反驳"的科学形象。这个科学形象作为一种社会学现象，无论它的标准形态是什么，它迄今一直被限定在古代雅典政体与学术争论中。尽管众所周知，古代雅典的公民体制把公开争论当作娱乐，但是很少有人知道的事实是——学者们同样通过争论来娱悦。其实，有理由相信：至少对托马斯·阿奎那而言，把一个争论构造成一系列有后续回应的反对观点，首要关心的，是提升演讲者的辩证命运的悬念。此外，为了使演讲者的任务看起来尽可能无懈可击，微不足道的争论与重要争论被不加选择地混在一起，以便填补公开反对意见的数量（McInerny，1983，p.261）。的确，这种做法的最终结果不仅极具戏剧性，而且对于衡量认知进步还是一种极其无效的路径，正如对科学革命、培根和笛卡尔持另路反对观点的那些思想家的评论（Fuller，1985b）。

无疑，这种对辩证法不痛不痒的热情，也对经院哲学那令人困惑的遗产做出了贡献。但最重要的是，因为在很大程度上，相较于其他学科，在对待质疑与探究方面，经院哲学更接近"正反皆有可能"的态度。这种态度的命运表明，波普尔的证伪理论亟待补充一个附加条件，即一门学科的研究者不应如此纠结于对证伪行动的追求，因为这样会导致他们失去对证伪具有的长远真理目的的洞察；或者根据一种反康德主义精神，证伪通常应当是一种手段，且永远不能以证伪本身为目的。

还有最后一种可能是不落俗套的学科矛盾意向解决方案，它始终是一个颇具争议的主题，正如阿多诺留下的记载（Adorno，1976）。最大程度发挥学科话语的效用性与准确性，如同阐释性学科的训诫话语——如神学、法理学、比较文学，也如同几种欧陆学派的历史、哲学甚至社会学（Baldamus，1976，pp.18–29）。在这个问题上，我们对于语言学功能的规定看起来含混暧昧，而非清晰明了，因此，我们现在对一段阐释学话语——精细阐释型判例（brocard）（Tourtoulon 1922，p.310）——略做解析。

判例是大陆法系（民法）经常在法官判决中应用的一种规则。判决本身采取基于判例做出仲裁的形式，在此过程中，将有关案例的思考当作法官做出案件说明的范例。判例被设计出来，目的是可以由不同的法官重复应用于各种案件审判中，运用判例产生的总体效果，就是为法律传统赋予了连续性。因此，判例不但比较简短、值得铭记与传承，而且它还不乏意义含糊的神谕味道，因为判例制度在设计之初，就构想具有很广的应用范围。其实，通常在判例的表述方面，要求使矛盾双方都能直接读懂其中的意思。因此，由于一个既定判例实际可以适用于任何情况——做出各不相同的说明——这样做极其确实地从来不会犯错（因此充分放大了判例的准确性）。进而言之，一个判例被重复运用，但这丝毫不会减少它的证据作用，因为通常很难预测——在一个特定案例中，法官将如何使用他的判断力，对一个特定判例做出说明（因此判例充分放大了效用性）。举例来说，目的从来不会证明手段的正确性。当然，对于这个判例存在标准的康德式理解，但是，一位聪明法官也能领悟其中弥漫着一股极端马基雅维利式的（ultra-Machiavellian）味道：明智的做法是，单凭目的从来无法证明用于实现该目的之手段的正确性，因为这些手段应当还有一些可想而知的副产品。

然而，阐释性话语（hermeneutical discourse）需要付出颇高的代价。同自然科学话语一样，在一种系统性知识基础上，阐释性话语几乎不具有可知晓性；但是，不同于自然科学话语，阐释性话语通过尽力将所有阐释都纳入麾下，系统地避免了直接遭遇错误。这种情况导致的一个结果是，阐释性话语不具备在认知变革中正式留名的能力。阐释性话语的这一特性，激起来自方法论与意识形态方面的反动，正如波普尔（1972，p.183）与哈贝马斯（McCarthy，1978，pp.169-187）分别指出的那样，这个反动的影响显而易见。奇怪的是，神学始终是一门阐释性学科，它对神学质疑与探究取得进步这个问题最为敏感。在神学编纂学批评（redaction criticism）领域，为了让我们逐渐更好地领悟基督启示，开明的新教神学家已经为此提出标准。19世纪晚期，哈纳克[①]指出，一旦基督启示（Christ's message）与同时期其他文本的相似性不再受到重视，那么，基督启示就是有别于福音（Gospels）的任何东西（Pauck，1965）。50年后，布尔特曼[②]提出，基督启示是福音与其他重要宗教传统的权威文本共同一致的任何内容（Macquarrie，1965）。因此，在哈纳克看来，神学的进步与文献考古学取得新发现密切相关；而在布尔特曼看来，神学的进步则与比较宗教学取得新发现密切相关。

尽管如此，阐释学在认知地位上的降格，长期以来始终未曾稍减。或许由于许多阐释学家如今把自身活动定义为具有情感性或实用性含义，而非具有认知含义，因此时常遗忘的是：向古典学习的复苏——即众所周知的文艺复兴运动，很大程度上是一场"阐释学革命"（Hermeneutical Revolution）（Yates，1968）。那么，对于蕴含在古代文本中的那些智慧的理解进行澄清与阐明，就构成了认知"进步"。这些古代文本被认为是智慧的，确实由于它们的作者"当下暂时接近了创世说"。实际上，自然本身被认为是一部大书，它

[①] 阿道夫·冯·哈纳克（Adolf Von Harnack，1851—1930），德国自由派神学家。
[②] 鲁道夫·布尔特曼（Rudolf Bultmann，1884—1976），德国存在主义神学家。

可以同教规文本彼此跨界、互为参考（Gadamer, 1975, p.160）。此外，这种态度与英国17世纪伟大的自然史学家胡克①遥相呼应，而且这种态度恰好盛行于19世纪的那部巨著《自然哲学》中②。这里的关键在于："阐释学"如今被专门用来体现人文学科的方法论特性；同时，在对某种质疑探究、推理论证的话语进行学科定位时，阐释学主要用来为此确定一条具有普遍性的路径；在如今被我们称作"科学"的多种人文学科中，阐释学已得到广泛应用。

有趣的是，认知进步的阐释学意义，也使关于翻译的西塞罗式理论获得了合法性，但是，即便这个理论未经批判地认为——翻译应当把原文内容保留下来，我们今天仍认同这个理论。（反之，何以不把原文引发的初始受众的反应保留下来，并以此为目标？该问题详见第五章。）甚至在科学革命期间，人们可能发现的也不只是牛顿，他们可以证明自己关于世界体系的和谐理论是对古希腊与希伯来早期文明中《百基拉箴言》（*prisca sapientia*）的说明（McGuire & Rattansi, 1966）。然而，上述实例认为，阐释学知识作为古老与过时的知识，皆为早已规定好的知识。在把重新发现的有关亚里士多德的精细知识纳入经院哲学课程的努力中，阿奎那主张：亚里士多德的自然科学方法，充分详细阐明了通向知识的可靠路径，这些内容只是已经无法由更具阐释学风格的人文学充分表述出来（McInerny, 1983, p.258）。

认知力量的天平，从何时起、又是为什么，在重量上已经决定性地超出了阐释学？这个问题很少得到检点，它的答案至今远未清晰。但是，其中至关重要的一点在于，需要有一部关于翻译理论与

---

① 罗伯特·胡克（Robert Hooke, 1635—1703），英国科学家、博物学家和发明家皇家学会验室首任主任。

② 指黑格尔的《自然哲学》——译者注。

实践的跨学科史，但迄今为止，我们还完全用"内在论"视野看待这个问题（Bassnett-McGuire，1980）。尤为甚者，人们希望明白，在什么情况下，译者开始挑战这种直觉——对于最充分利用一种文本来说，最大限度地理解该文本是必不可少的。尽可能将"科学"实践者与"艺术"实践者区分开，这是基于科学家观念的一件事，这些科学家为了对他们的科学先驱做出阐释，不惜倾注时间与付出努力，而这恰恰是从他们本应做出贡献的知识增长事业中夺走的时间与努力。

第九章 难以实现的科学共识

共识在科学证实中扮演怎样的角色,关于这个问题,我们来看劳丹最近的一段论述:

> 有一件事导致科学中广泛存在的赞同变得令人困惑重重,就是围绕各种理论形成的共识本身,往复来去,瞬息多变。如果像某些禁欲主义宗教一样,科学过去已经建立在一整套原则基础之上,而且把这些原则当作科学永久的教条,尽管如此,如今广泛赞同作为科学的特征,可能仍会令人感到诧异。曾经在特定情况下达成的共识,可能恰好被寄予期待——以便能够将共识本身保持相当长时间。但是,科学也让我们领教了它作为一门学科所特有的幽灵之性,就是说:针对许多核心问题早已发表的老旧观点,如今快速且频繁地被新观点取代,不过,其中仍有大量科学共同体成员将会毫不犹豫地在中途改变方向,转而拥抱早在十几年前甚至已经被认定缺乏实际意义的观点。(Laudan, 1984, p.4)

劳丹随后继续表明,库恩已经注意到上述现象,但是在对此现象做出解释的全过程中,库恩迷失了思路。具体来说,库恩给出以下两个问题的理由:其一,科学中从来不会形成一种稳定的共识;

其二，所有科学家都表现出对于自家理论范式进行自我强化的特性（例如，自家理论符合自家的理论选择标准，而没有其他理论能符合这一标准；因此，不可通约性应运而生）。在这种情况下，实证主义者（得到最完备确证的理论得以存活下来）与波普尔主义者（最具证伪性却最少被证伪的理论得以存活下来）对理论选择做出的标准说明，有赖于所有科学家相互之间都能接受的理性标准，因此，这两种理论都将无法付诸实用。正如劳丹指出的那样，在对共识的形成做出说明的问题上，上述做法几乎未能留给库恩可选择的余地，于是，这就导致了劳丹认为的以下这种无法令人满意的事态：

> 库恩说，在新范式的领导权（所谓普朗克原则）建立之前，我们必须等待，等待较老一代科学家相继逝去。但是，即便事实真的如此，这也无法给出核心问题的答案，因为它未能说明（情况若是如此的话）：为什么较年轻一代科学家能够赞同——挑战具有正统性的某种竞争性理论，相比其他竞争性理论更为可取。毕竟，在库恩看来，多种新范式的存在，是范式陷于危机过渡时期的典型特征，各种新范式都在为博得更多相关科学实践者的效忠而竞争。即便我们认为（与库恩一起），相较于老一代科学家，年轻一代科学家以更加开放的态度对待奇思妙想，但我们仍未能说明这个事实——科学共同体中的"新手"经常乐于支持黑马中的一位。在信念的不可通约性与标准的互不兼容性问题上，如果库恩的观点是正确的，那么，在对竞争性范式各自的优点达成共识的问题上，竞争性范式的年轻支持者应当与他们的前辈面临同样的困难。（Laudan, 1984, p.18）

在永久分歧（像哲学那样）与永久认同（像宗教那样）之间，科学设法执中道而行，而且相信这样做下去，真正的知识增长将会发生；面对这个"事实"，同波普尔一样，劳丹也深感震惊。还是同波普尔一样，劳丹认为：这个武断的关于科学的历史事实，应当视为科学事业能够保持自身经久不衰，以及保持在此过程中遵循路线的结果。由此可以预计：我们对于科学认知进步的性质所做的历史考察，将会给出一种答案，它可以作为一种程序——或"方法"，普遍适用于我们所讨论的历史情形之外——这种程序既可以保持科学在认知方面的成功地位，还可以使在认知方面不太成功的学科变得更加成功。在这项工作上，波普尔和实证主义者都铩羽而归，因为他们提出的方法（这类或那类的归纳逻辑）完全可以从特定科学学科的实践中脱身其外——或是从中"抽离出来"，以便在任何一套理论的相对可接受性问题上，尽最大可能让科学家更易于达成一致意见。另一方面，库恩失败的原因在于：正如劳丹注意到的那样，他认为相关程序对于特定学科而言具有很强的专有性，因此，针对这类程序的共识，实质上不可能在全域层面达成。不过，这是一个令哲学家感兴趣的典型问题。

鉴于劳丹的研究目标，他想认清的最后一件事是：共识的形成，很大程度上是一种偶然现象，是在对知识的忠诚度上发生的一种统计性流动的结果，其中源于科学家个体的种种原因可能在彼此之间少有关联。这个发现可能相当于对科学认知进步做出的"无形之手的解释"（Ullmann-Margalit，1978），显然，这种解释很难作为一项理性的科学策略而审慎地付诸实施，因此对于接下来的情况就不应感到诧异了。其实，劳丹从未说过，为什么只用一个普朗克原则可能不足以对共识的形成做出说明——除非把该问题降格为一种

"外部"因素，就是说，将其置于劳丹含蓄地认为是有意谋划的科学特性之外。现在，我们提出自己的主张：对于科学中的共识形成问题，库恩给出的那统计式变动的说明，不存在内在固有的不足。进而言之，如果像劳丹声称的那样——他的科学共识观念与库恩不同，那么，至少历史地看，这个问题的举证责任似乎将落在劳丹一方，而非库恩一方，这表明一个有趣问题的解决已经失败。

1. 两种纯粹共识与四种混合共识

我们可以想象两组人，分别是 A 组和 B 组，他们分别通过以下方式达成一致意见：

（a）通过每个人自己决定去做相同的事情，A 组达成一致。

（b）通过集体决定去做相同的事情，B 组达成一致。

我们说，人们一致赞同构成一种特定科学理论的那些语句的可接受性（或叫做"可断定性"，如果你愿意的话）。因为在 A 组中，其他个体的呈现不以任何方式与一位指定的审议者存在联系，所以，这位审议者个人诉诸的那些理由，在所有其他人看来，都毫无理性可言。在更加细致考查的基础上（以便挽救戴维森准则，这个准则貌似呈现得非理性，是由阐释者制造的错误语境化的结果），上述情况可能成为：这位审议者诉诸的奇怪理由，可以被解释为是对那些已获一致赞同的语句做出的反常解读。由于这位审议者无须将自己的理由向群体中其他成员公开，至少在短期内可以预期，他不会遭遇种种揭短与反责（recriminations）。然而，假如这位审议者决定运用他已如此反常解释了的那些语句，认为它们是为某些同样反常的观点所做辩护的一部分，那么，争论必定要爆发，而且一些分歧的标准必将接踵而至。持反常意见者是否会把其他人成功地拉向他的观点，这是一个开放的问题，因为在 A 组得以形成的道路上，不存在任何力量能够把 A 组成员无限期地绑定在那些原来获得一致赞同的命题上，他们可以在不同时间、以不同理由逐渐远离对那些命题的认同。因此，从一位外来者的立场看，他只了解 A 组过去已经一致赞同的语句，但不会知道这些语句背后的任何理由，因此，分歧的出现将会变得无法预知。

相较之下，B 组几乎不会面临产生分歧的不稳定性，因为在达成一致意见之前，B 组成员针对各自的理由要进行面对面的交锋。各方理由必须公开，就是让所有成员从中得到合理的鼓励，因此，每位审议者瞄准已被共同接受的用法、证据标准及相关意义，做出考量与检验。因此，一旦 B 组成员达成共识，可以推测，他们做出这样的决定是基于相同的原因。这种做法意味着一种十足的干扰：至少从理论上说，只有在组织中所有成员全部同意的情况下，才会产生共识。即便组织中的成员未能预测到一种反常情况，他们仍会一致认同这个事实，即反常情况必定导致消解共识与回归争论。因此，对 B 组而言，无论共识，还是分歧，二者都经过了充分的定义和约束。

我们把 A 组称作偶然性共识（accidental consensus），因为相对于每个个体同意一组语句这个事实而言，组织中每个人都同意同一组语句——这件事的发生具有偶然性。例如，大多数我的同事都认同了一个特定理论，它背后的理由可能与这件事——我也认同这个理论——的理由毫不相关。这些理由可能是"不相关的"，这句话包含两种意义；或指各种理由彼此之间互不相同，或指给出这些理由是通过各自独立与各不相同的方式。我们把 B 组称作必然性共识（essential consensus），因为组织整体同意这组语句的事实，对于这个事实——组织中每个人同意这组语句——来说，是必不可少的。

另一种定义方式是，从理论上说，在必然性共识中，人们可以在该组织的所有个体中间，对一系列论证（说服）网络做出具体说明与规定，这种做法源于他们的集体决定；而在偶然性共识中，则不存在对这类论证网络的具体规定。

偶然性共识范式，是民意调查专家从进行民意调查过程中发现的一种达成共识的方式。虽然民意调查专家假设每个接受调查者都以同样的方式认识问题，事实却是——他通常并不对此假设进行核实。其实，许多研究表明，用这种方式——而非那种方式——来解释一个问题，可能会对达成共识的程度起到操控作用。这说明：这个问题意味着什么——在此问题上达成共识的程度，向来不会特别深入（Deutscher，1968）。原因何在？一个理由是：在民调之前，通常每个接受调查者彼此之间不进行沟通，他们甚至也不能与民意调查员沟通，以防通过协商达成所调查问题的确切意思。当所调查问题关系到一个重要议题，每个接受调查者最终必须对此议题做出一个有约束力的选择，例如总统选举。这类投票程序的进行慎之又慎，因为民调员感兴趣的是——选民对候选人产生的种种变幻莫测的"感受"，那里是大量与预设的共识不相关甚至不匹配原因的源头，一个利益团体因此而做出支持还是反对候选人的决定。毋庸讳言，大众媒体以彼此相对独立的方式（例如通过一种独立报纸或电视），把需要民调的重要议题传播给每个人，由此助推偶然性共识现象的发生。

共识是诸如科学"客观性"这类事情的标志，在得出这个结论之前，我们必须确认：在前述意义上，关于问题的共识不只是一个偶发事件。正如民意调查员可以虚构共识，通过他们对问题的措辞——或足够含混暧昧，或足够大而化之，或者通过预先选出合格的受访者群体（即便民调员会在那个选定群体内部，再随机选出单个选民）；同理，科学史家同样能在特定一点上构建一种观点的集合。在以上两种情况中，一旦问及一个缜密严谨的精致问题，那么，分歧便会随之出现。我们很快将用更大篇幅来深入解析这个重要问题。不过，现在我们先介绍一种现象，科学史家与科学社会学家已对这种现象做过许多讨论，它可能恰好是由一种偶然性共识构造的产物，即多元（或同步）发现（multiple or simultaneous discoveries）。[《多元发现》（Lamb，1984）是针对这种现象进行的首个拓展型哲学研究。]

当几名科学家看似在大致同时、完成了大致相同的发现之际，一种多元发现发生了，如果不是这个发现，他们对彼此的研究所知甚少、甚至根本不知。由于这些科学家显然未在彼此之间暗通款曲，而且事实上，可能从重重迥异甚至相反的国家传统或学科传统来看，认为这种现象指出了——多元发现中包含的知识断言的客观性问题。能量守恒定律的发现，通常被视作多元发现的一个典型案例。19世纪30年代晚期，卡诺、焦尔、亥姆霍兹、迈尔、伦福德伯爵分别独立地提出这一理论。这些科学家代表了几个国家的科学传统——英国、法国、德国、美国——以及科学研究得以在其中运行的几种语境——形而上学语境、跨学科语境、实验语境、技术语境。但是，这个发现的"多元性"可能只是——如库恩已表明的那样——历史学家制造的一个结果（Kuhn，1977a，ch.4），即沿用民意调员的方式，通过极其抽象且大而化之地讲说一通原则来寻求共识。说到底，这就是能量守恒定律通常的言说方式，例如："热与功是可以相互转化的"，或"一个（封闭）系统中增加的净能量，与该系统内部能量的净变化量相等。"由于能量守恒定律是当代热力学理论的基础，因此史家在表述方式上如何措辞，就成为一个至关重要的问题。

比较而言，由于我们不再相信——光通过以太媒介进行传播，19世纪关于以太存在形成的共识，现在就被描述为：在同一令人困惑的术语名下流传的各种歧异观念的产物。此外，在社会科学研究领域，多元发现也十分常见（例如1900年前后，心理学家与社会学家同步发现了如下观念的起源：劳动分工、无意识、"共同体"与"社会"的区别）。但是在这里，通常将多元发现怪罪于不同研究计划之间进行交流的失败，很大程度上，这些研究计划中的成员具备相同的教育背景和知识背景。然而，社会科学家不是将多元发现各方的集体认知资源集聚一堂，而是把多元发现中包含的重复冗余的工作减少到最低程度，显然，意识形态差异颇具代表性地压倒了社会科学家，使他们无法以一种积极的情态和趣味去面对社科同行的研究，迪尔凯姆与韦伯对彼此的研究嗤之以鼻，就是显著一例。那么，这类多元发现可以用来解释——为什么社会科学中的进步匮乏。关于能量守恒定律的情况，为什么不能用同样的方式将它表述为一种多元发现呢？

为了让这个问题再复杂一点，我们认为，相较于过去对多元发现的认识，如今更多把多元发现视作一种客观性标志，自然科学家尽可能地认为，他们之间有充分完备的交流连接着彼此。结果却是，一种无效交流可以成为对多元发现的一种长期有效的解释，不会令自然科学家警醒。然而，即便相较于以往，科学家如今能够接触到更多信息，同时也有更加丰富的信息供他们获取，但这也意味着：他们极易产生一种科学家之间现在确实联系紧密的虚假印象。

现在来看必然性共识，它的典范例证是皮尔士提出的"理想的科学共同体"，皮尔士渴望波普尔式的科学研究氛围，在这个环境里，猜想与反驳的方法可以理想地付诸实践。[正如哈斯盖尔指出，像波普尔追随皮尔士一样，皮尔士从资本主义市场理论中受到启发，进而提出理想的科学共同体模型（Haskell，1984）]。尽管在皮尔士的模型中，科学家以非常类似经济学的方式投身（eco-involved）他们的猜想事业（皮尔士设想，每位科学家为了在"对宇宙做出终极解释"的事业上留名而竞争），并且因此倾向于制造分歧；尽管如此，他们也认识到：如果他们无法凭借公共影响力来说服自己的同道，那么，他们的自我期待也将无法实现。这就导致在科学家中间既有激烈的竞争，也有热烈的交流，以此确保——只要一项科学研究能够获得最终认可，那么就有理由认为：所有的人都理解并且接受了这个"共识"。

如本节标题所示，"偶然性"与"必然性"是两种纯粹的共识类型。"纯粹"的意思在于，他们相信社会互动模式的存在，且对于检验他们的信念必不可少，此外，这两种类型的共识皆未设想个体参与到社会互动中的认知状态。在一个偶然性共识中，每个人都相信不存在必不可少的社会互动模式，这就解释了：为什么事实已经表明——偶然性共识中的成员已用不同方式阐明了一个民调问题，他们却感到无须把这些事实集聚成一种单一的读物或回应；因此，公共意见碎片纷纭，同公共意见凝成铁板一块一样，都是极易形成的局面。相较之下，必然性共识中的每个成员认识到，在自己的观点被接受之前，必须面对本群体中其他成员为自己的信念辩护，就像他论证自己的观点时那样；正如皮尔士的观察，必须进行全面的社会互动，这个必备条件长期激励着观点的集聚与交锋。然而，我们可以再进一步设想更为复杂的情况，这种情况赋予个体更加丰富的认知状态，因而创造出"混合型"共识。

近必然性共识（near-essential consensus）：可能有一个群体，其中的每个人都认识到：为得到大家承认——自己有一个经过检验为正确的信念，他必须说服其他成员；而且还有一些成员相信，相关的辩护语境扩展到了该群体之外的其他个体那里。(实际上,对于这些"其他个体"的身份,该群体成员可能少有认同。)有一个关于近必然性共识的假说式案例:大约在1870年前后,有一组英国生物学家,他们中的每个人都认识到:必须向其他生物学家证明,自己关于"物种起源"的信念是正确的;但是节外生枝,这群生物学家中的有些人认为:他们的信念同时也必须通过自然神学证明标准的检验。在这种情况下,在这个群体中,可能产生接下来的辩证僵局——它打破了共识。每个人都同意:如果神圣创世(上帝造物)的设计特征,无须由可接受的物种起源的解释做出说明,那么,达尔文的进化论显然是无可非议、最可相信的理论。然而,有些生物学家——对神学敏感者——认为神圣创世的设计特征确实必须得到说明,这就使他们无法接受达尔文主义(相关历史参见Young, 1985)。

近偶然性共识(near-accidental consensus):同偶然性共识中的情况一样,这类群体成员不认为:对于他们的信念得到证实而言,某种形式的社会互动是必不可少的。然而,与偶然性共识不同,该群体成员认识到现实中的分歧远多于他们所想,这不会危害该群体从事活动的总体连贯性。这种情形的发生可能存在两个原因:

(c)至少从长期来看,一个群体对其共同信念的选择机制,是在该群体成员可能认识到的一切辩护语境之外。最极端形式(与失真度最小)的普朗克原则,可以作为这种选择机制的一个实例:无论一个特定信念目前多么具有争议性,如果群体中绝大多数较年轻的成员支持它,它仍然能够最终获胜;然而,群体中的任何人都不愿意承认——这个信念倾向于吸引较年轻成员这个事实,是它获得支持的一个最佳理由。

(d)群体内的不同意见还具备一种"功能差异",可以促进该群体总体目标的实现。换言之，一个群体之下可能还有"子群"，他们承认其他子群的活动之于群体总目标的相对重要性，但不承认中心议题与子群活动具有同等重要的基础作用；尽管如此，如果子群未从同一资料来源池中抽身而出，而且竞争也不再必须进行，那么，可能会有清晰可辨的"进步"指向群体目标。这种情况的实例之一，可能是对认知劳动做出的一种极端理想化的区分，以便将其嵌入学术化的各门学科中，最为甚者是在"诸门科学"与"人文学科"之间做出的区隔。科学家可能对人文学者所做研究的价值抱怀疑态度，但是，只要科学家不从同一个资料来源池中抽身而出，这些不可调和的差异就不会影响到由两个阵营集体活动生产的整体知识成果。

至于（d），迈克尔·波兰尼已经表明，当数学和物理学开始拥有各自独立的历史之际，群体内分歧的功能差异随之开始产生（1957，pp.7-9），这反映了自牛顿《自然哲学的数学原理》问世以来不同的发展方向。物理学家很快对于自身的追求采取了一种实在论的态度，对于数学则抱以工具论的态度；而数学家倾向于以实在论态度对待其自身活动，以工具论态度对待物理学家的活动。因此，物理学家与数学家分别不认为对方提出的主张是实在的知识：物理学家把数学家视为概念与计算的鼓吹者（例如拉格朗日和拉普拉斯对牛顿机械力学的精美重构）；数学家则把物理学家视为应用型数学家，以及数学真理之具体模型的制造者（例如爱因斯坦运用黎曼几何作为广义相对论的模型）。这个趋势继续发展为知识体系逐渐被分割为更具专业化的各门学科，这就解释了工具论作为一种一般科学哲学出现的原因（就是对除自身之外的每个人的研究做出解释）。在此需要再次汲取的教训是：尽管事实表明，在日常实践中各学科之间抱以相互扶持的态度，但是，学科之间本来应该以相互批驳与揭短的态度赤诚相见。

程序化强迫性共识（procedurally consensus）：这种情况发生在社会互动方式受到高度约束的一切群体行为中，例如必须能够将所有主张都表达出来的一种技术语言。这些约束用来防止任何有可能使理论弱化的分歧产生，例如，一个"构建完备"的学科（从建制上说）将最大程度减少在世界观问题上发生争论的机会（Whitley, 1986）。至于科学史家，有赖于科学家的言语行为作为他们研究证据的首要来源，他们致力于把恰恰可能的一种偶然性共识进行必然化，因为科学家的话语运用了许多具有共性的惯用法，通过这些惯用法的字面意义探究背后，表明多种颇具共性的信念。然而，在接下来关于对牛顿理论的多样化接受所做的讨论中，我们将表明：程序化强迫性共识可能促成了不可通约性观念的产生（在系统性误交流的意义上），即便基于一个学科的实践者无法在官式话语中表达个人的观念与旨趣，但是，他们仍会诉诸那些超学科要素作为背景语境，从中对其同道的表述内容做出（错误的）阐释。然而，只有当学科模式坍塌、程序化强迫性共识不再有效的情况下，不可通约性才会变得显而易见。

次优根本性共识（suboptimal essential consensus）：一个功能次优的根本性共识，会生成所谓"沉默的螺旋"（spiral of silence）。秉承法国历史学家托克维尔的先声，社会心理学家诺埃尔-诺伊曼创建了沉默的螺旋理论（Noelle-Neumann, 1982）。当一个群体的每个成员明白了其他所有成员的检验标准和当前信念，一个根本性共识才能发挥出最佳功能，当变化发生是源于社会互动的结果时，情况尤其如此。然而，即便在设计最完备的共识中，这类完美的信息仍可能不易触手可及，只是由于并非每个人都能持续让他人听到自己的观点。更时常发生的情况是，自认为得到一个理由充分的信念的那些人，致力于使群体中的其他成员加入一场公开辩护中；或同意既定的常规信念，对于没有鲜明强烈观点的那些人，或保持沉默。不过，如果假设公共论坛是一个民主的论坛（即向所有的人平等地敞开），正如皮尔士所谓理想的科学共同体那样，那么，这个论坛就可以更强有力地吸引人们：把具有更高能见度（或可以被更多人听到）的立场，当作最具代表性的集体意见。例如，如果某个特定信念经常既得到辩护，又遭受攻击，当然，在该信念可能恰恰只有极少数能做出清晰表述的发声者的情况下，该群体成员倾向于假设（诺埃尔–诺伊曼的研究表明这一点）：这个信念相对拥有很大一批追随者。

一种民主化机制尤其倾向于这类有瑕疵的推论，因为这类群体成员没有明显的理由可以认为——任何人正在对他们真正相信的内容构成妨碍。因此，群体中沉默成员的意见——如果不保持沉默，他们可能是不认同这种理论的——开始转向在他们看来是其他人的主张上。托克维尔最先关注到这种现象，他认为这是传统上认为针对他人意见形成的"第六感"的来源（1955）。托克维尔运用沉默螺旋理论，解释了1789年法国大革命后教士阶层在法国疾速衰落的现象。他认为，这不是因为大多数法国人已经被大革命主张的世俗思想所说服，而是由于在对教会进行各种攻击的过程中，革命者已发出广为传播的强音，而教会本身非常沉默（因为教会极其笃定地坚信，教会的支持者在数量上远超出其攻击者），这导致法国人民开始认为他们的教会同伴已远离了当初的信仰，进而认为这种新的思想认识已正式获得普遍认同。

在力求确认科学家之间共识与分歧的来源与程度的过程中，史学家极易成为沉默螺旋的靶标，因为史学家有一种典型感受，即可以安全进行评论的唯一观点，是那些已得到真实表达的观点。

但是，如果所有表达出来的信念，并不必然是全部——甚或大多数——的认同型信念，那么，一些恼人的阐释问题就产生了。例如，如今有人提出，许多跨越几个世纪的哲学争论已平息了种种"怀疑"的认识，仿佛提出这个观点的人已有许多追随者一样（甚或只是认同这个观点的许多个体）。然而，消除真正的怀疑终究证明是一件非常莫测难定的事。在当代认识论家的行为中，可见这种特定的沉默螺旋的影响，其中大多数认识论家承认，他们所在的认识论领域认为怀疑的挑战至关重要，但是对于个人而言，并未感觉到接受怀疑的挑战这件事几近难以逾越。一个更能说明问题的例子，可能是最近发生在人文科学源头的革命，即所谓认知革命，它与乔姆斯基的普通语言学渗入实验心理学密切相关。我们在此可做的，不过是观察——原本作为这次认知革命的决定性事件，即1959年乔姆斯基发表了摧毁美国行为主义心理学家斯金纳著作《言语行为》的长篇评论，却未得到来自行为主义者阵营的回应。尽管随后斯金纳解释，由于乔姆斯基显然未能跟上行为语言学的最新发展，致使乔姆斯基本人的理论不过是他的老师、行为语言学家哈里斯研究成果的延伸，因此斯金纳认为毫无必要做出回应。然而，这场对话的局外人则以迥异的方式看待这件事，认为斯金纳没有能力回答乔姆斯基的批判，因此使认知革命在悄无声息中向前推进（Zuriff, 1985, ch.7）。

通过上述对各类共识的考察，为了从中得出结论，我们再来简要回顾一下本章开篇提出的论题，即关于形成共识在科学中扮演的角色问题，劳凡与库恩之间的差异。我们将从中体会到这一角色难以捉摸的不确定性，本书第四部分将详细解析这个问题。我们的简要回顾由以下问题构成：库恩认为，科学进步只是一种"无形之手"作用机制的结果，这种理性只有从科学史的宏观层面——而非微观层面——展现出来,劳丹是否过度夸大了库恩对科学进步做出这种解释的程度?

有一种观点强调论证的多样性,但它倾向于从看起来相同的方向上——基于史学家的眼光——驱动科学共同体成员的行为,对此,库恩一语中的地表明:

> 因为科学家是理性的人,这样或那样的论证最终将说服他们中的许多人。但是,没有单一的论证能够或应当说服全部科学家。已经不再是单个群体发生彻底转向,现在的情况是——科学家在专业忠诚度上倾注的心力,与日俱增地发生着转向。(Kuhn, 1970a, p.158)

库恩在此描述了我们已做出界定的偶然性共识。劳丹(1984)希望用一种颇具自我风格的关于科学证明的"网状模型"理论,来掩盖这个十足的事实,由此也能解决科学家在事实性、方法论、价值论等关键问题上的争论,因为在任何特定时刻,科学家争论的仅仅是这三个关键问题中的一个,而达成共识所预设的却是另外两个问题。通过劳丹的网状模型进路,我们可以回想前面的讨论,进行争论的公共论坛属于一种必然性共识结构,而且这条路径可能有效运作的条件是:劳丹希望科学家是基于既定条件参与"争论"的一部分,如果所有这类科学家实际把自己组成一类普通受众(例如通过一种交流网络),他们转而又将这种做法——科学家是基于既定条件参与"争论"的——视为论证效力的终极仲裁者。当然,这里的问题是:沿着这套路径的做法,是否确实能够行之有效。

或许提出这个问题的最佳方式——作为最简明的指南,就是指出劳丹所作历史阐释的颇具争议的性质。例如,18世纪中期,科学家把牛顿的名言"我不设计假说"铭记心中，并且攻击下列异端理论，认为它们把无法观察到的实体假设为理所当然的存在物：美国联想主义心理学缔造者哈特利关于微粒震子的神经生理学；法国雷萨吉（Lesage）的重力理论，把重力解释为宇宙中充盈的超轻气流微粒；意大利天文学家与数学家博斯科维奇关于另一种形式的带电质点的解释。然而，劳丹认为，对于堪称一种好理论的牛顿机械力学，这些异端理论一致认同这种既定的主流科学理论，因此，异端科学家可以自己解决他们在方法论与价值论上存在的分歧。其实，这些异端理论已成功表明：牛顿表面上是一位确凿无疑的归纳主义者，而在暗地里（就是在实践中），他是一位假设—演绎主义者。劳丹如是说（1984，pp.56–59）。

基于下一节的基本立场，劳丹这种解释的有趣之处在于，他支持这一观点的论据，只是单一援引了如下事实，即异端理论诉诸牛顿理论的权威性，而且异端理论对牛顿经典理论的再阐释，使他们自身的科学实践实现了合法化。但是，劳丹的证据是否真正暗示了以下情形：就某个问题曾经达成的共识，是否可以作为一个好科学理论的必然性典型例证？或者说，根据一切声称具备科学合法性的断言必须经过协商检验的原则，一个好的科学理论是否能够确保——较弱的科学断言已在正统权威话语方面达成了共识？随着本书的意图逐渐趋于明晰，我来论证后一种选择。

2. 科学共识：难以捉摸的目标

让我们假设 A 组与 B 组（正如上述定义），代表科学中两种根本不同的情况。应当认为，B 组每个成员都由真实的人组成，他们与科学事务保持着日常互动，因为他们是同一所大学院系、同一思想学派、同一研究机构、或同一"无形学院"的一部分（Crane，1972）。反之，各种各样的单位、各不相同的每个B组群体，构成A组成员。由此，我们设想以下情形：一种偶然性共识由一系列必然性共识构成。根据这种思路，相较于库恩的理论认为科学中有更多达成共识的可能，劳丹——因此我将主张——错误地假定：A组的全面运作，被描述为同更具局域性的B组的运作情形一样。在接受牛顿机械力学的问题上，各不相同的理论最终达成共识，这将作为我们分析的典型实例；凭借劳丹主张的一种"前分析直觉"（1977，pp.158-163），史学家掌握了有关1800年的科学状况。

对科学共识做出解释的任何尝试，面临的第一个问题是：对假设各方已达成共识的这件事做出准确界定。在科学哲学家中间，劳丹加剧了一种不幸的倾向，就是将达成共识的对象确定为"理论""方法"、有时甚至是"形而上学"。在哲学学科中，这些术语可能会得到或多或少的清晰界定。例如，有人可能想把特定的科学理论进行公理化，当然，这人同时还将注意确保——从原理与命题中可推导出的内容，同在某种情况下的著名规则有些近似之处——例如以"牛顿机械力学"之名著称的规则；这类公理化主义者不愿过多关注——一些特殊的科学家是否已经赞同构成这种公理化理论的一切公理与命题。这就是理性重构的本质。一旦实现了公理化，公理化者及其同道可能会毫不含糊地指出，只要他们想就牛顿机械力学说些什么，他们则无须再去翻开一本历史书（或一本物理书，为这件事）寻找依据。而且他们可能希望在说到牛顿机械力学时所处的语境，能够确保他们不会因为不了解相关的历史或物理学实情，而遗漏任何内容，例如："牛顿的机械力学在逻辑上包含于伽利略原理之内吗？"然而，一旦公理化主义者冒险超出"理论"的精确规范的意义，并且断言——在特定时间对一群特定的科学家而言，接受牛顿机械力学是理性之举，那么，公理化主义者唯一回避的问题实质则体现为他做出的以下预设——恰好存在一种牛顿机械力学，所有公理化主义者都决定接受它。那么为此，科学哲学家将如何确认这样一种理论？

诚然，科学史家经常提到一些理论名称，诸如"牛顿力学""达尔文生物学""燃素论化学"等。然而，他们倾向于把这些名称用作区分各种科学家阵营的一种便捷方式，并且通常只是以下述事实作为基础：这些科学家或者已经为自身贴上合适的标签，或者——这种可能性更大——由竞争对手强化了他们身上的标签。或许每位科学家都会假设：他所在阵营的其他科学家皆追随同样的核心信条。这种标签所具有的共同性，通常足以阻止科学家对关键问题进行深入探究，标签把同一群体中的科学家联合起来，仿佛他们反对的只有一个共同的敌人。因此，不足为奇的是，对一位史学家而言，考察一个科学阵营的微观结构，只是为了发现科学家本应假设彼此之间存在迥异的核心信条——只有当科学阵营的内部分歧发生很久之后，这个事实方可显现出来（Gilbert & Mulkay, 1984, ch.6）。

一位机敏的科学家如赫兹在《力学原理》中（1899）可能对这种倾向颇有领悟。在世纪之交，赫兹分辨出三个版本的牛顿力学，每个版本基于略有不同的一套原理，但它们在研究方向上存在重大差异。这三个版本都把空间、时间与物质确定为初始力，但是其中两个版本提出第四种初始力的概念。在当时经典"教科书"的解说中，增加了力的概念，与此同时，在当时流行的力能学解说中，则增加了能量概念。赫兹观察到，力与能量都是不必要的附属物：一方面，（离心）力不过是一种惯性，它源于空间、时间与物质中的一种；另一方面，把（潜在的）能量当作一种物质，是一种名称上的矛盾。但是，如果赫兹这个判断是正确的，19世纪晚期物理学领域的理论争论怎么可能以寻找第四种初始力为中心？赫兹表明，19世纪晚期物理学领域的全部争论，是由内心被哲学主宰的物理学家精心安排的，例如亥姆霍兹希望显示：他们自己的世界观是由一系列知识体系所暗示的，"牛顿机械力学"表面上得到了普遍认同。

简言之，对科学史家而言，理论名称更多是一种对政治史家有用的意识形态符号。当然，许多科学史家研究具体的经典文本，例如《自然哲学的数学原理》与《物种起源》，而且他们可能会用"牛顿力学"与"达尔文生物学"来指称这些文本。然而，科学哲学家不是在科学史家的意义上来理解这些名词的——就是说，当劳丹想知道：在1800年接受牛顿力学是否是合理的，此时他可能并不想知道：把科学家对《自然哲学的数学原理》中各种命题的同意态度，当作牛顿存心想博得他们的同意，这种做法对科学家来说是否合理？那么，劳丹疑问的本质是什么？

有一种方式可以解释劳丹的疑问，这个疑问不是先天存在的问题，劳丹本人可能也不会发现这个疑问有什么诱人之处。或许劳丹通过"牛顿力学"这个词意味着：蕴含在波普尔"世界三"中的对象（Popper，1972），未能在《自然哲学的数学原理》和拉普拉斯的著作《天体力学》中得到完美体现，它们原本是"世界二"（心灵）的产物，进而它们具体体现在"世界一"（例如各种著作）中。这个对象就是柯瓦雷和其他科学史家已经辨明的"牛顿式世界观"（Koyre，1969）。换言之，1800年的科学家如今被刻意表现为——他们已经（理性地）认同牛顿机械力学的"本质"，通过"指称因果理论"（Putnam，1984）可以确认：这个问题把牛顿在1687年的文本与拉普拉斯在1799年的文本（及其他同类文本）联系起来。

需要注意的是，这种认同有别于牛顿创立力学原理时心怀宗旨——真正揭示宇宙的物理结构——的本质。普特南认为，后一种共识对于确保科学家对真理保持不懈的探索是必不可少的。然而，包括劳丹在内的工具论者不可能信奉这样的思想——理论本身具有与所研究对象本质相去甚远的本质。为了接受这个迈农式①命题（Meinongian proposition），需要认同以下问题：对牛顿力学做出更充分的表征（然而，我们可能会逐渐做到这一点），必须还要包括对牛顿力学所表征的内容做出更充分的表征吗（即物理实在）？我们无意诋毁这个问题的效力。的确，社会史家经常把一群科学家描绘为——在意识形态基础上对一种理论进行着探索，而无视这种描绘是否具备表征充分性，尽管如此，社会史家可能会认识到我们做出的形而上学区分颇有助益。在这种情境下，我们会表明——我们的问题可能得到如下回答：牛顿力学的本质是一种拉卡托斯式的精妙设计（Lakatosian contraption），它充满启发性，充满地域不同、属性各异的文化带，这使牛顿力学在一切可能的证伪面前变得无懈可击。因此，我们对上述问题的答案是"否定的"。一种关于牛顿力学的更佳表述——它更准确地把握了牛顿式世界观——无须必然对牛顿力学表述的物理实在做出更佳表述。这是拉卡托斯（Hacking，1981b）从庞加莱那里（Poincare，1965，pp.98-100）汲取的一个教训。尽管如此，实际情况终究是：无论这些形而上学议

---

① 阿里克修斯·迈农（Alexius Meinong，1853—1920），奥地利哲学家、心理学家、新实在论代表。在维也纳大学师从布伦塔诺，攻读历史与哲学。1894年在格拉茨大学创建奥地利第一个实验心理学实验室。在哲学上以提出关于对象的理论而著名。迈农认为，一切精神作用都蕴含某个对象，这种作用是实在的，但"对象"不仅指存在着的具体事物和常存的共相，而且也包括非存在的东西，因为这些东西是可思考的，仍可对之做出判断。所有的对象都不是被我们所创造的，也不依赖于我们的思维活动，对象在总体上远远超出现实的东西的范围。冯契、冯孝通主编：《外国哲学大辞典》，上海：上海辞书出版社2000年版。——译注

题的内在旨趣是什么，它们确实是自逻辑实证主义出现以来，大多数科学哲学家极力回避的那类问题。

一种用来识别共识对象——劳丹等人将其称作"牛顿力学"——具有欺骗性的简便方式，就是将所有相关科学家都已同意的《自然哲学的数学原理》（及其他相关著作）中的命题确切地开列出来。正如库恩指出的那样（Kuhn，1977b），数学命题是最有可能被选中的候选命题——库恩称作"象征符号的一般化"，其原因在于：有些科学家极易否定用自然语言表述的命题阐释，而具有可计算化特性的语言，能呈现给科学家较少的模糊性。然而，对于在天体力学中行之有效的某种数学意义上的形式主义，已获得了科学家的一致认同，但是，承认这些几乎不足以表明科学家已经决定探索具有共性的主题，还必须有具备某种重要意义的阐释一致性。不过，这就是科学家最有可能转向哲学、进而走向分裂的地方。应该对牛顿的三大定律做出以下哪种阐释？或是不证自明的真理？或是在经验上可证伪的假说？或是仅仅为了计算的便利性而采用的定义？或是为构建一种机械论宇宙模型而给出的局部示范？或是关于事物真正如何构成的理论表述？（Buchdahl，1951，梳理了这些阐释各自的优点。）尽管18世纪的多数科学家——至少在欧洲大陆各国——基于工具论对牛顿力学做出阐释，它与牛顿自己的实在论取向相异趣；但是，科学哲学家通常（特别是劳丹）可能想要对一种理论共识与一种方法论共识做出区分；然而，围绕工具论与实在论这两大问题的深思熟虑，历史上可能出现过科学家与科学哲学家相互支持的情况。

对劳丹而言，通过把各种阐释当作以不同理由接受牛顿力学的基础，也许会有助于科学哲学家期望做出的区分。例如，有人认为牛顿三大定律是经验上可证伪的假说，现在认为持这种观点的人已经认同了三大定律，因为三大定律历经最严苛的实验检验而最好地存活下来。既然如此，承认牛顿力学的可接受性——这种情况的发生有几种理由，就是说，当科学家阐释一种理论时，他从这种理论中看到一种力量，力量则体现为接受这种理论的不同理由。因此，只要每位科学家能够从基础上引证，并且证明这是一种好的方法论，通过这种方法论他领会了这种理论，那么，这位科学家对这种理论的认同将是合理的。通过这种方式，理论共识可能会延续下去，而不必顾及方法论多元主义如何发展。

然而，或许有人想知道，对于历史记录来说，运用这种技艺来检验它的可接受性是否太过牵强，而对于真实发生的情况来说，人们认为这种技艺的作用远胜于空谈空论。可能极易表明的是，每位相关的科学家至少有一个充足的理由，与他决定接受牛顿力学时所运用的方法论相关。其实，让我们想象一种极端情况——对18世纪晚期的真实情况进行了规范化——所有科学家都至少认同对牛顿力学的计算化阐释。不幸的是，这些科学家中的每个人可能出于其他理由而接受了牛顿力学，这种理由可能独具特质，它当然不具有普遍适用性。关于自然与上帝的各异观念，是讨论这个问题的一个好切入点。（出于论证的考虑，我们把所寻找的理由限定为：已在推理型科学家的内心经过深思的理由。）每位科学家可能已经把他特定的那套理由构想成一揽子理由（即逻辑中的一个合取）时，相比之下，科学哲学家只选出符合自己兴趣的理由（即他们一致认可的那些理由）。换言之，哲学家把每位科学家的一组理由当作逻辑中的一个析取来对待。

科学家理由的逻辑结构是合取而非析取，在提出这个主张时，我们沿着格莱斯会话含义规则的路线，诉诸一种语用学的普遍性原则，就是说：如果不是言说者做出相反的表示，则假定以合取结构作为标准。例如，当一个人提出他支持一个断言的各种理由时，他的内心可能在想：只要受众同意他的观点，他们接受哪条理由则可任其随意（即一个逻辑上的析取）。其实，这种情况如今非常普遍地存在着，就是这个人认为——说出自己的心里话与劝说他的受众是两种迥异的行动，而且必须利用极其分裂的各种信念，以便劝说受众认同他的观点。在这种情况下，我们不禁想说：这位言说者是不真诚的，尽管他的措辞也许是机敏的。此外，如果这位言说者确实成功说服了他的受众，这可能确实因为：这些受众认为他恪守了会话规则，并且因此说出了他的心里话。在这种情况下，该受众群体成员可能善良地把"显然"分裂的推理路线理解为——它们强化了每个成员偶尔发现的那些极具说服力的独特论点。

在科学家接受一种理论所提出理由的逻辑结构问题上，哲学家从合取到析取的微妙转向，可以算作用暴力手段对待历史记录吗？具体而言，这种转向是否模糊了这个问题——科学家是否对接受牛顿力学做出了理性的决定——的答案？我们来看一个类似的情况：一位中学科学教师对一组学生的实验报告进行评价，作为完成了一个实验的结果，每个学生都得到了相同的结论。教师期望学生能够为他们的实验结论做出辩护，至少引用一些标准的观察和原理。我们说，至少对于那些要求，学生们都做到了，由于这是一个相对简单的实验。然而，教师在决定谁将通过或无法通过实验考核（以及得多少分）之前，他们通常期望找到的不止是仅仅符合硬性规定。出现在每个学生答卷上的额外语句，才是这次实验考核的最终仲裁者，因为教师可以通过这些语句，判断某位学生是否已经领会（即做出正确的解释）了自己与其他同学给出相同答案的内容。换言之，教师把每个学生在答案中给出的理由都当作一种逻辑上的合取，因此这些理由或全部成立，或全部不成立。在这种情况下，给一位学生打满分——他的知识经过消化，表达出教师想要的内容，但是还有一些显然与主旨无关甚至错误的内容——这个判断过于仁慈，因为其中还包括：教师错误地认为学生专门思考过教师期望的答案，此时的事实却是：学生想让一些内容更广地扩散，也许学生的真实所想甚至更加不合逻辑。

如果上述类比是恰当的，那么，科学哲学家——以他们类似高中教师的角色，可能正在践行一种糟糕的教育，它使所有科学家都承认牛顿力学是"合理的"，这仅仅因为发现这些科学家在某一问题上道出了同样的话语，我们现在可以轻易地把这些话语解释为——很适合它们所表述的内容。当然，可能发生的情况是：一群特别的科学家所做的工作，超出了恰恰是最低限度表达出来、做出"合理性"判断所必须的话语。这些科学家就像一起做实验报告的那些学生，因此，必须对他们用来说服相关各方的多种策略和动机进行检验。这群特别的科学家，显然形成一种必然性共识，尽管当其余的科学家也接受这个共识时，它可能还只是一种偶然性共识。

3. 学科重组操纵的共识

这群特别科学家的偶然性共识会给我们留下什么？劳丹关于科学共识的形成生出了疑问，库恩却未感到被这个问题胁迫而非讨论它不可，其中的原因在于：与劳丹不同，库恩希望哲学家对如下问题有一个相对清晰的意思：哲学家阅读科学史时，如何分辨"理论"与"方法"。最常见的情况是，库恩用"理论"一词（Kuhn, 1972），似乎意味着：在科学上未做出解释的一系列问题，通过利用某些文法规则，形成了语法学上的完备构造，即实现了所谓"象征符号的一般化"。这一系列问题通常是数学化的（不足为奇，对它的规定严重依赖物理学史），但是，在形式化程度较低的生命科学与人文科学中，这一系列问题可能完全是语言问题。在语言学案例中，对于语词的阐释皆极具普遍性，这显然无法满足从事语词研究之需。数学化表达的理论具有很强的"系统性"（即结构清晰的演绎推理），在这个意义上，极少有语言表达完备的理论能达到这种"系统性"标准。因此，比较好的办法是：把一系列语言问题当作一种具有权威的"规范性文本"，这里的建议是：在一种研究纲领的基础上，可能存在几种不同的阅读标准（Masterman，1970）。

在唯独使用自然语言进行理论表达的学科中，如果两位科学家认为彼此运用相同的学科话语（无论他们所说内容的意思可能是什么），那么，二者则共享相同的理论。例如，"无意识引发婴儿的初始欲望受到抑制"这个命题，由多种不同的心理学学派成员表述出来（例如弗洛伊德的精神分析学派，米勒－多拉德整合弗洛伊德精神分析学说形成的赫尔派新行为主义），它可能源于其他相关的命题，它可能被用来启发更远相关的其他命题。此外，表述这个命题的所有心理学家将会确信这个观点——对于"多种起因"的任意一方，都会存在适恰的命题表达。然而，一旦我们想对这个命题多说些什么——即对它进行阐释，分歧随之产生。各种阐释学派通常关注应用于不同命题各自研究纲领中的"语言功能"（Popper，1972，pp.119-122），这是如今最可能被科学哲学家称作"方法论"争论的产生源头。

我们在前面注意到几种可能的对牛顿力学中形式主义的阐释，同样也指出，弗洛伊德的命题可能会任由各种工具论与实在论做出解读。弗洛伊德及其直系门徒似乎认为，"无意识引发婴儿的初始欲望受到抑制"这种表达方式，具有真正源于人类的参照对象；恰成对照的是，美国新行为主义心理学家米勒与约翰·多拉德，把各种表述都与可以付诸白鼠检测的特定实验操作捆绑起来。这些耶鲁学派的新行为主义者采纳弗洛伊德的"理论"（库恩眼中弗洛伊德谈论事情的方式，是在此意义上的"理论"），只是因为弗洛伊德语汇的丰富性，抓住了（至少在名称上）一个有机体的情感生活在许多方面的内容，而在同为耶鲁学派的克拉克·赫尔的内驱力衰减理论中，这些内容不可能得到充分表达，无论赫尔提出的假说—演绎系统构造是何其清晰。20世纪50年代，尽管精神分析学者与耶鲁学派新行为主义者（同样还有新弗洛伊德主义人类学家）一致同意库恩意义上的"弗洛伊德理论"，但是，这将导向一种严重错误的结论——认为这个一致意见中包含一种"理性的共识"。与此相反，最好将弗洛伊德理论看作一种多样化的语言工具，对于当时各式各样的研究旨趣，它偶尔可能适合应用。认清这个问题的最佳方式，就是对弗洛伊德理论可能会被各种研究纲领弃置一旁的情况进行思考：在精神分析方面极顽固的实在论者，可能从来不会选用弗洛伊德理论（波普尔与实证主义者将把他们视为从"形而上学"方面坚持了这个理论）；只要开发出一种更丰富/或更便于操作的技术语言，行为主义者就会选用它们，不一而足（Miller, 1959）。简言之，既然一种理论就是一种多功能的工具，它同样也可能成为多方面功能失调的工具。不过，若用牛顿力学理论来做检验，这个判断还能如其所是吗？毕竟，牛顿力学理论是劳丹自用的实例——当然关于一种理论，哲学家更有可能找到一种"合理的"共识。

　　正是因为我们必须同两个多世纪以来盛行的辉格史学做斗争，牛顿力学理论坚如磐石般屹立不倒就变得更加困难重重。然而，切入这个问题的一个最佳始点，是18世纪法国的科学与哲学共同体，它在欧洲规模最大、声誉最隆，它唯独利用最伟大的反作用力（质疑与批判）确证了牛顿力学。通常认为，这个反作用力是指数学的不完美性，牛顿最初运用这种不完美的数学构造他的力学体系，因而导致他在天文学计算方面遭遇困难。正如通常讲述的这段历史，一旦拉普拉斯的著作《天体力学》在 1799 年开始出现，种种不同意见的声响随即趋于沉寂，因此不足为奇，针对牛顿力学的理论问题，劳丹选择 1800 年作为其理性共识开始出现的起点。

但是，最近普里高津在一本书里，尝试运用与劳丹式方法选择略为不同的方式讲述历史，这本书已在法国科学哲学家中间激起很大反响（Prigogine & Stengers，1984）。正如普里高津所见，对牛顿力学中计算充分性问题的关注，不过是搪塞更深层问题的借口，而当时的法国已经认识到牛顿力学理论中的这个深层问题。具体而言，百科全书学派领衔人物狄德罗与达朗贝尔，深受拉卡托斯所谓牛顿理论综合中存在的"库恩缺失"问题的困扰。库恩缺失，描述了范式转换的特点，它防止范式转换进入一往无前的进步中，即防止对部分旧知识基础抱以全然尽弃的态度。伽利略与 14 世纪的巴黎自然哲学家奥雷姆和布里丹的最大差异在于，伽利略只想对亚里士多德所谓的"局部运动"（local motion）做出解释，这是亚里士多德区分的四种运动形式之一。牛顿实现了对力学理论的综合，这使伽利略的突破成为不可逆转的历史，因为牛顿理论在数学方面的能量，远远超出形而上学对于运动极其有限的处理方式——即物体在时空中发生的位移。不过，几位百科全书派学者受到这种库恩缺失的困扰，特别是它所导致的：将亚里士多德旧运动理论关于"生成与消亡"的内容，纳入牛顿的静态宇宙图景中时，出现的种种困难（例如牛顿运动三定律在时间上是可逆的）。

很大程度上，重视历史的世俗理论家、百科全书派学者，把对热力学现象——如热与生命——的解释，当作任何完备的物理学理论的柱石。由于牛顿力学似乎已使热力学现象比它曾经的样貌变得更加神秘难解，热力学现象只是在计算便利性方面法国人与牛顿力学理论的一次联姻。确实，普里高津表明，在整个18世纪，以法国为引领，对牛顿力学进行了广泛的精练与检验，这是对牛顿力学从用心谋划发展到证伪理论的过程（Prigogine，1984，pp.62-68）。1747年，是具有判决性意义的一年，这年，数学家达朗贝尔、欧拉与克莱罗皆认为，他们已经表明牛顿的万有引力公式无法对月亮运行轨道做出解释。由于这种观点类似一种明确的反驳，达朗贝尔——以启蒙运动学者的典型方式——公开征寻牛顿机械力学理论的替代者。然而，两年后表明——他们的计算存在错误。

因此，极易就此得出结论，认为后续未出现更多对牛顿力学理论的反驳之声，而且随后一代科学家——以拉格朗日和拉普拉斯为首——肃清关于牛顿力学计算充分性的一切已有疑问，进而由此达成理性共识。此外，正如普里高津指出，时至18世纪末，认为牛顿已发现宇宙真实结构的观点，同在牛顿的故乡英国一样，在法国也是甚嚣尘上。出于论证之需，先暂时忽略我们在前面提出的异见——每位与牛顿力学相关的思想者在论证自家主张时，可能运用整合多种理由的方式，而这些理由彼此之间不可能始终如一地互洽（出于当下议题，或者我们可以接受它）；因此我们要问：实在论的这种连锁式专业形态（joint profession of realism），能否在牛顿力学问题上构成一种理性共识？不可能。因为普里高津对热力学理论做出渐进呈现的解释，这个思路表明，还有另一种可以质疑理论共识的理由。诚然，尽管必须将这个理由与普里高津本人对牛顿力学大获成功的矛盾心态区分开来（因为毕竟普里高津坚持认为：牛顿力学的大获成功——至少在辉格式历史回顾中——阻碍了他的热力学理论的出现）。

为了领会这个新异见，让我们从这个提问开始：在决定1800

年关于牛顿力学的理性共识是否存在的问题上，与它相关或不相关的，是哪些由不同个体组成的群体？显然需要转而关注的，是当时的种种学科边界：谁是物理学家？谁不是物理学家？不幸的是，严苛的学科边界——与我们当今学术的系科划分密切相关——恰恰是到 19 世纪才出现的。科学哲学家经常遗忘这个判决性事实，这就赋予他们便利性，进而能够轻易地将"科学的"理由同"哲学"、"神学"与"政治"的理由区分开来，这是一位"自然哲学家"用来支持某种特定理论时使用的方法。我们可能已经明白了这个区分，但与此同时，科学哲学家并未明白它。的确，这个区分可能始终是一个充满争议的话题。在此，我们特别感兴趣的是：18 世纪晚期，化学与生物学是否也能与物理学如此轻易地区分开来？

普里高津注意到，狄德罗援引德意志化学家施塔尔的燃素论化学与生机论生物学，作为前途光明的质疑与探究路线（Prigogine，1984，pp.79-85）。从长期来看，这条路线恰好可以颠覆牛顿力学理论。尽管科学哲学家以辉格方式关注施塔尔那命运多舛的燃素论——作为科学型化学的先驱，然而施塔尔构画的，却是一套反对牛顿理论模式的研究纲领。施塔尔持续不断的贡献，就是强调"有机体组织"在化学与生物现象中的角色，它逐渐成为 19 世纪主张生命形式具有"突发性"和"有机性"特质的理论基础。鉴于如今学科边界具有的后见之明特性，在几种化学与生物学的重大理论争论中，施塔尔的纲领可能极易被置于失败的一方，且极易将其排除在有关牛顿力学的争论之外。的确，在 1800 年，一个深受施塔尔影响、直言不讳反对牛顿理论模式的共同体出现在德国——这些自然哲学家（Naturphilosophen）（包括谢林、黑格尔和歌德）——可能出于那些辉格式的理由，在决定是否存在关于牛顿力学的理性共识的问题上，劳丹不把这些德国自然哲学家纳入需要考虑的范围。

但是，也许在把劳丹的理由都详尽陈明这件事上，迄今为止，我们做得还不够仁慈。劳丹为什么不愿意把这些自然哲学家当作一群严肃的反牛顿主义者来对待，一个传统的理由是：他们对科学的实质性贡献，不过相当于批评了牛顿开创的理论体系中确实存在的昭然微瑕。而且对于实在具备有机性特质这个问题的认识，多数批评本身就建立在一种先验性形而上学基础上。在这方面，也许最好将自然哲学家比作当代的创世论生物学家，他们真正的常用手段，就是强调整个新达尔文主义体系的不完美性，尽管他们对于以《圣经》注释为基础的神圣解释抱有最乏味的姿态。换言之，以某种方式做出详尽阐释的自然哲学家的研究传统，能够积极引导经验性科学研究的方向吗？

根据美国康奈尔大学科学史教授皮尔斯·威廉姆斯的观点，答案是肯定的，在电磁场理论发展史中尤其适用（Williams, 1967）。读过谢林的相关著作之后，丹麦物理学家奥斯特彻底转向这一思想，认为电是一种力，而非一种特殊的物质形式，正如牛顿主义者曾经坚持的主张。奥斯特认定，极有可能的情况是：在电作用下，能够感应生磁，因为这个现象包含的全部内容就是——不同性质的力之间可以相互转化。他通过一个简单实验最终证明了这个效应，即拿一个磁针接近通电导线周围，此时注意磁针的运动。随即牛顿主义者、法国物理学家安培注意到，在奥斯特之前，没人想到要做如此简单的一个实验，因为当时的科学家已经确信：库仑早已证明电与磁是两种互不相涉的流体，只有在牛顿的平方反比律条件下运用时，二者才具有相似性。

我们来看劳丹排斥自然哲学家的最后一个理由。劳丹科学理性观念有一个总体特点，他认为相较于理论共识形成过程中产生的观念问题，理论共识的形成更多解决的是经验性问题。在这种情况下，百科全书派与自然哲学家提出的旗舰式假设就是：根据劳丹的标准，牛顿力学已经失败，因为它失去了由亚里士多德运动理论所体现的宇宙统一性，而"仅仅"实现了数学化的效力，以此作为对宇宙统一性缺失的补偿。在解决宇宙统一性的观念问题上，无论劳丹怎样评价施塔尔的后继者做出的贡献，他却从未对这个问题做出解释——在对运用牛顿力学理论解决问题的效力进行成本—收益分析时，为何不应增加如此重大的库恩缺失问题的权重（并且增加对其进行批判性评价的权重）？正是基于这种精神，因此，我们应该承认费耶阿本德针对特定问题发出的宣言——现代科学已经从古希腊科学的源头精神那里渐行渐远了（Feyerabend，1975，ch.12）。

4. 科学历史编纂学的含义

现在我们立足的基点何在？我们讨论科学认识问题的起点，通常始于哲学家和社会学家的观察与评论。不过，其中尤以劳丹的观点最引人注目，他认为：科学与众不同的独特之处在于，科学共识的快速形成与快速消解。与库恩不同，针对争论在科学中如何进行的问题，劳丹提出一种"理性的"解释。这种针对科学"设计出来的"说明，是否在现实中必不可少，我们已对此问题提出质疑。正如我们所见，劳丹所谓的理性共识本身，就暴露出它注定是一种肤浅的现象，比劳丹表明的还要肤浅的是，或许它不过是以某种方式交谈所需的一致意见，或是在计算中需要运用的某种等式。如果是相对肤浅的共识，那么它不具备根本的稳定性，而且仅仅出于这一个理由，决定了它的形成与消散都是迅疾的，更像民调员在选举投票中发现的情况。因此，劳丹认为"理性共识"应是一种必然性共识，而所有相关各方的真实互动可能导向一种彼此的理解，这种理解不仅关系到双方达成共识的物理对象（一种文本，而非另一种"理论"），而且还涉及应如何看待这种物理对象的各个方面（文本发挥的语言学功能：或作为阐释，或作为"方法"）。这后一种特点可能还包括：在其他事物中，能够针对清除一种指定的文本加阐释的条件达成共识，由此可以说明"快速共识会迅速消解"这个问题。

当刚才描述的那类必然性共识，在多种本地化的口袋中存在时（例如一所大学的一个研究团队），劳丹描述的令人印象深刻的全域性总体现象则不可能存在。在全域性层面，较少存在互相监控，因此有较多机会发生这样的情况——对同一文本的阐释存在种种差异，这就成为差异性阐释遭受不公正诽谤的不可通约性论题的基础。但是需要注意，我们已经转移了不可通约性论题的这个基础。通常认为，不可通约性存在于得到充分说明的两个理论之间，这两个理论看似以不同方式对世界做出区分，此种理论中确认的同类特征，经过翻译，看上去就不再像彼种理论中确认的同类特征。在这种情况下，正如美国科学哲学家菲利普·基彻指出的那样，最明显的解决方案就是声称在两种理论间只存在一种"特征与特征"的对应（Kitcher，1978）。例如，尽管现在不用"燃素论"化学实例指称已经现代化学理论确认的同一种物质实例，但是，"燃素论"化学实例确实能够指称现代化学理论已确认的某些物质实例。

然而，用这种方式解决两种化学理论间存在的不可通约性问题，就是通过假设所有科学理论共有的语言功能不过是"表征"或"指称"之事，进而混淆了对"理论"与"方法论"的理解（在我们讨论的库恩对这二者所做区分的意义上）。对这些哲学家而言，极易像回顾科学史一样，把所有理论都当作揭示宇宙结构的尝试，或是这种尝试的一部分，这种思路极易使其完全认同劳丹所谓的"意向实在论"（Laudan，1984，ch.5）。当然，这种认同包含一种对科学史的总体扭曲，由于其中的方法论争论表明，一个理论的文本可能付诸多种用途，但不包括对实在的表征，或是将表征实在取而代之。因此，使不可通约性说明产生的合适对象，就是一种规范性文本，而非"世界"，无论那种文本可能是什么。不可通约性说明具有多种不同的语言学功能，即便是同一种文本，可能也具有多种不同的语言功能——表征功能、工具功能、假说功能，不一而足。

根据我们的观点，在 18 世纪关于牛顿力学的各种解释中，可能也会检测到不可通约性。正如我们已经看到的，即便关于牛顿力学理论的计算充分性形成了共识，并且据说这个共识已经把牛顿的英国支持者与施塔尔的法国支持者统一起来，但是事实最终证明，这种认识比它最初的肤浅更胜一筹，因为主张"有机体组织"的施塔尔一派，把牛顿力学理论的计算完备性视为必须克服的一个障碍，而非为其添砖加瓦。正如我们马上就要看到的，关于多种化学力（chemical forces）存在的争论，使不可通约性问题的矛盾更趋清晰。因此，在此可以认为：对不可通约性问题的争论，促进了科学共同体之间的活跃与繁荣，鉴于这些科学共同体已自我认定——要全心全意地支持牛顿路线（Guerlac，1965）。

我们先来回忆：牛顿式方法论最惊人的特征之一，就是他笃定地认为不宜承认：数学化与实验化都是通往知识的途径。一方面，这将牛顿的方法与主张数学但反对实验的笛卡尔式方法区别开来；另一方面，这将牛顿的方法与主张实验但反对数学的培根式方法区别开来。尽管哈佛大学科学史家伯纳德·柯恩正确地认为，数学化与实验化的联盟至少是强健的，它足以作为一种"风格"，装点过去三百多年的科学实践；但是迄今为止，对这些科学实践的解释趋向，时常在方法上或偏向笛卡尔一端，或偏向培根一端（Cohen，1981）。

例如，一位为牛顿事业进行辩护的法国专业人士莫佩尔蒂，兼擅数学与实验，他最卓著的成绩是在牛顿假说——赤道处的重力弱于两极——的基础上，计算出地球的形状，随后亲赴南美洲的秘鲁和北欧斯堪的那维亚半岛北端的拉普兰德，来检验他的计算结果。然而，同其他法国牛顿主义者一样，实验结果总是被当作需对照初始数学计算进行检验的一种量度，从未把实验结果当作特殊实体存在的证据，因为牛顿的培根式面相可能会那么认为。因此，随着法国牛顿主义者做出系统规范的阐述，通过发现反平方定律存在于不同层次的自然界中，化学力问题的解决希望在即；与此同时，他们对化学力在形而上学中的角色保持开放姿态，而且无论如何，不以实验作为裁量化学力的判决性标准。法国牛顿主义者作为"实证主义原型"的这类实践，解释了在构建百科全书派的事业中，他们为何能与反牛顿主义者狄德罗默契合作。

另一方面，医学领域的牛顿追随者，其中许多人接受过荷兰医学家布尔哈夫的训练（或受教于他的多部教科书之一）。他们强调从实验结果中得出形而上学推论具有恰当性，这使他们发展出对化学力的解释——鉴于类似以太的微粒流具有不断变化的密度，这种密度差驱动着微粒的运动，并且同样驱动着更大躯体的运动。布尔哈夫把最根本的以太称作"火"，事实证明，这种思想对约瑟夫·布莱克产生了尤其深刻的影响。布莱克把自己关于定量分析与潜热的理论，视作对布尔哈夫思想的详细说明。反过来，这个实例可以支持施塔尔关于化学力性质的观点。

的确，通过考察牛顿共识在化学力议题上表现出的不稳定性，当代美国科学史家萨克雷主张（Thackray，1970；对照阅读参见Schofield，1970），假设的18世纪对牛顿研究纲领的统一追求，对于19世纪的化学发展来说，实际意味着对牛顿主义的长期反对。

然而，说过这些之后，必须承认，传统上已将18世纪描绘为——牛顿力学理论的可接受性观点逐渐家喻户晓的时期。在我们先前讨论的基础上，甚至在细察这段历史之前，对于这个问题——为什么这幅18世纪的牛顿力学图景必定是一种误导，还需揭示其背后的三个理由：

不可通约性的潜在性：直到哲学家，或者打着哲学家幌子的科学家，开始采取行动尽力使方法论规则合法化，以便普遍适用于各种学科、各种类型的研究共同体之际；同时，各种共同体围绕同一理论、履行着适合各自共同体研究纲领的语言功能，在此过程中，方法论差异——不可通约性的来源——可以被隐藏起来。此外，在古往今来整个科学史上，这种潜在性效应可能已经成为一种普遍现象，在此过程中，出于各种理由，重大科学研究的运作通常是秘密进行。在科学革命之前，学者认为自己的首要任务就是对知识体系进行保存与传播，这项工作可能只会得到一小群与自己同类的博学之士的欣赏。因此，哥白尼并非绝无仅有地认为，日心说宇宙理论不应公开发表，以免惊扰众人。科学革命之后，尽管有一种要求公开的官方思想，但是，可能对普通大众造成影响的研究，经常以"维护公共安全稳定"的名义受到压制；同时，发现"新"知识的可能，也变成不时被科学发现优先权之争打断的保密性更强的研究（Boorstin 1983，pp.408-418）。鉴于所有这些可能导致误交流（miscommunication）的机会，它们或有意为之，或无意所致，我们应当可以期待，不可通约现象将会在更广的范围发生。

现在来看这类现象的一个例子，它来自我们的前述讨论。例如，18世纪英国与法国的科学家，可以毫无困难地交流有关牛顿力学数学特性取得的最新精致化的成果——只要他们不要探问彼此更深层的问题，例如"你为什么对这类信息感兴趣"。因为若是提出这个问题，英国人会告诉你：他的兴趣是把世界体系变得更精致，以便对事物真正的存在方式做出更充分的表达；法国人则会押注式地承认，他看清了唯一尚可挽回的世界体系的特性，世界体系的计算充分性，可能会以最快的速度被颠覆。在这个问题上，一位善辩的逻辑学家可能会主张：其实在最一般的意义上，英国人与法国人对牛顿力学理论的运用是"可通约的"，就是说：英国人旨在对法国人所证伪的内容进行验证。为了控制这种肤浅言论的扩散，我们必须注意：许多法国科学家把牛顿的机械力学视作亚里士多德派眼中的托勒密天文学——作为一种纯粹的预测性工具，它可能行之有效，也可能情况相反，但这个工具不可能是"真"或"假"。另外，逻辑学家未能观察到不同语言功能的差异所在。

拆散特定的理由：每位科学家对牛顿力学的认同，可能出于多种理由形成的整体，而这个整体的理由被误导地认为——其中每个理由是可以任意支配的，哲学家以今鉴古（retrospectively），可能从中选取一些他认为合理的理由，以满足自己的研究之需。这种科学家推理在逻辑结构上发生的转变正在误导着人们，不是因为所有科学家提供的各种理由之间没有重合之处（因为可能的情况是，尤其在这些理由彼此间的常规互动中存在着重合）；而是因为这些重合的理由——也许重合是必须的——可能必定不具备足够的力量，可以驱动所有科学家形成一种理性共识。

判定谁是有资格者：对哲学家而言，最方便的莫过于给出条件限定——根据以今鉴古的标准，哪个人与达成一种理性共识相关。因此，持久的分歧——例如我们注意到的施塔尔主义者与牛顿主义者的分歧——可能被排除在外。为了防止受到这种辉格式策略操纵，当哲学家声称所谓理性共识时，应当对他做出严格的限制，即哲学家所圈定的相关人物只能在相关学科边界内发挥作用。

在这个问题上,我们来分析一个可能的异见,它反对我们在批判科学哲学中存在共识主义时运用的方式。一位极端以今鉴古的理性主义者,例如拉卡托斯,可能主张:科学史确实不过是对哲学家的科学理性感受所做的一种洛夏墨迹检测①。在这种情况下,哲学家仅仅阅读片断的历史,这类历史作为进行理性理论选择时的典型案例,从直觉上吸引他们,然后通过对这些片断历史进行分析,进而从更精确的意义上为哲学家的直觉式反应提供立论基础。的确,拉卡托斯通过分析自己选取的直觉历史片断认定,即便再好的历史片断,在呈现完全理性的形象之前,也必须经过裁汰整理。因此不足为奇,哲学家以一切可能的方式错误地表征了科学史,其中包括我们已经提到的几种方式。如果不是我们坚持认为——每个片断科学史都包含最优化理性决策所伴生的困境——确切而言是黑格尔式困境(也许当时的理性人对此最不知情,但是,具备哲学意识的历史学家早已认识到这个困境,因而从理性的狡黠中汲取了它的长时段视野),那么,对于哲学家设计一种科学理性理论的任务来说,一部完整准确的科学史似乎不是必做之事。简言之,人们不能从历史学家关于从事科学判断做出的实然陈述中,得出哲学家关于同类内容做出的应然陈述。

这个异见的合理之处,在于它首先指出:即便史学家的陈述不能包含哲学家的陈述,但是,关于进行科学判断所做的哲学陈述,似乎的确为历史可能性预设了立场与先见。鉴于这个异见的构造,依据的是休谟的道德律令——"存在"(is)不意味着"应当"(ought),如今休谟律令遭到一个自然化版本、来自康德的相应律令的驳斥,康德认为:"应当"意味着"可能"(can)。就是说,在

---

① Rorschach Inkblot Test,检测受试者精神动力学的现代心理投射实验——译注

接受哪个理论的问题上,科学家应当如何达成共识,这个陈述意味着:至少存在一种真实的历史状况,提出的规范性断言可以在这种历史实况中有效运作。如果没有真实的历史状况可以支撑这类规范性断言——例如我们刚才提出反对在牛顿力学问题上给出断言性共识,那么,这类断言就提供了一个良好的基础,基于此可以断定:提出的规范性断言从历史上看是不可能成立的(对照阅读 Bartley,1984,pp.199-202)。在这种情况下,我们于是可能认为:一旦与某种特定论断相关的科学家群体达到一定人数且足以自立门户,再假设这个群体能达成我们所谓的"必然性共识",并且同当初支持劳丹论题所需共识那样深入,这个假设就变得不现实起来;因为坦率地说,要求科学家之间进行精细深入的互动,这种情况不可能发生。因此,或许可以建议自然主义(博物学)取向的科学哲学家,应该去研究科学互动的"现象地理学",即研究科学家之间的时空距离对他们调控自身活动的能力所造成的影响(Collins,1981;Giddens,1984)。

以不太极端但仍抱质疑的态度对待我们正在做出的批评,就是声称科学史可以"选择性地阅读",而不会发生实际被误读的情况——在所有科学哲学家的著作中,其实都暗示了同样的内容。例如,波普尔主义者以其对于科学史的整体视野宣称:对于真实事件的说明,他们无须同专业史学家可能提供的解说一样——细致入微。然而,根据我们讨论科学家推理的逻辑结构的观点,显然,"选择性阅读"可能仅仅包含对下述情况的误读,就是在验证一种理论选择时,科学家想当然地认为,他们提出的各种理由之间具有相互依存性——而且在同类情况下,我们中的大多数人也会这样想当然。尽管"误读"这个术语,通常用来说明那些已清晰说出的存在矛盾的事物,但是我们对劳丹的批评表明,"误读"的用法也能拓展到概括这类情况,即科学家话语的"会话含义"的隐性预设与该话语的其他语用特征之间存在矛盾。如果作者计算一下——为了把最多的信息传达给目标受众,他们必须说出的内容是什么,那么随之可见:所有文本都预设了一个难觅其踪的"潜台词",详细来说就是——它向作者及其目标受众规定了双方有共识的知识。尽管"潜台词"具有隐性身份(很大程度上以经济化表达作为利益导向,讨论详见第六章),不过,它作为真实出现在书页上的语词,正如它对于词义具有的决定性作用。

就此问题,暂时搁置批驳,我们在立场上支持解构主义者,即坚定地认为:选择性阅读不过是一种形式更加微妙的、彻头彻尾的误读。解构主义者与拉卡托斯主义者的区别在于:拉卡托斯主义者认为,为了催生他的科学理性理论,在什么程度上、是否必须依赖历史的说明,对此他可以做出自己的选择。与此不同,解构主义者认为不存在自己选择的可能,因为那样做对历史的误读不可避免,至少鉴于历史被不断书写的方式——这种方式未过多关注历史的初始表述在现实中经历的语用状况。然而,我们难以避免地误写历史,通常经过一套复杂的理性化网络,终被隐藏在我们的视野之外。为了解这些策略是如何运作的,我们简要地看一下对辉格史学的解构,劳丹凭借辉格史学建立起他对科学理性进行说明的理论。

劳丹认为,相较于牛顿力学引发的问题,它更多的是解决了问题。劳丹含蓄地表明,时至1800年,西方科学共同体已经认同自己(即从社会经济与智识来源上)致力于"局部运动"的研究,从事这类研究仅仅基于对这类运动本身的考虑,而毫不关注亚里士多德确定的其他类型的运动。就此问题,还有另一种方式的解说,即物理学成为自明的、具有认知主导地位的学科,如同我们现在所知的物理学那样。如果我们不是认同这种说法的受益者,那么,相较于理性的认识,就会较少出现那种必需的含蓄折中的认识,因为计算充分性的获得,已付出牺牲宇宙统一性的代价。不过,由此以来逐渐采取的测评标准,确保这个代价未能得到注意。例如,各种科学碎片以及不断重写的历史,所需表明的是——这种对认知劳动的分工是必然的,明确地把成熟的认知确定为实现认知的数学化,不一而足。这些策略一旦被付诸实践,关于任何可选择性科学史的"酸葡萄"(Elster 1984)也极易随之而来。我们来看埃尔斯特的这个假说式解释:

> 当然,物理学从其他科学中分离出来,是付出代价的,看看证据就会明白。即便在今天,亚里士多德区分的其他形式的运动,仍未能像物理学运动那样合格。若是我们等待"忠诚的反对派"(如百科全书派学者、自然哲学家,还有那些施塔尔的朋友)来重申这种亚里士多德式综合,那么,我们将永远不会出现在我们今天所处的位置上。

诚哉斯言——如果我们曾"等待"忠诚的反对派来重申亚里士多德式主张,那么,我们至今也不会去探究——历史上科学进步的标准是否本应发生变化而呈现出不同。事实昭然表明,如果放弃牛顿开创的历史轨迹,需要付出的代价看上去比较高;完全遵循亚里士多德式路线,能够得到的益处看上去又比较低;那么,我们的理性最优化选择就是追随牛顿力学开创的理性,而不是等待"忠诚的反对派"的出现。这种做法认为,在最佳状况下,忠诚的反对派必须满足物理学中的数学标准,具备与物理学比肩的进步主义;至少也要做到,忠诚的反对派在数学标准上等而下之,因此它在进步程度上逊色于我们的物理学(Fuller, 1985a, ch.2)。重申亚里士多德式主张所能产生的收益，在我们的科学中无法被特别完美地典范化，所以这种可能性随之被忽略了。因此，如果我们仍然同意劳丹及其同道的主张，那么，关于牛顿力学在深层与必然意义上的理性共识就出现了；这种情况必须被视为一种冒险之举，恰好规定它默认放弃了亚里士多德的理念。然而，通过运用以今鉴古、完全彻底的方式将历史编纂学进行理性化，根据全然理性化的历史编纂学，这个冒险之举已被重新阐释为一种自然的事件过程，因为在测量我们与那些理性化目标的距离时，无论我们的认知目标还是认知手段，早已不再是亚里士多德式经验主义者（Aristotelian）的模样。

第十章　从道德心理学到认知社会学：
福曼论题解析

　　福曼论题（Forman Thesis）——物理学家运用量子非决定论，对魏玛共和国时期德国文化氛围做出的回应——以许多饱受科学哲学家与科学社会学家争论的历史主张为典型特点，它日渐成为一个值得争论的问题。关于福曼论题的争论所在，重点不是关于社会因素对知识生产的影响，而是关于参与其中的科学家的精神状态。因此，针对科学家意向具有的"理性"成分，有很多讨论涉及它在经验上无法解决的问题，仿佛科学家本人对于智识要素与社会要素的差异有着泾渭分明的严格区分。这一切已成为社会历史学家及其哲学辩护人的明显劣势，我所谓"对科学社会学的强反对"就是这种劣势的表现形式。为驳斥我的反对，社会史家必须对某种特定历史语境的一些特点做出解释，而在与社会史家相关的那些人眼中，那些特点几乎不可能作为社会历史的变量。我提出一种历史编纂学策略，它植根于马克思的物化理论，且与布尔迪厄和福柯的理论有近似之处。

1. 受道德心理学控制的社会历史学家

　　福曼的著作在开篇几页已经表明，智识论科学史必将受到社会史的一次致命重创（Forman，1971）。此后，类似以色列物理哲学家马克斯·雅默这样的智识论者，仅仅通过指出自19世纪70年代以来欧洲接受非决定论思想这件事，对20世纪20年代量子非决定论的接受情况做出"说明"，福曼认为这种"说明"完全是反历史的，因为它们既未说明（i）为什么此前早些时候的物理学家没有接受这些思想，又未说明（ii）当物理学家最终接受这些思想时，他们为什么恰巧就要接受这些思想。雅默一派似乎认为，史学家只需表明，非决定性论题对于阐明现有证据与理论是合理的，就完成了对所研究问题的说明。但是，正如福曼指出，雅默一派的做法几乎无法说明：为什么接受的是非决定性理论，而不是同样合理的其他同类理论。进而言之，智识论者可能的罪过在于，他以清晰的理论作为替代物，认为做出理论决断必须优先于一切既存事实，进而将清晰的理论过度强加于这个判断之上。这当然可以说明：为什么福曼和其他社会史家有一种典型的做法，他们忽视或低估智识论者常说的——对那些替代性"理论"进行"检验"——这类"证据"；回望历史，因为只有当某一方的"理论"历经"证据"的"检验"而存活下来，社会史家才会认为这类很少引用的证据具有清晰的意义。简言之，福曼严肃地对待这种可能性：只有"外部"社会压力的出现，才会迫使科学家认同明确的特定理论，进而通过这些理论可能做出一些社会需要的选择。

确实，提出福曼论题的这篇论文所奉行的道德准则可能是：如果史学家坚持典型的智识论策略，那么，他们将始终无法说明：为什么科学家曾经感到有必要停止争论，并且同意追随一种特定的理论前行。毕竟，哲学家从事的是理性探究，他们似乎不会对共识有过多褒奖。不过另一方面，哲学家无须顾及那类源于物质与社会的因素，科学家的探究事业却离不开这些因素。将这个思路向极端延伸（但无法在此展开论述），一种情况就是：科学家的理性不在于他如何选择理论，而在于他如何把握选择理论的时机，为了在观念上将这种可能性最大化——即他在那个时机选定的任何理论，将在硕果累累的方向上使他的研究长盛不衰（源于真正科学实践的例证，参见 Knorr-Cetina, 1982）。相较之下，智识论史家及其哲学上的支持者只是预设：理论选择的时刻，是通过理性选择做出的，他们唯一的问题是——在那个时刻是否出于正确的原因，选择了正确的理论。不过，在将福曼论题付诸实践的过程中，稍有遗漏的是——未能将一种规范性科学社会学具有的经验基础的潜能保留下来。然而，这个失败不独属于福曼，它预示的深层问题是：在关于案例研究意义的问题上，智识论科学史、社会论科学史作为对立双方，是如何各执己见的。

福曼论题以及用来支持该论题所搜集的证据，具有全面彻底引发争论的特性，在此意义上，我们来看福曼所做的如下评论：

> 旧量子理论发生危机的可能性，有赖于物理学家自身对危机的渴求，源于他们加入且积极适应着魏玛共和国的智识氛围。为支持这个一般性阐述，我描述并强调以下事实：物理学弃用因果性的计划，一方面，在1918年之后骤然迅猛发展；而且，另一方面，在得到新出现的、从根本上反因果性的量子力学"证明"之前，这个计划已在德国物理学家中间得到颇具实质性的追随。此外，我主张：科学的语境和内容不可避免地指向这个结论：在这场反因果性劝说的起源中，那些原子物理学中的实质性问题，扮演的只是一个从属角色；而最重要的因素是——强加在作为德国学术共同体成员的那些物理学家身上的社会—智识压力。（Forman, 1971, pp.62, 110）

首先需要注意，关于科学史在"内史"（智识史）与"外史"（社会史）之间的差异，福曼起初坚持已获普遍认可的观点，但更重要的是：他把内史范围完全限定在物理学中，并且把其他学科（特别是哲学）的当代争论和一般性智识文化降格交到划一且无差别的"社会—智识压力"的操控之下。这种在内史领域做出的特殊限定，证实了在为福曼论题进行辩护时，福曼对哲学文本（包括马赫与赖欣巴哈）可以做到极其自由地运用。这也使人们好奇地想知道：是否福曼仅仅是一位伪社会史家，因为很大程度上，他使用这种同类证据，并且认为同时期的智识史家也这么做。

然而，对于骤然兴起的非决定论言论，内史论者将其追溯到——它是在相对开放的质疑与批判空间中做出的当代论辩的功绩；有鉴于此，福曼将其追溯到——它是物理学家对于自己感受到当时的主流思潮，所必须做出的积极主动的适应。虽然福曼清晰地相信物理学家转向非决定论的真实性，同样清晰的是（至少对福曼来说），假如物理学家没有做出这个转向，那么，物理学的未来——作为一种实现了社会化组织的探究方式——可能会裹足不前。的确，唯有在这个问题上，福曼引入了智识史家通常不会考虑到的证据，它是魏玛共和国关于推行德国教育与科学研究领域优先发展计划的政策说明（Forman，1971，pp.19-29）。因此，只要考虑到证据的选择，福曼不过是一位伪社会史家，但即便如此，如果论及使用那种证据的目的类型，福曼似乎仍是一位真正的社会史家。

不过，若再进行更细致的考察，甚至要问：事实证明，这位真正的社会史家是真的吗？主张其他形式非决定论的物理学家群体，如何选择关于量子现象做出的特定解释？对于这个问题，表面上看，福曼论题关注社会因素在其中扮演的角色。然而，提出福曼论题的这篇论文的大部分篇幅（以及后来批判这些内容的思想来源），被用来制造更难理解的问题：其一，对于智识因素与社会因素在物理研究中发挥作用的差异，物理学家自身有着清晰的感受；其二，物理学家还相信，社会因素能够"天才地"解决心智起源问题。对于福曼论题的争论各方而言，这是一个难题，很大程度上因为它探及的不是科学社会学，而是透入科学家内心的心理学。

例如，福曼为如下事实提供了证据。1918年以后，许多物理学家骤然开始为某种形式的非决定论背书，他们甚至运用一些反因果性修辞，这种修辞受到斯宾格勒震聋发聩的著作《西方的没落》（Spengler，1918）的启发，这部著作在当时的大众文化中广泛传播；与此同时，福曼却未给下述情况提供证据：物理学家关于非决定论发表的言论，是有计划的针对大众言论的回应。如果福曼论题不曾建立在呈现这条证据链的基础上，那么，他未能提供证据的内容将不会令人感到惊异。因为正如布尔迪厄（1977）与福柯（1979）已经明察的那样，只有当语言为限制进入人们普遍感兴趣的对象领域服务时，语言应用才具有社会效应。因此，在非专业言说者眼中，多种深奥晦涩的专业语言——神学、医学、法律，以及精神病学——赋予其言说者一种权威性与合法性。相反，如果斯宾格勒式的语言惯用法在魏玛共和国诸多社会领域普遍流行，那么可以预期，物理学家也会逐渐运用这些语言惯用法——只是这件事不可能增加物理学家的可信度、合法性甚至是知名度。然而，根据布尔迪厄—福柯的方式，福曼也主张，物理学家——特别是索末菲——竭力强固其影响力的一种方式，就是声称：在斯宾格勒及其他深受大众欢迎的流行人物只能提供修辞的地方，他们能够为此提供说明（Forman，1971，p.103）。

对于智识史学家来说，如果不出意外，他们也将发现颇具说服力的斯宾格勒式语言惯用法，正如他们惯于严格对待一切语言现象一样。智识史学家认为这是一段短暂的"嘈杂"期，特别是专业知识被转译为大众文化中的流行语，这种现象更加有助于根据当时的理论知识与经验性知识，对这种专业知识的"认知内容"做出评价。关于福曼论题语言学证据的意义，随后我们来看一种另类评价，这种评价强调福曼论题的关键，在于魏玛共和国物理学的客观性，而非主观性。不过，现在进展至此，我们可以明白的是：通过魏玛共和国物理学家对语言的运用，力求推断出他们心之所想的种种意向，尽管说得再好，种种意向的结果也是难以确定的。然而，恰好就在这个心理学层面，关于福曼论题的争论一直持续至今，其中绝大部分争论围绕以下两个关键问题展开：

（a）如果当时的文化氛围不是特别有利于这样一种信念，物理学家还会积极认同量子非决定性吗？由斯宾格勒和其他流行的"生命哲学家"提出的观点，确实导致物理学家改变他们对非决定性的认识吗？

（b）如果不是为了自身利益，物理学家会支持量子非决定性吗？换言之，他们是否忠诚于自己为适应当时文化氛围所做的努力？

的确，出现在福曼论题反对方与支持方观点阐释中的关键词，同样也出现在提出福曼论题的那篇文章之首尾由福曼本人所做的注解中。反对方与支持方都欢迎关于福曼论题可能的批评，通过这些批评，来看福曼的证据——多数是物理学家的公开演说，还有一些通信以及从当时著作的前言中节选的内容——是否允许对相关物理学家的心理状态做出某种推断。因此，福曼有时认为自己的论题是要努力表明：（a）提出的问题必将得到肯定的回答。反过来，对福曼论题的主要批评在历史学家中间——例如约翰·亨利努力表明（Hendry，1980）：除却物理学家对当时文化氛围的敏感性，他们真诚地认为——"生命哲学的"思考与科学争论无关。还有来自爱丁堡学派科学知识社会学家的置喙，巴恩斯（Barnes，1974，p.111）与布鲁尔（1982）用福曼命题暗示：与普通人一样，科学家将会公开支持最符合他们自身利益的信念。因此，关于量子非决定论社会起源的争论深度迅速蒸发，关注焦点进而转向关于魏玛共和国时期物理学家道德心理学的一场辩论。

在认识福曼论题及其时代这个问题上，具有强智识论倾向的科学哲学家安德鲁·卢格（Andrew Lugg）做出了最同情的理解，他在研究中生动描述了历史学家和爱丁堡学派对福曼论题的批评。卢格既未否定"社会因素"在科学信念因果性中扮演的任何角色，也未将社会因素降低到未经验证的信念所具有的因果性层面，相反，卢格区分出两种意义，在此之上可能"引发"科学信念。在评价福曼论题时，卢格（1984）让我们分清这两种情况：其一，对魏玛共和国时期物理学家相信量子非决定论起决定作用的因素（与量子决定论或其他理论上的可能性相反）；其二，这些物理学家相信量子非决定论，是什么特殊际遇或偶然因素使他们拥有了这一信念（不在此时之前，也不在此时之后）。卢格主张，福曼论题仅仅适用于特定"偶然化"意义上的因果关系，这个论断与福曼关于自己为什么从事魏玛共和国时期物理学研究发表的评论相一致。这个问题一旦被揭示出来，我们就能对它的价值做出评估，仍以卢格为例，他认为福曼论题不同于智识史家的关注重点——他们通常力求揭示在做出一种理论选择时，起决定作用的理论性与经验性理由。

但是，卢格进一步认为，福曼论题不属于这位历史学家的观念差异，而属于这位历史代理人的心理学差异。他认为，社会压力可能会迫使科学家选择某种特定理论，而那些压力实际不在选择这个理论的原因范围内。因此可以认为，福曼论题表明，"当物理学家对当时提倡的反机械论与反决定论具备了自觉的认识,那么,对于把非决定论一以贯之地引入物理学中的可能性,他们则会具有更全面的领悟"(Lugg 1984,p.187)。正如我表明的,福曼论题做出的论断,显然事关魏玛共和国时期物理学家的精神状态。那么,它确实说了些什么?我们来看三种可能的解释,分别包含三种不同的对于物理学家的道德评价:

(c)科学家在对量子力学的本质做出判断时,社会环境对他们具有一种无意识的压力作用,出于方法上妥当安全的考虑,这种压力行之有效。因此,科学家看上去本应是一位反道德的(amoral)决断者。

(d)科学家完全知晓来自社会环境的压力,尽管不允许这种压力进入他们关于理论选择的审慎思考中。因此,科学家看上去本应是一位讲道德的(moral)决断者。

(e)科学家完全认识到,社会环境正在对他们如何为一个重大问题做决断施加压力,不过,科学家还认识到,把这个事实公诸于众,可以促进他们的思考,但这也降低了科学家的可信度。因此,科学家看上去已成为一位不道德的(immoral)决断者。

不可能的是,类似卢格这样的内史论者会乐意承认,(c)是对他们论断的注释,因为它把科学家描述为在虚假意识下奋力劳作,科学家为自己所做理论选择给出的"好理由",变成了只是一种自我欺骗的方式,附带呈现出他们所做所为真实的社会起因。因此,如果承认(c),就很难像通常那样,把"理性"当作科学家的特性,因为(c)呈现的科学家没有做出一个真正自由不羁的选择。

相比之下,(d)基于智识史家的立场,呈现了一种理想化的理性科学家。然而,这个观点预设:在科学信念的因果性问题上,同样在社会因素的不适用性问题上——无论这些因素多么具有说服力,史学家对智识因素与社会因素所做的区别,科学家本人对此都了如指掌。即便承认了这个辉格式预设,我们还能看到惊人的巧合:量子非决定性得到承认,恰好就在当时的社会压力似乎已经发展到最强大的时刻,因为(d)本应预料到:无论科学家有着怎样的深思熟虑,这个事实都不在他们深思熟虑的范围内。

最后,(e)使科学家致力于欧文·戈夫曼所谓的"印象管理"工作(Goffman, 1959),它所凭借的,就是把科学家的理论选择描述为有计划地对目标受众产生一种特定的影响,而无论这种做法是否体现科学家的真信念。因此,为巩固科学家标志性的社会地位,他们希望在外人眼中,科学家只对当时的物理学特点做出详细解释,而那些特点与当时的文化环境相吻合,同时可能被理解为——将与当时文化环境相冲突的怀疑或难题按下不表。所有这些举措都是深思熟虑的结果。但是,由于这些举措又都是通过操纵物理学话语而付诸实践的,因此,这个谎言很难被捕获。

巴恩斯为了尽力拯救(e),把科学家的形象搞得令人生厌(Barns, 1982)。他主张,无论如何,理论总是无法由证据充分决定的,因此我们从来不能理性地说出这样的话:一位科学家以充分全面的知识阐明了某个理论,因此另一位科学家"实际上"得到了更充分的证据支持。不幸的是,在(d)情形下,我们又一次面临惊人的巧合:非充分决定论问题碰巧会在何时、以何种方式得到解决。毕竟,如果理论选择的确是非充分决定性的,一旦最终选定了一个理论,何不将这一事实公开化,并且因此允许相关争论得以继续?这种开放性显然符合波普尔关于智识完整性的标准。但是,正如实际情况那样,通过科学家的密切合作,他们似乎表明,选择是唯一可能通过理性方式做出的。这样,我们可以明白:将科学的智识特性与社会历史特性整合为一体的努力,卢格对此进行了敏锐的探索，这种探索对于智识史学家而言，就是使他们关于科学家的观点在心理上更加可信；对于社会史家而言，就是使他们关于科学家的观点在道德上更具吸引力。

2. 走向认知社会学与客观性问题

不过终究看来，福曼论题被解释为事关一批物理学家的精神状态，即便这个问题如此解决对社会史家有利，但是，对于通常由科学哲学家提出、用智识史学家提供的证据进行辩护的那类论断，它几乎毫无影响。在最好的情况下，福曼本应确立这一规则——社会因果性应在主观层面发挥作用，就是说，特定科学家接受特定信念以满足他们的特定利益。这个论断的意义可能极易遭到下述观点的破坏，即认为：这个论断无法解释包括我们自己在内的后来的科学家，如何在魏玛共和国环境之外，成功延续一种对于非决定性的信念。事实表明，这些后来的科学家在迥异环境下受到迥异于从前的利益驱动，其中存在一种"超社会"因素，就是说，这类因素必须成为证明量子非决定性具有正确效力的基础。的确，内史论者甚至可能更进一步主张：最初接受量子非决定性的事实证明：由社会因素决定的程度越高，依据社会因素对后续接受该理论的情况做出解释的可能性就越低。若是有人仍继续坚持一种社会解释，那么，这个人将肩负如何使量子非决定性为如此多样的利益效力的重任。对此，内史论者也许会表明，一个理论只有"真正合理有效"，才能运用它为任何社会利益效力。如果内史论者的主张确实成立，那么，在使量子非决定性合法化的问题上，社会利益不会扮演任何角色。毋庸讳言，这个反应会将科学社会史中的认知含义，还原为纯粹的附带现象或偶发现象（epiphenimena）。为方便下文引用，我们把这个论点称作科学社会学的强反对派(Strong Objection to the Sociology of Science,SOSS)。迄今为止,尽管这个论点在文献中一直被轻描淡写[劳丹是个例外(1984a)],它却是一种形式最不折不扣的怀疑论,在智识史学家看来,社会史家可能符合这个标准。

为了对哲学家及其内史论捍卫者发起严肃的挑战,必须认为福曼在尽力表明,科学家自身对客观性的理解是由社会造就的。换言之,怀着对巴恩斯与布鲁尔的全心敬重,需要证明的不是这个问题:量子层面的决定论是足够开放的,它基于来自理论与经验支持的客观性立场,允许科学家出于多种社会利益的考量,为支持非决定论投下决定性的一票。相反,客观性立场本身,包括科学家的理智具有的超社会基因,都必须解释为是社会实践的产物。显然,相关社会实践必须具备一种特别的属性,即它们掩藏起自身的社会本质,例如投身这些社会实践的个人受到引导,认为他们同一种超社会实在具有直接联系——或者至少认为,这种社会实在对于社会媒介的依赖所需甚微。一旦辨明了这些社会实践,它们应当也有能力说明以下问题:科学社会学的强反对派观点具有一种本能的力量,它反对仅仅依据社会学标准对科学客观性做出解释,即它反对这种可能性。这确实是一个复杂微妙、不易实现的高标准,但是,我们可以提出一种符合这种高标准的总体策略。

首先,关于客观性的现象学研究,有几个问题必须说明。在什么情况下,一个人经历的某件事会超出他的自觉意识所能控制的范围?这是康德之后德国唯心主义者面临的问题,他们认识到,自己必须说明的问题,不仅关于心灵如何产生实在,而且还要说明——那个实在作为不是由心灵产生的内容如何呈现于心。简言之,就是如何说明外部实在的"外部性"?为了回答这个问题,一般的唯心主义策略——尤其在费希特与黑格尔手中,一直是将心灵决定世界的程度与心灵决定其自身的程度区别开来。相较于第一种类型的"决定论",这种做法是完整的(并且因此成为形而上学的基础),第二种类型的"决定论"则是不完整的,它暗示出心灵无法预测或控制其自身的所有活动。那部分无法受控的心灵——它排斥自身意志与智力所及的努力——就是这个问题的形而上学基础,不足为奇,这个形而上学基础的主要现象学属性就是"惰性"。那么,心灵无法控制的,不是某种作为独立实体的世界,而是从属于心灵自身的思想,反之,这些思想构成一个看似独立的世界。因此,如果心灵能够完美地控制其自身活动的过程,那么,甚至在心灵与外在于心灵的实在之间,不会有一种显而易见的差异。其实,当费希特与黑格尔把人类历史说成是一种"不断进步的理性的自我实现"时,他们心中的目标就是人有能力自由选择自身行为的理由,因为人们知道他的后续行为将如何受到每个可供选择条件的约束。

关于客观性的现象学研究,一直在科学哲学领域进行着,尽管它远非该领域的中心议题,奎因与波普尔却引领这项研究。这个主题包括对以下两种信念进行整合:一种信念认为,科学家可以探及某种终极实在;另一种信念认为,在选择一种理论时,科学家实质上可以进行自由操控;无论如何,整合这两种信念的过程,是科学家进入那个终极实在的唯一机会。作为一个深层形而上学问题,这个问题的答案其实一直十分简明:奎因认为,科学家感受到材料的"反抗性",因此激励着科学家不断修正他的理论(Quine,1960);波普尔则诉诸"证伪性"作为个人经历的一种原始事实(Popper,1963),这种做法让我们想到萨缪尔·约翰逊"驳斥"贝克莱唯心主义的方式,就像踢一块石头那样,选择要害集中攻击。此外,后波普尔主义者,例如库恩、拉卡托斯以及布鲁尔(1960),观点始终晦暗不明,他们关于科学地对待反常结果所言甚多,而对于反常性（anomalousness）现象本身几乎未置一词。在布鲁尔的案例中，他追随人类学家玛丽·道格拉斯的文化分类法，以不同文化对待反常现象的方式作为依据，将反常性问题描述得栩栩如生。布鲁尔（1983，ch.7）已令人信服地表明，反常性总是为满足某种特定文化之需而被"社会建构的"，他也解释了这个问题原因，即社会为什么首先把自己视为已经"主动适应"了一种反常的环境。尽管如此，仍需注意的是，科学哲学家表明，可以作为客观判据的现象——反常性——只是德国唯心主义者最初确定问题的另一种表达方式，当某人亲历自己的意向与/或期待（在此指科学预测）遭遇挫败，他会感到失去了对世界的认知控制，这种感受转而制约这个人接下来的意向与期待。

现在转向科学社会史家及其在哲学上的支持者，我们提出一个类似的问题——只是这里的"心灵"在本质上变成集体的，而非个体的。我们提出的总体策略[部分借用了黑格尔的思想（参见 Schneide，1971）]，包括对这一事实的考虑：不仅一个人通常无法预测他的意向付诸行动可能造成的所有后果，而且这种个人的能力不济和与它同时的许多个人的行动合成一体，经过一段时间后，还有另外一些个人的行动从最初的个人努力中汲取了营养。注意，我未否认每个人的利益都指向其行动源起的地方。的确，我承认用这种方式来看待个人，就有可能理解个人自觉支配的一系列可能行动。然而，尽管韦伯认为这种方式几乎未能洞察：为什么个体认为自身行动的可能性被限定在特定范围内并且概莫能外，为什么这些个体把在那个特定范围之外的东西仅仅视为幻想。不过，只有提出这种类型的问题，我们才可能有资格问津这些个体亲历的特性，人们认为这些特性具有客观性，因而对于将它们付诸行动的可能性具有约束作用。这样一来，我们就可以探寻这种个体亲历源起的社会成因。作为探寻的起点，我们先看以下两种关于社会行动的"铁的事实"：

（f）尽管每位研究者都必须从事一项规定的实践，并以此作为实现自身目标的一种手段，但是这个目标实际产生的影响，将在很大程度上取决于：这位研究者的行动（即他运用的手段）如何被其他人所接受，他需要（至少是隐性地）凭借其他人的合作，才能确保自己目标的成功实现。反之，他们的合作取决于：每位研究者的行动是否展示出他恰如其分可堪此任的资格。针对个体的初始目标而言，这个资格本身极具从属性与偶然性。

（g）尽管每位研究者从事的实践是实现自身目标的一个手段，但是，他几乎无法准确量度自身行动可能产生的全方位影响。他的行动具有长期性，很大程度上因为这个行动留下一些物质遗存，它们成为可供其他研究者使用的内容，而其他研究者可能从事的目标，包含着颠覆初始研究者目标结果的成分。

可以说，一切社会实践——特别是基于一种历史视角来看——都呈现出上述两种特质。论及这两种特质，对于我们这项研究仍颇具启发性，因为明确了这两种特质，就很难再继续把研究者仅仅视为这样一种历史代理人——他们可以自由地使用自认为合适的社会资源。正如我们在前面所见，这种观念就是关于科学做出的标准型智识解释与社会历史解释的成因所在。一方面，智识史学家批判性地（负面地）运用唯意志论前提作为一种手段，用它表明科学家具备抵制文化环境诱惑的意志力；反之，科学家还能投身康德式自我立法的系统性评价的伟业中。另一方面，社会史家正面积极地运用这个前提，把科学家描述为通常的道德结果论者，他们或是功利主义者，或是马基雅维利式权谋政客，科学家以自身优势最大化为指针，将科学游戏进行到底。在多数历史叙事中，尽管形式上隐而不彰，科学家却通常被赋予象征自由的特点，基于此，科学家行为中的隐形伦理评价极易受到质疑。

鉴于这些论述，近来在劳丹（1981）与布鲁尔（1984）之间，针对科学史书写需要一种"非理性假设"问题展开争论。可以认为，这个争论确实关注到了基于韦伯（1954）综合行动导向意义上的"理性"。在争论的对方看来，劳丹坚持认为，应根据纯粹价值理性（wertrational）对科学行动做出说明——即坚定遵循科学方法的绝对主宰地位——只要尚未表明科学家已得出有失典范性的结论。在这种情况下，目的理性（zweckrational）的考量开始在对科学行动的说明中扮演角色，只要科学行动促进了某种超科学的利益，那么，"非理性"的科学家就被视为遵循了科学方法，而非遵循这种科学方法本身所蕴含的目的。就布鲁尔而言，他随后似乎又提出主张，认为在理论上，真实的科学实践与其他形式以目的理性为指归的行动并无不同，现代西方社会就是这类行动的典型特征。

一旦通过韦伯这个视野观察最近关于理性的争论，我们就能清晰地看到，出于这样或那样潜在的道德心理诉求，无论劳丹还是布鲁尔，都未能让我们更进一步理解科学客观性的特质。我认为其中的原因在于：这两位另类科学历史编纂学的哲学辩护者，唯独聚焦科学活动的主观特质——特别是对于科学家在处理问题时存在多种行动的可能性，科学家对此有自己的理解，他们根据这些可能的行动是否符合理性行动的最优偏好模型，最终做出选择。

乍看起来，这个标准似乎不适用于劳丹与内史论者，毕竟他们反对福曼，并且当之无愧地向福曼发起客观主义者的首轮攻击。不过，对于客观主义者的攻击，我们必须分门别类厘清其中正反两方面的观点。正方观点认为，量子力学"确实行之有效"，因为它是（且继续是）基于稳妥安全方法的实践产物；反方观点认为，尽管一位物理学家特殊的社会利益在逻辑上独立于正方观点，但是量子力学"确实行之有效"与这个判断无关；正如费耶阿本德、哈金和其他坚持"反对方法"取向的实在论者频繁指出，如果反方观点可能恰好是正确的，那么，正方观点——如果对照真正的科学家实践进行过检验——则可能是错误的。不过，事后诸葛亮认为，关于方法论的断言构成内史论的核心议题。由此看来，持内史论主张的科学史家，可能运用科学社会学强反对派的观点来反对社会史家，否则他们同样可以用这种观点进行自我批判。

相比之下，(f)与(g)表明在社会条件下讨论科学家的方式，它却未能给科学家注入一种自由意识，对于认识科学家行动的客观性特质而言，这种做法起到了模糊而非澄清的作用。借用布尔迪厄的象征资本循环理论（1981），针对从事社会实践的个体，我们可以提出以下双重特征。一方面，有一些个体实践的特点，是对先于自己的早期个体实践进行的重装。我们认为，这种特点参与到文化的"活历史"当中，个体在其中扮演了传统载体的角色。因此，受众将科学家的"可堪其任"归功于(f)描述的个体——这为他赢得与其他科学家合作共事的机会，可堪其任的基础，是他有足够多的实践可以被视作是传统的。由此体现的可堪其任，构成个体对某种文化再生产做出的贡献。另一方面，还有一些个体实践的特点及其结出的有形成果，当他们的后继者投身自己的目标进行探索时，这些后续者将会亲自处理前人留下的有形成果。因此，可以认为，科学家个体的特定行动，具有拓展、限制、或只是延续实践——特定行动就是实践的例证——的功效。可以认为，(g)强调的特点构成发生在特定时期、某种文化环境中的行动所具有的"客观历史的可能性"（Weber, 1964）。因此，我们可能会说，此处的个体正在为特定文化环境中可进行再生产的内容做出贡献。

在一个社会中，强行再生产出来的内容与事物本身可以进行再生产的内容之间，可能存在颇多重合之处，但是对历史变化感兴趣的学生来说，他们更多关注二者之间常见的微妙差异。对此，布尔迪厄以脱帽为例来说明逐渐程式化的现象：中世纪的脱帽习惯，用来表明脱帽者平和友善的内心，时至现代，脱帽习惯已成为一个重要礼节。对于这些实践中常见的小变化——有时却是大改变，在内史论者与社会史学家中间存在一种倾向，他们习惯以自身偏好为基准，对这些变化施以自由裁量。然而，在布尔迪厄思想的启发下，我们对（f）与（g）的差异做出区分，目的就是要消解内史论与社会史家的这种倾向。个体知晓他主动掌握着可付诸行动的一系列可能方式——通常的必要条件是赋予该个体自由意志（Dennett，1984，p.36），我们认为，这是由其他人的行动（或潜在行动）造成的一种结果（effect），而非促成该个体自身付诸行动的那个起因（cause）。因此，我们现在建议进行一种历史视野的转向，该转向相当于反转了一张图像的前景和背景，它重点关注行动者被迫做出选择的这个事实。

3. 几种暗示——改写福曼论题

我们可以把布尔迪厄的这些思考，通过以下方式，应用到对当前情况的解析中。我们没有认为魏玛时期的科学家是基于一套看似自生的可能性，而做出一种不受约束的选择；相反，我们建议这样看待魏玛时期的科学家：他们在一种充满可能性的空间中纵横捭阖，这个空间受到两种合力的约束：一种力量源于先前科学家的行动所无法预期的结果（可进行再生产的）；另一种力量源于科学家本人不完美的期待，即同时代的人如何看待自己的成果（成型的再生产出来的成果）。基于这个视角，可以对下述问题做出双重解释，即20世纪20年代的德国物理学家，在量子力学非决定论解释问题上，为什么感到自己对它的认同是被迫做出的。一方面，在把科学决定论与第一次世界大战期间的德国奋斗结为同盟的问题上，一旦事实最终证明德国战败，可以证明德国物理学家当初未能预料到，他们的话语可能适合被用来反对下一代物理学家。另一方面，作为这种决定论话语的接受者，对于这个注定命运多舛的历史联系，20年代的德国物理学家未能掌控它的后果（即他们无法为"决定论"界定一种纯粹的科学意义，使决定论可以与先前德国在大战中的奋斗脱尽一切干系）；这主要是因为：对于科学家的话语如何被公众意见的操盘手——如斯宾格勒——所利用，科学家已不再具有可掌控这种科学话语的权威性，而源于公众意见操盘手的信息是专门用来反科学的。简言之，科学决定论话语一旦被引入第一次世界大战期间的公共空间，那里就成为它的驻留地，并且因此对下一代物理学家构成障碍。

然而，在这个问题上，我们只是提出一种策略，即针对被个体视为他们所处社会环境的客观性特点，我们研究这个特点背后的成因。为了研究这些客观性特点——这里个体的出身最有可能被认为是非社会的，现在我们需要提出进一步的研究策略。布尔迪厄的社会再生产分析理论，针对认识社会结构体系的维持与改变提出许多洞见，其中包括对社会个体而言，社会结构体系如何获得了持久性与外部性的特质，而在某个特定时期，个体行动又可以对这些社会结构体系进行再生产。相较之下，布尔迪厄有失洞察的问题是：在社会个体看来，为什么有些社会结构体系在起源上不具有社会性。正如我们已经指出，这个问题是理解认知制度化体系（cognitive institutions）似乎具有的独特客观性——例如现代自然科学——的关键所在。

19世纪一种广为流行的信念认为，资本主义自由市场是"自然"经济法则，当封建主义与重商主义具有的社会欺诈体系被消灭后，这种自然经济法则就会来临。在这个问题上，马克思当年所面对的，恰好就是我们现在讨论的问题。在马克思的物化（reification）理论中，给出这个问题的答案——具体而言，就是古典政治经济学家，通过或真正无意地忘记历史，或故意选择遗忘历史，把当时勉强仅有百岁之龄的欧洲经济学，作为构成人类永恒本质的基本要素，并且将它表达出来，只有这些政治经济学家才能"发现"这些规律（Thompson，1984，p.131）。尽管有些马克思主义者用阴谋论口吻描述这个现象的由来，但是，认识物化现象的最佳方式，可能还是将其视为一个社会如何汲取自身过往历史的一种不可或缺的特征。一部完美的编年史，只要它在经济上是不切实际的，那么，通常将会在历史记载中出现一种鸿沟，这就允许在社会实践中出现一种长期连续性主张——尽管事实上，这种重要却未载入史册的变化已经且正在发生着。

如今，只有像哈耶克这样的新古典经济学理论家，才会针对资本主义具有的跨社会性质的客观性的具体性质，继续保持与马克思的争论（Hayek，1985）。相较之下，当关于自然科学的解释——作为物化的产物——日趋争论匮乏时，显然，我们已经与理论生长的根本——论辩争议——渐行渐远。但是，这并不意味着这个观点实际已经引发了诸多争论。相反，我们发现，相对未曾引发争论的一般性科学主张，例如关于特定科学信念或理论的起源问题，"未曾引发论争"的事实毫不影响该理论的实际效力。的确，这个观点已经得到科学史家和科学哲学家的一致认同，他们设法尊重介于这两门学科之间的边界，反之，这种做法导致的结果，就是导致史学家没

第三部分 知识的社会组织问题 385

有勇气对科学实践的再生产模式进行研究。毕竟，如果某个特定科学理论是有效的——科学社会学强反对派的推理同样有效——那么，在不同历史时期对于该理论不断重复的检验，应当根本不会产生任何认知趣味。因此，当波兰尼（1957）与库恩（1970a）对科学专长从大师向学徒传授的问题做出经典解释时，他们尚未亲历——根据被传播专长的特质，针对科学理论传播过程的长期影响，进行的布尔迪厄式研究——也就是历经几代科学家而形成的影响。即便在介绍性的教科书层面，在教科书一版再版的长期过程中，尽管固定的命题与公式有可能保持不变，但是它们预期的应用条件与验证条件可能已发生了潜在变化。

然而，这些未解决的论题有待未来的历史学家进行研究。现有研究状况表明，我们没有确凿的证据，可以为科学社会学强反对派的清晰易晓性提供一种经验性前提。就是说，例如魏玛共和国物理学家接受的量子非决定性理论，在某些相关方面，与当今大多数物理学家拥护的量子非决定性是同一个理论。当然，"相关方面"是一个重要的资质条件，因为过去六十年间，无论在理论方面，还是实验方面，量子力学的特性都经历了重大变化。然而，科学社会学的强反对派预设了某些特定的总体原则——例如量子现象的非决定性，但迄今为止，对于那个特殊时期的历史依然尘封未动，以至于类似玻尔与海森堡这样的开创性人物都会认为：今天的量子力学就是他们创始的量子力学理论的一个修正版，它们不是在某些方面发生了实质性改变的理论，因为实质改变的量子力学理论与创始时的自己仅存相似的表象。

可以再次看到，针对科学社会学强反对派关于理论的身份认同（theory-identity）问题所做的预设，科学哲学家应力求对其进行检验，但是迄今为止，科学哲学家的作为于事无补。无疑，其中一个原因在于，由同一组证据支持的两种相反理论的认知差异（如奎因的非充分决定论题、休谟与古德曼的归纳问题），仍是科学哲学家继续关注的重点；他们却很少关注两组迥异证据之间的认知差异，这类证据用来支持同一理论的两个迥异版本，即一种理论在历史上经过的不同阶段（Fuller，1984；语言哲学领域有些探索性的文章抓住了后一个关注，参见 Barwise & Perry，1983，并且把这个问题归结为语言的"有效性"）。鉴于科学哲学家的第一个关注与 20 世纪 20 年代物理学家面临的问题有关，即那时物理学家对量子现象的决定论解释与非决定论解释进行了比较；第二个关注更贴近物理史家的趣味，他们想针对最初量子力学理论中的数据关系，与今天以"量子力学"之名传播的更复杂版本的量子力学理论进行比较。此外，关于这个重大问题的讨论，尽管存在被忽略的情况，不过，科学社会学强反对派的哲学辩护者只是假设，另类情况与主流状态是平等的，通过大量语言上的构造以及变化多端的实验数据，可能有助于保持一个理论的身份认同。如果我们现在对其他任何一种社会建制进行研究，可能都不会清晰地做出这个预设。

  福柯的知识考古学进路表明，有一种对我们自发意志的解释，它假设源于科学与其他智力实践的产物具有一种超社会的客观性，最关键的是，这些产物具有语言学特性（Foucault，1975）。考虑到这些智力产物具有语言人造物的相对非物质性和多样性，它们的再生产模式（或"传播"），不能被轻易彻底地溯及一种可跨越任何巨大时间长度、适合一切社会整体的模式。因此，史学家必须想方设法对以下情形进行定位：或针对一个特定语词或表达方式的清晰准确的起源，或针对它们在用法上发生变化的确切时间（即该语词或表达方式被强行再生产的特征与它们本身可再生特征之间存在的差异）。这种做法卓有成效的结果，是为各式各样的柏拉图式实体增添了可信度，而柏拉图式实体是内史论者的惯用手法：理念、观念、意义——一切实质上反历史的实体，凭借进入历史中走一遭，就有可能具备了某些语言含义。因此，在大多数智识史学家看来，寻求理念的"绝对"起源无异于幼稚之举，主要原因在于：针对一个语词或表达方式所宣称的任何"初始"用法，可能都未能揭示其历史前身。尽管如此，不足为奇的是，福柯从基础上对这种态度做出了批判，认为它极易使这个观点普遍化——即认为一个语词或表达方式的认知内容的存在，与它的起源是否已经被发现无关。这个普遍化的认识一旦成为合法的存在，那么，哲学家和持智识论倾向的内史学家就会大胆宣称，例如认为西方文化迄今以来始终面临着"人的问题"，尽管事实是：要等到1795年康德创造出"人类学"这个术语，人类学才开始专门从事"人的问题"研究。也许在更小范围内，对于过去一个世纪或更久以来，关于"量子问题"恒常性及其非定域性的解决方案，上述说法同样适用。

我们可以看到，福柯的知识考古学策略为马克思的物化理论提供了一个彼此对应的补充实例，只有历史行迹颇难捉摸的社会实践，也正是因此之故，它们更容易被认为是反历史的。例如，魏玛共和国时期的物理学家认为，他们正在为解决普朗克提出的黑体辐射问题做贡献，或正在为取代玻尔的原子轨道模型做贡献，我们能够对他们为此怀有的信心做出解释。乍看起来，这个信心似乎不过是投身这项研究的物理学家未经反思的常识之见的一部分，然而关键在于，必须真正理解物理学家赋予其研究的客观性意义。通过更细致的考察，我们可以将物理学家的信心解释为——这是他们的各种衍生性实践具有的被创造出来的特征，是与研究自身具备的可再生特征之间存在表面相似性的产物。简言之，我们需要对魏玛共和国时期物理学家的阅读模式与书写模式进行比较，在他们的阅读材料中，是否出现过一些未被发现却很重要的变化？这种变化可以在他们自己的研究文本中进行再加工，这样做会使他们认为自己正在处理同样的老问题，而事实上，他们已经潜移默化地对这些老问题做出了改变。这些误读包括将其他文本资料——例如斯宾格勒的名著《西方的没落》（运用了福曼研究中的首要候选对象），它们是当时可及而非更早期的资料——整合为自己的研究文本吗？

然而，也许可以提出质疑的最有趣的问题，还是关于科学话语的再生产模式，这个问题是：语言表达之间具有的表面相似性，是否可能重蹈我们现在诊断出的（辉格式或与它相反的立场）那种"观念混乱"的覆辙。这种研究范式，就是哈金对新兴的"可信度"（credibility）与"发生率"（frequency）标准做出的解释（Hacking, 1975b），认为这种解释就是通过一种竞争性方式，对可能性概念的特性做出概括。对于可能性这个令人费解的概念，哈金的主要证据是认为可替代现行理论的另类理论具有不可通约的特性：在可信度方面，可能性具有投下赌注的倾向；而在发生率方面，可能性具有在理想状态下做事的偏好。这里我们的用意是，在哈金意义上出现的概念混乱的最佳例证，就是魏玛共和国时期物理学家与知识界的普通公众，未能对以下两种情况做出明确区分：一是（通过测量）"决定"一个量子的动量与运动位置的可能性，二是对于这类粒子在任何特定时刻的动量与运动位置，存在（因果性）"决定"它们的法则的可能性。（我们应当注意，尽管福曼提供了几乎所有必需的证据，用来表明关于量子定域性的争论属于后面讨论的那类概念混乱，但在多数时候，他本人并未留意这个问题。这个观点的最初来源参见 Kockelmans, 1968, part.2）

福曼对量子定域性争论问题的说明（Forman, 1971, pp.63-107），以19世纪最后四分之一的时间为开端。此时，新康德主义正在复苏，马赫式实证主义（Machian positivism）开始兴起，物理学家开始吸收诸如"不确定""非决定论"之类术语，康德早已介绍了此类术语，认为它们是用我们的概念体系谈论"未经确定的"实在时一种模棱两可的方式。马赫以严格的康德式认识论的方式，继续把这类术语理解为：除了我们对实在的结构漠然无视之外，它们未将任何性质赋予实在。马赫用康德的方式提出主张，科学必须预设实在具有一种因果性结构，即便没有办法可以表明这个预设为真。

然而，随着统计热力学的发展，不确定性观念很快流行起来，这种情况提醒美国逻辑学家皮尔士及其他学者，诸如统计热力学之类的实在可能具有不确定性，这类实在只能存在于可能性法则的意义上。一种源于法国、对于主流观点具有强可替代性的形而上学非决定论传统，可以支持皮尔士等人的主张。这个传统始于17世纪法国哲学家伽桑狄对古罗马哲学家卢克莱修的评论，与皮尔士同时期的法国经济学家查尔斯·古诺和迪尔凯姆在巴黎高师的哲学教师、反还原论者布特鲁延续了这一传统。这个法国传统能够一直延续下来，主要由于法国的一种哲学观点认为，世界是有序构成的，因为我们的心灵是十足的工具，心灵在面对多样性时，只对统一性保持敏锐的感知。形而上学中的非决定论者认为，即便我们的直接感受具有稳定性，产生它的原因则主要在于：对我们感受系统所生变化的低敏感性，这点远胜过感受系统已感受到的真正统一性。（想了解更多这个被忽视的传统，参见 Mandelbaum，1987，ch.4）

皮尔士接受了不少上述观点，随后他与首先由麦克斯韦妖假说表明的科学主张一起表达他的理论，认为：在一个封闭系统中，粒子的运动方式不可能被完全"确定"（特别是如果粒子足够微小的话），因为物理学家在测量过程中，必须对正在运动的粒子进行干扰。（量子物理学家随后把这些主张与玻尔的互补性原理联系起来。）需要注意的是，物理学家没有能力"确定"粒子的运动方式，与形而上学家的力不能及完全不同：物理学家的问题，在于他对可变因素造成了（严重的）干扰；相较之下，形而上学家的问题则在于更尖锐的认知缺失，这破坏了形而上学家在任何维度上对本质做出"确定"的努力。然而，时至20世纪20年代，这两种不同类型的争论已经联系在一起，非决定论借此成为一种超越量子现象水平的论题。

最后，在关于量子定域性争论的问题上，福曼与德国科学史家约翰·亨得利（John Hendry）做出了不同回应，二者的差异颇具启发性，成为进入他们科学哲学策略的一把钥匙。福曼运用库恩的方式，未加批判地表明物理学家对"决定论"混融笼统的用法；亨得利则循着拉卡托斯的进路，使物理学家对于两种意义的"定域性"，有了一种尽管常为含蓄、却是清晰的理解（Hendry，1980，p.316）。在我们看来，这两种方式皆未击中要害，因为两位科学哲学家把物理学家对待"决定论"的方式，更多表现为对他们各自科学哲学思想的一种反思与促进，而不是一种阻碍或约束。在福曼的研究中，他把重点完全放在这种文化资本上，即这些物理学家能够运用这种文化资本，制造出高度无差别的"非定域性"概念；亨得利似乎表明，这些物理学家对于"非定域性"有一种略有不同的细致理解，但是他们选择（无疑出于经济性的考虑）从不说出任何细致入微的差异。我们再次发现，科学史家强调科学实践的主观性特点远在客观性特点之上，尽管事实表明：这些物理学家亲自发现量子争论十分令人困惑，致使爱因斯坦对于量子力学的前景深感忧虑，然而爱因斯坦的同道将会终结这个困惑，并且使公众相信——电子具有自由意志（Forman，1971，p.110）。

附录二　违背意愿的改变
——对客观性的政策模拟

如果世界独立于我们的心中所想（意向），并且对我们的行为施加种种特定约束，那么，我们应当如何努力寻求知识呢？提出这个问题，旨在针对客观性进行一次政策模拟。谁来回答这个问题？显然，以政策为导向的社会科学家可能对此感兴趣，不太明确的是，那些具有哲学偏好者是否对此感兴趣。因此，为厘清这项政策模拟计划，我们首先需要表明，政策制定者与哲学家的关注点在旨趣上具有一致性——在这个案例中具体表现为：他们如何力求对一项人类学田野研究做出解释。

想象一下，如果对一个由知识采集者组成的社会进行人类学研究，可能是怎样的情况？田野研究者会注意到，在其他各种活动中，采集社会实践知识的方式，受到所处社会"环境"的约束，广义而言包括：政治与经济气候；知识采集者的认知力量与缺陷所在；生产、分配与运用知识的各种方式（同样包括在这个社会中历经时空变迁，这些方式自身被再生产与再分配的手段）；从过往传承至今的人际习俗与惯例，它们可能继续促进着知识采集工作，或者相反。同许多其他田野研究成果一样，以上列出的种种约束会使读者产生困惑——对于从一个社会中所采集知识的特性来说，究竟哪些约束具有决定性影响。其实，在人类学家看来，这种困惑感可能预示着其考察的彻底性与周密性。人类学家随后可能会指出，不同的约束只能与社会成员采集知识时具有的不同旨趣相匹配，反之，本地人为什么应当对采集知识感兴趣？对于这个问题的旨趣，必须与官方意识形态区别开来。这样一来，人类学家呈现给我们的，是对各种不同现象做出的一种敏感说明，这些说明与社会中的知识采集密切相关。然而，人类学家还亲自参与了一次针对客观性的政策模拟。

现在假设，我们向这位人类学家提出下面这个问题："对于你刚完成研究的这个社会的知识特性，你的田野研究如何被用来控制与改变它们？"我们可以想象，这个问题由一位与联合国教科文组织（UNESCO）相关的政策制定者提出，他的兴趣是将某种信念与实践引入这个地方社会，以此达到提升当地人生活水平的实效。然而，与此同时，这位政策制定者注意到，这些引入的外来信念与实践，必须对本土文化整体性的破坏做到最小化。同样，一位哲学家——社会认识论家——也可以提出这个问题，他的兴趣在于：衡量他所研究的社会与他自身所处的社会之间存在的观念差距。显然，衡量这个差距的一种方式，就是确定人们力求将某些信念与实践引入某个社会的手段。也许有些信念与实践很容易地就可以引入一个社会，因为该社会已有现成的方式可以详细表述或运用它们——不过也有相反的情况。例如，如果这个社会没有用来协调知识采集者各种发现的交流技术，那么，这个社会很难达成某种复杂的信念。以天气模型为例，只有当几个迥异的信息采集小组的研究成果可以整合为一体时，才可能得出一个地方的天气模型。接下来显而易见的是，能够将土著社会与我们区别开来的重要的"技术差距"，是语言本身精细微妙的物质载体，即各种可及的表征与论证方式。

鉴于对我们提出的问题中存在的各种微妙差异的理解，这位人类学家现在给出的答案是："在我所做的田野研究基础上，我可以告诉你们，该社会成员将认为哪种类型的断言与论证具有说服力，或至少还能说得过去。"现在，无论与联合国教科文组织相关的政策制定者，还是社会认识论家，在何种程度上，他们认为这些信息是有用的？答案将部分有赖于知识在那个社会中具有反身性（reflexive）的程度。在一个具有高水平反身性知识的社会，本地人检验他们的信念时，以这些信念也能对他们为什么持有这种信念做出最佳解释为依据。从我们的目标看来，"证明"（justification）是本地人认为这套理由对源于某人的信念或实践做出了恰当的说明；而"说明或解释"（explanation）是本地人认为一套理由中的知识，可能用来对本地人的信念或实践做出预测。因此，一个具有最高水平反身性知识的社会，其社会成员看不到"证明"与"说明或解释"之间存在的差异：对自我与他人做出解释的风俗习惯，同最佳社会科学理论做出的解释保持一致。我们说这种社会具有一种"反身性"，意在表明：该社会成员对于他们的认知实践具有高度的自觉意识，内部知情者（以证明为导向）与外来者（以说明或解释为导向）对于这些认识实践的观点差异，不再能够被清晰地辨识出来。

如果人类学家正在研究一个具有上述反身性意义的社会，那么，对政策制定者和哲学家来说，这位人类学家将是一个最佳信息源。但是，确实也存在与此相反的可能性，这只是因为：证明方式通常通过提供一种共同的理性标准（即对自身行为或他人行为给出原因的一种方法），来发挥稳定社会秩序的功能；而说明或解释的方式，与稳定社会秩序的目的无关，而且事实上，这种方式通过为某种类型的行为可能保持下来——特别是可能被抛弃——确定条件，为改变社会秩序铺垫了认识基础。例如，可以对一个社会的认识实践做出这样的安排,即只有经过证明有效的天文学理论,才包含一种认为地球是扁平的信念。然而,实际发生的情况是:一位本地人对于星球形状只有很粗浅的信念,而且通常可以立即声明这个信念是非理性的——或至少是反常于理性的。尽管如此,如果对这位离经叛道的本地人的信念做出解释,这种解释将会揭示出:他与他所在社会中的正常成员,对于同一现象本应有着迥异的理解——而且为什么事实上这位离经叛道者的理解可能是正确的,如果将此情况公之于众,这个事实具有使这个社会的知识基础失稳的潜力。

由人类学家研究的知识采集者,即便像我们揭示的那样不具有反身性,是否还存在其他条件,在这些条件下,对于当地检验信念的证明程序的细致理解,将会使政策制定者或哲学家受用?答案是肯定的。就是说,如果当地检验信念的证明程序趋向于引导当地人被动接受一位外来者认定为真(或理性)的信念(或一系列行动),那么,即便是对这些信念何以为真做出的最佳解释,也会完全消失在当地的证明程序之外。这种情况在政策制定者看来是求之不得的,他以此作为解决当地问题的一种理想状态,即无须破坏当地的文化自主性,就能使当地人的生活得到改善——对社会认识论家而言,则是如何解决这个问题:在将这种证明过程中发生的变化进行最小化的同时,如何使针对这些信念产生的变化做到最大化。

我们来看下面的例子。为建立一种高效的农业系统,当地人必须努力在比他们目前更为精细的土地勘定技术上下功夫。政策制定者心里明白,当地人还同样相信地球是扁平的,因此,改进当地人知识水平的最直接有效的方式——通过向他们介绍现代大地测量学——将对他们的许多信念构成挑战(历经岁月,这些信念承载着某些特定的文化价值),恰恰是那些信念被详加阐释的论证过程将受到攻击。当地人将对此危机做出反应,他们或对外来者抱以一致的不信任，或在彼此之间对于大地测量学的认识意义产生分歧。显然，这两种情况都无法保证能够促进一种高效农业系统的产生。然而，这也并非全无是处，因为政策制定者可以利用这个事实——尽管当地的土地勘定技术充满错误且效率低下，但是对当地人来说，这些技术依然行之有效。那么，政策制定者的任务就是重新阐释与大地测量学相关的洞见（当然不是完全的科学），以便说服当地人，使其相信这些洞见是对他们已经所知与所为的一种自然拓展。尽管在保持当地文化自主性的名义下，政策制定者正在对许多他认为是假的信念（例如地球是扁平的理论）进行强化，但是无论如何，他已经成功地使当地人的实践发生了实质性改变，这就有可能使一些未来（受过较好训练）的当地人反思：传统辩护程序现在是否可以通过充实与拓展，而认识到这个洞见——传统辩护程序正在变得日益"力不从心"、百无一用？

在这个问题上，对于人类学认为的政策制定者深藏不露的动机，人类学家可能会表示抗议：

> 与我自己的想法相反（而且我本应像你那样思考），你对我正在研究的社会的证明程序感兴趣，你的目的不是为当地人培养起好的信念，而是为了你能够操控他们。显然，你不在意当地的文化自主性是否得到了尊重。因为如果你那样做的话，你将不得不承认——当地人对于检验信念的证明程序之所以这样设计，就是为了将一套特定的信念与实践保持下来，从而使他们所在的社会保持稳定。的确，当地人对于清晰的西方测地学知识的拒斥，就是对自身文化自主性的彻底坚持，因为当地人真正地表明：他们宁愿滞于自身文化传统的故态，也不愿臣服于西方学科体系中各式各样、数量繁多的信念。某种

意义上,如果你能明确区分出本土文化与西方文化之间存在的差异,那么,相较于现在你的所作所为,你会更加尊重当地文化。但是,正如事实表明的那样,你似乎仅仅关心当地人认为他们的文化自主性现在得到了保护,而你——正如过去那样,一直在运用当地人自己的语词反对着他们的文化自主性。

在看过人类学家有些失望的表情之后,政策制定者最终决定,对于他与人类学家各自预设的认识论之间存在的差异,要做出清晰的分辨。

与人类学家作为纯粹知情者的言说不同,政策制定者的言说则是纯然外来者的模样。因此,必须用康德的方式让政策制定者明白,他未能尊重当地人的自主性,原因仅仅在于:他未能尊重当地人对自身信念与行为进行定义与证明的程序。此外,政策制定者想要对当地人言说话语与行为之间的匹配程度做出规定:他们所说的话语如何对他们付诸的行动做出恰如其分的解释?如果事实证明做出的解释根本不恰当,例如这个本土社会表现出低水平的反身性,那么接下来的结论似乎是:当地人成为他们自身证明程序的俘虏,他们对于自身行为的因果结构颇不在意。由此导致政策制定者认定:当地人做出决定时,他们的内心完全陷入约束之中,致使无法呈现出充分的文化自主性赋予他们的那种自由。

诚然,由论证模式和其他形式的语言学表征对一个人的思想和行为施加的约束,相较于更典型的约束实例——例如枪口临头之际,前者的约束程度似乎略轻。尽管如此,在政策制定者看来,二者在相关意义上属于同等量级的"约束"。二者若是有所区别的话,语言约束显然更为严肃,因为语言更加精妙且更具系统性,这就导致内在地探察到语言中存在的约束限制变得很困难。(至少在关于枪手的例子中,那位人质为了恢复自主性,可以想象出一些摆脱枪手的清晰策略。)因此,人类学家批评政策制定者——只关心当地人认为自己是自主的,为回应这个指责,政策制定者主张:考虑到证明与说明之间通常存在的矛盾之处,当地人的自主性只能在思想深处运行。尽管如此,通过对当地人的信念证明程序进行操控,政策制定者相信自己终将能够使当地人——虽然是间接的——在充分发挥知识相互决定(反身性)的自主性方面,消除主要的约束与羁绊。但是,如果沿着这个推理路线继续无限深入推进,将会远离认识论的方向,进而转向伦理学。

我们的下一个认识策略,将把政策制定者的行动进程视作正在模拟那些本土实践特性产生的实际效果,而这些本土实践未受到反身性的操控。为了切中这个策略之于模拟客观性的意义,让我们先来稍做铺垫。通过分析本土社会认识实践的特点,我们理解了"约束(限制)"的意思,它意味着一个社会具有或多或少清晰且受到监控的证明程序,这个程序通常允许一种人把另一种人视为一直完全照此程序行事,或者相反。假如照此意义将社会完全控制起来,那么,可能使证明程序发生变化的唯一途径,就是通过审慎的立法努力——废除一整套规则与约束,以便将另一套规则体系颁行实施。通过对维特根斯坦、彼德·温奇、库恩、福柯、阿尔都塞,以及探索语言实践背后的各种社会理论的其他哲学家进行考察,可以看到,使证明程序发生变化的上述论断,在总体上颇受认同。因此,我倾向于把这种证明程序发生的变化描述为——当它得到充分描述时——"决裂"与"革命",其中暗示了一种有趣的语言变化图景:在最低限度上,语言变化在语言使用者看来是显而易见的;更常见的情况是,语言使用者策划了语言变化。不幸的是,这幅图景与语言的历时性研究密不可分,并由此揭示出:其实几乎没有语法或语义上的变化,是以这幅图景描述的方式那样发生。的确,语言学家已经明确了这类变化发生的原则,它在很大程度上基于所谓语言的"有形"特性:语词的形与声,语词的形声频率以及语词表述的分布——恰是语言的这些特性最有可能传播,因为当言说者与写作者尽力表达或理解思想和行动时,根本无须对他们自己的内心有所在意(Lightfoot,1979)。例如,常用语词易于形成一种简缩形式,而不常用的语法(试想如何将动词"to be"通过各种语言形式做出系统的安排),以同形异义词为例,长期以来这类词的意义极易出现某种程度的重合(运用一种"自由联想"原则)。这类语言变化的内在机制,似乎使详细阐述变得更加高效,但是这些变化造成的影响显然在向更深处延伸,正如法国语言学家马丁内首先注意到"语言演变源于交际需要的改变"那样(Martinet,1960)(关于这个事实的哲学意义的反方观点,参见 Ricoeur,1978,sec.8)。

这样我们看到:在一种更加微妙的次级意义上,语言"约束"着思想与行为,这源于语言变化机制相对独立于个体意向,这些个体把语言当作一种交流工具。在近来引人注目的各种解构主义语言哲学那里,这个观点占据首要地位,略窥海德格尔(Heidegger,1962)与德里达(Derrida,1976)的思想历程,即可知究竟。

海德格尔对于语言的起源与传播做出了标准的哲学解释。据此,抽象术语始于隐喻——即植根于具体的图像——但它逐渐获得了"精确实在"的意义,随后言说者依据其他抽象语词,而忘记了原先这些抽象语词的起源和给它规定的抽象性意义。然而,当言说者被迫使一个抽象术语的意义脱离它通常所在的语言游戏时(例如在向一位普通言说者解释这个抽象术语的过程中),言说者就会不自觉地退回一种原始本能的隐喻联想中。因此,借用海德格尔的说法,"理论"成为"观察"世界的一种途径,而将"真理"描述为需要被"揭示"的某种物。

德里达比海德格尔更进一步,特别向这个观点——一个抽象术语具有一种"精确实在"的意义——发起挑战,锋芒甚至直指抽象术语自身所处的语言游戏。德里达强调,一旦一个术语开始应用于它的初始表述语境之外,它就累积起地方性意义,这些地方性意义是各种特定语境中的言说者彼此之间进行协商的产物。在处理语词意义时,德里达没有按照海德格尔从隐喻到精确实在的路数(最终仍植根于隐喻),德里达主张:一个术语在使用中所传达的,是将它的隐喻意义让位于一种模棱两可的意义,凭借的就是把累积起来的地方性意义不加区别地聚拢在一起。作为这种模棱两可化——或"传播"——的结果,这个术语用别样的方式表明一种深藏未露的实质,或表明一种相对肤浅的双关语。例如,"真理问题"的深度经常由已经提出的大量互不相干的解决方案来衡量,包括一致性、连贯性、语义性、语用性、冗余性等。然而,德里达用这个事实预示,"真理"及其同类物——在哲学话语中被严重频繁使用的术语,几个世纪以来已经拾取了太多的地方性意义。反之,哲学家错将这种语词传播的具体实例确定为一种具有共性的所指——真理,它抓住了每种地方性意义的一个方面。如果哲学家充分了解到,语言在使用过程中,语言的用法是多么容易发生变化,那么,他毋宁被迫得出结论:那些互不相干的语词意义确实具有的共性,就是以"真理"为中心聚集起来的全部形貌相似、声音相近的术语。

对此问题,我们现在的立场是:逐条列出各式各样的语言约束条件——即模拟客观性的技巧——用来说明:政策制定者不顾当地人的信念证明程序,而迫使他们改变了自身的认识实践,政策制定者如何能够取得这样的成功?到目前为止,我们已经含蓄地讨论了四种语言约束条件,其中两种约束无须哲学家或政策制定者对语言共同体的历史有所了解（共时性约束条件），另外两种约束则需要了解语言共同体的历史（历时性约束条件）。此外，语言共同体具有的任何反身性，更有可能出现在共时性层面，出现在历时性层面的可能性则较低，这只是因为：对于身处遥远时空中的同类言说者的语言使用趋向，如今的言说者不可能获得关于它们的可靠意义。

共时性语言约束条件

（A）表述行为的约束（Performative Constraints）：每个语词的表述都允许其受众针对言说者做出种种推断，这些推断不受言说者希望表达的意图的干扰。对于受众如何理解言说者的意图，这些推断显著地标示出——即便对于具有破坏性的内容——各色各样的不同认识（Silverman & Torode，1980）。这些推断的产生，源于受众把语词表述当作一种复杂的社会行为，互动的关键须遵守多种制度化约束。例如，言说者表述的语词，在表达言说者的心中所想（意向）之外，同时还传达出关于言说者的其他信息，例如他的阶层背景、情感状态、对自己所投身事业的责任感、应担负说明解释责任的知识体系，不一而足。如果这位言说者是一位机敏的选手，他首先在语言游戏中进行表述，进而通过表达自我，使受众能够恰恰在上面所说的那类推断上接受他的主张，接下来他准备通过恰当的表述与行为，进一步支持这个主张。这类反身性知识恰好就在可堪其任的言说者的权力范围内，但是，这份权力极少发挥作用。因此，对于同样可堪其任的另类言说者的表述来说，这种做法可能从暗中构成了破坏，只是因为：另类言说者自然的惯用法——例如关于工人阶级的起源，通常未能用来表述他希望传达的思想——例如他关心的是亚原子物理学中精细的关键问题（Bernstein，1971）。

（B）思想表达的约束（Expressive Constraints）：各种思想可能通过各种语言的形式得以表达，但是，各种思想具备的禀赋资质各不相同。不同语言之间在语义与句法结构上存在的差异，用这种语言可能表达得简明清晰、晓畅明悟，换作另一种语言，则可能表达得十分复杂、困难重重。例如，直到14世纪将"*devenire*"（"搁浅"）一词引入拉丁语，关于变化的两种认识——一种是持续不断的变化，另一种更古老的思想认为变化就是取而代之——在词法上没有区别。一直以来都无足轻重地用"*fieri*"（"强制，猛烈地"）一词，来指称这两种变化。从科学史后续发展的立场看，这种做法意味着：潜藏在物理学定律包含的现代思想背后的功能性依赖（functional dependece）观念，无法与简单适度性（simple proportionality）概念区别开来（Waismann，1952）。这不是否定14世纪前的拉丁语言说者在某种程度上有"思考"连续性变化思想的可能性；然而，鉴于将这种思想诉诸表达存在巨大困难，现在要否定的是——14世纪之前的拉丁语言说者早已颇有一种内在动机要这样做。美国当代语言学家、人类学家查尔斯·霍凯特早已重新诠释了萨皮尔-沃尔夫假说（Sapir-Whorf Hypothesis）（参见第六章附录），认为它完全事关表达方式的约束。进而言之，由于拉丁语中存在未能对连续性变化思想做出语义区分的空白，这对拉丁语言说者来说，他们不仅很难结合其他类型的思想进行思考，即便他们个人成功厘清了这个思想的某些含义，他们将这个思想传达给其他人仍然困难重重。一种思想能够得到充分表达是困难的，这通常与思想的迷惑混乱（confusion）、变幻莫测（convolution）甚至是表里不一与双重标准密切相关，因此言说者所表述内容的价值总是被受众低估，对于这类低估而言，思想表达的困难可能确实构成了它的初始证据基础。

历时性语言约束条件

（C）原始约束（Originary Constraints）：海德格尔在这个意义上发现了西方形而上学话语受到的"约束"。为了更加细致地辨明这个约束条件是如何运作的，我们设想如下情况：尽力向某人说明一个抽象术语的意义，这个人显然不熟悉该术语通常发挥作用的那个语言游戏。我们说，这位说明者必须经过好几轮说明，对方才能理解该术语的意义。我们看到，每轮下来，原始约束变得更加严格，因为说明者不得不重新回到该术语的原始表达形式，直到他重新诉诸一个对方最终能够理解的具体实在图像为止。这种情况表明，在常规语言用法中，原始约束条件不启动运行，在这种情况下：在术语通常的语言游戏的语境中，术语容易得到理解；原始约束条件一旦启动运行，的确是在努力为自己寻找一种途径，或进入语言游戏之中（例如作为一无所知的对话者），或出离语言游戏之外（例如海德格尔的解构主义语言学）。在这种情况下，人们可能会把本体语言文献学（ontoloquy）（即对个体进行探究的话语）称作概括性的语言文献学（phyloloquy）（即东拉西扯的特定语言共同体的历史）。

（D）过程约束（Process Constraints）：这是德里达强调的约束条件，它的运行机制是：通过对弗洛伊德式自由联想进行社会历史的模拟，在这个过程中，把音（或形）相似语词的意义连接起来。最重要的一类语词是同音（或形）异义词，它们惯于被转变为同义词，它们就是通常所说具有多种意义的语词，因此这类词在词典中总是一个很长的条目。最好的例子就是英语动词"behave"，18 世纪仅仅将它用作一个规范的词，例如"这个孩子在课堂上行为很不守规矩"（the child *behaved* poorly in class）。然而，到 19 世纪末，这个词已被赋予一种描述意义,例如"某人的信念产生的行为上的影响"(the *behavioral* consequences of one's beliefs)。此外,"行为科学"(science of behavior)这个词中仍带有对某种受规则操控的行为进行研究的含义,无论受到的是道德规则还是自然规则的操控(Williams,175,pp.35-37)。反之,这就使 B. F. 斯金纳有机会为自然法则注入道德内涵(B.F. Skinner,1970),他认为:"自由"(freedom)和"尊严"(dignity)是很难贴切描述个体自身属性的概念,因为这两个概念倾向于使个体以低估自身社会效用的方式去"行动"(behave)。

综上所述,相对于哲学家甚至社会学家何其规范地对语言进行研究,这些共时性与历时性限制条件,标志着一个有别于前者且具有决定意义的转向发生了。一般来说,语言仅仅被视为一种手段,通过这种手段来表达某些目的,言说者的意向就包括在这些目的中。关于这个问题的许多讨论,都围绕构建一种语言的可能性而展开,这种语言将是一种透明的表达媒介,我们改变了这个讨论的重点,我们转而关注的问题是:语言强加于言说者意向表达的种种制约,这些约束条件如何决定——至少部分地决定——受众最终汲取的言说者已表达出来的意向的特性。在聚焦约束条件的过程中,如何关注由此而生的差异,另一种途径就是:语言本身现在被当作特定共同体因果性规则的一部分,而不是作为那种因果性规则的理想化表征,所谓理想化表征,是指它不受那种规则中的因果性影响;因此,我们看到一种自然主义进路的表征方式,第二章已首先提出这个问题。

第四部分
知识政策制定问题

第十一章　走向复兴的知识社会学规范

运用一种学科界限将知识社会学与认识论分隔开来，在迄今以来的很长一段时间，这种学科界限已令人生疑地归于沉寂。这场分隔似乎已达成一个默契协议，社会学家仅仅关注在特定条件下、真正历经验证通过、切实有效的知识，而认识论家关心的，则是一般意义上、应当能够通过检验成为知识的知识。然而，再仔细观察，可以清晰地看到：那个默契协议的条款是由认识论家设定的，认识论家最典型的做法就是界定规范性立场与"应然"范畴，以此作为一种认知乌托邦，聚居在此的个体都擅长在各种理论之间做出判断：哪种理论具备了充分的定义与详尽的阐释，它可以被翻译成一种用来进行系统性比较的通用语言。这宗逻辑实证主义遗产至今依然强健如初，作为科学哲学家的永恒追求，他们力求设计出一种"证明逻辑"。至于这种规范性的其他意思——柏拉图在《理想国》、培根在《新大西岛》中表明的规范，是对真知体系做出的理想规定，社会学家的专长可能证明与这些规范具有相关性——但是社会学家的专长至今受到限定，它"仅仅"适用于政策制定与技术性应用领域。知识社会学何以失去将其自身称作一门规范性学科的权力？它如何重新获得这项权力？这是本章将要讨论的两个议题。

照例还需说几句开场的话，现在要说：在这个语境下的"规范"是什么意思？我们可以从三个角度——第一人称、第二人称、第三人称——来思考：对于这个规范领域，我们应当做什么？（Fuller，1984）。在西方道德理论中，第一人称与第三人称始终应用范围最广。第一人称中，我为自己的行为制定规范，其中必定包含我对世界所持的某种态度。而且，这个态度的价值通常建立在"内在固有的"基础之上，它与秉持这个态度可能对世界造成的影响无关。显然，康德在这方面是最佳典范。第三人称中，在由行动者组成的共同体中间，我扮演一个超然其外的观察者或批评者角色，在使这个共同体发生改变的问题上，与我没有任何直接的利益，尽管如此，我还有一点利益所在，那就是：需要判断在哪种程度上，这些行动者的行为对他们已表明或潜在的价值起到了促进作用。关于潜在价值问题，我将提出一种理论，这种理论可能利用了行动者共同体力所不能及的范畴，它却可以依据我的种属规范性理论（genera normative theory）得到证实。休谟是这方面的最佳典范。相较于前述两种人称，我们运用第二人称视角，假设我知道在不同条件下其他人可能做出怎样的行动，在这个条件下，我为自己的行为制定规范。我在此的目标，不是使我成为我应当所是的样子（与康德相反），也不是判断其他人是否是他们应当所是的样子（与休谟相反），而是在我是否已经使其他人成为他们应当所是的样子的基础上，判断我是否是我应当所是的样子。柏拉图的"哲学王"是第二人称的原型，在行政管理者的规范化姿态中，可以找到第二人称的苍白拷贝。

1. 规范性的失落

知识社会学家通常认为，一个断言具有的认识论地位与特定社会群体（一个或多个）有关，在这个断言经过检验成为知识之前，该群体必须确保这个断言是真实可信的。第一波知识社会学出现在两次世界大战之间的那段间隔期，在这个关键时点，它被用来暗示——每种知识断言都是一种全要素意识形态，通过对特定社会群体（一个或多个）进行辨析、识别与确认，可以揭示这种意识形态，该社会群体通过证实这种断言可以作为知识，从中谋得自身利益。此时主导知识社会学的，是具有马克思主义倾向的思想家，如卢卡奇、曼海姆、霍克海姆与阿多诺，在由此发展起来的"法兰克福学派"中，他们都扮演过某种角色。在哈贝马斯的著作中，仍然可见这派思想家孜孜以求的规范事业，哈贝马斯提出"理想的言语情境"（ideal speech situation），就是通过让所有的要求提出者将其意识形态取向毫无保留地陈述出来以供批评，从而努力为知识断言创造一种可进行理性评价的情境（Geuss，1982）。然而，第一波知识社会学群体始终未能作为一个联系密切、连贯一致、颇具影响的研究组织而存在。我们到现在为止一直在讨论未能得到充分论述的两种总体性评判标准，二者皆指向共同的问题——知识是如何获得其"独立"或"客观"品质的：

（a）首先提出一种知识断言的那个社会群体，它不必然地是一旦该断言得到证实就能从中获益的那个群体。这个事实如何解释？（参见第一章）

（b）即便想当然地认为，所有知识断言的提出，都是为某种特定社会群体的利益服务，但是，当科学断言的初始利益已得到满足，科学断言作为知识，它还能保持传承的连续性。这个事实如何解释？（参见第十章）

随着知识社会学深入规范性前沿展开更细致的探讨，它通常以这类问题——把马克思主义视为一种革命实践的理论——为基础。实质上，这些问题关注的是马克思主义者所谓的"特定实在的理想性"（the ideality of the real），或者说在何种程度上，事物实际存在的方式是它应当所是的存在方式。还有另一种思考这个问题的方式，例如，当马克思将资本主义的系统性混乱记录下来，激发德国工人阶级起而反抗之时，《资本论》（1867）已揭示出可以平息工人反抗的那种社会福利计划，普鲁士王国首相俾斯麦通过阅读《资本论》，则具备了提前防止工人革命发生的能力。毋庸讳言，俾斯麦遏制革命实践的能力，是马克思主义理论所具备真理性——不是证伪性或"相对性"——的直接结果（Heilbroner，1970）。有多种断言认为知识社会学的规范性缺乏生机活力，这些断言通常限定于对曼海姆的批判，并且据说呈现为一种科学具有的可理解性特质，这种特质把一切知识体系都视为平等的认知体系（参见第七章）；尽管如此，这种历史趋向直指充满惰性、缺乏生机的规范性，可能最好用以下视角来看待这种趋向：在马克思逝世后紧接下来的几年内，马克思主义得到发展，在此过程中，这种历史趋向应运而生。

在第二国际期间（1889—1914），也是"正统派"（恩格斯主义者和科学唯物主义者）马克思主义如日中天之际，这个问题以一种独特的形式呈现出来。如果马克思主义的社会科学通过自然科学模式诉诸类似法律式的规范定则，那么，它对资本主义终将灭亡的预测就是真的，如果为真，这个预测将依据经济变化的法则独立运行，而无关乎相关个体是否知道自己的行为会受到这些法则的约束。在这种情况下，一旦相关个体对经济变化规律有了充分认识，并且尽力促成某种所谓历史必然性的实现，那么，这些个体的行动将无法得到证实。的确，在预防预料之中的革命性结果发生的问题上，上述尝试可能尚未成熟。这样看来，似乎马克思主义作为一种科学理论的地位，对于它作为革命实践的地位构成了阻碍。当然，这是在1917年布尔什维克革命之前，马克思主义已经形成的政治影响。作为当时欧洲马克思主义政党领袖的奥地利社会民主党假定，一切事物多少都有助于资本主义最终走向灭亡——其实奥地利社会民主党在现实中采用了一种理想路线——这导致他们将普通政客视为这种角色：放任历史按照其自身进程前行，普通政客通过议会的途径，仅仅满足其选民最直接切近的需求（Kolakowski，1978，vol.2）。

1923年之后，随着卢卡奇的著作《历史与阶级意识》出版（Lukacs，1971），法兰克福学派开始了他们克服"正统派"马克思主义存在缺陷的努力。他们主张，马克思主义发现了"辩证的"而非"机械的"历史规律，这意味着与"必然性"相关的意义，并非意味着不可动摇地导致资本主义灭亡的一系列事件，而是意味着关于生产的持久的社会关系，离开这种关系则不可能产生资本主义。这后一种意思一旦得到辨明且公之于世，尤其对于工人阶级来说，通过有意识地否定那些必要性条件，在任何时候都有可能战胜资本主义。在这种情况下，法兰克福学派的马克思主义科学观，作为"批判性"而非"赞同性"的立场，为使革命实践走向成功，它确定了必须破除的资本主义要素，但它未能明确接下来的社会秩序应是怎样，也未能言明这种社会秩序将如何付诸实施（Feenberg，1986）。革命者为自身确定了这些议题，待到合适的时机，他们因此将"创造未来"。反过来看，这又提出一个貌似黑格尔式的论题，它由马克思提出，但是正统马克思主义者根本未加分析地保留这个论题，它自然要求"承认必然性"。简言之，通过积极构建理想化的创造者，正统马克思主义者对现实做出了理想化的阐释。

无论正统马克思主义者，还是法兰克福学派，都无法提供一种关于未来的真实说明。但是鉴于正统马克思主义者在预测资本主义灭亡的确切时间时，从未拿出充分的证据，它因而遭致理论失败；

法兰克福学派失败的原因则在于：它关于后资本主义社会留下的任何真实判断，完全有待种种革命做出集体判断。尽管如此，这两种马克思主义观点的纯粹式结果，无意间支持了马克斯·韦伯在关于社会政策的社会科学理论中提出的——价值中立性以及规范性都缺乏生机活力的主张（Weber，1964）。一方面，正统马克思主义通过把经济转型规律描述为独立处理受这些规律支配的判断，从而与具有任何实际效果的理论划清了界限。另一方面，法兰克福学派通过把经济转型规律描述为资本主义灭亡后的开放式结局，从而得出与前者类似的结论，允许将任何数量（且为不确定）的实际情况延伸到未来。

一种观点认为，若将规范性马克思主义持续推进下去，需要在正统马克思主义与法兰克福学派之间协商出一条中间道路，起点就是用不同于前的另类方式来理解这个观点——"自由是对必然性的承认"，就是说，只有当无产阶级学会如何消除当前妨碍历史呈现其自然进程的种种枷锁时，才有可能发生革命。简言之，唯有通过人为干预，现实才会呈现出理想的面貌，但是理想式的存在——尽管作为一种备受压制的形式——却不受这种人为干预的影响。这就是实验物理学家一直以来对待牛顿三大定律的基本态度：科学定律通常认为它做出的发现是科学认识的目的所在，然而，科学定律只有通过特定的人为干预才能得以呈现。在这个方向上，巴斯卡对马克思主义做出了卓越的阐释（Bhaskar，1980，1987）。

在过去15年间[①]，通过几个迥异的阶段，开启了知识社会学的生命新篇，我们在本书中已经分阶段进行了解析。不过，我们尚有待详细说明科学家的新形象，这个新形象呈现出科学家与道德无关

---

① 1972–1987——译者注

的规范性倾向，它与默顿提出的道德正直的科学家形象恰恰相反（Merton，1957，chs.15-16）。诚然，在默顿之前，知识社会学笔下的科学家被描述为同一种特殊研究计划密不可分的人，科学家认为由于种种社会利益，他从事的特殊研究计划甚至在——破坏他做出的科学判断——这一关键问题上，会起到推波助澜的作用。然而，新一代知识社会学家倾向于把科学家呈现为在政治上原则性更弱、但更加机敏活络的形象。如今，科学家呈现出一幅随和圆融者的形象，马基雅维利式权谋政治家舒适地侧身于一项又一项研究计划之间，而无须顾及利害攸关的种种社会利益；也无论何时科学家似乎能够娴熟运用某种技术性的机巧，一旦适当的时机来临——比如说一项实验成功完成——将为他在同道眼中赢得一种可信度。奥地利文化人类学家、建构主义社会学家赛蒂娜创制出"机会主义逻辑"（the logic of opportunism）一词（Knorr-Cetina，1981），用来概括科学家具有的马基雅维利式权谋政治家动机的本性。赛蒂娜认为，随着科学研究在时间和金钱上需要支付的成本变得日益高昂，科学家的这一内在动机可能会与日俱增，以便习得有助于他们在科学研究中胜出的新机巧。在巴黎高等矿业学校，由行动者网络理论提出者之一、法国社会学家卡龙领衔的一组社会学家，已经发现一种现象，它对成功的科学创新具有决定性作用，这种能力可以把一项研究问题分解、纳入不同的相关部门，凭借这种能力可以进行最高效的资源动员，特别是对于人的动员（Callon，1980）。

　　面对科学政治的这个新变化，很大程度上，或许它最有趣的特点是——马基雅维利式科学家的判断替代了那些名实不副的"理性"科学家之名，其中的原因在于：马基雅维利式科学家为了将自身优势最大化，当他察觉自身的科学理论在可靠性均衡方面发生变化时，他必须做好改变研究计划的准备——毕竟，这就是科学哲学家让理性的科学家所做的典型事情。为了更加清晰地阐明这个问题，似乎将会看到：由于科学家的动机近乎完全是自利性的（例如他总是能够把自身利益与任何社会群体的利益区隔开来，后者支持的研究计划，有可能最终证明是一项可靠性正在衰减的计划），科学家的行为近乎完全是无私利性的。因此，我们可以想象，彻头彻尾的马基雅维利式科学家奉行的研究路线，是令大多数社会群体所不齿与厌恶的——例如，这种研究路线可能对构成才智的根本要素具有决定作用——只是因为这类科学家知晓这种研究路线对未来研究进程所能产生的深刻影响，进而可以强化他作为一名科学家的可信度。如果在个体科学家层面，马基雅维利主义可以充当科学的客观性，那么，在科学共同体层面，科学客观性将由什么来充当？荷兰阿姆斯特丹科学动力学研究所的科学社会学家阿莱·里普提出的强健性（robustness）概念（Arie Rip, 1984），指的就是历尽一系列质疑与争论而能屹立不倒的那些科学理论立场的生存价值。强健性也让我们想起库恩提出的"普朗克原则"，以及德国政治学家、社会心理学家诺埃尔－诺伊曼提出的"沉默的螺旋"，这两个问题已在第十章做过讨论。

2. 重获规范性

在知识社会学专业领军期刊《科学的社会研究》(*Social Studies of Science*)那些充满争论的页面中，可以看到知识社会学家在强调规范性问题上接连遭遇的失败。该刊由英国爱丁堡大学编辑，创刊初衷旨在为经验性问题与规范性问题提供一个可同台讨论的一般性论坛，但是多年下来，关于经验性问题的讨论远远超过对规范性问题的讨论，规范性问题现已成为该刊有意避开的议题。其实，这个趋势可能已成为新一波知识社会学最广为人知与最易激怒伤人的显著特征——至少对于劳丹之类的哲学家而言，他们认为，即便是关于知识的社会本质的理论，也必须面对传统上认识论家的兴趣所在——对新版规范性问题的考量。这种做法导致的一个结果是，劳丹致力于许多——很大程度上是无果的——交流，交流的对方是哲学家——他们支持社会学家回避规范性问题，例如爱丁堡学派知识社会学家巴恩斯和布鲁尔。巴恩斯和布鲁尔把规范性问题的角色限定在知识社会学领域，他们着重在方法论上清理门户。"方法论上清理门户"最直接的意思是：建议在研究纲领的总体结构上，尽可能针对社会世界中有效与可信的知识提出议题。因此，为了把自己的问题与哲学问题区别开来，巴恩斯和布鲁尔宣布：他们研究纲领的总体结构，仅仅讨论如何对知识社会学进行调控，而不讨论如何对除知识社会学之外的其他任何认知事业进行调控。

不过平心而论，对巴恩斯与布鲁尔而言，劳丹针对知识社会学提出规范性问题的方式（Laudan，1977，ch.7），留下太多有待研究的空间。实际上，劳丹似乎相信，科学史上做出的最佳理论选择——例如哥白尼、牛顿、达尔文、爱因斯坦——都是用来进行理论选择的最佳方法的产物，它们也属于本书开篇提及的多种版本的认知乌托邦。由于单用这种方法就可以对所有这些典范性事件做出解释，因此无须进一步追问每个理论具体在怎样的社会情境下被选中并进而胜出。换言之（通常这是典型的哲学回应），劳丹认为，知识社会学面对的主要挑战是：相较于社会学家所认同的推理，科学共同体惯用的推理，可能更接近于一种理想化的理性规范。

面对劳丹的挑战，社会学家没有对规范性问题抱以"理论上"的不屑，相反，他们表明自己更乐于通过关注以下问题而展开讨论，这些问题包括：哲学家提出的各种认知乌托邦，不仅缺席真实的科学实践，而且更重要的是，它们通常很难在科学的社会组织中付诸实践。如果使一种规范成为"规范性"的，是规范的强制力，那么，在理性选择一种科学规范的问题上，必不可少的一个要素就是——科学共同体具备强制执行这种规范的资源。正如大多数哲学家提出的认知乌托邦所表明的那样，其中包括检查论证的逻辑结构、取代其哲学同道提出的思想实验等诸如此类的行动，身处大科学时代的世界，简直不可能将这种认知乌托邦强加于一种系统性基础之上（Collins，1985）。因此，如果我们假设："应该蕴涵能够"这个原则，同样适用于对科学规范进行理性选择时的任何地方，那么，知识社会学由此而置身于一种理想的位置，并借此宣布：哲学家进行的规范性探索是非理性的。

尽管社会学家新发现了超出科学哲学家之上的认知权威，但是在可以为此庆贺之前，社会学家必须面对由法哲学家提出的异议。法哲学家想知道，"应该蕴涵能够"这个原则是否能够真正表明多数公开宣布的科学标准是非理性的。毕竟，法律中大多数关于规范力的规定，是指根据社会群体通常遵照规范执行的程度，决定他们从中应得的相应收益，即便没人希望每个人都能在与此事相关的一切条件下一向遵守规范。因此，即便法律不能系统性地强制执行，而且只有半数的人遵守法律，尽管如此，守法程度那么低却仍然使街道变得更加干净了；有鉴于此，还需通过颁行法律，来反对那些扰乱规范、对规范不屑一顾的现象。可以争论的是，一切法律都具备上述特性，因此，社会学家承担的举证责任，就是对科学共同体的规范为何不同样具备法律规范的上述特性做出解释。

不过当然，社会学家为何把科学当作一个特例来对待，其中的原因在于：科学主要由所谓的协调规范进行调控，就是说：如果一个系统的一部分不能有效地遵行规范，那么，科学规范则无法发挥对于整个系统的强制力。科学规范的这个特点反映出科学研究具有的相互依存的本质。一位"编造"研究成果的研究者，违背了诚实研究者的论断，这个论断在无意中则沦为伪论，很大程度上原因在于：我们说遵照科学规范，但是对于与规范相契合的程度，却没有可供衡量的清晰指标。反之，这个问题也可以由以下事实做出解释：关于科学的公共论坛，是一个纯粹由言说语词构成的论坛，其中充斥着一些人对自己可能已取得成果的种种报道。科学公共论坛与推动公民社会运行的公共论坛之间的反差，可能不会太过惊人：衡量对法律的遵守程度，以判断乱丢杂物现象为例，通过非常显而易见的行为指征——如街道上可见的垃圾数量——就可以给出答案。对这两类现象的比较也表明，设计科学规范时涉及的相关议题，并非每个人是否能够遵守这些规范，而是在违规行为可能对整个知识生产系统造成污染之前，是否能够预先探查到这些违规行为。

因此，我们现在转向一种积极的知识社会学规范性纲领，它包含对传统认识论问题进行"社会学化"。例如，如果认知进步要求，应当将知识划分为各自独立、互不相涉的各种学科，那么，这种动议是否背弃了下述哲学理想——仅仅赞同那些最先实现自我证明的断言？对任何特定个体而言，日益增长的专业化似乎扩大了个体无法胜任的领域，他有能力验证的断言终将会变得越来越少，而他自己的论断都被动地建立在对那些断言进行验证的基础上。专家观点扮演的角色日益受到倚重，通过这个现象极易看清上述情况。尽管如此，随着个体对专家的遵从，而专家观点或未能真正支撑某个正待证明的断言，或专家观点本身尚未得到充分证明，于是这就开始使新版"笛卡尔妖"（参见第二章）进入知识系统成为可能。这种做法可能会持久地加重错误，导致在长时间内无法探查到错误，进而不可能使发现的错误得到纠正。这种可能的真实性如何呢？是否存在合适且力所能及的政策措施，可以用来监测信息流，以便对所发现的错误进行及时隔离？例如，我们可以设想成立一个政府机构，由它恰如其分地运用权威——例如量子力学的权威——设定标准（这表明在亚原子层级打破了因果决定论），以便为自由意志的存在提供多种论证支持。简言之，针对各式各样知识门类（学科）的行动，这个政府机构是否能够发挥中央协调的功能？或者让自由放任的态度占据上风，任由不同学科各自监督自身的行为，让外部监管与监管退位。这两种制度在哪些方面令人欣悦呢？这是两种类型的规范性议题，它们源于对知识增长的社会性质进行的经验性思考，而《科学的社会研究》期刊至今仍在有意回避这类问题，劳丹之类的哲学家在这个问题上也使自己的成果流于失败，因为他们将努力唯独聚焦在对这些社会学家的攻击上。

3. 自由与知识生产的管理

尽管知识社会学家的研究尽力回避经典哲学问题，近来他们仍然推出一批研究成果，直指认识论传统，对其进行彻底的批判，其中一部成果聚焦于揭秘哲学家的终极认知乌托邦——这项自由的知识探索事业。

在西方哲学家中，迄今已形成一种相当广泛的共识，认为有一种制度化的社会组织，可以免受除自身之外的一切社会关注，无论它的理想预期，还是它的现实可行性，都会毫无保留地奉献给知识探索事业。这个乌托邦，像柏拉图在《理想国》中描述的一样古老，近来它又被赋予新的美名，在波普尔与哈耶克眼中，它是"开放社会"；在哈贝马斯眼中，它是"理想的言语情境"。在各种视野下，这个乌托邦的运作方式是：把所有可能导致在理性个体间引发举棋不定争论的因素进行抽象化——以便在证据资料库中留下尽可能少的差异，在新发现、新成果的自由交流中，可能会为这些仅有的差异建起沟通的桥梁，接下来，根据通用的证明逻辑，对这些差异做出评价。至于这些认知乌托邦中的任何一种，人们必须首先质疑提出这种论断基于怎样的确切状态。所谓通过消除社会利益上存在的差异，一切认知多样性都可以被化解，这可以宣称是一种社会学事实吗？有鉴于此，我们提出一种经验性证伪假说，它表明多种特定类型的实验与历史对比。（这种证伪可能用来表明：即便将那些实验或历史对比付诸实践，它们同样具有不可行性。）不过也许正如常见情形那样，正是哲学定义这件事，无论如何它都妨碍个体在一种共同的证明逻辑基础上达成共识，将被称作"兴趣驱动"（interest-motivated）。在这种情况下，社会学家所能做的一切，就是在面对哲学家的怪异用法时，感到不知所措与踟蹰难进。

不过，让我们假设这样一种情形：哲学家的认知乌托邦具备了社会学事实的身份，还必须说明理性的个体如何做出决定——是时候该选择一种理论了；因为在某个特定时间有多种理论可供选择的条件下，根据一种证明逻辑，可以确定应该选择哪种理论，但是，由此不能确定将这种逻辑付诸实施的恰当时机。正如我们在上段论述中所见，近来的社会学研究表明，人们感兴趣的问题，不是为什么选择这个理论而非其他理论；相反，要问的是：为什么认为必须在这个时间、而非或早或晚的其他时刻，做出这个理论选择。此外，巴恩斯主张（Barnes, 1974），如果奎因是正确的，并且证据基础通常只能对理论选择做出不充分的说明，那么，将永无时日可以公正地提出一种证明逻辑，而运用这种证明逻辑将会在不同理论之间做出最理性的选择。一种理论可能当前看似具备最强有力的论证支持，这只是因为：尚未提出的某种证据，将会从根本上摧毁该理论的可靠性，并转而支持另一种理论取代当前理论。此时，剩下只能求诸自己之力的科学家，他们同我们一样，无疑将乐于见到一段主导理论不确定的时期，此时会立即涌现出许多互不相容的理论，因为在拯救当前理论危机这个现象上，每个涌现出的新理论都独具所长。然而，与这些自以为是的田园叙事相反，理论选择的最终决断终将需要诉诸深思熟虑，而且这种深思熟虑确实构成关于科学理性之哲学理论的核心内容。因此，社会学家关注的重点将转向这些问题：不同科学家对各自理论选择的检验具有怎样的相似性（假设关注这个问题是出于进行论辩的考虑）？做出理论选择决定这件事本身，体现了超出科学范围之外的紧迫性，例如为选定的理论付诸应用设定了严格的时限，这就向科学家施加了某种压力，而在哲学家营造的认知乌托邦中，永远不会产生这些实实在在的问题。

  不过，我们是否应当做出这个假设——哲学家的认知乌托邦具备社会学事实的身份？在我们开始追问下述问题之前，先讨论"自由进行知识探索"问题在经验上是可行的，这个问题是：知识能够被"传播""拓展""生产""分配"，那么，知识确切地说是什么？社会学家无法对常见的哲学隐喻表示满意，于是他们自担使命，对认知事业进行一种"实地存在论"（field ontology）的研究。社会学家追问：知识得以呈现的标志是什么？尽管给出许多答案，但是这些答案都无异于哲学进路，把知识定义为在空间与时间上可实现地方化的已编码的材料。这个在知识定义上发生的转变无论看似多么轻微，其实它具有重要意义；因为无疑，所谓"对知识进行自由探索"的说法貌似合理，它至少部分有赖于这样一种知识形象——它由一套命题组成，在理论上，一切独立的有形实体都可以获取这些命题内容，这种知识形象保全了将一个命题（a proposition）表达为一个定论（a sentence）需要营造的吹嘘氛围。像波普尔、哈贝马斯、图尔敏这样风格迥异的哲学家,仍然把古代雅典人用来集会议事的市集广场,当作在这个大科学世界上进行知识生产的乌托邦典范,何以至此?前面描述的那种知识形象道出了个中缘由。情况既然如此,知识似乎应该以其自然的状态自由流动(实质为对话),并且在知识流动受到阻滞之前,某些外部力量(例如源自特定的社会利益)必须先行奏效。

然而,知识一旦被视为遭受了与其他有形之物同样的稀缺问题时,关于知识的故事就变得非同寻常起来:对于某个地方、在某个时间来说,能够更便捷地获取知识,意味着其他地方、在其他时间获取知识时将变得更加不便[Machlup(1962)是这个领域的先驱型研究]。解开量子力学的奥义,以便从事前沿研究的物理学家可以获取这方面的知识,同时此举也意味着:让关于量子力学的奥义已揭示出来的知识,远离物理系一年级学生或外行公众(不涉及未来的科学史家)。即便高深的量子力学著作极易在大众化书店中见到,但是对于外行和学生读者来说,这些高深文本依然"难以触及",由于为解开这些文本的奥义,非专业读者必须具备一种知识——与高深的物理学密切相关的知识——它需要相当长时间封闭式的潜心学习才能掌握。那么,实质上,高深的量子力学文本告诉非专业读者的,是在他有能力掌握这些文本包含的知识之前,他需要预先掌握多少知识。同理,这个标准还可以应用到如下情形,就是说:为解开量子力学的奥义,便于外行读者自如地获取这些知识,此举意味着这些知识须远离专业物理学家。如果还不易看清这一点的话,那么,我们来看一位物理学家的构想:在众多所能见到的量子力学普及读物中,他选取一本作为基础,进而努力设计出一种研究计划:他如何把各式各样的口号、隐喻与世界观,翻译成种种经验性操作?他可能必须从事一份对自己来说很外行的工作——涉足向大众普及专业知识的历史，随时留意追踪能受普及读物读者喜爱的文本。如果这个例子仍不着边际的话，那么，我们来看一个更实际的例子：有些人熟知量子力学，但他们将量子力学仅仅理解为在物理学前沿从事研究的一种纲领，同时，量子力学的"文化含意"受到追问。无疑，这位物理学家首先是脑中一片空白，然后开始充满自信地讲说，当然敢于这样做的前提只有一个，就是此前他已研究过这个问题，即玻尔、海森堡、玻姆以及其他人，通过持续运用秘而不宣的暗示手段，把量子力学映射到主流西方文化中。

　　针对这个问题，可能会提出两种类型的客观性：首先，有人同情我们从经济学角度重新对知识问题做出再阐释的总体策略，不过他们可能想知道：从长期来看，面对大众文本与强技术性的科学文本，如何在二者之间进行资源配置，是否必须有一种权衡双方的策略。与此相反，科学家经常越位扮演普及者的角色——尤其在政府论坛上——以此作为获取时间和金钱进行科学研究的一种手段，这种研究最终结出由一系列技术性的期刊论文或著作组成的果实。这类情形似乎颇具说服力，然而其原因仅仅在于：这类情形都是从自身目标所处的状态出发对待知识事业，就是说：科学家经常表现为通过最初花费时间，将与自己所从事科学研究相关的内容介绍给公众，由此而成功获取继续研究所需的种种资源。但是，如果根据真实的决策程序来认识上述情形，且这个决策必须在科学家自身目标状态实现之前做出，那么显然，科学家确实已经认识到进行权衡与交易是必需的，他们过去如何做到这一点？就是通过临时掉转自己的时间和努力方向——从专业技术文本转向大众普及文本。诚然，这个策略在科学家看来，是为自己的专业技术事业换取更多时间和成就的一种手段，但无法保证的是——这类得到公众支持的努力会取得成功，例如政府可能决定为其他研究团队提供资助。因此，看似科学家的一个短期决定——转而创作大众可读的普及文本,但最终可能证实的是,在这个短期决定中,包括一种无法逆转的对取舍得失的权衡。

第二种类型的客观性源于传统认识论家的缺乏耐心,在目睹我们刚才揭示的隐藏在科学研究中的秘密的同时,他们想知道:在对物理学文本生产与分配所做的上述说明中,提出的唯一规范性问题,就是对这些问题的处理而言,是熟悉出版市场的人做起来更加得心应手,还是哲学家或社会学家更擅长处理?认识论家对此缺乏耐心的表现,暴露出他们未能逐渐把握住贯穿始终的唯物主义认识论。显然,传统认识论家具有一种理想主义偏好,对于我们已揭示的上述秘密,他毋宁将其阐释为只是大众方式与专业方式的差异而已,其中体现了量子力学的基本议题。的确,我们的社会以多种不同的方式体现着量子力学,它适应了多种不同社会群体的需求,这个事实可能会打击认识论家的以下观点——他们认为已经使量子力学达到了普遍可及的程度。不幸的是,我们的评论意在表明——这种判决性认识论差异发生在不同的文本性表达层面;然而,量子力学普及化能够为外行读者提供的那些内容,既无法进入专业物理学家的研究工作,也不能接近当前最高水平的物理学文本为专业物理学家提供的、令外行公众感兴趣的普通文化议题。在此我们用严格的唯物主义原则来定义"进入或入门"(access)一词:如果 A 已具备对 B 的工作产生因果性影响的能力,那么,A 进入了 B 的工作。一位外行通过阅读大众化普及读物,他无法提供这类证据,即可能增加或降低量子力学中一种常见假说的可能性的证据,这个事实客观地表明——这位外行读者尚未"进入"量子力学的工作。同理,尽管物理学家在量子力学方面受过专业训练,但是他们无法告知公众——非充分决定性原则是否对自由意志问题产生影响,这个事实能够客观地表明——这位物理学家缺乏对自身专业领域的深入了解（"进入"）。

通过上述思考，应当明晰的是：在一个社会中进行文本的生产与分配，其中涉及的规范性问题，恰好在一位认识论家视野所及的范围内，同知识社会学家一样，他也倾向于唯物主义的本体论。在重要的规范性问题中，最迫切需要回答的问题是——如何为各种重大主题编纂典则，尤其需要考虑：谁有可能获得进入这类工作的权力，这类工作是对一门专业典则进行生产与分配的结果。一种社会拥有许多量子力学技术性文本，却只有少量与此相关的普及性文本，另一种社会的情况则恰恰相反，这两种社会可能具有迥异的知识形象。例如，历史将表明，在后一种社会中，量子力学研究的盛期已经过去，将量子力学研究整合进入主流文化研究的时候已经到来。

然而，与此相关的问题还不仅仅是——一个社会是否能够对充足的有关物理学的技术性文本和普及性文本进行生产与分配，的确，经济发达的社会有能力轻而易举地解决这些问题，但是显然，这不是我们所讨论问题的全部。即便一部前沿高深的量子力学文本自行来到每一户美国家庭手中，这也不可能提高一般美国人能够胜任从技术上阐释物理学的能力。如果一个社会感兴趣的是将公众对物理学的了解提高到物理学家的水平，那么，在对两类文本的生产与分配方面，这个社会必须进行一次重大经济投入，这项投入必不可少，它用来在大众普及性与专业技术性物理学文本存在的认知鸿沟之间，建立起沟通彼此的桥梁。（用来沟通普及与专业双方的文本，可能扮演一种与此类似的角色——向一个学科的成员告知另一个学科所做的研究，它所产生的效应类似于公众一方在此所面临的问题。）现在，专业与普及之间的鸿沟被填平了，运用的方式却极其不成系统，所凭借的文本，相当于介绍性与中等程度的学院课程水平。我之所以说"极其不成系统"，原因在于：正如学院教师众所周知的那样，这类教材的文本很多受制于学院教学的制度性约束（例如在设计教材时，一章内容供一周课时讲述，教材提供的材料用于学生进行标准化的自我检测），而学生作为读者，他们已知的胜任专业的水平如何，教材文本既未对其进行评定，也无意促进其提高。此外，在类似美国这样的资本主义社会，学院教科书的出版，由商业出版社而非学术出版社负责，商业出版以顾客需求为导向，进而日益拉大学生在基础教育阶段所学与高等教育阶段所学之间形成的认知鸿沟。在这个认知鸿沟方面，学生最生动的经历表现在：例如学生发现，关于性与毒品的章节已在他的普通心理学课本中详细地出现过，这些内容不应该在更高级的专业课程中重复出现。

能够系统地创作类型恰当的"沟通专业与普及层次的文本"，首先需要作者具有一种皮亚杰式的感受力，真切地通晓如何使读者认识到自身知识存在的不足，与此同时，作者的这种自知之明将引导读者通向更深层次的理解。无疑，这类作者对于物理学有一种非常多样化的理解，这种情况同样可以很好地应用到哲学及其他人文科学领域，甚至应用到高阶理论物理学本身。这类作者将构成一群与众不同的普及者，他们集记者与教育者身份于一身，致力于培育美国教育改革家、核心知识教育倡导者赫希近来提倡的"文化素养"（cultural literacy）（Hirsch，1987）。全面致力于提高公众在物理学方面的能力水平，可能将从科学研究的最前沿，恰当且严肃地转变资源——特别是脑力资源——配置的方向，它将促进社会各部门之间进行信息交换，因而可以更加平等地进行资源与能量的配置。赫希特别强调这一点，认为这将导向一种"公众科学"，它类似于美国新闻评论家李普曼倡导的"公共哲学"（Lippmann，1955， part.2），这种做法将允许一个社会根据社会成员共有的知识水平，来确定社会的身份认同。

以 18 世纪启蒙运动时期为例，当时普遍认为，牛顿理论建成的世界体系已将知识前沿拓展到了极致，但是做出认同是容易的，有待解决的问题却依然存在；正如许多最智慧头脑的认识，在纠正公众的偏见方面，这些最具才智的科学家有一种选择，或通过创作沟通普及性与专业性的文本（最重要的当属《百科全书》），或仅仅通过解疑释惑——这些疑惑存在于牛顿法则之下的一切化学与生物学现象中。但是，应当可以记起的是，对认知资源进行这样的重新配置，根本没有创造出一种更加博文多识的公众。更重要的是，一旦认为在物理学前沿不再有许多可创新的空间存在，通常可以据此推断——人类最终获得了对自然的全面掌控；特别是人类作为自然的一部分，人类对自然的掌控转而激发起人们各式各样自以为是的政治行动，其中以 1789 年法国大革命达到巅峰。启蒙运动的实例将一个重大问题凸显出来，就是说：实现了社会化的认识论家，为在一个社会中进行知识的组织管理提出政策建议之前，他必须进行细致的思考。运用一种政策，使掌握在各门专业科学手中的知识，变成公众可随意获取的普及性科学知识，这种政策留给人们的印象，不仅是质疑与探究势见衰落，而且公众可能会在从前令他们畏惧退缩的重要事情面前变得充满信心，因为——至少从资源配置的观点来看——公众对于专业性科学的无知，始终与科学家流露出对自身研究领域的无知密切相关。一旦先行消除了科学家的无知，科学家就可以创作出通俗易懂的普及性材料，且运用它们来进行公众启蒙。当然，通过这种方式利用时间、金钱与脑力的合理性何在，则另当别论。

总之，迄今为止，通常未将知识社会学视为一门规范性事业，何以至此？现在我们已看清其中的一个关键原因，就是认识论家始终假定了一种充满过度限制性理解的"规范性"，由此认识论家成功做到两件事：一方面，将以下规定纳入规范性之中，即个体科学家应当在理想化的环境条件下，调控他们自己的研究实践；另一方面，将以下规定排除在规范性之外，即政策制定者应当将科学共同体的研究实践视作更真实环境中的一个整体，对它进行调控。我已提出主张，认为这种过度限定的"规范性"的历史，可能追溯到古典认识论家的理想主义偏好——它没有把一个命题的有形实体——即表达这个命题的特定文本——当作一种必然的认识属性。然而，一旦允许将一种更具唯物主义色彩的视野融入认识论中，那么认识论中的知识问题，将会根据这种文本生产的经济学做出重新定义；这样，关于真实的规范性问题的讨论，可能再次基于以下两点来定位：其一，这个问题与柏拉图和弗朗西斯·培根有关；其二，在知识社会学的总体框架内，可以最行之有效地处理这个问题。

第十二章　社会认识论与权威主义问题

在过去十年或更长时期内，关于认识论社会化这个问题，哲学界提出的最具说服力的种种论点，始终看似建立在一种认识规则不具有可行性的基础上，这种认识规则要求认识者来证明自己所有的信念是真实的。一方面，认知心理学家已多次表明，科学家不慎把种种手段或伎俩留在了相对松散（非结构化）的环境中（如通常在实验室发生的情况），所以尽管他们技术高超，但还是会犯归纳推理方面的基本错误（Stich & Nisbett, 1984）。但幸运的是，心理学家像这样说服我们的同时，科学事业的集体性本质意味着，每位科学家个体做出的推论，在某个关键环节上都需要进行交叉验证（Faust, 1985）。另一方面，对于知识事业被拆分为各自为营的独立学科这个问题，社会学取向的科学史家正在越来越多地研究它，逻辑实证主义者和其他还原论者过去一直认为，学科分立对实现"科学统一性"构成一种障碍。但是，鉴于对人类智力的有限性问题重新复苏的研究兴趣，如今，学科化趋势骤然从知识事业增长进程中的一个有缺陷的特征，转而成为一种设计出来的特点（Putnam, 1975, ch.12; Hardwig, 1986）。

对于科学研究运动（Science Studies movement）中存在的这些阻滞性因素与困境，有些认识论家十分敏感，在他们中间最近出现了一种趋向，就是把专家知识与外行知识之间存在的差异，当作赋予专家知识具有凌驾于外行知识之上的绝对权威的基础,本章的起点始于对这个趋向进行批判性考察。一旦从这个趋向上主动转移视角,我们将会思考一些总体策略,专家知识通过这些总体策略会经历"政治化"(politicized)与"去政治化"(depoliticized)的过程。"政治化"与"去政治化"这对词暗示的二者差异,绝非如认识论家期望的那样(尽管这对词存在密切联系,但认识论家不愿承认这一点)。因此我们将会看到,"政治化"地看待专家知识,很大程度上在针对社会做出批判性检视方面,就是开启了对认知权威进行质疑的大门;相比之下,"去政治化"地看待专家知识,就是为了支持专家而关闭了这扇质疑认知权威的大门。

1. 认知权威主义的诱惑与避免

在此,我们先来看一个基于哈德维格(Hardwig,1986)思想提出的论点,这个论点断言:在多数情况下,相较于信任自己做出的认识判断,遵从专家权威的做法可能更加理性:

(1)普通人或"外行"持有的信念,要多于外界对他的理性期待——他还拥有关于这些信念的相关证据。

(2)然而在多数情况下,外行知道:像"专家"这样的他者,通过接受专业训练,对于理性地坚持信念所必不可少的证据,他们已具备了获取这类证据的能力。

(3)通过(1)和(2),我们可以得出结论,包括两种情况:(a)多数外行非理性地持有他们的信念;或(b)如果一个人被外行认为是专家,且这位专家拥有理性地坚持一种信念所需要的证据,那么,这位外行与这位专家同样坚持的这种信念,可以被认为是理性的。

(4)因为只要(3b)能够挽救这种直觉——我们的多数信念是理性持有的,那么可以得出推论:外行唯独相信他本人是一位专家,除此信念之外,他们在"认识论上有赖于"专家权威。

(5)因此,对于多数认识论判断而言,相较于遵从相关专家具有的知识权威,"基于认识论判断自身的考量"更加缺乏理性。

这就是权威型知识理论(Authoritarian Theory of Knowledge, ATK)。简言之,这个理论认为:随着社会集聚知识的活动扩张到这个关节点上——即必须把认知劳动分割成能够独立自主的专门知识,这就削弱了仅仅基于认识判断本身来思考的理性,我将这种社会称作"知识密集型"(knowledge-intensive)社会。我认为,权威型知识理论以及上述一系列论点的说服力,基于把对该理论的三种不同理解合为一体,下面分别来考察分析性理解、经验性理解与规范性理解。

分析性权威型知识理论,意味着存在一位人们愿意遵从其知识权威的专家,该理论只是这种专家认识的一个结果。在这种情况下,如果一个正常的社会成员未能遵从其他社会成员的权威,那么可以得出结论——后者不具备相关的专业知识。根据这种理解,权威型知识理论规定了两种情况:或人们如何在社会中辨识确认一位专家,或人们如何变得愿意承认这是一位专家。于是,如果有人提出与分析性视角相反的观点,那么,他可能会受到如下批评:"如果你不遵从专家权威(在适当条件下),那么,恰恰是对于这种专家权威的思想,你或是击败了它,或是误解了它。"因此,在某人违反了一种游戏规则的意义上,对该理论持怀疑态度者,被认为是"非理性的"(Bennett, 1964)。

经验普遍化的权威型知识理论,关注理性信念在知识密集型社会中是如何形成的。"理性"在这里有多种悬而未决的意义,我们可以从以下两种方式中选取其一来理解理性的意义：一种观点认为，一位遵从专家意见的外行，如果由此可以增加他实现自己目标的可能性，那么这位外行被认为是"理性的"，这就允许他可以继续以自己的方式探求知识。例如，决策管理学大师赫伯特·西蒙已经表明，当管理者在同一种预算约束范围内，面对必须通过研究并付诸政策决定的问题时，他的最佳办法是通过寻求专家意见将研究成本最小化，由此得以将大部分预算留给项目实施阶段（Simon，1976，pp.136-139）。另一种观点认为，外行遵从专家的意见，如果这种做法的集体效果推进了集聚知识的整体事业，那么这些外行被认为是"理性的"。遵从专家意见为什么发生在像我们所处的这种知识密集型社会？对此问题有一种类似"无形之手"的解释，即认为这种做法预防了多余研究的进行，（或许作为防止进行多余研究的一个结果）它激励人们对于已形成专家知识的领域产生兴趣。另一种观点陈述的事实，为这种解释提供了基础。其实，理性的这两种意义可能会同时发挥作用，至于通过遵从专家意见而致力于认知经济学的个体，他们同样置身于促进社会知识储备增长的最佳位置。在这种情况下，对权威型知识理论持反对意见的人，无论认同哪种关于"理性"的经验性解释，他们极易受到"非理性"的指控，认为他们遵行的策略有悖于其自身目标与社会目标的高效性。

我们现在似乎已穷尽了理解权威型知识理论的几种可能性，但是，我们至今仍未在这种认识论家的领域中最明确地论述规范性问题：在哪种程度上，与各种目标相关的专家知识，通常会引发我们去探求知识？在第（2）步论证中，权威型知识理论家清晰地预设：外行的认知目标与专家的认知目标十分相近，以至于当外行投身自己的认知探索时，他可能会毫无疑问地把自己的知识建立在从专家那里采集来的知识基础之上。然而，关于权威型知识理论的分析性与经验性阐释，如果仅仅认定：某人体现出切中肯綮的专业特长，我们则应当遵从他的专家权威；那么，我们要问：这种专业特长的表现，在什么时候是"切中肯綮的"？以下三种思考将会表明：即便在一个知识密集型社会，"基于自身认识的思考"，反对诉诸专家权威的普遍性策略，这二者可能都存在各自的理性基础。

我们先看第一种思考，我将详尽阐述取材于哈德维格的文章"认识依赖"（Hardwig，1986）中的一个案例，即一位医生向一位病人建议，应当到心脏病专家那里诊治不常见的心脏病。为什么病人可能会理性地拒斥医生的诊断，一个理由就是——医生给出的医学诊断"不可信"。但是，在界定"不可信"这个词时，必须多加留意。因为我们预设，这个建议是在知识密集型社会中给出的，病人必须承认医生确实具备某些方面的医学专长。（我们会想当然地以为，这位特别的医生是病人可能找到的最胜任其职的医生。）因此，医生有时会对不常见的心脏病做出错误诊断，这个事实本身并未对病人拒斥医生的最新诊断提供充分的证据基础，因为作为一位医学专家，医生对于不常见的心脏病做出正确诊断的概率，要比任何其他专业的专家或外行都要大得多。此外，即便多数时候医生对于不常见的心脏病做出了错误诊断，只要没有其他人做出过更好诊断的记载，那么他提出的仍然是专家意见。不过，一直存在这样一种说法，如果病人对专家检验可信度的底线期待值高于医生可能达到的实际水平，那么，医生诊断可能不会尽如病人期待的满意度。例如，病人可能对医生诊断的可信度怀有较高的底线期待，因为病人为求得诊治不情愿地花费了大量时间与金钱，这些情况会作用于医生的诊断意见（例如要求病人住院），尤其在病人无法非常确定会得到有效诊断结果的情况下。

专家意见在什么时候是"切中肯綮的"？在这个问题上，权威型知识理论的辩护者竭力反驳第一种思考，他们主张：外行对于专家可信度的底线期待受到非认知因素——即外行在投入时间和金钱上的倾向——的过度影响；外行若是一位纯粹的知识探索者，那么，他受到非认知因素的影响程度将会减轻，并且会遵行医生的诊断建议。然而，考虑到这个反驳意见，专家意见在什么时候是"切中肯綮的"问题就变成：这个问题做出一个非常重要的预设，认识论家必须证明——在获取知识方面，外行与专家具有足够相近的利益，以便使外行对专家意见的遵从成为一种理性行动。有一种精明谨慎的论点可以支持权威型知识理论的辩护者，这种观点认为：医生专业特长应当切中肯綮，这个观念早已植入外行病人的心思策略中，举例来说：如果医生能够在充分可信的基础上提出医学诊断建议，病人则乐于接受。的确，病人甚至可能认为——医学专业将像现在一样取得长足的进步，只是时间问题而已。我们是如何表明第一种思考的，至少在这个问题上我们未置一词，这表明在获取知识方面医生利益与病人利益是不相匹配的。有鉴于此，我们现在必须转向第二个基础，在此基础上，外行可能拒绝遵从专家意见。

日常生活中存在许多情形，我们愿意主动地从认知上委身于专家，即便我们知道专家意见在多数时候是错误的。除了医生的错误诊断外，最生动的例子还包括：气象学家无法对天气情况做出准确预报，研究社会福利的经济学家无法对顾客行为做出准确预测，水文地质学家无法找到安全的地方用来倾倒核废料（Shrader-Frechette，1983，1984，1985）。相较于非专业判断，在多数时候，这些专家给出的专业判断仍以正确居多，这个事实本身略有自我安慰的作用。然而，正如上述反驳观点表明的那样，专家意见的错误被宽容以待，因为这些错误可能恰恰源于专家专长的相对不成熟性，但长期来看，这种相对不成熟的专长能成功地为外行提供他们所寻求的那种知识。我们的第二种思考讨论了拒斥专家意见的合理性，这里表现出一种可能，即该讨论秉持的信念代表了一种对下述问题的错误解释：一个社会的认知劳动——特别是我们自己的认知劳动——如何且为什么被分割为各自为营的不同专业。

如果只是通过将"专长"与"科学的学科划分"画上等号，而使许多问题简单化，我们会发现：历史地看，一门学科所具有的自主性呈现与保持，需要建立在这样的基础上：一套特定变量可能被成体系地独立出来，并且能够作为一个"封闭系统"，发挥主导性与支配性作用（Von Wright, 1971; Bhaskar, 1980; Apel, 1984）。于是，对于学科自主性的检验就成为：在一门学科对一系列变量进行界定的过程中，相关操作者是否具备可靠的手段，用来防止外来无关变量对已呈现的一些特定关系造成干扰。用科学哲学家更熟悉的行话来说就是：一门学科一旦能够通过隐而不彰的强力，使其他条件不变并隐含在对同类假说的公平检验中，那么，这门学科的自主性就成型了。第八章已对这些问题做了详细考察，不过，还有一个实例有助于阐明一般性观点。在 17 世纪，一旦可能建成一种虚拟的真空条件，那么，经典力学中关于质量与加速度之间的规律，将同样可能被揭示出来。此后，经典力学的专长与这种能力——在一种虚拟真空背景下，对物理现象做出可信判断的能力——密切联系起来。

相较于物理现象，人的健康、天气预报、理性选择是更难解读的现象，很难对它们做出可信判断的主要原因在于：这类现象是多种变量交互作用的产物，多变量之间形成的交互关系十分复杂，至少在目前阶段，只能非强制性地做出任何一种其他条件不变的解释。例如，某位经济学家可能做出一种线性预测：当某种商品的供应增加而需求减少时，这种商品的价格必定下降。根据一种新古典经济学原理可以证实，这个预测在多数时候是错误的。但是仅仅根据这种新古典经济学原理做出经验性证伪，可能会忽视两类知识之间的差异：一类知识是经济学家感兴趣，他们是经济学学科的实践者；另一类知识是外行人感兴趣，他们是市场中的经济行动者。对此，经济学家会迅速指出：这个线性论断隐含着完全自由竞争状态，其中没有政府干预，是理想的效用最大化状态。然后基于下述两个基础条件之一，这位经济学家继续为经济学的自主性辩护：他主张（i）在一种理想的政治或经济环境中，上述条件及其后续结果将会发生；他或主张（ii）这个原理的应用条件严格限定为"完全自由市场"（perfect markets），真实的市场在其中只是不入流的低级观点。然而，有的外行对于如何实现一种稳健的投资策略感兴趣，对他们而言，经济学家说的不过是：从这个封闭系统中得不出直接外推法（direct extrapolation），而在这个封闭系统中，经济学家针对"未被学科化"环境中存在的复杂现象提出假说并检验假说，这种环境激励着外行付诸行动（Lowe，1965）。

这种状况可能对经济学家和投资者长期以来的关系有所改进吗？换言之，经济学的进步是否包含对投资者质疑能力的改进？同样的问题也可以针对医生、气象学家与水文地质学家提出，外行很有可能从他们那里寻求专家知识。至于还有一种情况，就是"科学内史"探讨的问题，主要源于特定学科内部发展所产生的问题，由此看来几乎没有理由去思考：专家与外行在认知目标上走向趋同合一，但这个势头已近在眼前。的确，值得注意的是，在整个19世纪——将认知劳动分割为不同学科的巅峰时期——认识论家经常表达一种担忧：一种巴别塔（Tower of Babel）正在取代以亚里士多德式学科大全为典范的科学统一性。然而，英国哲学家斯宾塞通过创造性地提出一种社会达尔文主义，从其他许多人中脱颖而出，成功地缓解了这种担忧。斯宾塞认为：正如器官实现功能区分标志着生物学进化一样，同理，将知识探索进行学科化，是认知进步的象征（Cassirer，1950）。可能正是斯宾塞的类比，它继续通知直觉——一种知识密集型社会特别适合处理由外行人提出的问题。

尽管如此，持续增长的实证研究表明，随着各学科沿着学科内在规定的问题域进行探索，各学科的从业者变得不再倾向于集合全力探索普通公众关心的问题。这种趋向体现为政府必须强化财政刺激力度，才能吸引科学家远离他们习以为常的研究路线。我们来看一个已展开充分研究的实例，这种做法的理由更是昭然若揭。关于癌症研究的多数难题——无论在设定研究战略还是整合研究成果方面——取决于来自门类广泛、差异明显的不同学科背景的从业者——从分子遗传学到公共卫生学——能够达成共识，例如，他们共同的研究主题在认识上有赖于相关各门学科的研究，这个整体研究堪为一种解决方案，或是接近一种解决方案的研究进展，甚至关系到如何对"癌症"进行定义与认定（Hohfeld，1983）。由于癌症的疑难问题主要来源于外行，所以它们是"未被学科化的"问题，这些难题没有现成答案，求解难题唯一的行动进程似乎就是进行跨学科协商，这是一个各方少有相互理解的艰难历程——详细说明见下一部分。

对于这个问题，权威型知识理论的辩护者以其一贯不服输的姿态，可能会反对我们提出的第二种思考。反对者认为，第二种思考可能否定了一个昭然事实：在关注与处理外行的认识需求方面，无论专家一直表现得多么不情愿，或他们有所作为而未能奏效，但是对于满足外行需求而言，专家仅有的表现具有改变故态的积极意义。如果我们考虑到在塑造外行的认识利益过程中专家扮演的角色——特别是以对外行质疑给出堪称可接受的答案为依据，专家仅有的表现看上去是一种理性的回应。然而，很大程度上，专家对外行认知利益的"塑造"一直是在无意中进行的，正如外行不加批判就可以假定灌输给他们的信息无疑是最恰当的，也仿佛专家自觉地以为自己传播的这些信息是最恰当不过的。例如，并不稀见的是，只要政客能够持续注资支持科学研究，科学家就可以任由政客的意志来构画自己的科学研究（Haas, Williams & Babai, 1977）。考虑到附着于科学研究之上的社会声誉，政客通常十分乐意对政策问题进行重构，以满足信息传播与众人皆知的需要，基于这种心理趋向，政客善于过早地宣布——经济运行是平稳的，或核反应堆是安全的。因此，在完全承认这个判断——为满足外行的认知需求，专家已做出有益的努力——之前，我们必须有一种方式，可以判定这种情况——由于专家的努力，为满足外行的认知需求在哪种程度上已发生了改变，这种改变是否确实在持续向好地发展。一种方式是通过对专业知识进行解构主义社会史的研究（柯林斯是这个方向的开创者，参见 Collins, 1975, ch.8）。另一种方式或许更适合认识论家的口味，它通过制定程序化指南，引导外行与专家进行协商，使专家研究结果的切实有效性能够担得起外行对此的利益诉求。这类程序化指南可能构成我们第三种思考——也是最后一种思考的基础，它反对采用一种遵从专家权威且具有普适性的政策。

众所周知，马克斯·韦伯将社会科学的角色规定为一种社会政策（Weber, 1964, pp.50-112），这种社会政策针对的，是采用另类手段来实现政策制定者设定的目标、判定这类手段是否具有可行性的事业。韦伯允许科学家做出的唯一价值判断，就是基于效用性为特定手段提供强有力的证据支持。但是当然，这种基于手段和目标对科学家与政治家做出的区分，难免太过简洁。一位经济学家揭示，为实施一项人为平衡的预算而可供使用的一切手段，都会产生出意料之外的副产品，这种情况可以合理地解读为：它为取消人为平衡的预算目标提供了一种隐性论据。这个例子揭示了外行—专家相互作用的核心机制。在第一轮相互作用中，外行提出一种渴望达到的目标状态，专家通过诊断出其他状态作为回应——就是说，这是将一种有效手段付诸实践，得到意料之中与意料之外的两种结果——因此，外行可能不得不忍耐心性，等待实现自己渴望的目标状态。权威型知识理论的辩护者毋宁终结双方在此的互动，认为外行应当完全听从专家建议，否则外行会被认为是非理性的，并因此受到谴责。然而，外行可能重新获得了与专家相当的认识平等性，外行可以决定专家诊断出的这些新增状态是否与以下两种状况相匹配：一是外行初始设定的目标状态所包含的利益，二是其他类型理想的目标状态，外行认为这种状态与他的初始目标可以兼容。这种信息——一种总体令人满意的未来可能会是什么样子——通常不掌握在专家手中，然而它对于专业知识的理性运用却具有决定性作用，我们将其称作乌托邦式认识论（utopian epistemology）。正是这种类型的知识，它可能会训育外行不要为核能背书，或不要接受某些特定医学治疗，无论专家所说的事实多么具有可行性。

2. 专家知识的政治化与去政治化

外行认为自己作为专家的认知同伴，现在可以在公共论坛上出现了，恰是此时，外行符合了一种形式更彻底、更耐人寻味的去政治化趋向。赫伯特·西蒙，从组织管理理论家转而成为认知科学家，他为这种专家最新战略提供了来源（Simon, 1986）。在关于公共政策的争论中，西蒙运用一种可能被认为的穷举法，把价值问题转变为事实问题，以至于客观存在的价值问题仅仅成为一种技术性应用。西蒙有一个生动实例——我们可能会怎样评价希特勒实施的灭绝犹太人政策,我们来分析这个实例。这个政策通常受到的挑战在于,它违反了"人的生命神圣不可侵犯"这条底线,正如只要希特勒做了与我们深深尊奉的价值背道而驰的事,他可能就会受到指摘。无疑,这些最基本的实例极具说服力,它们传达出一种印象——我们几乎不比希特勒具有更多理性。因为这个论点似乎认为,希特勒的价值观与我们的价值观存在冲突,与我们持共同价值观的人,要多于与希特勒持共同价值观的人,因此,我们的价值观占据了上风。根据西蒙的观点,一种更为理性的策略,将会挑战作为希特勒政策基础的那些事实:假设犹太人像希特勒坚持认为的那样是个巨大威胁,那么就会存在将其灭绝的基础。与这些基础相关的事实,关系到犹太人在政治活动与经济活动中的参与程度及其产生的效力。西蒙的研究策略缺少了人的情感因素,客观上看,情感尤其是上述事件的构成因素,因为通过情感判断可能极易表明:希特勒的事实断言是错误的,由此可以从客观基础上决定性地摧毁他的政策。

现在来看一旦将外行置于希特勒的地位上,他们遵从"专家统治"所导致的严重后果。每当外行表明他所渴望的某些目标状态时,专家只需对该目标状态预设的关于社会世界因果结构的事实进行考察,然后表明这些事实不符合要求。这样做过几轮之后,外行期待的乌托邦已然被彻底打磨成显然在专家掌控之内的一件事。尽管西蒙未能清晰地得出这个论断,但是他的研究策略强烈地表明:值得争论的实证主义理论总是无法解决问题,因为实证派理论家拒绝以公开面对经验性检验的方式进行讨论。用我们的话说,就是实证主义一派拒绝将这种争论去政治化,如果将争论去政治化,那么需要引入第三方对该争论进行仲裁,第三方可以进入由争论双方分别预设的事实详加辨析。

我们刚才已经看到公共政策争论如何可能去政治化,一旦专家在外行眼中成为一种"联合阵线"。然而,应当注意的是,面对其他认知权威正在逐渐向自己的研究领域渗入,这些专家通过把自己建树为规范标准的权威,于是他们可能开始转向运用种种政治计策。这一点在韦伯看来,是经济学论证中隐藏在价值判断背后的那种动机(Weber,1964,ch.1)。在更早于韦伯所谓"动机"的阶段,我们发现了这个过程的线索。显然,理想中的效用最大化者采取的行动,并非现实世界中各种市场行为的来源,认识到这个问题时,新古典经济学还没有自然地归于寿终正寝。相反,新古典经济学家运用一种近道德式权威(paramoral authority),谴责现实世界中企业家和政策制定者的行为,未能接近他们的理论模型所认识到的理性。因此,新古典经济学从被事实证伪的被动评价,转而成功实现了主动评价——认为那些同类事实是非理性的。鉴于人文科学中的争论连续不休且总是漫无目的,有人禁不住会得出结论:通常而言,规范标准的权威是"更高层次的基础",在这个权威面前,当学科中的理论面临被经验性检验证伪的危险时,学科应当妥协退让。

事实上,尽管西蒙正在运用去政治化策略,但与此同时,可能还有一种内在固有的崇尚专家知识的倾向正在变得政治化,这种倾向至少可以视作一种教训,它由澳大利亚科学哲学家兰道·欧伯利在其著作《客观性的政治学》(Randall Albury,1983)中提出。欧伯利体察到客观性知识观念中存在的一种悖论:客观性知识被认为是历经严格检验的结果,在此基础上,科学共同体才可能达成共识;社会在很大程度上也有赖于客观性知识,需要科学家关注的最迫切的社会问题,就是尚未经受这种严格检验的问题;因此,此类问题在科学共同体中通常不会形成清晰的共识。回想前述关于癌症的例子，在采用哪个学科的标准来说明某种疾病已被攻克时，政治因素确定无疑地参与其中。例如，人们应当只看到目标人群死亡率的降低，还是也应同时在显微镜下观察到真实摧毁癌细胞的现象？政策制定者就这个问题给出的答案，不仅意味着参与癌症研究的相关学科具有认知优先权，而且意味着在资金来源方面他们也处于相对优先的地位。毋庸讳言，机会主义与知识分子短视主义的污浊结盟，使相关学科的那些一线实践者不知如何处理此类优先权问题。

可能会得出一个错误结论：由于复杂的认知问题需要诉诸政治解决，可以推论，科学专业知识的客观性已被迫做出某种方式的让步。对于这个观点，科学研究领域的德国"终结论"学派（Finalizationist school of Science Studies）已做出掷地有声的阐发（Schaefer, 1984）。他们认为，高层次科学研究可能会经历两种截然相反的方向，实质就是精细化方向（intensification）与拓展化方向（extensification）。个体在梳理组织自己的认知，使其最大程度实现系统性或可检索性的过程中，必须进行一种基本的权衡，从而做出取舍与交易，精细化方向与拓展化方向分别就是这种权衡与交易的社会投影（Hirsch, 1987, ch.2）。

一方面，研究目的可能是增强系统性，或称作精细性，通过对介于以下二者之间的领域进行探索——一方是已经成型的现有学科（明显的例子包括"社会生物学"与"生物化学"），另一方是我们极致的探索能力（例如粒子物理学与天文学），毫不夸张地说，以此实现在知识系统中"填补鸿沟"的目的——这是现有学科一直在集体（且经常是含蓄地）宣示和详加阐释的研究目的。另一方面，研究目的可能是增强可检索性，或称作拓展性，通过将现有各种学科集成一种模型化的现象——例如最切实具体的经济学问题与公共健康问题——它们比现有学科在其自身领域内研究的现象更为复杂。由现有知识源源不断地生发出更多知识,这是基础研究与应用研究描绘的知识路径,精细性与拓展性大致与这条知识路径相呼应。这两种方向中任何一方的发展,可能都会构成科学进步。但是,这两种方向与积极乐观的民间智慧相反,它们不是同一种方向。其实,可能的情况是,不断增强的精细化趋势,超出了学科集群式发展中特定的某一点,但它可能带来的仅仅是在边缘认知与实践方面的收获,因为这种精细化趋势在代表一种拓展化的知识政策而发声。

此外,欧伯利主张,科学具备客观性的自我形象,对于自由民主而言,这是一种良策。有一种最显而易见的方式,可以证明这是一种良策:政府——很大程度上是社会——从对基础科学研究进行的分割拆解中收获了利益。对于这个论点的思路,欧伯利却将其贬斥为——它给出的迷思要比真实多(相关证据参见 Mulkay,1979)。相反,欧伯利认为,源于科学客观性形象的自由民主,正是沿袭了密尔、杜威与波普尔的传统,将科学公开地展示为——它是一种完美的缩小版的政府(即从拆分基础科学研究中受益的政府)。因此,如果可能在"开放社会"中生产出客观性知识,根据这个事实似乎表明,在社会中对自由民主的追求很大程度上可能是合法的。欧伯利对这种思考方式抱以同情的态度,但是他相信,科学体制日益增长的民主趋势,要求取消科学体制中存在的自主性裁量,至少要消除这种自主性裁量所奉行的研究路线。欧伯利的思想框架类似于德国终结论者的政策立场,在此框架内,研究可能采取多种不同的方向,受其影响形成由不同利益群体构成的公共论坛,必须将研究拿到这个论坛上接受非常严格的检验。无须在科学研究的客观性上打折扣,这种指向政治化的行动,将迫使科学家在公共论坛上阐明自己的立场,而不止于科学家已经习惯的严格的专业检验。为了确保这种民主性的增长是一种真正的批判性检验，而不只是一种知情同意式检验，批判性检验不仅要求公众对科学家进行反复质疑与证明，而且要求科学家之间也必须进行反复问难与证明，以便使科学家互相阐明彼此运用的修辞法，揭开科学修辞背后神的秘性。

然而，最后看来，欧伯利似乎打出一幅极其精美的平衡图景，因为从民主政治与认知权威主义自身的纯粹形式来看，二者是极不相容的一对矛盾。例如，费耶阿本德对欧伯利的评价是（Feyerabend, 1981b, ch.4）：他看到了科学自治的不可能性，"自治"民主需要根植于一种更大范围的民主，而科学内部自治的做法，只是针对质疑与探究的自由交流竖起了障碍——在公然自诩为自由社会的科学飞地中，欧伯利的洞察的确属实。不过，费耶阿本德接下来可能会提醒欧伯利，作为"科学方法"象征的批判理性主义，最初在古代雅典的城邦论坛上行之有效，其中讨论的主题不存在制度化的边界限制；因此，通过科学方法获得的知识以及科学方法本身，都同样接受了反复质疑与证明。这种做法的一个结果，就是在希腊哲学中怀疑主义相当盛行。同理，当代世界对批判理性主义的执着追求，可能恰好从根本上破坏了科学研究的认知权威，尤其是通过表明——科学研究没有向我们提供我们想要的结果，或科学研究只是为我们提供了一种退而求其次的问题解决方案。当然，政府对科学提供保护可以防止上述情况的发生，通过政府保护，公共批评将只能具有仅此而已的效力。欧伯利将这个效力向前拓展了一小步，但是，为什么不能从始至终——践行一种纯粹的参与式民主？

为了接近一种更具权威性的解释，欧伯利以开放的姿态，面对来自坚定反对费耶阿本德观点者的批评。为什么不能把对科学方法进行理性批判的任务信任地交给公众？如果继续追随辩证法的话，我们可能会说，这个问题的原因在于：人们通常表现出认知偏好，这使他们对于可信度、有效性之类指标做出错误的判断。其实，科学训练的全部重点就是消除这些认知偏好，尽管如此，科学家还是经常绝非故意地陷入同样的认知错误中；因此，大卫·福斯特呼唤一种组织严密的研究人员共同体（David Faust，1985），这个共同体的成员必须对相互之间在研究中出现的错误特别敏感。此外，公众明辨自身利益的能力如何？科学如何可能最好地为公众利益服务？甚至在对这些问题的估量上，欧伯利可能表现得太过宽宏。越来越多来自迥异学科范式的研究——例如实验社会心理学、心理分析学、马克思主义——指出，普通人显然无法胜任对自身的情态与利益做出判断，同样，普通人的这些行动过程最有可能导向他们想要如期发生的结果（Nisbett & Ross，1980）。因此，如果欧伯利真正希望，在科学研究可以接受的方向上，公众利益能够得到更充分的表达，那么，他必须把这个思想再向前推进，即认为：公众能够完全胜任地表达自己的心声。将这种认知权威主义引向它的逻辑极限，会得到如下观点：公众有资格做出的唯一决定，就是给予社会科学研究更多资助，以便从许多极易产生误导的事情中——诸如人们的言行举止——判定"公众利益"的认同所在。

附录三 知识政策研究：
研究生核心课程设计的几点说明

（1）"知识政策"思想有一个预设，认为可以将构成学术的学科当作社会建制来对待，围绕学科进行的种种活动，可能且应当在彼此之间进行协调，这些活动同样可能且应当与其他社会建制相互协调。"知识政策制定者"是一位官员，他必须具备这样的专业能力：不仅具备通常应有的管理与行政技巧，而且还应在哲学与"科学学"研究专业接受过正规训练（Price，1964）。设计这样一门课程，它的灵感完全源自"社会学之父"孔德提出的"实证主义政治学"（positivist politics）（Comte，1974）。不过，这门课程远不止于其迷人的哲学气质，迄今为止，走在社会民主制度前列的许多国家，如法国、瑞典、荷兰，已经开设了这门课程。受到这门课程鼓励的读者，将他们接受这门课程教育的详细地址写下来，当然这些机构与地址也不同于这门课程迷人的哲学气质：法国国立巴黎高等矿业学校创新社会学中心（60 Bd Saint-Michel，75006 Paris）；瑞典大学与学院国家委员会高等教育研究分会研究与发展小组（P.O.Box 4501，S-104 30 Stockholm）；荷兰阿姆斯特丹大学科学动力学研究院（Nieuwe Achtergracht 166，1018 WV Amsterdam）。

（2）"科学家"（广义地包括一切人文与社会学科，同德文的"科学"）至今仍对知识政策的可能性抱有怀疑态度，因为作为官员的科学家，他们典型地对于短期政治考量过度敏感，而对于同理论和实践知识探索事业密切联系的长期利益，他们并不敏感。不过，考虑到他们具备的宏观管理视野，从对认知事业的集体成果的理解方面来说，相较于作为个体的科学家，这些知识政策制定者所处的位置实质上更为有利。因此，知识政策研究（knowledge policy studies）专业的目标，就是培养一种具备专门类型决策能力的官员，这将为科学家注入信心，让他们相信：在应当如何进行知识探索事业的问题上，政府可能会说出一些具有认识旨趣的内容。

（3）此外，知识政策研究将为哲学训练提供一种社会建构性出路，大学系统中的相关学系已经开始主动接受贯穿20世纪不断增长的各种质疑。哲学家仍然依照传统，学习在重大规范性问题上如何进行推理，但更为常见的是，他们运用一种纯粹先验或"概念"的方式进行推理——这种方式或将现实情况排除在外，认为它们是"不可能的"；或"可以允许"将现实情况包括在内，作为具备实效性之物和缺乏实效性之物的无差别的混合体。知识政策研究，允许哲学家继续针对应然问题进行推理；与此同时，在一种彻底的自然主义框架内，实施力（implementablity）发挥作用的方式体现在，它作为已获哲学认可的论断的一个约束条件。

（4）其实，甚至可以这样认为，知识政策研究将会使哲学推理得到改进与提升：无须受到实用性约束（pragmatic constraints）的哲学家（以及一般意义上的人文学科从业者），以非批判性的多元态度对待知识探索事业，有鉴于此，知识政策研究针对围绕一项研究可能展开的一切研究路线进行实质性探索，强调不同研究路线的"内在固有价值"，而非为了实现一些渴望的预期结果，仅仅指出各种问题解决方案的能力与缺陷。无论如何，确定无疑的是：基于教育学情境，通过这项研究生计划的培养，学生可能会拒斥未经审慎思考的多元主义，并且"深入"思考各种行动可能产生的多种相关性价值。这种情况得以实现的重要条件是：将哲学问题定位为一种实践问题，它针对可以替代常规方案且具有可行性的另类方案，探讨如何将一些稀缺资源——诸如时间或资金——用来支持这些另类方案。[需要强调的是，我在中立意义上使用"实用性约束"这个词，正如波普尔（1957）区分的"整体化"与"碎片化"管理方式。因为知识政策的一个目标，就是提升我们对特定知识政策实施结果进行监督的手段，实施力作为评判政策的一个约束条件，随着对政策效果监督能力的提升，可以使实施力水平得以拓展。]

传统哲学家有一种倾向，他们惯于把自己所提出论点的生命力，建立在自己所论证问题内部的基础上；通过使哲学家对实用性约束保持敏感，他们必须在实用性约束条件下做出规范性判断，因此，变革后的哲学家还会对传统哲学家的那种倾向施加反作用。关于科学发展连续性问题展开的哲学争论轨迹，是可以说明上述观点的极佳实例，部分内容已在本书第三章做了论述。费耶阿本德揭示了科学进步中的不真实性与不可行性，作为一种历史性存在，后一种理论从逻辑上包含了前一种理论的这些缺陷（Feyerabend，1981a，ch.4）；此后，普特南等人力求把握住隐藏在包含主义观点背后的"直觉"（Putnam，1978），即早期理论的某些内容存留在后期理论中，"指称因果性理论"由此而生（Schwartz，1977）。如果过去能够严肃对待费耶阿本德的观点，比如说，这种直觉——相对论力学很大程度上"建立在"牛顿力学基础之上——只能当作我们民间科学史中的一种资料而已，就是说，一种天真的（即便它是根深蒂固的）信念可能无力支持来自经验的认真检验。然而，正如天真信念对于经验检验的实际支持一样，哲学家已将这种天真的直觉升级到一种"先验性"地位，使其成为一种信念——离开这种直觉的先验性，任何科学史都将被认为（假设式地推测）是难以置信的。因此反讽的是，费耶阿本德对主流实证主义科学进步理论进行批判的实例，通过进行逻辑上的归类，所能产生的唯一效果，就是消除了这种认识——由于特定理论具有由想象推定的目标（即认为科学具有连贯性），因此在哲学上，该理论相较于它从前的形式，已成为一种更加确定无疑的理论存在。这种认识只是众多同类案例中的一个 [其中以斯特劳森的著作《个体：试论描述的形而上学》（Strawson，1959）最为著名]，其中经验性证伪的威胁已产生的实际效果，就是揭示了以下真相：把一种民间直觉升级为一种先验性条件，因此创造出一种错觉，即认为哲学家处理的是一种特殊类别的对象，其他科学则无法触及这些对象。

（5）相较于哲学家愿意承认的情况，知识政策制定者作为官员，他们的行为更具有哲学意味。迄今为止，哲学家总是寻求对不可通约性概念进行推理的种种途径，他们认为：每种不可通约性概念——无论它是关于正义或真理的许多概念中的哪一种——以其各自的方式表现出它们的魅力，而且在某种适度抽象的水平上，这些不可通约性概念可以同其他概念进行对比并做出评价。根据赫伯特·西蒙关于管理者作为"最低限度满意者"的理论模型（Simon，1976），官员同样经常被迫对各种考量权衡轻重——例如效率之于准确性（efficiency versus accuracy）、功效之于均衡性（efficacy versus equity）——这些标准既无法同时做到最大化（尽最大可能地如其所愿），甚至也不能与某些清晰的度量标准做比较。这种情况再次迫使官员把那些考量标准翻译成某种媒介物，于是，这种媒介物将赋能这些官员，使他们能够在之前不可通约的概念之间展开比较。由于允许进行比较的各种要素间存在显著差异，因此，为实现功效与均衡性标准，将需要耗费相当多的时间成本和金钱成本。

（6）当我们把这种"边界受限的"理性观念拓展到知识政策领域时，知识政策制定者将必须设计出一种媒介物，通过它，各种不可通约的研究方向就变得可以比较了。无疑，这种媒介物的性质将受到两个因素影响：一是政策制定者应对的那种普遍性，二是与这种普遍性伴生的那类不可通约性（March，1978）。例如，对一门学科中存在的各种竞争性研究纲领进行比较，其中包含的考量标准，迥异于在诸如自然科学领域各种竞争性学科之间进行比较时采用的标准；进而言之，在自然科学与社会科学和人文学科之间进行比较，同样存在独具特色的考量标准。上述不同比较对象之间的媒介物，自然包含一些常见的标准——诸如"成本""收益"与"风险"，当处理知识政策时，经济方面的成本、收益与风险，叠加认知与政治方面的成本、收益与风险，这个事实将会使常见标准变得复杂起来，在一一对应的基础上，经济与认知和政治叠加的情况，无法映射到单一的经济学标准中。（我用"认知"一词，意指针对知识生产过程本身展开的一种特定研究路线产生的净影响；用"政治"一词，意指社会中权力平衡产生的净影响——如果能够证实一种特定研究路线是有效且富有成果的，认知抑或政治，哪方可以从中受益？）

（7）知识政策研究专业研究生培养计划的核心课程，由三门课程组成。

（a）《跨意识形态政策制定的艺术》（*The Art of Transideological Policymaking*）：这门课程旨在培养学生区分政策的必然性特点与非必然性特点的能力，以便使必然性政策特点可以适用于任何碰巧能够掌权的政治意识形态。权谋政治家（马基雅维利主义者）有能力将这些必然性政策特点神圣化，此外，他们至今仍热衷于传统上对政治的形而上学追求。其实，权谋政治家应当作为一种标准模型，因为大多数政策创始者以及政策制定者，变得公然醉心于为他们原本的政策方案涂饰上具有意识形态色彩的语言，相反，他们不再关注政策实施可能真正产生的实际影响，他们采用较少引起争议的方式来表达政策内容。在知识政策制定过程中，对于权谋政治术的需求尤为迫切。实质上，探索知识的事业如何进行，对于科学研究的连续性以及科学知识的生命周期具有决定性影响。反之，科学研究的连续性以及科学知识的生命周期有一种预设——知识生产能够至少部分做到与日复一日的各种政治压力相隔离。于是，权谋政客的扭曲之处在于：将这种预设的隔离与研究成果真实的适应性等同起来。这门课程的目标之一，就是使学生对于一项政策建议在必然性与非必然性方面存在的差异，能够形成清晰的认识；至于权谋政治型政策制定者，他们能够防止将一项政策的适应性变成仅仅是顺服屈从，就是说：他们通过对自身提出政策建议的必然性层面进行界定，以便恰恰将这类内容——他清晰地知道专家权威远在政治家权威之上的内容——包括在政策之中。当然，这种界定具有高度的人为性，它意味着：真正成功的知识政策制定者，必须有能力将明显的意识形态问题（在这方面政治家是"专家"）变为技术问题（在这方面政策制定者拥有最终话语权）。

这门课程的阅读材料，就是所谓语义学进路的政治学著作 [不同进路表现出各自独到的专长，它涵盖广及从萨缪尔·早川著《思想与行动中的语言》（S. I. Hayakawa，1949）到威尔顿著《政治学语汇》（T. D. Weldon，1960）的领域]，这些著作皆擅长对渗入意识形态的认知情形做出精彩辨析，就是当重要的认知意义在无意间流露出意识形态话语时，语义政治学直指其中堂奥。更具一般性的阅读材料是这类文献：它们具备一种法律能力，能够将参与竞争的各方利益进行中立化与客观化，这种做法迫使法官在审判时，能够做出可普遍适用于未来同类案例的判决；这种做法，不仅可以满足一种显而易见的伦理标准，而且可以用来提升法律的层次，使法律成为一种编码化的知识体系（Luhmann，1979）。

（b）《知识政策的预测与诊断》(The Prognostics and Diagnostics of Knowledge Policy)："预测"旨在思考知识发展的总体门类与进程，"诊断"则关注政策制定者用来鉴别当前环境的手段，"当前环境"指知识发展过程中一个特定阶段的实际情况。预测与诊断的区别，基于哈耶克对经济知识做出的区分（Hayek，1985，ch.2），一种类型为"理论"知识（经济学家为之奋斗的知识——在封闭世界中运作的一般原理），另一种类型为"历史"知识（经济学代理人为之奋斗的知识——对于偶然发生在某个系统中某一点上的情况，试探性地发现其中具有决定作用的知识）。这两类知识必须被区别对待，原因在于：政策何以失败的理由，不是因为政策制定者没有正确的分析工具，或没有正确的经济学原理，导致他们无法拟定适恰的政策建议；而是因为对于当前状态的知识，他们未能充分掌握这类知识的身份特性：例如某个特定学科处在它的"繁盛期"，还是处在它的"衰落期"。对于这类问题的解决，科学哲学至今于事无补，因为它无视这一事实：科学家除去选择哪一种理论有效之外，他们还必须选择在怎样的时机来选择这种理论。如果选择一种理论是一次预测实践的话，那么，选择什么时机则是一次诊断实践。

这门课程的阅读材料，包括科学运动学（the science of science movement）这类主题，例如文献计量学和其他关于科学指标的著作（De Mey，1982，chs.7-9）；同时配合阅读反事实历史分析（the counterfactual historical analysis）方面的著作，反事实历史分析法由"新经济史"学派付诸实践，由政治学家埃尔斯特在其著作《逻辑与社会：矛盾与可能的世界》（Elster，1978）中实现了理论化。这两种方法最近已结出丰硕成果，体现为埃尔文和马丁的合著《预见科学：择出赢家》(Irvine and Martin, 1984)。[应当注意，科学哲学家与科学社会学家总是无视文献计量学家近年已取得的进步，现在，这种进步使文献计量学家不仅有能力构建起一门关于多种学科的地理学，而且能够在协同引用上述两种分析方法的基础上，为每门学科构建一种"集体叙事"。详见 Small & Garfield（1985）与 Small（1986）。]

这门课程也关注波普尔在其著作《历史主义的贫困》(Popper, 1957) 中提出的问题，即知识政策建议必定包含一些预言性因素，这类预言性因素具有自我实现与自我挫败的性质。美国著名哲学家诺齐克在多部著作中也关注到同样的问题，他将其称作知识生产中"被隐藏的"手（由于人为设计而失序）(Nozick, 1974, pp.18-22) 和"看不见的"手（因随机自组织而有序）。在处理这类问题的哲学著作中，以德裔美国科学哲学家尼古拉斯·雷舍尔的著作《科学进步》(1979) 最独具一格。

（c）《知识政策管理学》(*The Administration of Knowledge Policy*)：这个总标题包含两方面的内容，即为实现有效的知识增长，需要进行的规范设计，以及如何将规范贯彻落实。管理者在处理其他方面的社会生活时，一贯遵照传统地认为：规范是有益的，即便它们无法系统地强行付诸实践（例如即便每一个犯罪无法全部得到惩处，但是，相较于根本不惩处任何犯罪，惩处一些犯罪显然要好得多。）然而，具体到知识政策制定的情况，问题就没有惩处犯罪那样显而易见，因为真正的知识增长，要求多种学科与研究纲领能够可靠地建立在彼此研究工作的基础上：在知识生产的某一点上出现的虚假或错误，都可能彻底毁掉知识生产的全过程。因此，对于设计规范的知识政策制定者来说，安全保险是首当其冲的要务——相较于指导社会其他部门的管理规范,安全保险在规范设计中具有更高的系统性与强制性。这种做法可能导致一些传统的科学规范——如实验验证,众所周知这是最难通过强制手段来实现的一项工作——不再受到应有的注意。还有另一种可能性,知识政策制定者不是提高规范的强制性要求,相反,他们唯以成功的公司高管之马首是瞻,当这些公司高管进行管理时,给予构成整个生产过程的局部单元最大程度的自主权(这可能意味着一个工厂,或是知识政策案例中的一门学科,就会竭尽全力去出色完成它们的日常工作),这与公司(或集团)工作对于随时可能出现的错误具备包容、修正与自我消化完善的能力相一致(Peters & Waterman,1982)。对跨学科际的知识借鉴进行规范管理,是一个特殊领域,知识政策管理者还可以在此提出有趣的认识论问题,举一个形象的例子来说:在什么情况下,可以允许一位形而上学家凭借量子力学中的测不准原理,为自由意志的存在提供辩护?就是说,这位形而上学家如何在其他学科的研究与自己从事的研究之间建立相关性?

  这门课程的阅读材料,主要包括知识生产必须"被动接受管理"的两个领域的内容。首先,关于将知识进行文本化与编码化的确切过程。学生需要了解:不同学科喜欢使用的各不相同的写作风格,以及它们在引证举例方面的各异做法,不同学科在回应各种社会—智力需求时运用的不同方式;通过这种途径,学生开始逐渐明白:这些惯例规范发挥的强制性作用,如何在基础层面,使被生产出来的知识发生了改变。在这个重要的研究领域,美国加州大学圣芭芭拉分校教育系文论与写作研究教授查尔斯·贝泽曼的研究一直独领航程。其次,关于认知劳动更加清晰的分工模式,以及认知劳动分工对知识生产、分配与消费可能造成的潜在影响。有些时候,我们会引用两位社会学家的研究成果,一位是英国曼彻斯特大学组织社会学教授理查德·惠特利（Richard Whitley，1986），另一位是美国宾夕法尼亚大学社会学教授兰道·柯林斯。此外，在知识生产领域，内部批评与外部批评扮演着不同角色，关于这个问题，一批实证性研究成果正在陆续出版（Campbell，1987；Neimeyer & Shadish，1987）。从理论上看，"实习课程"是对各个领域阅读材料的必要补充，学生通过实习课程，有机会亲身体验且不断接近知识传播（出版社与编辑）与知识消费（广大读者）渠道的另一种写作实践和写作方式。

参考文献①

A

Aarsleff, Hans: 1982, *From Locke to Saussure*, University of Minnesota Press, Minneapolis. (《从洛克到索绪尔》)

Abir-Am, Pnina: 1985, "Themes, Genres, and Orders of Legitimation in the Consolidation of New Scientific Disciplines: Deconstructing the Historiography of Molecular Biology", *History of Science*, 23, pp.73-117. ("新科学学科整合中的主题、流派与合法性规则：解构分子生物学的历史编纂法"，《科学史》杂志，张峰译，重庆：重庆出版社，1993)

Adorno, Theodor: 1973, *Negative Dialectics*, Seabury Press, New York. (《否定的辩证法》)

Adorno, Theodor (ed.): 1976, *The Positivist Dispute in German Sociology*, Heinemann, London. (《德国社会学中的实证主义争论》)

---

① 富勒在本书"前言"中表明，"为了便于阅读，我还是省去了脚注"。因此，他的引文出处用括号形式置入正文中。为保证原作行文的整体性，译者只在正文中译出几个非译不可的引文名称。此外，与富勒及社会认识论议题密切相关的两部著作，其汉译书名存在明显的结构性谬译，例如《科学的统治：开放社会的意识形态与未来》（应为《科学治理：意识形态与开放社会的未来》）；《知识与权力——走向科学的政治哲学》（应为"走向一种政治性的科学哲学"）。有鉴于此，为方便读者直观理解与核检原文，特别是与本书正文配套阅读，译者将每条参考文献中的书名、文章名、期刊名做了翻译，同时补充了已有汉译本的著作信息。——译者注

Albert, Hans: 1985, *A Treatise on Critical Reason*, Princeton University Press, Princeton.（《论批判理性》）

Albury, W. Randall: 1983, *The Politics of Objectivity*, Deakin University Press, Victoria (Australia).（《客观性的政治学》）

Althusser, Louis: 1970, *Reading Capital*, New Left Books, London.（《读〈资本论〉》，李其庆、冯文光译，北京：中央编译出版社，2008）

Anderson, John: 1980, *Cognitive Psychology and Its Implications*, W.H. Freeman, San Francisco.（《认知心理学及其寓意》，秦裕林等译，北京：人民邮电出版社，2012）

Apel, Kar-Otto: 1984, *Understanding and Explanation*, MIT Press, Cambridge, Mass.（《理解与说明》）

Arnold, Matthew: 1972, "The Function of Criticism at the Present Time", in C. Ricks (ed.), *Selected Criticism of Matthew Arnold*, Oxford University Press, Oxford.（"批评在当今时代的功能"，收录于《马修·阿诺德评论选集》）

Austin, John L.: 1962, *How to Do Things with Words*, Harvard University Press, Cambridge, Mass.（《如何运用语词来做事》）

Ayer, A.J.: 1952, *Language, Truth, and Logic*, 2nd ed., Dover, New York.（《语言、真理与逻辑》第2版，尹大贻译，上海：上海译文出版社，2006）

B

Bachelard, Gaston: 1985, *The New Scientific Spirit*, Beacon Press, Boston.（《新科学精神》）

Baker, Gordon: 1977, "Defeasibility and Meaning", in Hacker & Raz (1977), pp.26–57.（"祛可行性与意义"，论文收录于同名著作中）

Baldamus, Wilhelm: 1976, *The Structure of Sociological Inference*, Barnes & Noble, Totowa, N.J.（《社会学推理的结构》）

Barber, Bernard: 1952, *Science and the Social Order*, Collier Macmillan, New York.

（《科学与社会秩序》，顾昕译，北京：生活·读书·新知三联书店，1991）

Barnes, Barry: 1974, *Sociological Theory and Scientific Knowledge*, Routledge & Kegan Paul, London.（《社会学理论与科学知识》。《科学知识与社会学理论》，鲁旭东译，北京：东方出版社，2001）

Barnes, Barry: 1977, *Interests and the Growth of Knowledge,* Routledge & Kegan Paul, London.（《利益以及知识的增长》）

Barnes, Barry: 1982, *T.S. Kuhn and Social Science*, Columbia University Press, New York.（《库恩与社会科学》）

Barnes, Barry: 1986, *About Science*, Blackwell, Oxford.（《关于科学》）

Bartley III, W.W.: 1984, *The Retreat to Commitment*, Open Court Press, La Salle, Ill.（《向认同的倒退》）

Barwise, John and John Perry: 1983, *Situations and Attitudes*, MIT Press, Cambridge, Mass.（《情境与态度》贾国恒译，南京：南京大学出版社，2015）

Bassnett-McGuire, Susan: 1980, *Translation Studies*, Methuen, London.（《翻译研究》）

Bazerman, Charles: 1988, *Shaping Written Knowledge*, University of Wisconsin Press, Madison.（《塑造写就的知识》）

Bennett, Jonathan: 1964, *Rationality*, Routledge & Kegan Paul, London.（《理性》）

Bernstein, Basil: 1971, *Class, Code, and Control*, Schocken, New York.（《阶级、编码与控制：社会语言学理论研究》）

Bhaskar, Roy: 1980, *A Realist Theory of Science*, Harvester Press, Brighton.（《一种实在论者的科学理论》）

Bhaskar, Roy: 1987, *Scientific Realism and Human Emancipation*, New Left Books, London.（《科学实在论与人类解放》）

Bloor, David: 1973, "Wittgenstein and Mannheim on the Sociology of Mathematics", *Studies in the History and Philosophy of Science,* 4, pp.173–191.

("维特根斯坦与曼海姆论数学社会学",《科学历史与哲学研究》杂志)

Bloor, David: 1974, "Popper's Mystification of Objective Knowledge", *Science Studies*, 4, pp.65-76. ("波普尔对客观性知识的神秘化",《科学研究》杂志)

Bloor, David: 1976, *Knowledge and Social Imagery*, Routledge & Kegan Paul, London. (《知识和社会意象》,艾彦译,北京:东方出版社,2001)

Bloor, David: 1979, "Polyhedra and the Abominations of Leviticus", *British Journal of the History of Science*, 13, pp. 254-272. ("多面性与《利未记》中的诸恶",《英国科学史杂志》)

Bloor, David: 1981, "The Strengths of the Strong Programme", in *Philosophy of the Social Sciences*, 11, pp. 199-213; also in J.R.Brown(1984). ("强纲领的力量",《社会科学哲学》杂志)

Bloor, David: 1982, "Durkheim and Mauss Revisited: Classification and the Sociology of Knowledge", in *the History and Philosophy of Science*, 13, pp.267-298. ("重识迪尔凯姆及其传人马塞尔·莫斯:分类法与知识社会学",《科学历史与哲学》杂志)

Bloor, David: 1983, *Wittgenstein: A Social Theory of Knowledge*, Columbia University Press, New York. (《维特根斯坦:一种社会性的知识理论》)

Bloor, David: 1984, "A Sociological Theory of Objectivity", in S.Brown (ed.), *Objectivity and Cultural Divergence*, Cambridge University Press, Cambridge. ("一种社会学式客观性理论",收录于《客观性与文化差异》)

Bloor, David & Barry Barnes: 1982, "Relativism, Rationalism, and the Sociology of Knowledge", in Hollis & Lukes (1982). ("相对主义、理性主义与知识社会学")

Boorstin, Daniel: 1983, *The Discoverers*, Random House, New York. (《发现者》)

Boring, Edwin: 1950, *A History of Experimental Psychology*, 2nd. ed., Appleton Century Crofts, New York. (《实验心理学史》第2版,高觉敷译,北京:商务印书馆,1981)

Bourdieu, Pierre: 1975, "The Specificity of the Scientific Field and the Social Conditions of the Progress of Reason", *Social Science Information*, 14,6, pp.19–47.("科学领域的特殊性与理性进步的社会条件",《社会科学情报》杂志)

Bourdieu, Pierre: 1977, *Reproduction: In Education, Society, and Culture*, Sage, Beverly Hills.(《教育、社会和文化的再生产》)

Bourdieu, Pierre: 1981, "Men and Machines", in Knorr-Cetina & Cicourel (1981).("人与机器")

Boyd, Richard: 1984, "The Current Status of Scientific Realism", in Leplin (1984).("科学实在论现状")

Breal, Michel: 1964, *Semantics: Studies in the Science of Meaning*, Dover Books, New York.(《语义学:意义科学研究》)

Brown, Harold: 1978, "On Being Rational", *American Philosophical Quarterly* 15, 4.("论理性的存在状态",《美国哲学季刊》杂志)

Brown, James Robert (ed.): 1984, *Scientific Rationality: The Sociological Turn*, D. Reidel, Dordrecht.(《科学理性:社会学转向》)

Brown, Robert: 1984, *The Nature of Social Laws*, Cambridge University Press, Cambridge.(《社会法则的本质》)

Buchdahl, Gerd: 1951, "Some Thoughts on Newton's Second Law of Motion in Classical Mechanics", *British Journal for the philosophy of Science*, 2, pp.217–235.("关于经典力学中牛顿第二运动定律的几点想法",《英国科学哲学杂志》)

Bullough, Vernon (ed.): 1970, *The Scientific Revolution*, D.C.Heath, New York.(《科学革命》)

C

Callon, Michel: 1980, "Struggles and Negotiations to Define What Is Problematic and What Is Not", in K. Knorr-Certina et al. (eds.), *The Social Process of*

Scientific Investigation, D. Reidel, Dordrecht.（"定义什么有问题与什么没问题时的斗争与协商"，收录于《科学调查的社会过程》）

Cambrosio, Albert & Peter Keating: 1983, "The Disciplinary Stake: The Case of Chronobiology", *Social Studies of Science*, 13, pp. 323–353.（"学科的赌注：以时间生物学为例"，《科学的社会研究》杂志）

Campbell, Donald: 1964, "Distinguishing Differences of Perception From Failures of Communication in Cross-Cultural Studies", in F.S.C.Northrop and H.Livingston (eds.), *Cross-Cultural Understanding: Epistemology in Anthropology*, Harper and Row, Now York, pp.308–336.（"从跨文化研究的无效交流中区分感知差异"，收录于《跨文化研究：人类学认识论》）

Campbell, Donald: 1987, "Guidelines for Monitoring the Scientific Competence of Preventive Intervention Research Centers", *Knowledge*, 8,3, pp.389–430.（"预防性干预研究中心的科学竞争力监测导则"，《知识》杂志）

Canguilhem, Georges: 1978, *On the Normal and the Pathological*, D. Reidel, Dordrecht.（《正常与病态研究》）

Carnp, Rudolf: 1934, "On the Character of Philosophical Problems", *philosophy of Science*, pp.5–19.（"论哲学问题的特质"，《科学哲学》杂志）

Carnp, Rudolf: 1956, *Meaning and Necessity*, University of Chicago Press, Chicago.（《意义与必然性》）

Carroll, John & John Payne (eds.): 1976, *Cognition and Social Behavior*, Lawrence Erlbaum Associates, Hillsdale, N.J.（《认知与社会行为》）

Cassirer, Ernst: 1950, *The Problem of Knowledge: philosophy, Science, and History Since Hegel, Yale* University Press, New Haven.（《知识问题：黑格尔以来的哲学、科学与历史》）

Cherniak, Christopher: 1986, *Minimal Rationality*, MIT Press, Cambridge, Mass.（《最小化的理性》）

Churchland, Paul: 1979, *Scientific Realism and the Plasticity of Mind*,

Cambridge University Press, Cambridge.(《科学实在论与心灵的可塑性》)

Churchland, Paul: 1984, *Matter and Consciousness*, MIT Press, Cambridge, Mass. (《物质与意识》)

Cohen, I.Bernard: 1981, *The Newtonian Revolution*, Harvard University Press, Cambridge, Mass.(《牛顿式科学革命》)

Cohen, Robert & Marx Wartofsky (eds.): 1964, *Boston Studies in the philosophy of Science*, Vol.2, D.Reidel, Dordrecht.(《波士顿科学哲学研究》丛刊第 2 卷)

Cole, Michael & Sylvia Scribner: 1974, *Culture and Thought*, John Wiley & Sons, New York.(《文化与思想》)

Collins, Harry: 1974, "The TEA Set: Tacit Knowledge and Scientific Networks", 5, *Science Studies*, pp.165–186. Also in Collins(1985).("TEA 激光器建造背景：默会知识与科学网络",《科学研究》杂志)

Collins, Harry: 1985, *Changing Order: Replication and Induction in Scientific Practice*, Sage, Beverly Hills.(《改变秩序：科学实践中的复制与归纳》)

Collins, Randall: 1975, *Conflict Sociology*, Academic Press, New York.(《冲突社会学》)

Collins, Randall: 1981, "On the Micro-Foundations of Macro*sociologies*", *American Journal of Sociology*, 86, pp.984–1014.("论宏观社会学的微观基础",《美国社会学杂志》)

Comte, Auguste: 1974, *The Essential Comte*, Stanislav Andreski (ed.), Croom Helm, London.(《孔德要义》)

Crane, Diana: 1972, *Invisible Colleges*, University of Chicago Press, Chicago.(《无形学院》)

Crombie, Alistair: 1967, *Medieval and Early Modern Science*, 2 vols., Harvard University Press, Cambridge, Mass.(《中世纪与现代早期的科学》2 卷本)

Crozier, Michel: 1964, *The Bureaucratic Phenomenon*, University of Chicago Press, Chicago.(《官僚现象》)

D

Darden, Lindley & Nancy Maull: 1977, "Interfield Theories", *philosophy of Science*, 44, pp.43-64.（"跨界理论",《科学哲学》杂志）

Darnton, Robert: 1984, *The Great Cat Massacre and Other Episodes in French Cultural History*, Basic Books, New York.（《屠猫记：法国文化史钩沉》,吕健忠译,北京：新星出版社,2006）

Davidhazi, peter: 1986, "Autotelic' Criticism and the Functions of Evaluation", paper delivered at the International Association for Philosophy and Literature, Seattle.（"自我批评与评价功能",美国西雅图召开的国际哲学与文学协会会议论文）

Davidson, Donald: 1984, *Inquiries into Truth and Interpretation,* Oxford University Press, Oxford.（《真理与阐释探究》）

Dawes, Robyn: 1976, "Shallow Psychology", in Carroll and Payne (1976), pp.3-12.（"浅层心理学"）

Degenhardt, M.A.B.: 1982, *Education and the Value of knowledge*, George Allen & Unwin, London.（《教育与知识价值》）

De George, Richard & Fernand (eds.): 1972, *The Structuralists from Marx to Levi-Strauss*, Doubleday, Garden City, N.Y.（《从马克思到列维-斯特劳斯以来的结构主义者》）

De Man, Paul: 1971, *Blindness and Insight: Essays in the Rhetoric of Contemporary Criticism*, Oxford University Press, Oxford.（《无视与洞察：当代文学批评的修辞学论文集》）

De Mey, Marc: 1982, *The Cognitive Paradigm*, D. Reidel, Dordrecht.（《认知范式》）

Dennett, Daniel: 1971, "Intentional Systems", in *Journal of philosophy*, 68, pp.87-106.（"意象系统",《哲学杂志》）

Dennett, Daniel: 1978, *Brainstorms*, MIT Press, Cambridge, Mass.（《头脑风暴》）

Dennett, Daniel: 1984, *Elbow Room: The Varieties of Free Will Worth Wanting,* MIT Press, Cambridge, Mass.(《施展空间:值得想往的自由意志多样性》)

Derrida, Jacques: 1976, *Of Grammatology*, Johns Hopkins University Press, Baltimore.(《论文字学》)

Deutscher, Irwin: 1968, "Public and Private Opinions: Some Situations and Multiple Realities", in S. Nagi and R. Corwin (eds.), *Social Contexts of Research*, Wiley-Interscience, New York.("公意与私意:某些情况与多重现实",收录于《研究的社会语境》)

Dewey, John: 1916, *Democracy and Education*, Macmillan, New York.(《民主与教育》,薛绚译,南京:译林出版社,2012)

Dinneen, Francis: 1967, *An Introduction to General Linguistics,* Holt Rinehart & Winston, New York.(《普通语言学导论》)

Donnellan, Keith: 1977, "Reference and Definite Descriptions", in Schwartz (1977).("指称与确定性描述")

Doppelt, Gerald: 1982, "Kuhn's Epistemological Relativism", in Meiland & Krausz (1982), pp.113–148.("库恩的认识论相对主义")

Dray, William: 1957, *Laws and Explanation in History*, Oxford University Press, Oxford.(《历史中的法则与解释》)

Duhem, Pierre: 1954, *The Aim and Structure of Physical Theory*, Princeton University Press, Princeton.(《物理学理论的目的与结构》,李醒民译,北京:商务印书馆,2011)

Dummett, Michael: 1976, *Truth and Other Enigmas*, Duckworth, London.(《真理与其他迷题》)

Durkheim, Emile: 1938, *Rules of the Sociological Method*, Collier Macmillan, New York.(《社会学方法的准则》,狄玉明译,北京:商务印书馆,1995;又名《社会学方法论》,许德珩译,上海:商务印书馆,1929)

Durkheim, Emile: 1951, *Suicide*, Collier Macmillan, New York.(《自杀论》,冯韵

文译，北京：商务印书馆，1996）

Durkheim, Emile: 1961, *Elementary Forms of the Religious Life*, Collier Macmillan, New York.（《宗教生活的基本形式》，渠东、汲喆译，北京：商务印书馆，2011；芮传明、赵学元译，台湾桂冠图书出版公司，1992）

E

Eliot, T.S.: 1948, "The Function of Criticism", in *Selected Essays*, Faber and Faber, London.（"批评的功能"，收录于《艾略特文学论文集》，李赋宁译，南昌：百花洲文艺出版社，2010）

Elkana, Yehuda: 1982, "A Programmatic Attempt at an Anthropology of Knowledge", in Mendelsohn & Elkana (1982), pp.1-76.（"一种知识人类学的纲领性尝试"）

Elster, Jon: 1978, *Logic and Society*, John Wiley & Sons, Chichester.（《逻辑与社会》）

Elster, Jon: 1979, *Ulysses and the Sirens*, Cambridge University Press, Cambridge.（《尤利西斯与塞壬》）

Elster, Jon: 1983, *Explaining Technical Change*. Cambridge University Press, Cambridge.（《解释技术变迁：理性与社会变迁研究》）

Elster, Jon: 1984, *Sour Grapes*, Cambridge University Press, Cambridge.（《酸葡萄》）

F

Faust, David: 1985, *The Limits of Scientific Reasoning*, University of Minnesota Press, Minneapolis.（《科学推理的局限性》）

Feenberg, Andrew: 1986, *Lukacs, Marx, and the Sources of Critical Theory*, Oxford University Press, Oxford.（《卢卡奇、马克思与批判理论的来源》）

Feigl, Herbert, Michael Scriven, and Grover Maxwell (eds.): 1958, *Minnesota Studies in the Philosophy of Science*, vol.2, University of Minnesota Press,

Minneapolis. (《明尼苏达科学哲学研究》丛刊第 2 卷)

Feyerabend, Paul: 1975, *Against Method*, New Left Books, London. (《反对方法》, 周昌忠译, 上海: 上海译文出版社, 1992)

Feyerabend, Paul: 1981a, *Realism, Rationalism, and the Scientific Method* (Philosophical Papers, vol.1), Cambridge University Press, Cambridge. (《实在论、理性论与科学方法》, 哲学论文集, 第 1 卷)

Feyerabend, Paul: 1981b, *Problems of Empiricism* (Philosophical Papers, vol.2), Cambridge University Press, Cambridge. (《经验论问题》, 哲学论文集, 第 2 卷)

Field, Hartry: 1973, "Theory Change and the Indeterminacy of Reference", *Journal of Philosophy*, pp.462–481. ("理论变化与指称的不确定性",《哲学杂志》)

Fodor, Jerry: 1981, *Representations*, MIT Press, Cambridge, Mass. (《表征》)

Fodor, Jerry: 1983, *The Modularity of Mind*, MIT Press, Cambridge, Mass. (《心理模块性》, 李丽译, 上海: 华东师范大学出版社, 2002)

Follesdal, Dagfinn: 1975, "Meaning and Experience", in Guttenplan (1975). ("意义与经验")

Forman, Paul: 1971, "Weimar Culture, Causality and Quantum Theory, 1918–1927: Adaption by German Physicists and Mathematicians to a Hostile Intellectual Environment", in R. McCormmach (ed.), *Historical Studies in the Physical Sciences*. University of Pennsylvania Press, Philadelphia. ("魏玛文化、因果性与量子理论, 1918—1927: 德国物理学家和数学家为应对一种敌对知识环境所做的调适", 收录于《物理科学的历史研究》)

Foucault, Michel: 1970, *The Order of Things*, Random House, New York. (《词与物: 人文科学考古学》, 莫伟民译, 上海: 上海三联书店, 2001)

Foucault, Michel: 1975, *The Archaeology of Knowledge*, Harper and Row, New York. (《知识考古学》, 谢强、马月译, 北京: 生活·读书·新知三联书店, 1998)

Foucault, Michel: 1979, *Discipline and Punish*, Random House, New York. (《规

训与惩戒》,刘北成、杨远婴译,北京:生活·读书·新知三联书店,2003)

Friedson, Eliot: 1984, "Are Professions Necessary?", in Haskell (1984), pp.3–27. ("专业是必需的吗?")

Fuller, Steve: 1982, "Recovering Philosophy From Rorty", in Thomas Nickles and Peter Asquith (eds.), PSA 1982, vol.1, Philosophy of Science Association, East Lansing. ("从罗蒂的起点上复兴哲学",收录于《科学哲学协会会刊》第1卷)

Fuller, Steve: 1983a, "A French Science (With English Subtitles)", in *Philosophy and Literature*, pp.3–14. ("一种[具有英国副标题的]法国科学",收录于《哲学与文学》)

Fuller, Steve: 1983b, "In Search of the Science of History: The Case of Wilhelm Dilthey and Experimental Psychology", paper delivered at Philosophy department colloquium, SUNY at Stony Brook. ("寻找历史的科学:以威廉·狄尔泰和实验心理学为例",本文是美国纽约州立大学石溪分校哲学系论坛上的论文)

Fuller, Steve: 1984, "The Cognitve Turn in Sociology", *Erkenntnis*, 21, pp.439–450. ("社会学的认知转向",《认识论》[科学哲学国际期刊])

Fuller, Steve: 1985a, *Bounded Rationality in Law and Science*, Ph.D. Dissertation, University of Pittsburgh. (《法律与科学中的有界理性》,美国匹兹堡大学博士学位论文)

Fuller, Steve: 1985b, "Is There a Language-Game That Even the Deconstructionist Can Play?", in *Philosophy and Literature*, pp.104–109. ("一种解构主义者甚至都能玩的语言游戏存在吗?",收录于《哲学与文学》)

Fuller, Steve: 1986, "The Crisis in the Structuralist Paradigm in Experimental Psychology", paper delivered at conference on Testing Theories of Scientific Change, Virginia Polytechnic Institute. ("实验心理学的结构主义范式危机",本文是美国弗吉尼亚理工大学举办的"检验科学变革理论"研讨会上的论文)

Fuller, Steve & David Gorman: 1987, "Burning Libraries: Cultural Creation and the

Problem of Historical Consciousness", *Annals of Scholarship* 4, 3. ("燃烧的图书馆：文化创造与历史意识问题",《学术年鉴》)

Fuller, Steve & Charles Willard: 1986, "In Defense of Relativism: Rescuing Incommensurability from the Self-Excepting Fallacy", paper delivered at the First International conference on Argumentation Amsterdam. ("捍卫相对主义：从自我例外谬误中拯救不可通约性"，本文是荷兰阿姆斯特丹举办的首届逻辑论证国际研讨会上的论文)

G

Gadamer, Hans-Georg: 1975, *Truth and Method*, Seabury Press, New York. (《真理与方法》，洪汉鼎译，上海：上海译文出版社，1999)

Gallie, W.B.: 1957, "Essentially Contested Concepts", *Proceedings of the Aristotelian Society*. ("存在本质性争议的概念",《亚里士多德学会会刊》)

Gallie, W.B.: 1967, "The Idea of Practice", *Proceedings of the Aristotelian Society*. ("实践的观念",《亚里士多德学会会刊》)

Gellner, Ernest: 1970, "Concepts and Society", in Wilson (1970). ("观念与社会")

Geuss, Raymond: 1982, *The Idea of a Critical Theory*, Cambridge University Press, Cambridge. (《批评理论的理念：哈贝马斯及法兰克福学派》，汤云、杨顺利译，北京：商务印书馆，2018)

Gibson, James: 1979, *The Ecological Approach to Visual Perception*, Houghton Mifflin, Boston. (《通向视觉感知的生态学进路》)

Giddens, Anthony: 1984, *The Constitution of Society*, University of California Press, Berkeley. (《社会的构成》，李康、李猛译，北京：生活·读书·新知三联书店，1998)

Gieryn, Thomas: 1983a, "Making the Demarcation of Science a Sociological Problem: Boundary-Work by John Tyndall, Victorian Scientist", in Rachel Laudan (1983), pp.57–86. ("使科学划界成为一个社会学问题：维多利亚时

代科学家约翰·丁达尔的划界工作"）

Gieryn, Thomas: 1983b, "Boundary-Work and the Demarcation of Science from Non- Science: Strains and Interests in the Professional Ideologies of Scientists", *American Sociological Review*, 48, 781-795. （"划界工作以及科学与非科学的划界：科学家专业意识形态的内在气质与利益"，《美国社会学评论》杂志）

Gilbert, Nigel & Michael Mulkay: 1984, *Opening Pandora's Box*, Cambridge University Press, Cambridge. （《打开潘多拉之盒》）

Glymour, Clark: 1980, *Theory and Evidence*, Princeton University Press, Princeton. （《理论与证据》）

Goffman, Erving: 1959, *The Presentation of the Self in Everyday Life*, Doubleday, Garden City. （《日常生活中的自我呈现》，冯钢译，北京：北京大学出版社，2008）

Goldman, Alvin: 1986, *Epistemology and Cognition*, Harvard University Press, Cambridge Mass. （《认识论与认知》）

Gombrich, Ernst: 1979, *The Sense of Order*, Phaidon, Oxford. （《秩序的意义》）

Goodman, Nelson: 1949, "On Likeness of Meaning", *Analysis* 10, pp.1-7. （"论意义的可能性"，《分析》杂志）

Goodman, Nelson: 1955, *Fact, Fiction, and Forecast*, Bobbs-Merrill, Indianapolis. （《事实、虚构和预测》，刘华杰译，北京：商务印书馆，2007）

Gould, Stephen J.: 1983, *The Mismeasure of Man*, Norton & Sons, New York. （《人的误测》）

Graham, Loren: 1981, *Between Science and Values*, Columbia University Press, New York. （《在科学与价值之间》）

Graham, Loren (ed.): 1983, *The Functions and Uses of Disciplinary History*. D. Reidel, Dordrecht. （《学科史的功能与用途》）

Grandy, Richard: 1973, "Reference, Meaning, and Belief", *Journal of Philosophy*, 70, 1973. （"指称、意义与信念"，《哲学杂志》）

Granger, Herbert: 1985, "The Scala Naturae and the Continuity of Kinds", *Phronesis*, 30, 2, pp.181–200.（"存在之链与种类的连续性",《实践智慧》杂志）

Grant, Edward: 1977, *Physical Science in the Middle Ages*, Cambridge University Press, Cambridge.（《中世纪的物理科学思想》，郝刘祥译，上海：复旦大学出版社，2000）

Greene, Judith: 1972, *Psycholinguistics*, Penguin, Baltimore.（《心理语言学》）

Grice, Paul: 1957, "Meaning", *Philosophical Review*, 66, pp.377–388.（"意义"，《哲学评论》杂志）

Grice, Paul: 1975, "Logic and Conversation", in P. Cole and J.L. Morgan (eds.), *Syntax and Semantics*, vol.3: *Speech Acts*, Academic Press, New York.（"逻辑与对话"，收录于《句法学与语义学》第3卷：言语行为）

Grunbaum, Adolf: 1984, *The Foundations of Psychoanalysis: A Philosophical Critique*, University of California Press, Berkeley.（《心理分析的基础：一种哲学批评》）

Guerlac, Henry: 1965, "Where the Statue Stood: Divergent Loyalties to Newton", in E. Wassermann (ed.), *Aspects of the Eighteenth Century*, John Hopkins University Press, Baltimore.（"圣像何在：对牛顿忠诚的分化"，收录于《十八世纪面面观》）

Guttenplan, S.D. (ed.): 1975, *Mind and Language*, Oxford University Press, Oxford.（《心灵与语言》）

H

Haack, Susan: 1978, *Philosophy of logics*, Cambridge University Press, Cambridge.（《哲学与逻辑》）

Haack, Susan: 1980, "Is Truth Flat or Bumpy?", in D.H. Mellor (ed.), *Prospects For Pragmatism*, Cambridge University Press, Cambridge.（"真理是平还是曲？"，收录于《实用语义前瞻》）

Haas, Ernest, Mary Williams & Don Babai: 1977, *Scientists and World Order*, University of California Press, Berkeley. (《科学家与世界秩序》)

Habermas, Juergen: 1975, *Legitimation Crisis*, Beacon Press, Boston. (《合法性危机》,曹卫东译,上海:上海人民出版社,2000)

Hacker, peter and Joseph Raz (eds.): 1977, *Law, Morality, and Society*, Oxford University Press, Oxford. (《法律、道德与社会》)

Hacking, Ian: 1975a, *Why Does Language Matter to Philosophy*? Cambridge University Press, Cambridge. (《为什么语言对于哲学至关重要?》)

Hacking, Ian: 1975b, *The Emergence of Probablity*, Cambridge University Press, Cambridge. (《可能性的出现》)

Hacking, Ian: 1979, "Michel Foucault's Immature Science", *Nous* 13. ("米歇尔·福柯的幼稚科学",《努斯》杂志)

Hacking, Ian (ed.): 1981a, *Scientific Revolutions*, Oxford University Press, Oxford. (《科学革命》)

Hacking, Ian (ed.): 1981b, "Lakatos' Philosophy of Science", in Hacking (1981a), pp.128-143. ("拉卡托斯的科学哲学")

Hacking, Ian (ed.): 1982, "Language, Truth, and Reason", in Hollis and Lukes (1982). ("语言、真理与推理")

Hacking, Ian (ed.): 1983, *Representing and Intervening*, Cambridge University Press, Cambridge. (《表征与介入》)

Halliday, Michael: 1982, *Language as Social Semiotic*, University Park Press, Baltimore. (《作为社会符号的语言》)

Hallpike, C.R.: 1979, *The Foundations of Primitive Thought*, Oxford University Press, Oxford. (《原始思维的基础》)

Hansen, Bert: 1978, "Science and Magic", in Lindberg (1978). ("科学与幻术")

Hanson, Russell: 1958, *Patterns of Discovery*, Cambridge University Press, Cambridge. (《发现的模式》)

Hardwig, John: 1986, "Epistemic Dependence", *Journal of Philosophy*, 82,7, pp.335–349. ("认识的依赖性",《哲学杂志》)

Harre, Rom: 1970, *The Principles of Scientific Thinking*, University of Chicago Press, Chicago. (《科学思维原理》)

Harrison, Bernard: 1979, *An Introduction to the Philosophy of Language*, Collier Macmillan, London. (《语言哲学导论》)

Hart, Herbert: 1948, "The Ascription of Responsibilities and Rights", *Proceedings of the Aristotelian Society*. ("责任与权力的归属",《亚里士多德学会会刊》)

Hart, Herbert: 1961, *The Concept of Law*, Oxford University Press, Oxford. (《法律的概念》第2版, 许家馨、李冠宜译, 北京: 法律出版社, 2006)

Hart, Herbert & Anthony Honore: 1959, *Causation in the Law*, Oxford University Press, Oxford. (《法律中的因果性》)

Haskell, Thomas (ed.): 1984, *The Authority of Experts*, Indiana University Press, Bloomington. (《专家的权威性》)

Haskell, Thomas: 1984, "Professionalism versus Capitalism: Tawney and Peirce on the Disinterestedness of the Professional Community", in Haskell (1984). ("专业主义之于资本主义: 托尼与皮尔士论专业共同体的无私利性")

Haugeland, John (ed.): 1981, *Mind Design*, MIT Press, Cambridge, Mass. (《心灵设计》)

Hayakawa, S. I.: 1949, *Language in Thought and Action*, Harcourt Brace, New York. (《思行和行动中的语言》)

Hearst, Eliot (ed.): 1979, *The First Century of Experimental Psychology*, Lawrence Erlbaum Associates, Hillsdale. (《实验心理学的初世纪》)

Heelan, Patrick: 1983, *Space-Perception and the Philosophy of Science*, University of California Press, Berkeley. (《空间感知与科学哲学家》)

Hegel, G.W.F.: 1964, *Reason in History*, Bobbs-Merrill, Indianapolis. (《历史中的推理》)

Heidegger, Martin: 1962, *Being and Time*, Harper and Row, New York.（《存在与时间》，陈嘉映、王庆节译，北京：生活・读书・新知三联书店，1999）

Heilbroner, Robert: 1970, *Between Capitalism and Socialism*, Random House, New York.（《在资本主义与社会主义之间》）

Hempel, Carl: 1965, *Aspects of Scientific Explanation*, Collier Macmillan, New York.（《科学解释面面观》）

Hendry, John: 1980, "Weimar Culture and Causality", in C. Chant and J. Fauvel (eds.), *Darwin to Einstein: Historical Studies on Science and Belief*. Longmans, London.（"魏玛文化与因果性"，收录于《从达尔文到爱因斯坦：关于科学与信念的历史研究》）

Hertz, Henrich: 1899, *Principles of Mechanics*, J.T. Walley, London.（《力学原理》）

Hesse, Mary: 1963, *Models and Analogies in Science*, University of Notre Dame Press, South Bend.（《科学中的模型与类比》）

Hirsch, E.D.: 1967, *Validity in Interpretation*, Yale University Press, New Haven.（《阐释效力》）

Hirsch, E.D.: 1976, *The Aims of Interpretation*, Yale University Press, New Haven.（《阐释的目的》）

Hirsch, E.D.: 1987, *Cultural Literacy*, Houghton Mifflin, Boston.（《文化素养》）

Hockett, Charles: 1954, "Chinese vs. English: An Exploration of the Whorfian Thesis", in H. Hoijer (ed.), *Language in Culture*, University of Chicago Press, Chicago.（"中文 V.S. 英文：沃尔夫论题探析"，收录于《文化中的语言》）

Hofstadter, Richard & Walter Metzger: 1955, *The Development of Academic Freedom in the United States*, Columbia University Press, New York.（《学术自由在美国的发展》）

Hohfeld, Rainer: 1983, "Cancer Research: A Study of Praxis-Related Theoretical Development in Chemistry, the Biosciences, and Medicine", in Schaefer (1983), pp.93-126.("癌症研究:化学、生命科学和医学领域与实践相关的理论进展研究")

Hollis, Martin: 1982, "The Social Destruction of Reality", in Hollis and Lukes (1982).("实在的社会破坏性")

Hollis, Martin & Steven Lukes (eds.): 1982, *Rationality and Relativism*, MIT Press, Cambridge.(《理性与相对主义》)

Horton, Robin: 1970, "African Thought and Western Science", in Wilson (1970).("非洲思想与西方科学")

I

Irvine, John & Ben Martin: 1984, *Foresight in Science: Picking the Winners*, Frances Pinter, London.(《科学中的先见之明:选出胜者》)

J

Jarvie, Ian: 1970, *Concepts and Society*, Routledge & Kegan Paul, London.(《观念与社会》)

Jarvie, Ian: 1984, "A Plague on Both Your Houses", in J.R.Brown (1984).("双重困境")

Jones, Robert Alun: 1983, "On Merton's 'History' and 'Systematics' of Sociological Theory", in Graham(1983).("论默顿社会学理论的'历史学'与'分类学'")

Jones, Robert Alun & Henrika Kucklick (eds.): 1981, *Knowledge and Society: Studies in the Sociology of Culture Past and Present*, JAI Press, Greenwich, Conn.(《知识与社会:今昔文化的社会学研究》)

K

Kelsen, Hans: 1949, *The General Theory of Law*, Harvard University Press, Cambridge Mass.(《普通法理学》)

Kitcher, Philip: 1978, "Theories, Theorists, and Theoretical Change", *Philosophical Review*, 87, pp.519-547. ("理论、理论家与理论变革",《哲学评论》杂志)

Knorr-Cetina, Karin: 1981, *The Manufacture of Knowledge*, Pergamon Press, Oxford. (《知识的生产》)

Knorr-Cetina, Karin: 1982, "Scientific Communities or Transepistemic Arenas of Research? A Critique of Quasi-Economic Model of Science", *Social Studies of Science*, 12. ("科学共同体还是认识跨界的研究领域? 对一种准经济学科学模型的批判",《科学社会学研究》杂志)

Knorr-Cetina, Karin & Aaron Cicourel (eds.): 1981, *Advances in Social Theory and Methodology*, Routledge & Kegan Paul, London. (《社会理论与方法论进展》)

Kockelmans, Joseph (ed.): 1968, *Philosophy of Science: The Historical Background*, Collier Macmillan, New York. (《科学哲学的历史背景》)

Koehler, Wolfgang: 1971, *The Selected Papers of Wolfgang Koehler*, Liveright, New York. (《沃尔夫冈选集》)

Kolakowski, Leszek: 1978, *The Main Currents of Marxism*, 3 vol., Oxford University Press, Oxford. (《马克思主义的主要流派》第3卷)

Kordig, Carl: 1971, *The Justification of Scientific Change*, D. Reidel, Dordrecht. (《科学变革的证明》)

Koyre, Alexandre: 1964, *From the Closed World to the Infinite Universe*, John Hopkins University Press, Baltimore. (《从封闭世界到无限宇宙》, 张卜天译, 北京: 北京大学出版社, 2008)

Koyre, Alexandre: 1969, *Newtonian Studies*, University of Chicago Press, Chicago. (《牛顿研究》, 张卜天译, 北京: 北京大学出版社, 2003)

Krige, John: 1980, *Science, Revolution, and Discontinuity*, Harvester Press, Brighton. (《科学、革命与非连续性》)

Kripke, Saul: 1977, "Identity and Necessity", in Schwartz (1977). ("同一性与必然性")

Kuhn, Thomas: 1970a, *The Structure of Scientific Revolution, 2nd ed.*, University of Chicago Press, Chicago.（《科学革命的结构》第 2 版，李宝恒、纪树立译，上海：上海科学技术出版社，1980；金吾伦、胡新和译，北京：北京大学出版社，2003）

Kuhn, Thomas: 1970b, "Reflections on My Critics", in Lakatos and Musgrave (1970).（"对我的批评者的反思"）

Kuhn, Thomas: 1977a, *Essential Tension*, University of Chicago Press, Chicago.（《必要的张力》，范岱年、纪树立译，福州：福建人民出版社，1981；北京：北京大学出版社，2004）

Kuhn, Thomas: 1977b, "Second Thoughts on Paradigms", in Suppe (1977).（"关于范式的第二种构想"）

Kuhn, Thomas: 1981, "A Function for Thought-Experiments", in Hacking (1981a), pp.6-27.（"思想实验的一种功能"）

L

Lakatos, Imre: 1970, "Falsification and the Methodology of Scientific Research Paradigms", in Lakatos and Musgrave (1970), pp.91-196.（"证伪性与科学研究纲领方法论"）

Lakatos, Imre: 1981, "The History of Science and Its Rational Reconstructions", in Hacking (1981a).（"科学史及其理性重构"）

Lakatos, Imre & Alan Musgrave (ed.): 1970, *Criticism and the Growth of Knowledge*, Cambridge University Press, Cambridge.（《批判与知识的增长》，周寄中译，北京：华夏出版社，1987）

Lamb, David & Susan Easton: 1984, *Multiple Discovery*, Avebury Press, Trowbridge.（《多样的发现》）

Latour, Bruno: 1981, "Insiders and Outsiders in the Sociology of Science, or How Can We Foster Agnosticism?", in Jones & Kucklick (1981).（"科学社会学中的

知情者与外来者，或我们如何可能养成不可知论？"）

Latour, Bruno & Steve Woolgar: 1979, *Laboratory Life: The Social Construction of Scientific Facts*, Sage, Beverly Hills. （《实验室生活：科学事实的建构过程》，张伯霖、刁小英译，北京：东方出版社，2004）

Laudan, Larry: 1977, *Progress and Its Problems*, University of California Press, Berkeley. （《进步及其问题》，刘新民译，北京：华夏出版社，1990）

Laudan, Larry: 1981, "The Pseudo-Science of Science?", *Philosophy of the Social Science*, 11. pp.173-198; also in J.R. Brown (1984). （"科学中的伪科学"，《社会科学哲学》杂志）

Laudan, Larry: 1983, "The Demise of the Demarcation Problem", in Rachel Laudan (1983), pp.7-36. （"科学划界问题的消亡"）

Laudan, Larry: 1984, *Science and Values*, University of California Press, Berkeley. （《科学与价值》，殷正坤、张丽萍译，福州：福建人民出版社，1989）

Laudan, Larry: 1984a, "Explaining the Success of Science", in J. Cushing, C. Delaney, and G. Gutting (eds.), *Science and Reality*, University of Notre Dame Press, South Bend. （"对科学成功的解说"，收录于《科学和实在》）

Laudan, Rachel (ed.): 1983, *Working papers on the Demarcation of Science and Pseudo-Science*, Virginia Tech Center for the Study of Science in Society, Blacksburg. （《科学与伪科学划界研究论文集》，美国弗吉尼亚理工大学社会中的科学研究中心）

Laymon, Ronald: 1984, "The Path from Data to Theory", in Leplin (1984). （"从数据到理论的途径"）

Leech, Geoffrey: 1983, *Principles of Pragmatics*, Longmans, London. （《语用学原理》）

Lemon, L.T. & M.J. Reis (eds.): 1965, *Russian Formalist Criticism*, University of Nebraska Press, Lincoln. （《俄罗斯的形式主义批评》）

Leplin, Jarrett (ed.): 1984. *Scientific Realism*, University of California Press, Berkeley. （《科学实在论》）

Le Pore, Ernest (ed.): 1986, *Truth and Interpretation*, Blackwell, Oxford. (《真理与阐释》)

Levi, Isaac: 1984, *Decisions and Revisions*, Cambridge University Press, Cambridge. (《定与修订》)

Levi-Strauss, Claude: 1964, *The Savage Mind*, University of Chicago Press, Chicago. (《野性的思维》, 李幼蒸译, 北京: 商务印书馆, 1987)

Lewis, David: 1969, *Convention*, Harvard University Press, Cambridge Mass. (《惯例: 一项哲学研究》)

Lightfoot, D.W.: 1979, *Principles of Diachronic Syntax*, Cambridge University Press, Cambridge. (《历时语法学原理》)

Lindberg, David (ed.): 1978, *Science in the Middle Ages*, University of Chicago Press, Chicago. (《中世纪的科学》)

Lippmann, Walter: 1955, *The Public Philosophy*, New American Library, New York. (《公共哲学》, 黄胄译, 台北: 中华文化出版事业委员会, 1958)

Lowe, Adolph: 1965, *On Economic Knowledge: Toward a Science of Political Economics*, Harper & Row, New York. (《论经济学知识: 走向一种科学的政治经济学》)

Lugg, Andrew: 1984, "Two Historiographical Strategies: Ideas and Social Conditions in the History of Science", in J.R. Brown (1984). ("两种历史编纂学策略: 科学史中的观念与社会条件")

Luhmann, Niklas: 1979, *The Differentiation of Society*, Columbia University Press, New York. (《社会的分化》)

Lukacs, Georg: 1971, *History and Class Consciousness*, MIT Press, Cambridge, Mass. (《历史与阶级意识》, 杜章智、任立、燕宏远译, 北京: 商务印书馆, 1992)

Lukes, Steven: 1982a, "Relativism in its Place", in Hollis & Lukes (1982). ("相对主义的本位")

Lukes, Steven: 1982b, "Comments on David Bloor", in Studies in *the History and Philosophy of Science*, 13, pp.313-318. ("大卫·布鲁尔评议",《科学历史与哲学研究》杂志)

Lyons, John: 1977, *Semantics*, vol.1, Cambridge University Press, Cambridge. (《语义学》第1卷)

Lyotard, John-Francois: 1984, *The Post-Modern Condition*, University of Minnesota Press, Minneapolis. (《后现代状态：关于知识的报告》, 车槿山译, 南京：南京大学出版社, 2011)

M

MacDonald, Graham & Philip Pettit: 1981, *Semantics and Social Science*, Routledge & Kegan Paul, London. (《语义学与社会科学》)

Machlup, Fritz: 1962, *The production and Distribution of Knowledge in the United States*, Princeton University Press, Princeton. (《美国的知识生产与分配》)

MacIntyre, Alasdair: 1970a, "The Idea of a Social Science", in Wilson (1970). ("一种社会科学观念")

MacIntyre, Alasdair: 1970b, "Is Understanding Religion Compatible with Believing?", in Wilson (1970). ("认识宗教与信仰宗教是并行不悖的吗？")

MacIntyre, Alasdair: 1984, *After Virtue*, University of Notre Dame Press, South Bend. (《德性之后》, 龚群、戴扬毅译, 北京：中国社会科学出版社, 1995)

Macquarrie, John: 1965, "Rudolf Bultmann", in Marty and Peerman (1965). ("鲁道夫·布尔特曼")

Maher, Brendan and Winifred Mather: 1979, "Psychopathology", in Hearst (1979). ("精神病理学")

Makkreel, Rudolf: 1975, *Dilthey: Philosopher of the Human Science*, Princeton University Press, Princeton. (《狄尔泰：人文科学哲学家》)

Mandelbaum, Maurice: 1987, *Purpose and Necessity in Social Theory*, John

Hopkins University Press, Baltimore. (《社会理论的目的与必然性》)

Mannheim, Karl: 1936, *Ideology and Utopia*, Routledge & Kegan Paul, London. (《意识形态与乌托邦》, 黎鸣、李书崇译, 北京: 商务印书馆, 2002)

Mannheim, Karl: 1940, *Man and Society in an Age of Reconstruction*, Routledge & Kegan Paul, London. (《一个重建时代的人与社会——现代社会结构研究》, 张旅平译, 北京: 生活·读书·新知三联书店, 2002)

Mannheim, Karl: 1971, "On the Interpretation of Weltanschauung", in K.Wolff (ed.), *From Karl Mannheim*, Oxford University Press, Oxford. pp.8-58. ("论对世界观的阐释", 收录于《自卡尔·曼海姆以来》)

March, James G.: "Bounded Rationality, Ambiguity, and the Engineering of Choice", *The Bell Journal of Economics* 9, pp.587-608. ("有界理性、歧义性与选择工程学",《贝尔经济学学刊》第9期)

Martinet, Andre: 1960, *A Functional View of Language*, Oxford University Press, Oxford. (《一种功能性语言观》)

Marty, Martin and Dean Peerman (eds.): 1965, *A Handbook of Christian Theologians*, Fontana, Cleveland. (《基督教神学家手册》)

Maruyama, Magoroh: 1968, "The Second Cybernetics: Deviation-Amplifying Mutual Causal Processes", in W. Burkley (ed.), *Modern Systems Research for the Behavioral Scientist*, Aldine, Chicago. ("第二种控制论: 偏差与放大的互动因果性过程", 收录于《关于行为科学家的现代系统研究》)

Masterman, Margaret: 1970, "The Nature of Paradigm", in Lakatos & Musgrave (1970), pp.68-76. ("范式的本质")

Mauss, Marcel: 1979, *Sociology and Psychology*, Routledge & Kegan Paul, London. (《社会学与心理学》)

McCarthy, Thomas: 1978, *The Critical Theory of Juergen Habermas*, MIT Press, Cambridge, Mass. (《哈贝马斯的批判理论》, 王江涛译, 上海: 华东师范大学出版社, 2010)

McCarthy, Robert: 1986, "Intertheoretic Relations and the Future of Psychology", *Philosophy of Science* 53, 2, pp.179-199. ("理论际关系与心理学的未来",《科学哲学》杂志)

McCole, John: 1985, "Benjamin's Passagen-Werk: A Guide to the Labyrinth", *Theory and Society,* 14, 4, pp.497-509. ("本雅明的《拱廊街计划》：进入这个迷宫的导读",《理论与社会》杂志)

McGuire, J.E. And P.M. Rattansi: 1966, "Newton and the Pipes of Pan", *Notes and Records of the Royal Society of London*, 21, pp.108-143. ("牛顿与和谐的全能之王",《伦敦皇家学会记录与档案》杂志)

McInerny, Ralph: 1983, *"*Beyond the Liberal Arts", in Wagner (1983), pp.148-272. ("超越人文科学")

Meiland, Jack & Michael Krausz (eds.): 1982, *Relativism: Cognitive and Moral*, University of Notre Dame Press, South Bend. (《相对主义：认知与道德》)

Mendelsohn, Everett: 1964, "Explanation in Nineteenth Century Biology", in Cohen and Wartofsky (1964), pp.127-150. ("十九世纪生物学中的说明")

Mendelsohn, Everett & Yehuda Elkana (eds.): 1982, *Science and Cultures*, D. Reidel, Dordrecht. (《科学与文化》)

Merquior, J.G.: 1986, *From Prague to Paris*, New Left Books, London. (《从布拉格到巴黎》)

Merton, Robert: 1936, "The Unanticipated Consequences of Purposive Social Action", *American Sociological Review*, 1, pp.894-904. ("目的性社会行为的非预期结果"，收录于《美国社会学评论》杂志)

Merton, Robert: 1957, *Social Theory and Social Structure*, 2nd ed., Collier Macmillan, New York. (《社会理论和社会结构》，唐少杰、齐心等译，南京：译林出版社，2006)

Merton, Robert: 1976, *Sociological Ambivalence*, Free Press, New York. (《社会学矛盾意向》)

Miller, Neal: 1959, "The Liberalization of Basic S-R Concepts: Extensions to Conflict Behavior, Motivation, and Social Learning", in S. Koch (ed.) *Psychology: A Study of Science*, vol.2, McGraw-Hill, New York. ("刺激—反应基本概念的自由化：及其向冲突行为、动机与社会学习领域的拓展", 收录于《心理学：一种科学的研究》)

Moore, Ronald: 1978, *Legal Norms and Legal Science*, University of Hawaii Press, Honolulu. (《法律规范与法律科学》)

Mulkay, Michael: 1979, "Knowledge and Utility: Implications for the Sociology of Knowledge", *Social Studies of Science*, 9, pp.69–74. ("知识与效用性：知识社会学的寓意",《科学的社会研究》杂志)

Mulkay, Michael: 1984, "The Scientist Talks Back: A One-Act Play, with a Moral, about Replication in Science and Reflexivity in Sociology", *Social Studies of Science*, 14, pp.265–282. ("科学家的回敬话语：关于科学复制性与社会学反身性的道德独幕剧",《科学的社会研究》杂志)

Mulkay, Michael, Nigel Gilbert & Steve Woolgar: 1975, "Problem Areas and Research Networks in Science", *Sociology*, 9, pp.188–203. ("科学的问题域与研究网络",《社会学》杂志)

Munevar, Gonzalo 1981, *Radical Knowledge*, Hackett, Indianapolis. (《激进的知识》)

N

Nagel, Ernest: 1968, *The Structure of Science*, Routledge & Kegan Paul, London. (《科学的结构》, 徐向东译, 上海：上海译文出版社, 2005)

Needham, Rodney: 1972, *Belief, Language, and Experience*, Blackwell, Oxford. (《信念、语言与经验》)

Neimeyer, Robert & William Shadish: 1987, "Optimizing Scientific Validity", *Knowledge*, 8, 3, pp.463–485. ("科学效力的最优化",《知识》杂志)

Neurath, Otto: 1962, *Foundations of the Social Sciences*, University of Chicago Press, Chicago.(《社会科学基础》,杨富斌译,北京:华夏出版社,2000)

Neurath, Otto: 1983, "Encyclopedia as 'Model'", in *The Selected Papers of Otto Neurath*, D. Reidel, Dordrecht.("作为'模型'的百科全书",收录于《奥托·纽拉特选集》)

Newell, Allan & Herbert Simon: 1972, *Human Problem Solving*, Prentice-Hall, Englewood Cliffs, N.J.(《人类问题求解》)

Newmark, Peter: 1981, *Approaches to Translation*, Pergamon, Oxford.(《翻译问题探讨》,上海:上海外语教育出版社,2001)

Nickles, Thomas: 1980, "Introduction", in T. Nickles (ed.), *Scientific Discovery, Logic, and Rationality*, D. Reidle, Dordrecht.(《科学发现》"导论")

Nida, Eugene: 1964, *Towards a Science of Translation*, E. J. Brill, The Hague.(《走向一种翻译科学》)

Nisbett, Richard & Lee Ross: 1980, *Human Inference: Strategies of Social Judgment*, Prentice-Hall, Englewood Cliffs, N.J.(《人类的推理:社会判断策略》)

Noelle-Neumann, Elisabeth: 1982, *The Spiral of Silence*, University of Chicago Press, Chicago.(《沉默的螺旋:舆论——我们的社会皮肤》,董璐译,北京:北京大学出版社,2013)

Nowotny, Helga: 1979, "Science and Its Critics: Reflections on AntiScience", in H. Nowotny and H. Rose (eds.), *Countermovemets in the Sciences*, D. Reidel, Dordrecht.("科学及其批评家:反思反科学",收录于《科学中的反向运动》)

Nozick, Robert: 1974, *Anarchy, State, and Utopia*, Basic Books, New York.(《无政府、国家与乌托邦》,何怀宏译,北京:中国社会科学出版社,1991)

O

Ong, Walter: 1963, *Ramus, Method and the Decay of Dialogue*, Harvard University

Press, Cambridge Mass.（《分支、方法与对话的衰落：从对话术到推理术》）

Oppenheim, Paul & Hilary Putnam: 1958, "Unity of Science as a Working Hypothesis", in Feigl, Scriven & Maxwell (1958), pp.3–36.（"科学统一性：作为一种工作假说"）

P

Passmore, John: 1966, *A Hundred Years of Philosophy*, Penguin, Harmondsworth, Middlesex.（《哲学一百年》）

Pauck, Wilhelm: 1965, "Adolf von Harnack", in Marty and Peerman (1965).（"阿道夫·冯·哈纳克"）

Perelman, Chaim & L. Olbrechts-Tyteca: 1969, *The New Rhetoric*, University of Notre Dame Press, South Bend.（《新修辞学》）

Peters, Thomas & Robert Waterman: 1982, *In Search of Excellence*, Warner Books, New York.（《寻求卓越》）

Pitkin, Hannah: 1972, *The Concept of Representation*, University of California Press, Berkeley.（《表征的概念》）

Poincare, Henri: 1905, *Science and Hypothesis*, Science Press, New York.（《科学与假设》，李醒民译，北京：商务印书馆，2006）

Polanyi, Michael: 1957, *Personal Knowledge*, University of California Press, Berkeley.（《个人知识》，许泽民译，贵阳：贵州人民出版社，2000）

Popper, Karl: 1957, *The Poverty of Historicism*, Harper and Row, New York.（《历史主义的贫困》，何林、赵平译，北京：社会科学文献出版社，1997）

Popper, Karl: 1963, *Conjectures and Refutations*, Harper and Row, New York.（《猜想与反驳：科学知识的增长》，傅季重、纪树立、周昌忠、蒋弋为译，上海：上海译文出版社，1986，2001）

Popper, Karl: 1970, "Normal Science and Its Dangers", in Lakatos and Musgrave (1970).（"规范科学及其危险性"）

Popper, Karl: 1972, *Objective Knowledge*, Oxford University Press, Oxford.(《客观知识：一个进化论的研究》，舒炜光、卓如飞等译，上海：上海译文出版社，2001，2015）

Popper, Karl: 1981, "Rationality of Scientific Revolutions", in Hacking (1981a), pp.80–106.("理性与科学革命")

Price, Derek de Solla: 1964, *Little Science, Big Science*, Penguin, Harmondsworth, Middlesex.(《小科学，大科学》，宋剑耕、戴振飞译，北京：世界知识出版社，1982）

Prigogine Ilya & Isabelle Strengers: 1984, *Order Out of Chaos*, Bantam, New York.(《混沌中的秩序》，沈力译，台北：结构群出版社，1990）

Putnam, Hilary: 1975, *Mind, Language, and Reality* (Philosophy Papers, vol.2), Cambridge University Press, Cambridge.(《心灵、语言与实在》，哲学论文集，第2卷）

Putnam, Hilary: 1977, "Meaning and Reference", in Schwartz (1977).("意义与指称")

Putnam, Hilary: 1978, *Meaning and the Moral Sciences*, Routledge & Kegan Paul, London.(《意义与道德科学》）

Putnam, Hilary: 1981, "The 'Corroboration' of Theories", in Hacking (1981a), pp.60–79.("理论的'证实'")

Putnam, Hilary: 1982, *Reason, Truth, and History*, Cambridge University Press, Cambridge.(《理性、真理与历史》，童世骏、李光程译，上海：上海译文出版社，2005）

Putnam, Hilary: 1983, *Realism and Reason* (Philosophy Papers, vol.3), Cambridge University Press, Cambridge.(《实在论与理性》，哲学论文集，第3卷）

Putnam, Hilary: 1984, "What is Realism?", in Leplin (1984).("实在论是什么？")

Q

Quine, W.V.O.: 1953, *From a Logical Point of View*, Harvard University Press, Cambridge Mass.(《从一个逻辑观点开始》)

Quine, W.V.O.: 1960, *Word and Object*, MIT Press, Cambridge, Mass.(《语词和对象》,陈启伟译,北京:中国人民大学出版社,2005)

Quine, W.V.O.: 1969, *Ontological Relativity and Other Essays*, Columbia University Press, New York.(《本体论相对性及其他评论集》)

R

Rawls, John: 1955, "Two Concepts of Rules", *Philosophical Review*, 64.("两种规则观",《哲学评论》杂志)

Reichenbach, Hans: 1938, *Experience and Prediction*, University of Chicago Press, Chicago.(《经验与预测》)

Rescher, Nicholas: 1977, *Dialectics*, SUNY Press, Albany.(《辩证法》)

Rescher, Nicholas: 1978, *Peirce's Philosophy of Science*, University of Notre Dame Press, South Bend.(《皮尔士的科学哲学》)

Rescher, Nicholas: 1979/8, *Scientific Progress*, Blackwell, Oxford.(《科学进步》)

Ricoeur, Paul: 1978, *The Rule of Metaphor*, Routledge & Kegan Paul, London.(《隐喻的规则:在语言中创造意义》)

Rip, Arie: 1982, "The Development of Restrictedness in the Sciences", in N.Elias et al. (eds.) *Scientific Establishments and Hierarchies*, D. Reidel, Dordrecht, pp.219-238.("科学中受限性的发展",收录于《科学的建制与层级》)

Rip, Arie: 1984, "Controversies as Informal Technology Assessment", Report to Science Dynamics Institute, Amsterdam.("争论:作为非正式技术评价",向荷兰阿姆斯特丹科学动力学研究所提交的报告)

Rorty, Richard: 1972, "The World Well Lost", *Journal of Philosophy*, 69.("完全

迷失的世界",《哲学杂志》)

Rorty, Richard: 1979, *Philosophy and the Mirror of Nature*, Princeton University Press, Princeton. (《哲学和自然之镜》, 李幼蒸译, 北京: 商务印书馆, 2003)

Rosch, Eleanor: 1973, "On the Internal Structure of Perceptual and Semantic Categories", in T.E. Moore (ed.), *Cognitive Development and Acquisition of Language*, Academic Press, New York. ("论感知和语义范畴的内在结构", 收录于《认知发展与语言的习得》)

Rosenberg, Alexander: 1980, *Sociobiology and the Preemption of Social Science*, John Hopkins University Press, Baltimore. (《社会生物学与社会科学的优先权》)

Rosenthal, Peggy: 1984, *Words and Values*, Oxford University Press, Oxford. (《语词与价值》)

Ryle, Gilbert: 1949, *The Concept of Mind*, Barnes & Noble, Totowa, N.J. (《心的概念》, 徐大建译, 北京: 商务印书馆, 1992)

S

Sacksteder, William: 1986, "Some Words Aristotle Never Uses", *The New Scholasticism*, 60, 4, pp.427-453. ("亚里士多德从未用过的一些词",《新经院哲学》杂志)

Sartre, Jean-Paul: 1976, *Critique of Dialectical Reason*, New Left Books, London. (《辩证理性批判》, 林骧华、徐和瑾、陈传丰译, 合肥: 安徽文艺出版社, 1998)

Scheafer, Wolf (ed.) 1984, *Finalization in Science*, D. Reidel, Dordrecht. (《科学的终结: 科学进步的社会方向》)

Schlick, Moritz: 1977, *General Theory of Knowledge*, Springer-Verlag, Vienna. (《普通认识论》, 李步楼译, 北京: 商务印书馆, 2005)

Schnaedelbach, Herbert: 1984, *Philosophy in Germany: 1831-1933*, Cambridge University Press, Cambridge. (《德国哲学: 1831—1933》)

Schneider, Louis: 1971, "Dialectic in Sociology", *American Sociological Review*, 36.("社会学中的辩证法",《美国社会学评论》杂志)

Schofield, Robert: 1970, *Mechanism and Materialism*, Princeton University Press, Princeton.(《机械论与唯物论》)

Schutz, Alfred: 1962, *Collected Papers*, vol. 1, Martinus Nijhoff, The Hague.(《舒茨文集》第1卷)

Schwartz, Stephen (ed.): 1977, *Naming, Necessity, and Natural Kinds*, Cornell University Press, Ithaca.(《命名、必然性与自然类》)

Schweber, Silvan: 1982, "Demons, Angels, and Probability: Some Aspects of British Science in the Nineteenth Century", in A. Shimony and H. Feshbach (eds.), *Physics as Natural Philosophy*, MIT Press, Cambridge, Mass.("魔鬼、天使与可能性:十九世纪英国科学的几个面相",收录于《作为自然哲学的物理学》)

Scriven, Michael: 1958, "Definitions, Explanations, and Theories", in Feigl, Scriven & Maxwell (1958), pp.99-195.("定义、说明与理论")

Searle, John: 1969, *Speech Acts*, Cambridge University Press, Cambridge.(《言语行为》)

Segall, Marshall: 1979, *Cross-Cultural Psychology*, Wadsworth, Belmont.(《跨文化心理学》)

Segall, Marshall, Donald Cambell & Melville Herskovitz: 1966, *The Influence of Culture on Visual Perception*, Bobbs-Merrill, Indianapolis.(《文化对视觉感知的影响》)

Serres, Michel: 1972, L'Interference, Editions de Minuit, Paris.(《干涉》,《赫尔墨斯》五卷本之第2卷)

Serres, Michel: 1982, *Hermes: Literature, Philosophy, Science*, John Hopkins University Press, Baltimore.(《赫尔墨斯:文学、哲学、科学》)

Shapere, Dudley: 1981, "Meaning and Scientific Change", in Hacking (1981a), pp.28-59.("意义与科学变革")

Shapin, Steven: 1982, "History of Science and Its Sociological Reconstructions", in *History of Science*, 20, pp.157-211.("科学史及其社会学重构",《科学史》杂志)

Shapin, Steven and Simon Schaffer: 1985, *Leviathan and the Air-Pump: Hobbes, Boyle, and the Experimental Life*, Princeton University Press, Princeton.(《利维坦与空气泵：霍布斯、波伊尔与实验生活》，蔡佩君、区立远译，上海：上海人民出版社，2008)

Shrader-Frechette, Kristin: 1983, *Nuclear Power and Public Policy*, D. Reidel, Dordrecht.(《核能与公共政策》)

Shrader-Frechette, Kristin: 1984, *Science Policy, Ethics, and Economic Methodology*, D. Reidel, Dordrecht.(《科学政策、伦理学与经济学方法论》)

Shrader-Frechette, Kristin: 1985, *Risk Analysis and Scientific Methodology*, D. Reidel, Dordrecht.(《风险分析与科学方法论》)

Silverman, David & Brian Torode: 1980, *The Material Word*, Routledge & Kegan Paul, London.(《有形的语词》)

Simon, Herbert: 1976, *Administrative Behavior*, 3rd ed., Collier Macmillan, New York.(《管理行为：管理型组织的决策过程研究》第3版，杨砾等译，北京：北京经济学院出版社，1988；钟汉青等译，台北：华人戴明学院，1999；詹正茂译，北京：机械工业出版社，2004)

Simon, Herbert: 1981, *The Science of the Artificial*, 2nd ed., MIT Press, Cambridge, Mass.(《人工科学》，武夷山译，北京：商务印书馆，1987)

Simon, Herbert: 1986, "Alternative Visions of Rationality", in H. Arkes & K. Hammond (eds.), *Judgement and Decision Making*, Cambridge University Press, Cambridge. pp.97-113.("另类理性观"，收录于《判断与决策》)

Skinner, B.F.: 1970, *Beyond Freedom and Dignity*, Alfred Knopf, New York.(《超越自由与尊严》，陈维钢译，贵阳：贵州人民出版社，2006)

Skinner, Quentin: 1969, "Meaning and Understanding in the History of Ideas", in *History and Theory*, 8, pp.3–53. ("观念史中的意义与理解",《历史与理论》杂志)

Skinner, Quentin: 1970, "Conventions and the Understanding of Speech Acts", *Philosophical Quarterly*, 20, pp.118–138. ("常规与对言语行为的理解",《哲学季刊》)

Skorupski, John: 1976, *Symbol and Theory*, Cambridge University Press, Cambridge. (《符号与理论》)

Small, Henry: 1986, "The Synthesis of Specialty Narratives from Co-Citation Clusters", *Journal of the American Society of Information Science*, 37, 3, pp.97–110. ("从共引集群看专业叙事的综合",《美国信息科学学会学报》)

Small, Henry & Eugene Garfield: 1985, "The Geography of Science: Disciplinary and National Mappings", *Journal of Information Science*, 11, pp.147–159. ("科学地理学: 学科地图与国家地图",《信息科学学报》)

Smart, Barry: 1983, *Foucault, Marxism, and Critique*, Routledge & Kegan Paul, London. (《福柯、马克思主义与批评》)

Smith, William Cantwell: 1977, *Belief and History*, University of Virginia Press, Charlottesville. (《信念与历史》)

Sorokin, Pitrim: 1928, *Contemporary Sociological Theories*, Harper & Row, New York. (《当代社会学理论》)

Sperber, Daniel: 1982, "Apparently Irrational Beliefs", in Hollis & Lukes (1982). ("显然的非理性信念")

Stern, Fritz (ed.) 1956, *Varieties of History*, Meridian Books, Cleveland. (《历史的多样性》)

Stich, Stephen & Richard Nisbett: 1984, "Expertise, Justification, and the Psychology of Inductive Inference", in Haskell (1984), pp.226–241. ("专家知识、证明与归纳推理心理学")

Strawson, Peter: 1969, *Individuals*, Methuen, London.(《个体：论描述的形而上学》，江怡导读，上海：上海外语教育出版社，2002；江怡译，北京：中国人民大学出版社，2005）

Suppe, Frederick (ed.): 1977, *The Structure of Scientific Theories*, University of Illinois Press, Urbana.（《科学理论的结构》）

Suppes, Patrick: 1962, "Models of Data", in E. Nagel (ed.), *Logic, Methodology and the Philosophy of Science——Proceedings of the 1960 International Congress*, Stanford University Press, Palo Alto.（"数据模型"，收录于《逻辑、方法论与科学哲学：1960年国际会议论文集》）

Swift, Jonathan: 1960, *Gulliver's Travels*, New American Library, New York.（《格列弗游记》，孙予译，上海：上海译文出版社，2006）

T

Thackray, Arnold: 1970, *Atoms and Powers*, Harvard University Press, Cambridge Mass.（《原子与能量》）

Thiem, John: 1979, "The Great Library of Alexandria Burnt: Towards the History of a Symbol", *Journal of the History of Ideas*, 40, pp.507–526.（"焚毁的亚历山大图书馆：走向一种符号象征的历史"，《观念史杂志》）

Thompson, John: 1984, *Studies in the Theory of Ideology*, University of California Press, Berkeley.（《意识形态理论研究》）

Tocqueville, Alexis de: 1955, *The Old Regime and the French Revolution*, Doubleday, Garden City, N.Y.（《旧制度与大革命》，冯棠译，北京：商务印书馆，2013）

Toulmin, Stephen: 1972, *Human Understanding*, Princeton University Press, Princeton.（《人类理解：概念的集体使用与演化》）

Tourtoulon, Pierre de: 1922, *Philosophy in the Development of the Law*, Macmillan, New York.（《法律发展中的哲学》）

Tversky, Amos & Daniel Kahneman: 1981, "The Framing of Decisions and the Rationality of Choice", *Science*, 221, pp.453–458. ("决策架构与选择理性", 《科学》杂志)

Tweney, Ryan, Michael Doherty & Clifford Mynatt (eds.): 1982, On *Scientific Thinking*, Columbia University Press, New York. (《论科学思维》)

U

Ullmann-Margalit, Edna: 1978, "Invisible-Hand Explanations", *Synthese*, 39, pp.263–281. ("无形之手式说明", 《综合》杂志)

Ullmann-Margalit, Edna: 1983, "On Presumption", *Journal of Philosophy*, 80, pp.143–162. ("论推定", 《哲学杂志》)

V

Van Fraassen, Bas: 1968, "Presupposition, Implication, and Self-Reference", *Journal of Philosophy*, 65. ("预设、蕴含与自我指称", 《哲学杂志》)

Van Fraassen, Bas: 1980, *The Scientific Image*, Oxford University Press, Oxford. (《科学的形象》, 郑祥福译, 上海: 上海译文出版社, 2002)

Vartanian, Aram: 1973, "Man-Machine from the Greeks to the Computer", in P. Wiener (ed.), *Dictionary of the History of Ideas*, Charles Scribner's Sons, New York, vol.3. ("从古希腊到计算机的人机结合", 收录于《观念史辞典》)

Von Hayek, Friedrich: 1973, *Law, Legislation, and Liberty*, University of Chicago Press, Chicago. (《法律、立法与自由》, 邓正来、张守东、李静冰译, 北京: 中国大百科全书出版社, 2000)

Von Hayek, Friedrich: 1985, *New Studies in Philosophy, Politics, Economics, and the History of Ideas*, University of Chicago Press, Chicago. (《哲学、政治学、经济学及观念史: 研究新论》)

Von Wright, Georg: 1971, *Explanation and Understanding*, Cornell University

Press, Ithaca.(《说明与理解》)

W

Wagner, David (ed.): 1983, *The Seven Liberal Arts in the Middle Ages*, Indiana University Press, Bloomington.(《中世纪的七艺》)

Waismann, Friedrich: 1951, "Verifiability", in A. Flew (ed.), *Logic and Language*, Blackwell, Oxford, first series.("可证实性",收录于《逻辑与语言》)

Waismann, Friedrich: 1952, "In Defense of New and Uncommon Uses of Laguage", *Analysis*, 13, 1.("为新式与稀见的语言用法辩护",《分析》杂志)

Watzlawick, Paul: 1977, *How Real is Real?* Random House, New York.(《真,何以为真》)

Weber, Max: 1954, "Basic Concepts of Sociology", in M. Rheinstein (ed.), *Max Weber on Law in Economy and Society*, Harvard University Press, Cambridge Mass.("社会学基本概念",收录于《马克斯·韦伯论经济与社会中的法律》)

Weber, Max: 1964, *Methodology of the Social Sciences*, Collier Macmillan, New York.(《社会科学方法论》,韩水法、莫茜译,北京:中央编译出版社,1999;北京:商务印书馆,2013)

Weisheipl, J.A.: 1978, "The Nature, Scope, and Classification of the Sciences", in Lindberg (1978).("科学的本质、范畴与分类")

Weldon, T.D.: 1960, *The Vocabulary of Politics*, Penguin, Harmondsworth, Middlesex.(《政治学辞典》)

Whitley, Richard: 1986, *The Intellectual and Social Organization of the Sciences*, Oxford University Press, Oxford.(《科学的智力与社会组织》,赵万里、陈玉林、薛晓斌译,北京:北京大学出版社,2011)

Whittaker, Edmund: 1929, *A History of Theories of Aether and Electricity*, Cambridge University Press, Cambridge.(《以太与电的理论史》)

Willard, Charles: 1983, *Argumentation and the Social Grounds of Knowledge*,

University of Alabama Press, Tuscaloosa.（《论辩与知识的社会基础》）

Williams, L. Pearce: 1967, *The Origins of Field Theory*, Doubleday, New York. （《场理论的起源》）

Williams, Raymond: 1975, *Keywords*, Oxford University Press, Oxford.（《关键词》，刘建基译，北京：生活·读书·新知三联书店，2005）

Wilson, Bryan (ed.): 1970, *Rationality*, Blackwell, Oxford.（《理性》）

Winch, Peter: 1958, *The Idea of a Social Science*, Routledge & Kegan Paul, London. （《社会科学的观念及其与哲学的关系》，张庆熊译，杭州：浙江大学出版社，2016）

Winch, Peter: 1970a, "Comment on Jarvie", in R. Borger and F. Cioffi (eds.), *Explanation in the Behavioral Sciences*, Cambridge University Press, Cambridge. （"评贾维的社会行为理论"，收录于《行为科学中的解释》）

Winch, Peter: 1970b, "Understanding a Primitive Society", in Wilson (1970).（"理解一种原始社会"）

Wittgenstein, Ludwig: 1958, *Philosophical Investigations*, Oxford University Press, Oxford.（《哲学研究》，韩林合译，北京：商务印书馆，2013）

Wittgenstein, Ludwig: 1961, *Tractatus Logico-Philosophicus*, Routledge & Kegan Paul, London.（《逻辑哲学论》，贺绍甲译，北京：商务印书馆，2013）

Wittgenstein, Ludwig: 1967, *Remarks on the Foundations of Mathematics*, MIT Press, Cambridge, Mass.（维特根斯坦文集第5卷：《数学基础研究》，韩林合译，北京：商务印书馆，2018）

Woolgar, Steve: 1983, "Irony in the Social Study of Science", in K. Knorr-Cetina and M. Mulkay (eds.), *Science Observed*, Sage, Beverly Hills, pp.239–266.（"科学社会学研究中的反讽"，收录于《观察科学》）

Woolgar, Steve & Dorothy Pawluch: 1984, "Ontological Gerrymandering: The Anatomy of Social Problems Explanations", manuscript.（"本体论层面的分区作伪：对社会问题解释的剖析"，手稿）

Wright, Crispin: 1980, *Wittgenstein and the Foundations of Mathematics*, Duckworth, London. (《维特根斯坦与〈数学基础研究〉》)

Y

Yates, Frances: 1968, "The Hermetic Tradition in Renaissance Science", in C.S. Singleton (ed.), *Art, Science, and History in the Renaissance*, John Hopkins University Press, Baltimore. ("文艺复兴时期科学中的赫尔默斯传统",收录于《文艺复兴时期的艺术、科学与历史》)

Young, Robert M.: 1985, *Darwin's Metaphor*, Cambridge University Press, Cambridge. (《达尔文的隐喻》)

Z

Zilsel, Edgar: 1945, "The Genesis of the Concept of Scientific Progress", *Journal of the History of Ideas*, vol.6. ("科学进步观的起源",《观念史杂志》)

Zuriff, Gerald: 1985, *Behaviorism: A Conceptual Reconstruction*, Columbia University Press, New York. (《行为主义：一种概念重构》)

索引

Adorno, Theodor, 阿多诺, 239, 294-297, 320

Althusser, Louis, 阿尔都塞, 195, 397

Analytic philosophy, 分析哲学, 42-43, 218, 228-229, 239, 267-271, 418-419

Anthropology, 人类学, 69-71, 95, 137-148, 182-187, 192, 202-211, 217-223, 243-248, 252-254, 391-401

Antirealism, 反实在论, 参见实在论

Apel, Karl-Otto, 阿佩尔, 36, 433-434

Aristotle (Aristotelian), 亚里士多德（亚里士多德式的）, 12, 62, 107, 117-119, 146-147, 185, 188, 211, 214, 241-244, 257-258, 285-286, 292-295, 350-355, 363-365

Bachelard, Gaston, 巴什拉, 37, 73, 194-196

Bacon, Francis, 弗朗西斯·培根, 26, 47, 48（导论）; 3, 37, 277, 289, 320, 407

Barnes, Barry, 巴恩斯, 29, 372, 374, 414-415, 419

Bhaskar, Roy, 罗伊·巴斯卡, 37, 412, 433

Biology, 生物学, 31-32, 191-192, 259-262, 285-288, 306-312, 334, 342, 353-354

Bloor, David, 布鲁尔, 47, 48（导论）; 29, 52, 77-92, 132, 138-141, 287, 318-319, 371-380

Bourdieu, Pierre, 布尔迪厄, 44, 94, 370, 381

Boyd, Richard, 波义德（师从普特

南），22，113，120，121

Burden of proof，举证责任，第四章，217-223，244-249，325-328，336-340. 另见观念体系

Campbell, Donald，唐纳德·坎贝尔，254，454

Carnap, Rudolf，卡尔纳普，203，231，269，274

Cartesian，笛卡尔式的. 参见笛卡尔

Cassirer, Ernst，卡西尔，27（导论）；236，436

Causal theory of reference，因果性指称理论. 参见实在论

Ceteris paribus clause，其余条件不变句，37-39，178-180，302-304，308-316，433-436

Chemistry，化学，7，150-151，342，352-358

Classical epistemology，古典认识论，5-7，16-18，25-29，34，37-41，407，418-424

Collins, Harry，哈里·柯林斯，19，291，317，416

Collins, Randall，兰道·柯林斯，211，317，362，437，454

Commonsense，常识，102，217，230-234，318-321

Comte, Auguste，休谟，22，26，30-31（导论）；222，361，408

Conceptual schemes，观念体系，概念框架，60-66，82-89，132-148，181-199，250-256，附录1，附录2. 另见不可通约性

Consensus，共识，第9章

Davidson, Donald，戴维森，99，138-141，145-147，199，214-216，221，227-229，240-243，248-256

Deconstruction，解构，31-34，94-95，108-130，167-172，233-238，287-289，358-362，382-390，450-452

Demarcation criteria，划界标准，第7章. 另见学科

De Mey, Marc，马可·德·梅，47，252，258-262，452

Dennett, Daniel，丹尼尔·丹尼特，39，43，290，382

Derrida, Jacques，德里达，163，299-300，398-399

Descartes, Rene (Cartesian)，笛卡

尔，26，29（导论）；4，46-47，71-72，116，353，284，310，320，357，417

Dilthey, Wilhelm，狄尔泰，187-193，233-234，311

Disciplines，学科，6-7，28-29，47-48，第7章，第8章，291-297，333-340，348-355，359-361，434-444

Dummett, Michael，达米特，99，157-159，255

Durkheim, Emile，迪尔凯姆，5，35，49，82-85，234，332

Economic, economy，经济的，经济学，13-49，63-69，219，227，274-277，291-296，303-304，310-311，315-318，361-364，382-386，420-424

Edinburgh School，爱丁堡学派．参见巴恩斯；布鲁尔

Elster, Jon，乔恩·埃尔斯特，74，117-121，154，197-198，364，451

Elzinga, Aant，安特·埃尔津格，45（导论）

Epistemic drift，认识流变，45-46（导论）

Epistemic justice，认识正义，40，42，43

Evidence，证据．参见举证责任

Expertise，专家知识，专长，15-17，24-25，92-93，第12章，附录3

Faust, David，大卫·福斯特，31，428，444

Feyerabend, Paul，费耶阿本德，8，63-64，156-162，173-175，181，189，199，218，308，355，443-444，447-448

Finalizationists，终结论者，288-289，441-442

Fodor, Jerry，杰瑞·福多，99，253，304

Foucault, Michel，福柯，24，25，26，26-28（导论）；49-50，53，92-95，109，195，236-238，259，299-370，386-387

Fuller, Steve，富勒，44，122，198，201，311，313，364，386，407-408

Galileo，伽利略，12，23，63-64，

115-120，185，195，240-244，262-263，285

Grice, Paul，保罗·格莱斯，169-175，219-220，239，317，346-347

Habermas, Juergen，哈贝马斯，22-25，42（导论）；6，16，288，409-413，418

Hacking, Ian，伊恩·哈金，24（导论）；6，37，120-121，136，162-168，174，215-221，236，381，388

Heelan, Patrick，帕特里克·希兰，37，190-197

Hegel, G.W.F. (Hegelian)，黑格尔（黑格尔式的），29，32（导论）；47，118-119，155，166-169，174-175，376-378

Hermeneutics，阐释学，188，190，222-224，321-324

Hirsch, E.D.，赫希，188-190，301，425，441

Hobbes, Thomas (Hobbesian)，霍布斯（霍布斯式的），55，164，211

Incommensurability，不可通约性，29，112-119，135-137，149-152，155-162，170-180，第5章，第6章，302-305，355-361，448-449

Indeterminacy, indeterminism，非充分决定性，非充分决定论，384-390

Instrumentalism，工具主义，参见实在论

Justification，证实，辩护，10-15，25-27，47-54，328-330.另见规范；理性

Kant, Immanuel (Kantian)，康德（康德式的），58-60，142，190-191，221-225，235，387-389，407-408

Kitcher, Philip，菲利普·基彻，182，305，410

Knorr-Cetina, Karin，赛蒂娜，19，368，413

Koyre, Alexandre，柯瓦雷，196，213，343

Kripke, Saul，克里普克，8，107，123-125，279，281

Kuhn, Thomas，库恩，33，34，35，41，44（导论）；8-9，73-74，

101，130-137，146，150-151，155，163，172-175，181-185，188，199，223-225，237-241，255-262，268，300，325-326，331，338-339，345-353，390

Lakatos, Imre，拉卡托斯，111，167-168，226，309

Latour, Bruno，拉图尔，19，30，44，136，306-307

Laudan, Larry，劳丹，5，10，28，160-161，232，261，273-277，325，338-341，338-358，376，380，415

Law，法律，法则，52-54，137，178-180，288，416-417. 另见规范

Linguistic change，语言变化，56-61，122-135，384-390，附录2. 另见不可通约性；翻译

Literary criticism，文学批评，298-301，314，322

Logic，逻辑，59，258-259，346-347，360

Lukacs, Georg，卢卡奇，294-297，411

MacIntyre, Alasdair，麦金太尔，79，141

Mannheim, Karl，曼海姆，29，30（导论）；4，15，140-141，196

Marx, Karl (Marxist)，马克思（马克思主义者），3，10，36，109，387-390，382-387. 另见阿多诺；阿尔都塞；终结论者；哈贝马斯；卢卡奇；物化

Merton, Robert，默顿，92，289，315，413

Mulkay, Michael，马尔凯，291，317-318，442

Naturalism，自然主义，博物主义，4，27-36，55-77

Newton, Isaac (Newtonian)，牛顿（牛顿式的），43，45（导论）；11-12，42，57，115-120，225-226，268，283，308，335，341-348，355-365，426-427

Nisbett, Richard，尼思拜特（美国社会心理学家），25，428，444

Norm，规范，3-4，36-40，82-84，129-130，137-148，153-155，194，197，209，第11章. 另见法律

Objectivity，客观性，22-24，78-95，126，234-237，331-332，375-382，附录3

Peirce, Charles Sanders，皮尔士，17，41，106，332-333

Phenomenology，现象学，375-382. 另见希兰

Physics，物理学，156-162，190，263-265，276-279，285，330-333，第10章，420-427. 另见伽利略；牛顿

Plato (Platonic)，柏拉图，柏拉图式的，3，47，133，407-408，427

Polanyi, Michael，迈克尔·波兰尼，121，299，335，385

Politics，政治学，38-41，291-297，317-318，341-343，409-414，418-427，第12章，附录3. 另见规范

Popper, Karl，波普尔，25，28，32（导论）；8-9，17，25-26，77-94，115，126，138-145，163-168，174-176，258-259，274，288，298，315-323，335-336，343-348，377，385，418-421，447-452

Positivism，实证主义，24，27（导论）；7-10，28，102-105，114，149，155-160，165-167，306-309，445

Presumption, presupposition，推定（假定），前提（预设），第4章，附录1. 另见观念体系；默会知识

Prigogine, Ilya，普里高津，283，308，351-353

Psychology，心理学，24-25，27-36，187-199，208-209，257-264，266，287，303-305，310-315，371-374，443-444

Putnam, Hilary，24（导论）；86，105-121，225-228，278-279，344，428，447

Quine, W.V.O.，奎因，29，38（导论）；27，99-101，127-129，150-152，172，184-186，202-216，228，269-270，377，418-421

Rationality, reason，理性，理由，380，第12章，434-444. 另见证实；规范

Realism，实在论，22-23，33，第3章，156-159，164-165，278-279，446-448

Reflexivity，反身性，289-291

Reification，物化，具象化，48，292-297，384-387

Representation，表征，22-77

Rescher, Nicholas，尼古拉斯·雷舍尔，8，41，452

Rip, Arie，阿莱·里普，37，414

Rorty, Richard，罗蒂，27，201，221，239，302

Science policy，科学政策，287-289，第11-12章，附录2-3

Science wars，科学大战，42-43（导论）

Serres, Michel，米歇尔·塞尔，44，74-75

Shapin, Steven，夏平，29，119，284

Simon, Herbert，赫伯特·西蒙，47（导论）；274-276，303，431，438，448

Skinner, Quentin，昆廷·斯金纳，108-112，123-125，135，155，169-172

Social constructivism，社会建构论，22-23，24-25，30-31，36，46-47（导论）；17-23，30，37-39，108-111，119-121，136，290-291，306-309，367-375，411-418

Tacit knowledge，默会知识，169-180，187-199，第6章，336-339，341-343. 另见举证责任；不可通约性

Technique, technology，技艺，技术，27-28，119-124，276-281. 另见希兰

Toulmin, Stephen，图尔敏，122，316，418-421

Transcendental arguments，先验论证，51，227-228，248-256，447-448

Translation，翻译，42-45，142-143，149-152，161-162，182-187，198-216，第6章，228，391-398. 另见观念体系；不可通约性；语言变化

Van Fraassen, Bas，范弗拉森，114，157-159，210，268

Von Hayek, Friedrich，哈耶克，

288，384，418，451

Von Wright, Georg，冯·赖特，37，290，434

Waismann, Friedrich，魏斯曼（1896-1959），82，401

Weber, Max，马克斯·韦伯，111，209，332，378-380，412，437-440

Whig history of science，辉格科学史，12-13，105-122，215，225-227，274-284，291-297，319，322-324，350-355，374，388

Whitley, Richard，理查德·惠特利，37，209，336，454

Winch, Peter，彼德·温奇，138-145，222，227-228

Wittgenstein, Ludwig，维特根斯坦，61-63，129-133，138-148，182，203，230

Woolgar, Steve，伍尔加，291，309. 另见拉图尔

译后记

洞天的种子
——认识富勒

每本书，无论形态或宏或微，都有自己的身世：书中讨论的对象与议题，作者的人格气质与研究旨趣，以及一本书问世前后的种种阅历，持续书写着这本书的身世内涵。孟子说过一句识人的真理："听其言，观其行，不知其世，可乎？"知书与识人既是一体，且理无不同，探知一本书的身世，远在孤立地钻研这本书或作者的片段言行之上。

《社会认识论》中文版付梓之时，距英文原作首版问世已过去31年，回望富勒一路走来充满才思、硕果累累的文字生涯，这部著作既是他进入学术界的强劲起点，更成为由几十种著述构建的他的思想版图的理论基础。富勒如何开启他的社会认识论之旅？透过三个层面由远及近的感知、认识与开拓，或可略窥富勒思想生机勃发、启发争议之究竟。

富勒从事科学历史哲学研究的学缘，根基始于历史学与社会学。与绝大多数理工科或哲学专业背景的科学史学家或科学哲学家不同，富勒在哥伦比亚大学接受了历史学与社会学本科教育。无论作为人文学科的历史学，还是作为社会科学的社会学，二者共同的学术气质是基于事实、视野向下、批判意识、关注困境与隐情的人文精神；特别是哥伦比亚大学人文与社会科学教育，素来注重与社会实践相结合的学生整全品质培养,鼓励以全球视野关怀社会问题,学须致用;这种批判意识以及对真实历史情境与社会责任的高度自觉,铺就富勒学术气质与研究论述的基调,使他迥异于狡黠设限且自以为是的风格。

据富勒回忆,他17岁时(1976年)对当红名著《科学革命的结构》初萌兴趣。"当时,我对库恩的思想研究有一个主要的哲学目标:这本新著对于我们从第二层级认识和理解科学,会产生哪些深刻而微妙的影响?库恩只是提出一个大而化之的科学理论,并未留给我们一个植根实证基础的科学理论。因此我称之为'库恩式一体化'。"("库恩之后还有哲学生活吗?"2001)怀着对库恩科学理论的疑惑与不满,富勒提前一年被哥伦比亚大学破格录取,这个议题也成为他学术生涯持续探索的核心议题。因此,富勒的思想成果或多或少包含着源于他亲身经验的例证。

在科学历史哲学领域,富勒开拓出基于历史实在的政治性社会认识论道路。20世纪80年代初,他相继在剑桥大学、匹兹堡大学科学历史与哲学专业修得硕士与博士学位。1971年成立的匹兹堡大学科学历史与哲学系,从英国利兹大学新聘的新锐教授拉里·劳丹与泰德·麦克格雷既是重要的创系成员,也带来"以史判经"的英国科学历史与哲学新风。富勒坦言,是博士导师麦克格雷教授引他走上社会认识论奇幻之旅。富勒以一贯疾劲的行事风格,博士毕业次年创办《社会认识论》杂志,1987年与弗雷德里克·施密特主编《综合》杂志专题特刊,1988年出版《社会认识论》,仅用三四年时间,富勒开创的社会认识论成型。

有学者把那辑《综合》特刊视作富勒社会认识论正式发声的标志,那么"综合"何谓?针对怎样的对象谈"综合"?它与作为一般哲学核心任务之一的认识论有何不同?20世纪,科学作为人类知识的典范，成为哲学从经验批判（马赫）主义、逻辑实证主义、批判理性主义、法兰克福学派到历史主义的认识对象，在20世纪60年代勃兴的后现代思潮与认知革命中，生成两条新的认识论道路。雷米迪奥斯（Francis Remedios，2003）指出，其中一条以库恩为代表，透过社会历史视角认识科学的组织与结构（1962）；另一条以奎因为代表，通过更精确的方式捍卫哲学的认识论传统，主张将"认识论自然化"（1969），但这难免使认识论滑向心理学的分支。循此脉络，社会认识论最初形成认知论（学术型哲学领域）与社会学（SSK，STS）两大阵营。

随着20世纪80年代"冷战"铁幕消退，"二战"后欧美当代史档案陆续解密，以知识、权力与政治视角切入科学历史哲学的反思型研究渐成主流，社会认识论随之开出新境。雷米迪奥斯指出，以奎因为代表的认知论阵营演进为"真理导向型社会认识论"，坚守哲学的经典认识论传统，着重对个体思想家求索真信念的规范性目标进行研究；以库恩为代表的社会学阵营演进为"政治导向型社会认识论"，认为知识生产是通过群体间的政治协商（民主）达成，因而着重研究知识生产的规范性目标。在"政治性社会认识论"主题之下，形成基于科学与政治实践的一批社会认识论研究者，他们个体产出颇丰，但坚决不以树立某种"学派"为组织，高度自觉地保持相对独立的学术立场（有两位是独立学者），富勒是其中独树一帜的领军人物。已译介到中国的大卫·布鲁尔、约瑟夫·劳斯，更多被贴上"科学实践哲学"标签，反而淡化了真正作为其社会认识论核心的政治结构与历史观念。

富勒对"政治性社会认识论"的拓展之功在于，通过引入来自真实历史与社会学的事实证据，将知识生产拓展到知识源起、传播与影响的全域全程，将知识生产的规范性目标与认识论方案，拓展到对知识全域全程的经验性事实、知识生产者的负面责任,以及对知识及其生产者的政治与伦理考量上来。富勒由拓展对科学观念的认识而走向"综合"型认识论,与其把它视作破坏哲学认识论秩序的另类,不如从观念史角度理解更能切题。

富勒从不讳言"我依照自己的社会认识论"(《智识生活社会学》,焦小婷译,北京大学出版社,2011,p.3)。他的新方向尤其关注与学术型学科(如哲学)相关的科学知识组织形式,批判性检讨关于科学质疑的社会观念。在科学历史哲学领域,富勒的"综合",是对孤立文本、唯思想的思想家、英雄崇拜式科学观念的超越,他将历史、政治、宗教传统、学术社会、大学演化、利益共同体等真实社会境遇,作为辨析与检验理论构想的社会实验室,引入对传统科学哲学理论与知识观念的批判性反思中;把历史事实作为真实判据,努力"同情地理解"过往,让历史当事人充分发声,这些今天历史学研究中的底线规则与基本常识,成为富勒直指长期窠臼式谬误,翻转某些科学人物、科学观念甚至思想巨擘背光面的有力武器。

难能可贵的是,对于科学史与科学哲学的方法论标准,富勒始终保持着高度敏感与理性自觉。他指出,科学的必然性与或然性作为两种迥异的知识形式,应是严格区分科学哲学与科学历史的警戒线,但在科学历史哲学研究中,这条警戒标准长期处于模糊甚至混乱状态,导致历史当事人作为真实历史建构者,其充分发声的机会被压制,其真实声音被任意扭曲:或被历史学家判定为过往的异域,或被哲学家选择性地纳入自以为是的呈现中。有鉴于此,富勒通过他的社会认识论,要为参与真实建构历史的历史当事人恢复健康的意义(Fuller,2011)。关于库恩、波普尔、罗吉尔·培根的观念史案例研究,成为他在真实历史中重新发现科学观念与科学人物价值与意义的"健康"实践。

历史一旦成为富勒观念史研究的立论情境与事实判据,围绕观念议题的第一手史料随即成为推进其研究的关键。美国斯坦福大学胡佛研究所收藏的波普尔档案,奥地利克拉根夫大学波普尔私人图书馆收藏文献,麻省理工学院教授特藏保存的库恩档案,"二战"前后与冷战时期哈佛大学校长档案等珍稀文献,有幸被富勒发现并充分利用:2000年出版专著《托马斯·库恩:一部我们时代的哲学史》;2003年出版该书普及本《库恩—波普尔之争——为科学灵魂而战》。通过对库恩及其理论演变、认知心理、社会网络与政治偏好进行纵深考察,《社会认识论》框架得以深化,并于2002年再版。可见,真正领会《社会认识论》,既须入乎其中,更须出乎其外,因为与它前后相继的一大一小两部著作,前者是理解《社会认识论》理论源流的最佳证据,后者是应用社会认识论解析科学哲学家进而当代公共知识分子自主责任的典型案例。

译者从历史学背景进入科学哲学专业学习以来,对于科学哲学与科学史看待历史的立场和观念,与日俱增地深感困惑。在尝试求解过程中,2009年读到富勒的文章"反事实理念与科学历史编纂学"(ISIS,2008),着实是一束启蒙之光。2015年11月18日下午,同事冯震宇博士把原版《库恩—波普尔之争》递到我的手上,让我顿时发现自己多年前读过的富勒,激活近年重新认识科史哲的新内存,随即激发盎然译趣,接踵进入这段深度启蒙的思想之旅和译书时光。回首最近四年连续译出的几部著作,现在可以明确:上述困惑的求解,需要回到20世纪科学历史哲学及其所处的西方政治社会——特别是冷战美国——语境中方能揭示答案;围绕这个议题,现已形成冷战结束后科学技术研究(STS)领域最具活力与根本挑战的研究方向,并且主要从政治性社会认识论建构(理论)、逻辑经验主义转型探原(史实)、库恩与范式理论成因探原(典型案例)三个维度呈现标志性研究成果。因此,译者是在上述目标与框架下,选择将《社会认识论》翻译成中文。

眼下的中译本，根据《社会认识论》第二版译出。译者坚持忠实原意、充分全译、通畅意译并重的原则，努力做到语句清朗结构干练。鉴于本书跨文化、跨学科、跨时代、跨富勒广袤精深思想版图的特点，听取审读专家建议，译者整理出书中涉及主要思想家的小传，置于人物首次或典型出现处的注释中。译者翻译了参考文献中的著作、文章与期刊名，补充了相应的汉译本图书信息，望有助于阅读。翻译中的偏差、失误甚至错谬，诚请方家不吝指正。

本书从译完到出版历时三年，此中艰辛属责任编辑承担最重，在此我衷心感谢中央编译出版社霍星辰老师，她先后为本书的选题立项、版权商洽、编审事务和学术指导倾力投入，特别是后期提出中肯详尽的审读意见，使我从格式到内容对译稿做出重要补充与完善，避免了许多自己难察的错误。感谢富勒教授的诚挚与博学，他在极其繁忙的工作中，根据我方进度要求，为本书倾情倾智写出"中文版序"，其中所述他的亲历和思想脉络皆为本书首发；对于我的每次时间提醒、修改意见与细节核检，他皆有求必应。感谢侯天保博士和冯震宇博士，如果不是《库恩—波普尔之争》那本小书，《社会认识论》及后续一系列著作的翻译可能就无从谈起。感谢高策教授和山西大学科技史研究所同人，长期为我心无旁骛地投入研究和翻译工作提供信任与保障。

富勒十分信服他母亲的一句格言："我现在不是我当初想是的那个人"。带上这句话，或许可以更好地从《社会认识论》入手，开启探究现代科学历史哲学真知真相的思想之旅。

姚雅欣
2019 年 11 月 1 日
山西大学科学技术史研究所